人大农经书系

农户林地经营决策、营林效率及保障体系研究

本成果受到中国人民大学"统筹支持一流大学和一流学科建设"经费的支持

柯水发　等　著

中国农业出版社

图书在版编目（CIP）数据

农户林地经营决策、营林效率及保障体系研究/柯水发等著．—北京：中国农业出版社，2017.4
（人大农经书系）
ISBN 978-7-109-22724-8

Ⅰ.①农…　Ⅱ.①柯…　Ⅲ.①林地－森林经营－研究－中国　Ⅳ.①F326.2

中国版本图书馆 CIP 数据核字（2017）第 029545 号

中国农业出版社出版
（北京市朝阳区麦子店街 18 号楼）
（邮政编码 100125）
策划编辑　贾　彬
文字编辑　耿增强

北京中兴印刷有限公司印刷　　新华书店北京发行所发行
2017 年 4 月第 1 版　　2017 年 4 月北京第 1 次印刷

开本：700mm×1000mm 1/16　　印张：20.75
字数：350 千字
定价：56.00 元

本书著者成员

主要著者： 柯水发　赵铁珍　陈章纯

参 著 者： 王　亚　刘爱玉　舒晏丹

汪伟坚　史明兰　梁文远

梁莎莎

“人大农经书系”总序

农业是人类最古老的产业，它为人类的生存和发展提供食物和衣着等最基本的生活资料；农业也是人类最朝阳的产业，迄今为止，还没有看到它被其他产业替代的任何迹象。发展到今天，人类希望现代化的农业成为绿色和美丽的产业，希望它一方面超越依赖人和牲畜的体力来进行生产，另一方面又保留人与自然最亲近的特点。

中国农业正面临很多挑战，需要研究的问题很多。比如，在技术层面，消费者对农产品质量提出了前所未有的要求，生产者目前所依赖的技术生产出来的很多农产品，消费者都不太满意，农业技术将如何发展，实现既提高产量，又提高质量，缓解人与自然的矛盾，缓解农业资源与环境面临的压力，需要深入研究。又如，在供需平衡层面，一方面，由于收入增长和人口城市化的驱动，中国居民对农产品的需求将快速上升，从长期来看中国农产品国内供给与国内需求之间的缺口有可能进一步增加，对进口的依赖将进一步上升，另一方面，我国大宗农产品成本不断增加，部分产品在市场上销售不畅，库存上升，这里有价格政策没有及时调整的原因，但更是进口产品产生的市场“挤出效应”的结果，如何通过国际市场来保障供给，如何恰当地处理总体净进口下的部分产品过剩，搞好结构调整，实现协调发展，需要深入研究。再如，在制度层面，在劳动力大量离开农业的情况下，在我国现行土地制度下，如何恰当地处理劳动力与土地的再匹配，形成有竞争力的农业经营模式，需要深入研究。还如，在政府与市场关系层面，第一产业在GDP中的份额已下降到不足9%，这一农业小部门化的趋势还会继续，在整个国民经济越来越市场化的情况下，在农业发展中如何恰当地处理政府与市场的关系，使得政府既不放松对农业的支持，又不过度干预市场，实现农业与其他经济部门的协调发展，需要深入研究。

中国人民大学一直重视农业与农村经济问题的研究。1950年命名组建伊始，中国人民大学就在经济计划系设立了农业经济专业，开始了农业经济专业的本科与研究生教育。1954年，农业经济专业从经济计划系析出，成立了独立的农业经济系。2004年，农业经济系命名组建为农业与农村发展学院。1986年，农业经济专业取得博士学位授予权，1988年被评定为国家级重点学科，2000年取得农林经济管理一级学科博士学位授予权，2007年再次被评为国家级重点学科，2014年农林经济管理、农村区域发展两个本科专业分别入选国家"卓越农林人才教育培养计划"拔尖创新型项目和复合应用型项目。目前，学院具有从本科到硕士、博士研究生和博士后科研流动站的完整人才培养体系，设有农林经济管理、农村区域发展两个本科专业，农业经济管理、林业经济管理、农村发展、技术经济及管理、可持续发展管理、食品科学、食品安全管理七个学术型硕士学位点，农业硕士专业学位点，农业经济管理、林业经济管理、农村发展、技术经济及管理和可持续发展管理五个博士学位点。

中国人民大学历代农经学者都严谨治学，勤奋耕耘，不同时期都出版了不少著作与教材。举例而言，20世纪50年代，在苏联专家指导下，把马克思主义的一般理论与中国农业的具体实际相结合，当时的老师们集体编写了新中国第一本《社会主义农业经济学》，第一本《社会主义农业企业组织与管理学》。20世纪80年代，学院老师们出版了一批有影响的教材，《社会主义农业经济管理问题》（周诚主编）、《土地经济学》（周诚主编），《中国工农产品价格剪刀差》（严瑞珍、周志祥等）、《农业企业经营管理与决策学》（严瑞珍、张象枢）、《中国贫困山区开发的道路》（严瑞珍等）、《农业技术经济学》（展广伟主编）、《农业系统工程》（张象枢等）、《进现代中国农业经济史》（岳琛等）、《比较农业经济学》（刘运梓）、《土地管理原理与方法》（林增杰等）、《地籍管理》（林增杰等）就是其代表。20世纪90年代，学院与中国农业科技出版社合作，组织出版了人大农经博士论丛。2009—2016年，学院与中国农业出版社合作，每年从不多的"985"经费中拨出一部分，用于资助本院教师科研成果的出版，并以传说中的农业和医药的发明者炎帝神农氏的名字将这些著作统一命名为"神农书系"，7年共资助出版了34本著作。2016年后，国家不再延续"985"项目，但设立了"双一流"项目，强调一流大学和一流学科建设，学院层面无疑就是学科建设。在这一背景下，学院同事们讨论后认为，"神农书系"中的神农如果是农业的代名词的话，因农业所涉学科众多，不特指农林经济管理学科，为更好地表明学科范围，将书系改为"人大农经书系"，一是明确著者为中国人民大学农业与农村发展学院教师这一归属，二是明确书系里的著作主要涉及农林经济管理与农村发展管理这一大农经领域。"人大农经书系"由学院院长和分管科研的副院长担任主编，由学院学术委员会和教学委员会的委员为编委，遴选本院教师围绕上述领域的优秀研究成果，给予资助，由中国农业出版社出版。

无论从生产量、贸易量还是消费量来衡量，中国都是世界第一农业大国，中国农业的任何重要变化，都会对世界农业产生重要影响，客观地说，当今中国的许多其他产业，与世界同行相比还不具备农业这样的世界分量，因此，在当今中国，研究农林经济管理与农村发展领域的问题，具有一定比较优势，具备成就一番大事业的产业条件。中国人民大学农业与农村发展学院的学者们，都有放眼世界、心怀天下、情系三农的赤子情怀；都有注重调查研究、一切从实际出发、基于实践来进行理论探索的优良学风；都有关爱学生、教书育人、热爱教育事业的高尚情操，以建设"问题导向的学院派"为已任。组织出版"人大农经书系"，将学院老师们的探索与思考呈现给读者，以加强与同行的交流，希望对你有所启发，并希望为形成农业经济学的中国学派，贡献绵薄的力量。这些探索与思考，不一定都是对真理的正确认识与发现，也可能存在谬误，希望得到你的批评与指正。

摘要

新中国成立以来，我国集体林权制度历经数次变革，林地经营形式不断演进，林地经营效率也一直备受关注。2011年以后，集体林权制度主体改革任务“确权到户”基本完成后，改革就进入到“后林改时期”。后林改时期林业经营形式发生了新的变化。后林改时期针对单户承包经营、联户经营和股份合作经营等林地经营形式，农户的选择意愿如何，哪些关键因素在影响着农户的林地经营决策，不同林地经营形式的营林效率有何差异，如何构建新型面向林农的林地经营保障体系等，这些问题迫切需要开展研究。2013年6月10日，本课题研究得到了国家社会科学基金项目“后林改时期农户林地经营决策机理及营林效率差异研究”（批准号13BJY060）的资助。在上述基金项目的资助下，本课题基于福建、辽宁、河南、江西、浙江、安徽、北京等地的调查实践，针对上述问题开展了较为深入和系统的研究，揭示了农户林地经营决策机理、营林效率以及保障机理。本研究对于丰富我国农村林权改革理论、农户经济行为理论和林业经营相关理论具有重要的理论意义，本研究基于实证研究和理论探索的基础上形成的研究结论和对策建议，可为我国出台林权改革配套政策提供决策参考，对于完善我国农村林地经营机制具有较为重要的实践应用价值。

本书正文部分共包括九章，第一章简要介绍了研究背景、研究意义和项目研究进展及成果状况；第二章主要介绍了本研究的相关基础理论和前人研究进展状况；第三章在文献综述和实地调研观察的基础上，对集体林权体系、主要林地经营形式、新一轮集体林权制度改革进程和改革进展状况进行了阐述，并基于博弈理论模型对历次林改进程下的林农利益变化进行了分析；第四章基于福建、辽宁、河南等省的农户调研数据，对农户林地经营认知、经营意愿、经营决策行为特征等进行了描述性统计分析；第五章在前面分析研究的基础上，运用LOGISTIC模型，对农户林地经营形式选择、林地经营产出、林地经营绩效和林地经营规模意愿的影响因素进行了量化分析；第六章进一步运用线性规划方法，基于福建和辽宁的实地调研数据，测算了不同农户经营状况下的适度经营规模；并运用数据包络方法（DEA方法）测算了林地经营规模效率，还运用 TOBIT 模型对林地经营规模效率的影响因素进行了分析；第七章分析了新型林业经营主体的特征、问题及发展对策，并进一步基于实地调查样本对实践中较为典型的林业大户和林业合作社经营特征进行了较为系统的分析；第八章较为系统地构建了一套较为完整的促进、激励和保障农户林地经营的支持体系；第九章总结全文研究所取得的结论。

与以往同类研究相比，本研究内容和研究方法有了较显著的拓展和创新。主要体现在：①较为系统地总结了林权制度演变与林地经营模式及利益变化。②较为系统地构建起了一套农户林地经营理论体系，对林地单户家庭经营、联户经营、加入合作社经营进行了较为系统的阐述，完善和拓展了林地经营风险和新型林业经营主体的相关理论；③基于福建、辽宁和河南的农户调查数据，运用 LOGISTIC 模型对农户林地经营意愿及其影响因素进行了较为系统的研究，揭示了农户经营决策机理；④采用线性规划方法，较为合理地测算了林地适度经营规模；⑤基于 DEA 模型和 TOBIT 模型较为系统地对林地经营效率及其影响因素进行了研究；⑥较为系统地构建了保障和提升农户林地经营效率的农户林地经营机制体系。

本研究所取得的主要研究结论如下：(1) 后林改时期集体林区林地经营形式呈现出多样性，集体林区林业经营实践中起主导力量的经营形式主要有农户家庭单户经营、联户经营、加入合作社经营和集体经营等，其中，单户经营仍是最主要的经营形式，而不同的林地经营形式各具优缺点，林地经营形式的合理选择有其相应的适用条件。(2) 农户是理性的林地经营决策主体，历次集体林权制度改革涉及产权制度的变革、调整与完善，都对农户的林地经营形式选择产生了影响。历次改革都对政府、集体和林农的利益格局产生了或多或少的影响，在多次变革各利益主体系列博弈进程中，农户的林地经营预期也在不断变化，但总体上趋于更加稳定和理性。(3) 农户的林地经营意愿及行为决策是影响林业生产力的重要因素。农户林地经营形式选择意愿及经营行为决策系受农户家庭特征因素、林地资源禀赋、产权激励及农村社会变迁等多种影响因素综合作用的结果，且不同林地规模的农户林地经营决策存有差异。(4) 林农的林地经营存在适度经营规模。本研究构建了林农林地经营适度规模的理论模型，并采用辽宁省 140 份林农调查问卷进行了实证分析。研究表明：首先，在林农追求利润最大化的情况下，林农林地经营存在一个适度规模，而且这个适度规模受林地经营要素的数量、各投入要素市场价格共同决定。其次，就整个样本区域而言，适度经营面积为 29.76 公顷，其中用材林的适度经营面积为 30.74 公顷，经济林的适度经营面积为 28.17 公顷。(5) 不同地区林地经营效率存有差异，总体而言，我国的林地经营效率有待进一步提高。本研究以辽宁省 4 个县 200 户农户为样本，运用 DEA 方法对林地投入产出经营效率进行测算，结果显示：样本户林地经营综合效率较低，综合效率均值为 0.095，无效程度严重的占比为 93.5%；样本户林地经营纯技术效率不高，纯技术效率总体均值为 0.152，高达 96%的样本户未实现技术有效；样本户林地经营规模效率较高，规模效率总体均值为 0.810，实现规模有效的占比为 45%。137 个样本户林地经营处于规模报酬不变的状态，占比为 68.5%。林地经营综合效率普遍低下状况亟待全面提高。而基于福建 163 个单户经营毛竹样本的研究结果表明，福建省样本调查地区单户经营的农户其毛竹林经营平均规模效率为 0.822，其中林地平均规模效率为 0.350，可以看出，毛竹林总体经营规模效率较高，但林地这一要素的规模效率较低，林地这一生产要素投入比例的进一步调整有利于提高总体经营规模效率。单户经营的农户家庭规模在 23～30、60～70、70～80、110～200 亩*区域的，其林地经营规模效率、纯技术效率和总体规模效率均达到 1，其他规模区域或多或少存在生产要素投入比例不协调，没有实现 DEA 有效。（6）后林改时期新型林业经营主体的培育势在必行，但新型林业经营主体培育过程中仍存在新型林业经营主体的管理体系不完善、经营管理水平不高、林业经营受相关政策和基础设施条件制约等问题。因此，本研究提出出台相应规范性文件加强规范化管理、建立和完善新型林业经营主体的统计体系、开展新型林业经营主体的普查和相关研究工作、完善林业经营主体领办人才支持体系、建立新型林业经营主体的社会责任尽责体系、制定和完善相关配套政策体系等政策建议。（7）有必要构建一个较为完整有效的激励农户林地经营的保障体系，主要包括：建立和完善便捷高效的林地产权交易市场及收储体系、建立和完善多元化的林业经营补贴支持体系、建立和完善林农林地经营权益保护及救济体系等、改革和创新森林资源采伐限额管理服务体系、建立和完善林地经营的风险防范和林业风险治理体系、构建新型林业科技服务体系等，以确保农户安全放心、规范合理、科学高效地从事林业经营活动相关决策，并最终促进林业经营水平和经营效率的提高。

关键词：林权改革；农户意愿；林地经营形式；适度经营规模；规模效率

* 亩为非法定计量单位，1 亩等于 1/15 公顷。

目录

1.绪论

1.1 研究背景和问题提出

新中国成立以来，我国集体林权制度历经数次变革，林地经营形式不断演进，林地经营效率也一直备受关注。中共中央国务院于 2008 年 6 月发布了《关于全面推进集体林权制度改革的意见》，全面推进了新一轮集体林权制度改革，并把其列为深化农村改革的重要内容和建设社会主义新农村的重要措施。截至 2011 年年底，全国共确权林地面积 26.77 亿亩，占 27 亿亩集体林地总面积的 97.8%，集体林权制度主体改革任务“确权到户”基本完成后，改革就进入到了“后林改时期”，林业经营形式也相应发生了一些新的变化，林业经营形式朝着多样化发展，如何把握不同经营形式（如单户经营、联户经营、股份合作经营等形式）与林地规模经营的关系成为需要把握的关键问题。2012 年，中国共产党第十八次全国代表大会报告明确指出：坚持和完善农村基本经营制度，依法维护农民土地承包经营权、发展多种形式规模经营。集体林权制度改革目标的实现与林业经营形式选择的合理性密切相关。新一轮林权改革后，林权经营方式在结构上发生了变化，一定程度上赋予了林农对林业经营模式的选择权。在明确集体林地产权的基础上，通过多种经营形式创新促进林地适度规模经营，稳定并活化林地使用权是提高我国林地经营效率和促进农民增收的有效途径。对于广大农村地区来说，后林改时期农户林地经营形式选择意愿如何，哪些关键因素会影响农户的林地经营决策，林地经营形式的营林效率如何，如何建构新型林地经营保障体系，成为“后林改时期”集体林区林业发展面临的重要现实问题，迫切需要系统地开展深入研究。

在此背景下，本研究从农户微观主体视角，基于农户理性的假设，在针对河南、四川、江西和辽宁等南北方集体林区农户实地调查的基础上，针对单户经营、联户经营、加入合作社经营等多种不同形式开展深度调查和访谈，运用定量实证研究方法，探析农户不同林地经营形式选择意愿和经营行为及其主要影响因素，并分析和比较不同经营情形下的林地经营效率，并基于农户政策需求调研和文献研究，提出促进农户林地合理经营的支持体系和政策建议。

1.2 研究目的及意义

1. 研究目的

本研究主要目的旨在通过农户林地经营意愿和经营行为的调查分析，厘清影响农户林地经营意愿和行为的重要因素，并尝试测算林地经营的适度规模，分析不同林地经营情形下的林地经营效率及影响因素，以揭示农户林地经营的决策机理，为提高农户林地经营绩效和促进适度规模经营提供科学依据。

2. 研究意义

本研究的意义主要体现在：(1) 本研究的一些理论梳理和总结，对于丰富我国农村林权改革理论、农户经济行为理论和林业经营相关理论具有重要的理论意义；(2) 本研究在适度经营规模测算和经营效率分析方面的一些实证研究，为同类研究提供了一些研究参考，具有一定的示范研究意义；(3) 本研究基于实证研究和理论探索的基础上形成的研究结论和对策建议，可为我国出台林权改革配套政策提供决策参考，对于完善我国农村林地经营机制具有重要的实践应用价值。

1.3 研究内容

本课题研究的总体目标旨在揭示农户林地经营决策机理及不同林地经营形式下的营林效率差异。本课题研究内容包括：(1) 在文献综述和实地调研的基础上，系统地总结后林改时期集体林区农户林地经营体系及林农利益变化状况；(2) 基于农户理性的假设，在福建、辽宁、河南、湖南等省份实地调查的基础上，运用定量实证研究方法，探析农户不同林地经营形式选择意愿和经营行为及其主要影响因素；(3) 运用线性规划方法，构建了农户林地经营适度规模的理论模型，并基于农户调研数据对农户林地经营的适度规模进行了实证测算；(4) 构建林业经营规模效率评价模型（DEA），分析和比较不同情形下的林地经营效率差异；(5) 基于农户政策需求调研，提出激励农户林地经营的保障体系和政策优化建议（见图 1-1）。

本研究报告正文部分共包括九章，第一章简要介绍了研究背景、研究意义和项目研究进展及成果状况；第二章主要介绍了本研究的相关基础理论和前人

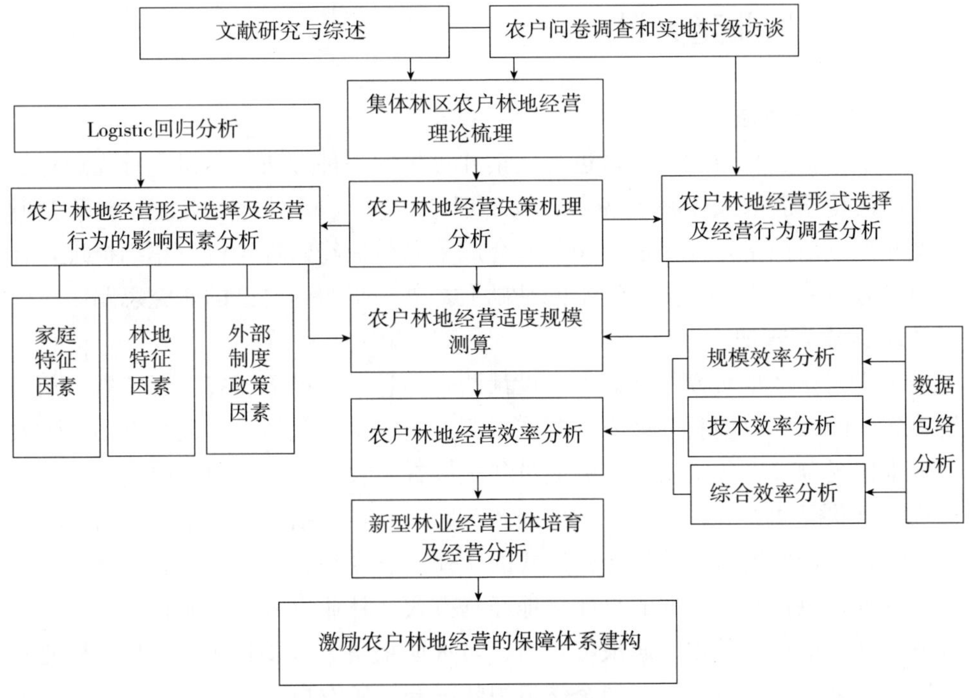

图 1-1　研究内容架构

研究进展状况；第三章在文献综述和实地调研观察的基础上，对集体林权体系、主要林地经营形式、新一轮集体林权制度改革进程和改革进展状况进行了阐述，并基于博弈理论模型对历次林改进程下的林农利益变化进行了分析；第四章基于福建、辽宁、河南等省的农户调研数据，对农户林地经营认知、经营意愿、经营决策行为特征等进行了描述性统计分析；第五章在前面分析研究的基础上，运用 Logistic 模型，对农户林地经营形式选择、林地经营产出、林地经营绩效和林地经营规模意愿的影响因素进行了量化分析；第六章进一步运用线性规划方法，基于福建和辽宁的实地调研数据，测算了不同农户经营状况下的适度经营规模；并运用数据包络方法（DEA 方法）测算了林地经营规模效率，还运用 Tobit 模型对林地经营规模效率的影响因素进行了分析；第七章分析了新型林业经营主体的特征、问题及发展对策，并进一步基于实地调查样本对实践中较为典型的林业大户和林业合作社经营特征进行了较为系统的分析；第八章较为系统地构建了一套较为完整的促进、激励和支持农户林地经营的保障体系；第九章总结全文研究所取得的结论。附录还包括相关一些研究案例和调查问卷。

1.4　主要研究方法

1. 文献分析法

文献分析法是对相关资料进行搜集并分析的一种方法。本研究首先通过已有文献的检索获取关于林地经营、效率理论、DEA模型效率实证分析等基础理论知识方法储备，并对前人相关研究成果和林地经营理论进行总结梳理，在了解已有研究成果、方法、结论的基础上，进一步明确自己的研究思路。

2. 问卷调查法

本研究在文献研究的基础上，设计调查问卷，选择福建省、辽宁省、河南省等省份的一些典型县开展农户调查，调查内容主要包括以下几个方面：①农户基本情况调查，包括农户家庭成员状况调查、农户林地资源状况调查、农户家庭经营状况调查等；②农户林地经营意愿调查，包括农户对单户经营、联户合伙经营、合作组织经营等经营形式的认知、态度和意愿等；③农户林地经营行为调查，包括农户采取的具体林地经营方式、林业投入、林业收益、林地看管情况（包括日常看护、病虫害防治、防火防盗等）、林业税费情况、林业补贴情况、采伐指标申请、参加合作组织状况等；④农户对林地经营政策和制度的认知和需求调查，包括农户对相关林业经营政策和制度安排的看法，林地经营过程中遇到的困难，林地经营过程中的政策需求等。

3. 实证计量模型分析法

（1）数据包络分析。由于林地经营涉及多种生产要素的投入，也涉及林产品和非林产品多种产出，且考虑到集体林区林地经营的核心在于如何通过林业生产要素的优化组合实现林业产出的最大化。因此，本研究拟采用非参数方法的数据包络分析（DEA）并采用软件DEAP2.1来测算林地经营的综合技术效率、经营规模效率、纯技术效率和总体规模效率，并确定单户经营形式下的林地效率最优规模。

（2）Tobit模型。由于DEA分析中得出的林地单户经营效率值是一个大于0小于1的数，因此回归方程的被解释变量就被限制在0～1之间。而Tobit回归模型正是被解释变量受限制时所使用的一种模型，运用极大似然概念对连续型数值变量或虚拟变量进行分析。本研究运用标准的Tobit模型，研究林地经营规模效率的影响因素。

（3）Logistic模型。Logistic回归分析方法被广泛应用于因变量为定性分类变量的研究中，根据因变量的取值可以分为二分类Logistic回归和多分类

Logistic 回归。本研究中运用该模型来分析农户林地经营及行为的影响因素。

此外，本研究还运用了线性规划的最优规模优化模型。

4. 比较分析法

比较分析法是根据可比性原则，在所搜集到的相关数据资料进行整理、分组的基础上，运用各种经济效益指标进行对比分析的一种方法，又称对比分析法。本研究把农户在单户经营形式下的农户毛竹林经营规模效率影响因素与林地经营规模效率影响因素进行比较，挖掘农户在林地经营过程中的经营。

5. 案例分析法

研究中，通过总结典型农户深度访谈材料，形成农户林地经营典型案例，并通过案例总结林地经营特征及经验。本研究完成了 15 个典型案例的编写。

1.5 成果研究内容及方法的创新程度、突出特色和主要建树

1. 成果研究内容及方法的创新程度

与以往同类研究相比，本研究内容和研究方法有了较显著的拓展和创新。主要体现在：①较为系统地总结了林权制度演变与林地经营模式及利益变化。②较为系统地构建起了一套农户林地经营理论体系，对林地单户家庭经营、联户经营、加入合作社经营进行了较为系统的阐述，完善和拓展了林地经营风险和新型林业经营主体的相关理论；③基于福建、辽宁和河南的农户调查数据，运用 Logistic 模型对农户林地经营意愿及其影响因素进行了较为系统的研究，揭示了农户经营决策机理；④采用线性规划方法，较为合理地测算了林地适度经营规模；⑤基于 DEA 模型和 Tobit 模型较为系统地对林地经营效率及其影响因素进行了研究；⑥较为系统地构建了保障和提升农户林地经营效率的农户林地经营机制体系。

2. 突出特色

本项目的特色体现在：①在研究选题方面，本研究选题属“农户经济学”“产权经济学”和“行为经济学”三大研究热点的交叉领域。②在研究视角方面，基于农户微观视角自下而上开展研究与基于文献资料自上而下研究相结合。③在研究观点方面，主张农户是林地经营的主体，是诱发林地制度改革的微观基础，我国林地经营制度变革、调整和完善应以尊重农户林地经营意愿为前提。④在理论应用和拓展方面，本研究将引入行为科学的“认知—意愿—行为”理论和福利经济学的“成本收益分析”理论，详细解析农户林地经营行为

路线图、影响因素理论模型、适度经营规模和经营效率测算，进一步充实和拓展了林地经营理论和林地经营规模及效率的测算方法。⑤在研究方法方面，借鉴主流的和前沿的农户行为研究方法，深入农村社区开展实地调查，采取较为规范的 Logistic 回归模型、DEA 模型和线性规划模型，对农户的林地经营决策行为、林地适度经营规模和林地经营效率加以实证。

3. 主要建树

本研究通过对农户林地经营行为研究，较为系统地揭示出了农户林地经营决策机理。就研究内容而言，一是较为系统地总结了林地经营理论体系；二是借鉴规范的研究方法和范式，筛选出影响农户林地经营形式选择意愿的主要影响因素；三是构建农户林地经营适度规模测算模型；四是构建了林地经营效率评价模型，并加以实证；五是从农户微观行为主体的角度，探索出一套基于促进农户林地经营视角的保障机制体系；六是通过扎实的研究，完成 15 个林地经营案例。

1.6 本研究成果的学术价值和应用价值

本研究具有较为重要的学术研究意义和实践应用价值。

（1）成果的学术价值。主要体现在：①较为系统地对林地经营理论、经营规模测算和经营效率评价进行了梳理、总结、构建和创新提升；②丰富和充实了我国林业经济管理学科的研究范畴和研究成果；③为同类相关研究奠定了一些基础和研究借鉴；④构建了农户林地经营意愿的影响因素分析模型、适度经营规模测算模型和经营效率模型，并基于农户调查数据进行了实证研究，研究结论具有一定的学术价值。

（2）成果的应用价值。主要体现在：①本研究成果对于激励、促进和规范林地经营行为，提升农户林地经营的福利水平具有实践参考价值；②对于林业主管部门出台相关的林地经营管理政策和相关制度规范具有决策支撑价值。2015 年 7 月 24 日，在中国林业经济学会的内部咨询刊物《林业专家建议》第 7 期发表“培育新型林业经营主体势在必行”。该建议稿共印发了 80 份，报送国家林业局领导、中国科学技术协会领导，以及国家林业局相关司局和各省份林业厅局主要领导，并得到了国家林业局农村林业改革发展司司长的批示；③对于促进林业可持续发展、社会主义新农村建设、现代和谐社会建设和生态文明制度建设具有实践应用价值；④形成的理论研究成果和实证案例在“林业经济学”教学中得到了较好的应用。

1.7 成果存在的不足和尚需深入研究的问题

（1）成果存在的不足之处。主要体现在：①由于经费和研究时间有限，本研究只选取了福建、辽宁、江西、浙江、河南等一些典型样本县来开展调查研究，研究具有一定的代表性但可能不一定具有普适性。由于全国各区域的林情不同，本研究不能完全代表和解释所有地区的农户林地经营情形。②变量选择和模型分析有待完善。由于影响农户林地经营行为因素的复杂性以及研究时间和数据样本的制约，未能将理论模型设计的所有因素变量都纳入实证分析模型加以检验。③由于我国缺少林地经营的完整统计体系，难以对全国的新型林业经营主体进行深入的定量比较分析。

（2）尚需深入研究的问题。主要体现在：①社会工商资本进入如何影响农户林地经营体制；②不同地区不同经营条件下农户适度林地经营规模的精准测算。

2.理论基础和文献综述

2.1 本研究的理论基础

2.1.1 产权理论

产权是经济行为主体对财产的一系列行为权利的统称，包括对财产的所有权、使用权、处置权以及源于上述权利的收益权等一组权利。产权理论是新制度经济学的重要内容之一。目前西方现代产权理论主要是形成以美国经济学家科斯为代表的科斯产权理论流派，主要研究现代市场经济产权的界定和资源配置及其效率的问题。科斯提出了有关交易费用的问题，他认为，企业的出现是为了形成一个经济组织，以减少市场运营的各种交易成本，这种利用价格机制的成本就是市场的交易费用（汪伟，2010）。产权能够减少不确定性和降低交易费用。人们确立或设置产权，或者把原来不明晰的产权明晰化，就可以使不同资产的不同产权之间边界确定，使不同的主体对不同的资产有不同的、确定的权利，这样就会使人们的经济交往环境变得比较确定，大家都更能够明白自己和别人的选择空间，这也就意味着人们从事经济活动的不确定性减少和交易费用降低了。合理、安全的产权制度对于实现预期的激励作用至关重要。产权制度安排合理与否，直接影响着预期的强度。选择最合理的产权制度，最大化激发经营主体的预期性和积极性，才能顺利发挥制度优势，促进生产积极稳定发展。需要注意的是，产权的激励功能还包含着约束功能。由于市场环境和市场主体行为的不确定，如何解决通过产权来解决具体问题，提高资源配置效率，是现代产权理论要面临的基本问题（宫志赞，2009）。

《中华人民共和国物权法》意义上的林权，是指权利人依法对林权证上记载的林地、林木享有直接支配和排他的权利，包括林地所有权、林地使用权、林木所有权、林木使用权，也包括在林地和林木上设立的其他物权形式，例如在承包的林地上设立的地役权、在林地林木上设立的抵押权等。林权是财产权利，具有直接支配性、排他性、受益性、优先性等一般物权的特征，同时林权权利人在行使权利时要受到生态公益的诸多限制，即在享有森林资源经济利益的同时还要担负起保护生态环境的义务，例如不得改变林地用途、及时更新造林等。产权理论对于林权体系建构和林地资源配置具有科学的指导意义。

2.1.2 制度变迁理论

所谓制度，就是规范个人行为的各种规则和约束。制度变迁理论是新制度经济学体系的核心部分。制度变迁是制度的替代、转换与交易过程。新制度经济学认为，土地、劳动、资本等生产要素，有了制度才得以发挥功能。新制度经济学的两个重要的制度变迁理论模型，即强制性制度变迁和诱致性制度变迁。诱致性制度变迁指的是现行制度安排的变更或替代，或者是新制度安排的创造，它由个人或一群人在响应获利机会时自发倡导、组织和实行（林毅夫，1989）。诱致性制度变迁是否发生，主要取决于个别创新者的预期收益和预期成本的比较。诱致性制度变迁的特点包括盈利性、自发性和渐进性（卢现祥，2003）。强制性制度变迁由政府命令和法律引入和实现。与诱致性制度变迁不同，强制性制度变迁可以纯粹因在不同选民集团之间对现有收入进行再分配而发生（卢现祥，2003）。

制度变迁理论为我们分析林地经营制度变革的深层次原因提供了必要的理论基础，一个经常变动的林地经营制度内部的利益关系一定不均衡，只要外界因素积累到一定程度，制度变迁就成为一种必然。

2.1.3 规模经济理论

规模经济理论是经济学的基本理论之一，也是现代企业理论研究的重要范畴，一般认为亚当·斯密在《国富论》中关于劳动分工的阐述是对规模经济的古典解释；关于真正意义的规模经济由马歇尔提出，其在《经济学原理》一书中提出："大规模生产的利益在工业上表现得最为清楚。"马歇尔还论述了规模经济形成的两种途径，即依赖于个别企业对资源的充分有效利用、组织和经营效率的提高而形成的"内部规模经济"和依赖于多个企业之间因合理的分工与联合、合理的地区布局等所形成的"外部规模经济"。他进一步研究了规模经济报酬的变化规律，即随着生产规模的不断扩大，规模报酬将依次经过规模报酬递增、规模报酬不变和规模报酬递减三个阶段。

规模经济主要是考察规模与经济报酬之间的关系，当规模经营能够取得较大的经济报酬，或者可以增加总收入，或者可以降低总成本，从而提高总体利润，就称为规模经济，反之则称为规模不经济。反映在农业上是指随着农业投入成本的增加，单位农产品的平均成本不断下降，或者不断上升。农业规模经济理论认为，在长期中，所有的资源投入都是可变的，而所有资源投入发生变动就是农业经营规模变动，产生的收益就是规模经济或不经济。

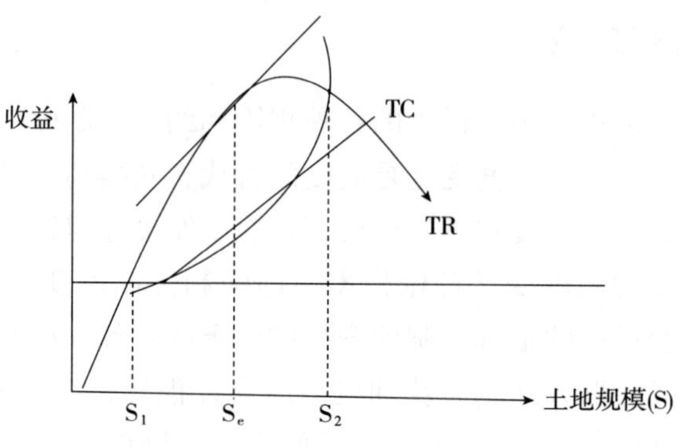

图 2-1　土地规模效应示意图

根据规模经营效益理论，规模经济收益是一个先增加后减少的过程。设林地经营的固定成本为 TFC，总收益为 TR，TC 为总成本。当农户经济的林地规模 $S=S_1$ 和 $S=S_2$ 时，实现收支平衡；当 $S_1<S<S_2$ 时，林地收益大于林地成本，当 $S=S_e$ 时，林地规模经营收益最大化（图 2-1）。

2.1.4　农户行为决策理论

农户是农村经济活动的行为主体，是广大农村投资、生产与消费等经济活动的微观行为主体，是农业生产中最基本的决策单元。行为是主体为了满足自身需要所确定的目标以及为实现这个目标而采取的一系列活动的总称。行为意向在某种程度上可以推断出个体行为，而行为意向是由个人的态度和主观规范决定的。行为意向的改变，会直接导致个体行为的改变。古典经济学认为，经济人对于个人利益的追求行为是一种完全理性行为，他总是能根据自身条件与市场环境的适应做出正确的判断，以达到自我利益最大化要求。理性行为理论认为个体的态度和主观规范是影响使用行为的重要因素，这要求个体完全有能力控制自己的任何行为，但在社会环境下，经济人的完全理性行为不免受到管理干预和外部环境的制约，农户的理性行为会发生偏移。舒尔茨通过对塞纳普和帕那加撒尔的传统农业调查发现，传统农业中的农民同样是理性的经济人，他们会根据市场价格的变动情况适时地做出选择，使生产要素配置达到帕雷托最优（尚欣，2010）。而计划行为理论认为，个体的行为并非完全出于自愿，某一情况下，是处于被动的控制之下，除了态度和主观准则之外，行为意向还受到了感知行为控制的影响。综合前人理论研究成果，农户作为一个理性的经营决策主体，其经营决策行为在实践中会受到认知、态度、意向和外界相关因素的综合影响。

2.1.5 资源配置理论

资源配置理论将分析农户在林业资源稀缺性的前提下如何更好地在生产上将要素资源进行配置，确定投入要素在生产经营环节中分配的数量和方向，以使供给最大限度地符合社会需求。资源配置是一种对稀缺资源的调节手段，目前主要包括三种配置方式：一是封闭型的资源配置方式，资源在一个相对封闭的经济主体内分配。二是计划配置方式，是指通过计划发挥使资源得以配置。三是市场配置方式，通过市场机制来调节资源配置比例，使社会生产各部门之间达到一种基本平衡。

2.1.6 投入产出理论

“投入产出分析”再生产各环节间数量依存关系的一种方法。以一般均衡模型为理论基础和数学方法，在将经济主体归纳为若干产业部门后，以函数的形式，将投入和产出以生产技术系数的形式固定下来。在林业生产经营的投入产出分析中，投入是指林业生产过程中林业生产要素的消耗和使用，产出指生产活动的成果及分配使用去向、流向。而生产率是指生产过程中产出与所需投入之间的比率。投入产出分析的应用是在投入产出表和投入产出模型的基础之上做各种经济分析、经济预测，编制计划。

2.1.7 效率理论

效率作为经济学研究的核心问题，历来是专家和学者关注的焦点。亚当·斯密（1776）在《国富论》中指出分工和专业化能够提高劳动生产率，是经济增长的源泉。其后，新古典经济学派的代表人物马歇尔将组织与土地、劳动和资本并列为生产要素，认为分工不是越细越好，物质财富的生产取决于工业效率。19 世纪经济学家和社会学家维尔弗雷多·帕累托定义了帕累托效率：如果在其他人的环境没有变坏的情况下，能使一些人的境况变好，那么，就存在帕累托改进。否则就是帕累托效率的。英国经济学家 Farrell 于 1957 年将效率分为技术效率和配置效率。从投入角度界定技术效率即指在相同的生产条件下，生产单元潜在最小可能投入与实际投入之比；从产出角度界定技术效率即指在相同的投入下，生产单元实际产出与潜在最大可能产出的比率；而配置效率是指在给定价格和技术条件下实现投入或产出的最优组合的能力。之后又有学者分别从投入角度和产出角度延伸发展效率理论，对技术效率的概念渐渐达成共识，即在给定各种投入要素的条件下实现产出最大化的能力，或者在给定产出水平下实现投入最小化的能力。

2.2 前人相关研究成果综述

2.2.1 关于林地经营形式的研究

林地经营形式是影响林业生产力的重要因素（陈章纯，2014）。关于林地经营形式的研究，目前主要是关于林地经营形式的定义、分类以及林地经营存在问题和对策方面的研究，其中在对不同林地经营形式优越性的论证上研究较多。学术界从不同角度对林地经营方式进行研究，主要是对特定经营模式优越性的论证分析（谢益林，2000；陈永富 等，2000；罗攀柱 等，2006；黄安胜等，2008），并在比较各种经营方式的基础上提出适宜的林地经营方式。王光等（1993）认为在目前林地经营中起主导作用的经营形式主要是家庭经营、集体经营和股份合作经营；谢益林（2000）、黄安胜（2008）则认为股份合作经营的林业经营形式在林地经营中具有一定的优越性；张红霄等（2007）认为和股份合作经营形式相比，均山制在林地经营中更能发挥资源配置的优势，因有利于外部性内化从而提高经营效益和经营积极性。裘菊等（2007）通过福建省集体林权改革对林地经营模式影响的分析发现，家庭承包经营是福建集体林区最主要的经营方式；同时也有学者认为多种经营形式并存才是构建现代林业经营体系的保障和依据，不同的林地经营形式均有相应的一些优势，多种经营形式并存能充分调动广大经营者的积极性，利于未来林业的可持续发展（沈月琴，2000；陈海澄，2000）。曾云钦等（2014）以福建省为例运用 DEA 模型对自留山经营、家庭承包经营和股份合作经营等不同经营形式的效率进行了测算；申津羽（2014）在其博士论文中以福建三明市为例对不同林地经营形式的差异进行了详细分析，并对不同林业经营形式的绩效进行了评价。

2.2.2 农户林地经营绩效的研究

国内外关于农地和草地经营绩效研究成果较多，而国内对林地经营绩效的定量研究自 2003 年新一轮集体林改后才开始兴起（张春霞 等，2008；徐晋涛，2008）。国外学者对营林效率研究比较多的是从公益林区、地区林业等宏观层面上运用数据包络分析（Data Envelopment Analysis，DEA）方法进行研究（Lebeil G，1998；Gudbrand Lien，2006）。而国内林地经营效率研究以定性为主，基于农户微观主体的定量研究比较少（Kao，Yang，1911；zhang Yaoqi，2001；刘璨，2008；熊超，姚顺波，2009；张春霞，2008）。高岚等（2012）对当前经营模式下的绩效进行初步评价，认为农户林业经营模式的选择只有在与资源特征及制度环境相匹配的条件下，才能实现农户经营林业效益的最大化，从而决定制度安排的合理性与林业经营的可持续性（陈时兴，2009）。廖文梅（2012）认为集体林权制度改革绩效应从经济、社会和生态三个方面评价，同时要格外注意结合区域自然地理、社会经济环境和社会习俗等本地实际情况，作出具有本土特色和差异化的政策解释。目前从林权改革后农户家庭经营角度深入进行的研究并不多。因此，农户林地经营效率测度、农户林地经营效率差异及其原因，以及林地经营的适度规模测算仍有待进一步深入研究。

2.2.3 农户林地经营投入影响因素的研究

在对农户进行林地经营投入研究时，发现影响农户投入林地经营的因素各不相同。Feder 等（1989）对泰国的实证研究表明，拥有稳定的产权时，农民更容易获得贷款，减少了资本约束，农民会增加用于土地改良的投入。Zhang and Pearse（1997）认为林地质量是影响林农参与林地投入的重要影响因素。Zhang and Flick（2001）认为木材价格、利率、家庭财富、技术援助以及农户的一些自身特征等是影响农户造林投入的显著因素。Juan Lopez（2010）、Lorenzo Cotula（2011）认为基础设施、地租、林地肥沃情况、地理位置对林地经营有影响。Zhang and Owiredu（2007）认为土地产权、市场因素、土地面积、技术援助、农户年龄和受教育水平都可能影响农户进行林业生产和林业投资。Francois Velge and Steve Harrison（2009）认为资金是影响林地经营投入的重要因素，缓解林业投入资金紧缺情况是解决林业投入不足的重要环节。Denis J. Sonwa（2011）认为政府的林业倾向政策也是影响林业投入的关键（Matthew R. Auer，2012）。

当前国内对农户进行林地经营影响因素的研究较少，主要以农户的生产投资行为为基础。罗金和张广胜（2009）利用辽宁省农户调查的数据得到户主受教育程度、生产资金获取的难易程度、农户家庭收入、林地面积等因素显著影响农户进行林地经营。曾玉林（2007）认为以农户为主体的单户经营中，由于林农获取信息及反应市场的能力较弱，并且受到资金和技术制约，使得家庭单户经营生产盲目性较强，抗风险能力差，经营收益不大。陈珂等（2008）认为集体林权改革后长期内比短期内意愿投资林业的农户更多。林业生产周期长、自然风险大、存在林业外部性、税费过重、采伐限额、育林基金等因子影响了林农林业投入。黄安胜等（2008）通过对南方集体林区的农户资金投入行为进行分析，发现影响林农用材林投入的显著因素包括经营所得、林地面积、林木的成熟状况和经营其他林种林地面积。詹黎锋等（2010）发现劳动力数量、林业收入、工资性收入、林地面积、对林业是否熟悉、林业风险、林产品销售情况、采伐限额等对农户造林影响显著。文献研究表明，林农个体、家庭特征、制度变量和宏观环境依然是影响林农林业投入的重要因子。

2.2.4 关于土地经营规模的研究

土地适度经营规模阐明的是能保证最佳经济效益的适当土地规模。从广义角度看，规模经济是指在一定的产量区间内，企业规模扩大导致单位产品成本的下降。而规模不经济则是企业在超出或不足一定的产量区间规模扩大反而导致单位产品成本上升。而经营规模正是规模经济概念的实际运用。它是指在一个经济实体中，各种生产要素的集中程度、组合方式和配置比例（钱贵霞，2005）。将经营规模研究具体到土地问题上，便产生了土地适度经营规模这一概念。

许多学者对土地适度经营规模的内涵进行研究。王郁昭（1995）认为客观环境决定了我国不宜实行耕地规模经营，我国仍然要以小农经营模式为本，不应该单纯地奢谈规模经营论。赖泽源（1996）认为我国农地规模和农业产出（以农产品数量为准）是一种“负相关关系”，即农地规模小的反而效益更高。杨素群（1998）认为适度规模经营是在一定的经济、技术、自然条件下，农户投入并合理配置土地、劳动、技术、资金等多种生产要素获得最佳经济效益。张海亮、吴楚材（1998）给出了农户耕地适度经营规模需要满足的关系式。张侠等（2002）人研究了影响我国土地适度规模经营的因素，给出了计算各地区适度规模的具体方法。胡瑞卿和张岳恒（2007）通过设置假设条件，经过理论分析和实证研究，估算了农户在不同经营目标下的耕地经营最优规模。韩喜平（2009）认为土地适度经营规模是指各生产要素在生产经营中资源配置比例最优并取得最佳投入产出效率时经营所投入的土地规模面积大小。

2.2.5 关于经营规模与效率的关系研究

土地规模大小与生产经营效率之间的关系一直是国内外学者争论的焦点。从已有研究看，土地经营规模与经营效率的关系大致有三种不同的观点：一是认为大规模经营更有效率（黄祖辉，1998）；二是认为土地规模和效率是负向关系（姚监复，2000）；三是认为农林业经营效率与土地规模没有必然联系（万广华，程恩江，1996）。

在农地方面，大部分观点赞成土地的规模经营有利于提高经营效率，就我国现行的大部分耕地而言，如果能规模化，减少因耕地利用细碎化所产生的浪费，把部分耕地集中到所谓的种田能手手中，将大大提高经营绩效。有学者认为，规模扩大与提高土地产出率并行不悖（张光辉，199；张忠明，钱文荣，2008），土地适度规模经营是经济社会发展的必然趋势（陈躬林，2002；但小平，蔡斌 等，2008）。孙自铎（2001）根据多年的实践研究表明，农业适度规模经营不仅可以减少开支还能提高劳动效率，同时对于科技的推广，农业物质成本的降低也十分有效。任治君（1995）认为农地增产并不一定由土地规模扩大所引起，农地经营规模与效率关系有待进一步研究。在农业经营效率与规模没有必然联系的观点上，Nohuhiko（2007）发现印度东部农民小规模经营水稻，新品种的农地上有技术效益，而在薄地上种植传统品种是接近生产前沿的，研究表明，中型农场的效率最高。西奥多·舒尔茨在《改造传统农业》一书中，通过对拖拉机等生产要素的假不可分性的分析否认了大农场一定比小农场效率高的观点。万广华、程恩江（1996）对主要粮食如早稻、晚籼稻、冬小麦等土地产出率予以实证分析，发现我国谷物的生产几乎不存在规模经济效益，因而增加经营规模不一定能带来粮食产量的增加。我国土地的细碎化是影响粮食产量的主要原因，因此应首先考虑土地连片集中而非规模经营。

在林地经营规模与效率关系的研究中，大多数的学者认为林业分散经营存在管理水平低、融资难等缺陷并不利于林业经济效益的实现，应在明确产权的基础上以联户或者合作经营的形式进行适度规模经营（伍士林 等，2006）。Bromly 和 Michael（2008）通过对林地规模与林地管理效率的相关性研究，认为规模比较大的林地管理效率要高于较小的林地地块。当然也有学者对规模经营持反对的态度，认为林地分散经营仍有其存在的合理性。高立英（2007）认为分散经营的优势在于，农户对林地拥有明晰的产权，必然会有更好的积极性投入林地的精耕细作，有利于林地资源利用率和经营水平的提高。同时规模经营虽然解放大量农村劳动力，但在未能对其很好地进行安置和再就业安排，将加重社会就业问题，影响社会安定。俞国平（1989）认为虽然在林业生产中规模经济所带来的效益不会像其他产业那样明显地体现出来，但林业规模经营能优化生产要素的组合，增加要素使用的效益。但长期而言，相对集中的大规模经营和分散的小规模经营仍将并存。由于林业经营周期长，投入的生产要素多，产出多样且较难衡量，经营周期内的制度变革较多，相关数据难以获得，所以关于林地经营规模与效率关系的量化研究相对较少。

2.2.6 关于林地经营规模效率测度的研究

关于林业经营规模效率的研究方法，国内外目前主要形成参数方法和非参数方法两大类测度方法（Chavas J，Roth M.，2005）。关于效率测度方法的研究国内外文献相对较多，主要形成两大类对技术效率的测算方法，一类是参数方法，另一类是非参数方法，主要是数据包络分析方法。

参数法是指通过建立并分析生产函数来确定经济规模的方法，其中前沿生产函数分析法是目前应用最广泛的分析方法。该方法认为前沿分析法包括确定性前沿分析法和随机前沿法两种，在确定的生产条件下，前沿生产函数可以通过生产要素投入与可能的最大产出量之间的数量关系反映。在分析技术效率时，确定性前沿分析法假定所有的生产单元共用一个固定前沿面，同时不对影响产出的可控因素和不可控因素加以区分；而随机前沿方法的前沿面是随机的，该方法由于把误差项进行区分，因此能更为准确地反映实际的技术效率水平。非参数方法中的数据包络分析法（Data Envelopment Analysis）是通过观察到的有效样本数据对决策单元（DMU）进行生产有效性评价（张忠明，2008）。DEA 法用投入产出数据来估计相对有效生产前沿面，而生产单位的效率是用该单位与确定前沿相比较的结果。DEA 分析法，通过技术效率、规模效率、纯技术效率来反映效率的变化情况。

20 世纪 90 年代以来，农户模型、DEA 效率分析模型等研究方法不断引入我国，成为主要的生产效率研究方法。国内对林地经营效率的定量研究自 2003 年新一轮集体林改后开始兴起，多数学者运用 DEA 对地方林业经营规模效率研究进行探讨。中国台湾地区学者 Kao 和 Yang 利用 DEA 模型对台湾林业投入产出效率进行评价（Kao，Yang，1991，1992）。

国内外关于林业经营效率的研究主要集中在宏观和区域层面。李志国（2015）利用 1993—2010 年数据，运用 DEA 方法对中国林业生产效率分析，认为我国 1993—2010 年间的林业投入产出值均较高，呈缓慢上升趋势，2002 年后至 2010 年，主要呈下降的趋势，出现的波动较大；杨玮（2010）选择我国 31 个省份作为研究对象，利用数据包络分析法测算林业全要素生产率。李春华等（2011）对中国 31 个省份的林业投入产出的综合效率值、纯技术效率值、规模效率值和规模效益类型分别进行比较分析，进而对中国各省林业投入产出的投影值进行测算，以此为依据提出提高林业投入产出效率的改进措施。

田淑英与许文立（2012）研究得出，1993—2002年间，我国林业投入产出效率总体较高，综合效率均值为0.994，但2003—2010年间综合效率均值下降到0.932，且波动较大，林业劳动力投入和林业第一产业产值对我国林业投入产出的效率影响较大。

在区域和企业研究方面，张耀启（2001）基于黑龙江省林业局下属国有林场在经济体制改革前后的造林面板数据，通过DEA的CRS模型和VRS模型分析了经济体制改革对造林效率的影响；张蕾等（2004）运用DEA的非参数Malmquist指数法测算了江西省崇义县的农户效率，指出与引起全部产业全要素生产率变化的主要因素技术进步不同，林业全要素生产率的主要因素是效率变化；施蔚（2007）分别用柯布—道格拉斯生产函数和数据包括分析法，对江苏木材加工产业的规模效率进行实证分析；何浩然等（2007）运用DEA模型分析测度东北、内蒙古国有林区林产品加工企业2004年的技术效率。张忠海与罗晖（2008）对广东21个城市的4个林业投入指标和3个林业产出指标进行分析，得出各个城市的林业投入产出效率值，纯技术效率值，规模效率值和规模效益；赖作卿等（2008）也采用同样方法，进而对广东林业投入产出效率的区域平均值进行比较分析，结果表明增加林业投入可以有效提高广东林业投入产出效率；李芳宁等（2010）测算了福建毛竹经营效率的水平，结果表明福建省毛竹经营效率偏低，毛竹生产技术有效性系数不高；臧良震等（2011）应用DEA模型分析了重庆林农的林业生产技术效率及其影响因素；佟立志与万志芳（2011）测算了吉林森工集团的全要素生产率，研究结果表明2003—2009年8个林业局的全要素生产率每年平均提高2.04%，其中主要是技术进步带来的贡献；陈向华等（2012）利用DEA法测量了黑龙江省森工40个林业企业的全要素生产率，实证分析结果表明2003—2009年黑龙江国有林区林业企业全要素生产率总体上呈现下降趋势，其原因可归结为林区技术进步缓慢。

2.2.7 关于效率影响因素的研究

在农林类效率影响因素研究中，关于粮食生产的影响因素分析较多。在农业方面，研究多从投入劳动力、资金、土地、技术等因素考虑（田新建，2003；宋伟，陈百明，2007）。就物质要素而言，不同学者根据不同研究对象选择相应要素变量。研究粮食产量选择耕地规模、复种指数、秸秆还田和钾肥施肥水平（陈曦，2007），在研究规模效率时又考虑了家庭地块分割数量，同时通过生产用工行为、生产投资行为、技术采用行为、土地流转差异等方面对不同土地规模下的农户生产行为差异进行分析（张忠明，2008）。同时，由于农户个体及家庭的异质性，农户的个体特征、家庭特征也会影响其林业经营行为。因此，小农经济条件下农户行为成为国内外学者研究的关注焦点并进行过论述，一些关于农户的理性假说也为分析农户的经济行为提供了理论基础。舒尔茨的《改造传统农业》中指出传统农业中农民是理性的，他们能对市场刺激能作出正确又迅速的反应，且经过多年努力可使生产要素达到最优合理配置；波普金认为理性小农追求的是效用的最大化（舒尔茨，1987）；恰亚诺夫则认为农民生产是为了满足家庭消费需要，而不是追求利润最大化。我国学者郑风田屏弃了传统的对农民理性的狭义理解，认为农民的理性行为具有异质性，农户的行为会随市场制度环境的变化而表现出不同特性。在自给自足的经济环境下，农户的行为将表现为类似恰亚诺夫的小农，如果处于完全水平经济条件下，农民的行为表现为类似舒尔茨的小农，而在自给自足和商品化的过渡阶段，其行为将具有双重属性（郑风田，2000）。正是因为考虑农户的异质性，林勇刚（2010）在研究农地经营规模效率时对影响因素按照户主个人特征、家庭资源禀赋、家庭种植结构、家庭种植投入、家庭非农经营等维度进行分类，李芳宁将影响毛竹经营规模效率的影响因素分为自然因素（林地因素、辅助约束）、社会因素（家庭特征、培育方法、科技水平、其他因素）、经济因素（组织形态、资本投入）三个大类。陈旻榕（2010）在研究茶农经营规模效率影响因素时将影响因素分为茶农家庭与社会特征变量、经营状况变量以及科技服务变量三类。

2.2.8 研究评述

文献研究表明，国内外学者在林地经营研究方面已取得了一些成果，为后续研究奠定了良好基础。在研究内容上，可以看到，农户是林业经营的主体，农户的经济行为对林业生产有着重要影响。而林地经营形式趋于多样化，直观反映了集体林权制度改革对林业生产所产生的影响，同时，不同林地经营形式对林业生产力的影响存在差异。在经营规模的研究上，规模经济是研究林地经营效率的基础，以土地规模为基础的营林规模存在着规模的经济性。现有研究对土地规模经营的概念、约束条件、政策研究较多，对于规模与效率的关系仍处于争论阶段。部分国内外学者认为经营规模与效率之间存在正向关系，部分学者则认为存在负向关系或者两者关系不大，但大多数学者还是支持效率会随林地规模的扩大而提高。

另一方面，前人有些研究成果缺乏针对性和系统性，而常常扮演了解释国家政策的角色（李周，1998）。前人研究成果中，宏观研究较多，微观研究不足，特别是缺乏基于农户微观角度的研究；定性分析和规范研究较多，定量和实证分析不足，特别是缺乏从农户调查的角度构建计量模型开展定量分析；前人研究中针对单种林地经营形式的研究较多，缺乏针对不同经营形式的比较和系统研究；前人研究中样本地区多数选择在东南集体林区，其研究代表性较为单一，缺乏系统性的深入研究。现有的文献对不同林地经营模式影响因素的研究较少，研究规范性、科学性和系统性仍有不足，同时对农民林地经营绩效、经营效率和适度经营规模的分析也不够细致深入。因此，本研究在借鉴前人研究的基础上，将从农户微观主体视角，基于农户理性的假设，针对河南、四川、江西和辽宁等南北方集体林区农户进行实地调查，分析农户林地经营意愿和行为及影响因素，探析农户林地经营的适度规模，并分析和比较不同林地经营情形下的林地经营效率，并基于农户政策需求调研，提出促进农户林地合理经营的保障体系和政策建议。

3. 集体林地经营形式、集体林权制度改革与林农利益变化分析

3.1 林地经营形式分析

经营形式是指林业生产经营中，在一定所有制条件下，林业从业者和土地、资金、劳动力等生产要素的组合方式，确定林业生产经营的规模及相关权利、责任关系（沈月琴，李兰英 等，2000）。《中国大百科全书》将林业经营形式界定为，在确定的生产资料所有制下与生产力水平相适应的林业生产经济活动的方式和方法（黄森慰，2008）。

林地经营形式属林地经营模式研究范畴。新一轮集体林权制度改革，明晰了产权，农户拥有了经营权和相应的收益权，体现了起点公平性原则，调动了农民经营林业的主动性和积极性，也赋予了农民林农更多的权利，使其在林业经营形式的选择上拥有更大的自主性和自由性。

由于我国林地经营模式众多，在林地经营模式的研究方面较为充分。但是各研究者都有自己不同的分类方式。虽然小有不同，但是大体分类还是一致的。乔方彬等（1998）认为分林到户可以促进林业的发展，分山到户后责任山和自留山上的经济林迅速增长。陈幸良（2003）总结了林业“三定”以来，形成的 6 种林业经营模式：自留山经营、承包经营、租赁经营、股份制或者股份合作制经营、集体统一经营、其他形式的经营模式。孙妍等（2006）通过对江西林权改革的实地调查，把江西林权经营模式分为七类：家庭经营、集体统一经营、承包租赁经营、活立木转让、县、乡、村（组）联营林场、公益林管护、股份合作经营。徐晋涛等（2008）把林业经营模式分为六类：家庭经营（自留山、责任山、承包山和租赁山）、联户经营、小组经营（或自然村经营）、林地流转经营、集体经营、生态公益林经营。张海鹏等（2009）把林地经营类型分为家庭经营、联户经营、小组经营、外部经营、集体经营、生态公益林经营六种类型。刘璨（2009）认为林业家庭经营模式并不十分适合中国，在一定

程度上制约了集体林区的发展。

后林改时期，依据经营主体的不同，划分主要的 5 种林业经营形式：(1) 单户经营。单个林农家庭对林地进行经营管理，独自享有林地的使用权、处置权与收益权。经营的林地既包括本次集体林权制度改革获得的林地，也包括 20 世纪 80 年代林业“三定”时期划分的自留山、责任山与承包山。(2) 联户经营。几户林农在自愿的基础上联合经营管理一块或几块林地，共同享有林地的使用权和处置权，但只对自有林地享有收益权。几户林农共同或轮流出劳力进行林业生产或管护。(3) 小组经营（或自然村经营）。以生产小组或自然村为经营单位，这种经营模式类似于社区共管模式。(4) 林地流转经营。指的是外村的个人或企业或组织通过签订合同的方式获取某个村的林地的使用权和管理权。(5) 村集体经营，即林地由村委会统一经营。(6) 合作社经营，即通过加入合作社合作经营。

后林改时期，在家庭承包经营的基础上，呈现了多种经营形式并存的林地经营局面（图 3-1)。下面重点介绍单户经营、联户经营和加入合作社经营三种经营形式，并对集体林权流转经营体系进行了简要分析。

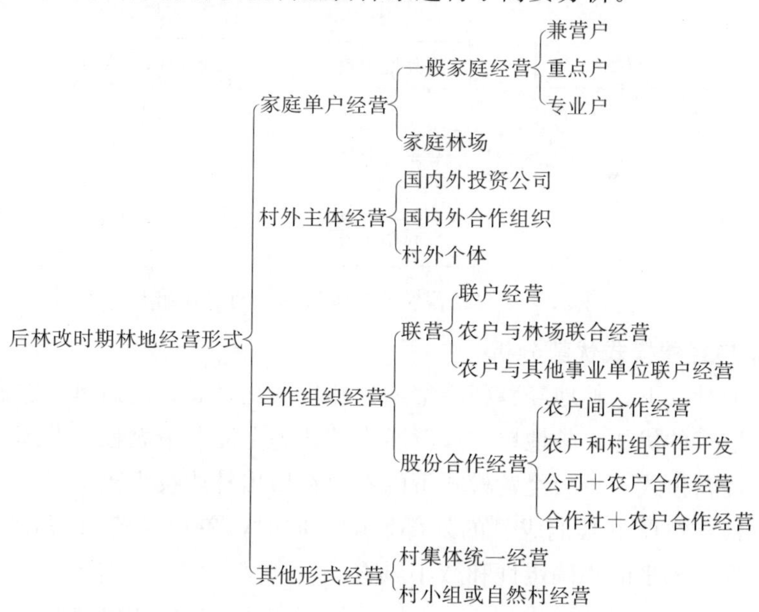

图 3-1　后林改时期多元化的林地经营形式

3.1.1　单户经营

单户经营是指以单个农户家庭为经营单位的经营类型，也是目前最为常见的林地经营模式。集体林权制度改革以后，林农自主经营，获得了林木的所有权和林地的使用权等资源权属，在林地的生产与投入过程中都具有较高的自主性。这种经营方式有助于将资本、劳动和林地的收益结合起来，极大地调动农民林业生产经营的积极性和主动性，能够满足决策者和生产者的同一性，不存在内部不同要素主体权益的对立，有着其他林业经营方式无法比拟的优越性，可以快速地做出市场反应。单户经营以家庭为单位，家庭作为最紧密的利益共同体，经营决策过程较为简单，利益分配机制较为清晰，不需要外界监督和管理，降低了经营监督成本（高强 等，2013）。另一方面，分林到户后家庭单户经营模式会导致林地经营的小规模化和细碎化，从而丧失林地规模化经营优势，不利于提升林地经营效率。图 3-2 展示了单户经营的决策机制以及利益分配模式。

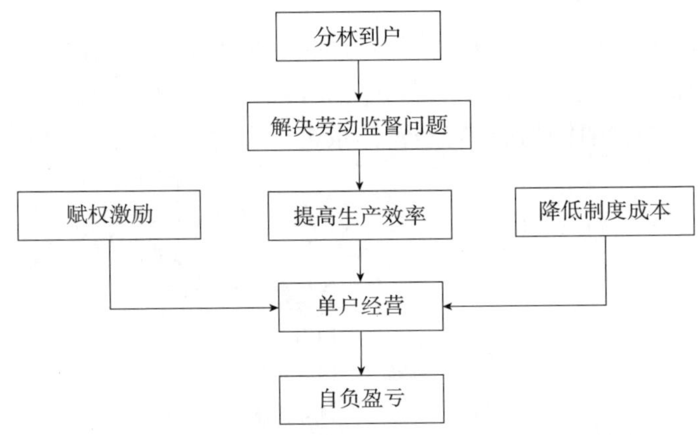

图 3-2　单户经营模式决策机制及利益分配

1. 单户经营模式优势分析

在当前社会下，林地经营朝着集约化和规模化发展。但是单户农户仍然有自身不可取代的优势。林地单户经营通常被认为是能够最大程度发挥产权的激励效应的经营模式。单户经营模式下的农户在做出林业投入决策时，可以排除其他经营模式情形下其他成员的外部影响。同时，单户经营内部激励效应较大，可以降低未来的不确定性和减小风险。

同时，和其他经营模式相比，以家庭为基本经营单位的单户经营形式可以大大降低协调组织成本。在联户经营或合作社经营模式之下，经营决策必须充分考虑内部成员的不同意见，在充分照顾各个成员的利益之下，做出相对妥协的决策。因此，该决策不一定是收益最优的决策，同时，在协调内部各方利益时，有各项时间成本和组织成本。而单户经营模式下则能够在自身经济约束条件下，做出收益最大化的最优投资决策。

单户经营模式有对林地资源拥有充分自由的处分权利。在面对意外情形例如自然灾害或病虫灾害时，单户经营模式下的农户的反应往往更为迅速。因为他们不用与其他主体进行协商，可以减少不必要的损失。在林业投入上，单户经营模式下的农户可以根据经营情况自主灵活快速做出林地经营投入产出决策。在单户经营下，农户无需担心与外人分割利益不均而做出不是最优的选择而损失一部分的收益。

2. 单户经营模式劣势分析

当然，在规模化趋势日益明显的今天，林地单户经营也具有一些劣势。林业经营具有前期投入高、回报周期长、风险大及收入不确定性等特点。林业经营前期投入大且回报周期长让一些单户经营下的农户因家庭经济能力有限，无法获取足够的资金投入林业。有许多研究资料表示，许多单户经营的农户在中途仍然选择流出林地的原因多是因急需用钱，而林地回报周期长而不得不变现林地资产。同时林业经营过程中面临着风、雨、泥石流、火等自然灾害的侵袭，一些农户可能因为林业经营风险大而不敢增大甚至减少对林业的投入。与其他经营模式相比，单户经营在内部激励能够得到极大发挥的同时，也面临要独立承担更大的外部市场和自然风险，这也是单户经营所无法规避的。

3. 农户选择单户经营的主要考虑因素

林权改革之后，形成了以家庭承包经营为主、多种经营形式并存的经营体制。在国家进一步推进林地流转，促进规模化生产的时候，仍有部分农户选择传统经营的单户经营。

一部分农户在林权改革明晰产权之后，更乐于进行单户经营。因为林权改革明晰产权之后，为部分农户解决了内部协调、利益分配不均等后顾之忧。农户可以更加自由地进行林业经营。同时，大部分农户还是具有“土地是安身立命之本”的想法，土地是要留给后代的。因此，不愿意将土地流转出去。认为还是自己经营更为放心。在更实际的层面，担心合伙过程中出现资金、时间、劳动力分配等问题是农户不愿意进行土地流转或者合作的最主要原因。其次则是在此基础上延伸出来的问题。例如，很难找到合适的合伙人；担心合伙后收入降低；受身边合伙经营失败的事件影响等。

在另一个方面，研究将林地流转出去的农户或者进行林地流入的农户可以侧面探知农户选择单户经营的原因。农户进行林地流转的原因主要是因为缺乏劳动力，林地资源质量差或者林地面积小，急需用钱，有其他职业。其中缺乏劳动力为主要原因。同时，进行林地流入的农户则是因为能提高劳动生产率以增加收入，林地面积小，劳动力剩余。由此可以看出，劳动力是决定农户选择单户经营的主要原因（黄莉莉，2012）。此外，经济状况也是影响农户是否进行单户经营的主要原因。这与林业生产的特点有着密切的关系。多数农户在劳动力充裕和经济状况允许的情况之下还是愿意留下林地进行单户经营的（李智，2011）。

3.1.2 联户经营

林地联户经营就是农民在自主协商基础上联合起来，对山林进行统一管理，收益按照每户份额进行分红，形成一个利益整体。现有的联户经营主要有两种形式：一是农户间自愿组合共同经营一片或几片山场；二是以小组或村集体为单位的联户经营（裘菊 等，2006）。外，还有一种跨村集体联户的情形，但在实践中较少发生。图 3-3 展示了联户经营的决策机制以及利益分配模式。

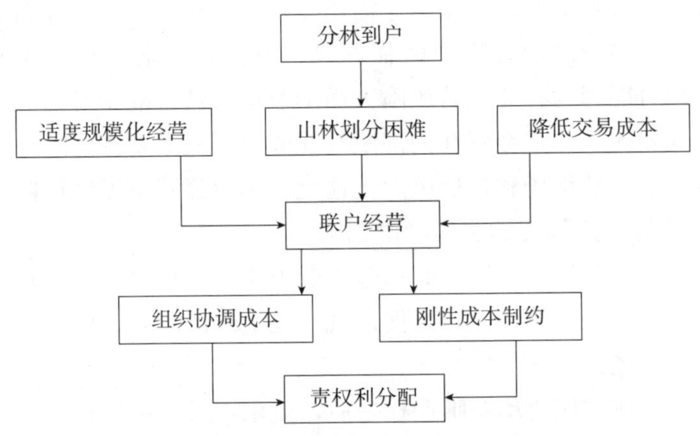

图 3-3　联户经营模式决策机制及利益分配

1. 联户经营的研究与实践

联户经营最初的文献可以追溯到 20 世纪 80 年代，其时对于联户经营的研究聚焦的是在生产生活实践中联户经营的存在合理性以及未来趋势的探究，尚未概括为理论层次，而且不可避免带有政治和意识形态的色彩。在省域层面，山东省曾就省内在生产责任制改革和多种经营的发展趋势下就省内的联户经营形式进行归类，并就其未来规范化、制度化管理提出政策性建议（延增宝，1982）。在国家层面，也有学者就联户经营家庭小农场这一新生事物展开探讨，并从比较的角度证明其组织形式上的优越性，以证明其存在的合理性（周本礼，1984）。

而针对林业联户经营的研究则可以说是本世纪才开始引起学界的关注。在

2005年以来，学术界掀起了新集体林权制度改革研究的小热潮。徐晋涛（2006）对福建的12个县72个村的调研结果表明，联户经营成为改革后林业经营的一个重要形式。杨萍（2008）从法律视角认为联户是由2个以上的农户通过自愿方式组成的联合体，能够以自己的名义订立和履行合同，在对联户事务进行决策、执行和监督时，每个联户成员享有平等地参与联户内部事务管理的权利，即每个成员对联户事务均享有平等的决策权、执行权和监督权。肖铭心等（2011）认为林农根据拥有的林地、资本、林业生产经营等要素选择与自家承包的林业相近的或者效益较高的林农联合形成联户经营。吴静等（2013）基于福建省三明市实证调查所获取的数据，对集体林权制度改革后农户林业经营模式的选择行为影响因素进行分析；银小柯（2012）基于福建省林改的具体数据研究联户经营影响投入的因素。

2. 联户经营的优劣势

联户经营是适应林业经营特点而产生的新的经营管理模式，既有效规避了山林划分的困难，减少划分中出现纠纷的可能性，又有助于实现规模经济，体现了农民在自主选择林权制度安排过程中的灵活性和创造性。与单户经营相比，联户能够发挥成员多、获取信息渠道广、人力资本高等优势，减少搜寻成本，降低不确定性（银小柯 等，2012）。

林农联户经营作为一个经济共同体组织参与市场交易。在相同条件下，林农联户经营比单户经营更能有效降低市场交易次数。一个自由林农参与联户组织的直接目的是获得比单户经营下额外的收益。否则，理性的林农不会参与联户。事实上获得超额的收益来源于对市场交易费用的节约，也就是联户组织的存在降低了单户在市场中的交易费用。联户经营能够有效筛选交易对象，降低交易中的不确定性，降低交易成本。

与单户经营相比，联户能够发挥成员多、获取消息广、人力资本高等优势。为了增进共同的利益，联户成员往往发挥群体优势，在信息市场上能够有效且及时获取所需要的真实信息。这些优势均可以转化为在相对低的成本下寻求合适交易对象，降低不确定性和交易成本，为联户经营带来效益。

但是，联户经营在降低外部交易成本的同时增加了自身内部组织的协调成本。由于文化素质、经济条件等个体差异的存在，参与联户经营的林农往往很难达成一致意见或者需要花费大量的组织协调成本。而且随着联户成员数量的增多，协调成本会增大。联户成员需要在没有收益或者预期长时间才有可能有收益的情况下承担组织的运营成本。而且这种刚性的运营成本会严重制约联户规模。

3.1.3 加入林业合作社经营

根据《中华人民共和国农民专业合作法》等相关法律，《国家林业局关于促进农民林业专业合作社发展的指导意见》对林业合作社概念做了明确界定：农民林业专业合作社是在明晰产权、承包到户的基础上，同类林产品的生产经营者或者同类林业生产经营服务的提供者、利用者，自愿联合、民主管理的互助性经济组织（国家林业局，2009）。

孔凡斌等（2010）认为我国林改“分林到户”后寻求林业的合作经营模式势在必行。家庭经营制度的缺陷和市场经济的发展是农民合作经济组织产生的基本原因。成立农民合作经济组织可以降低农民进入市场的交易成本和获取规模收益（张晓山，2003）。但在林业生产中，在比较合作的收益与成本之后，往往是处于优势地位的大户会自发成立合作经济组织，而且运行效果好；真正的弱势群体小农户则很少自发成立合作经济组织，而且运行效果欠佳（孔祥智等，2008）。

林权确权到户后，林业生产也面临着“小林业和大市场”的问题，而组建农民林业合作社是解决这一问题的最佳途径。林业合作社作为林农与市场的中介组织，不仅能够对市场波动产生的冲击起到缓冲作用，更重要的是它能够实现把分散的林农进行“再组织”，有效进行林业生产和销售。通过加入合作社，可以帮助林农统一开展病虫害防治、森林防火，合作社也可以借此推广优良树种，普及林业科技知识，促进林业的现代化发展，进而提高林农的合理收入。当然，加入林业合作社经营也会面临合作社经营收益分配矛盾，增加社员的组织协调成本等问题。图 3-4 展示了合作社经营的决策机制以及利益分配模式。

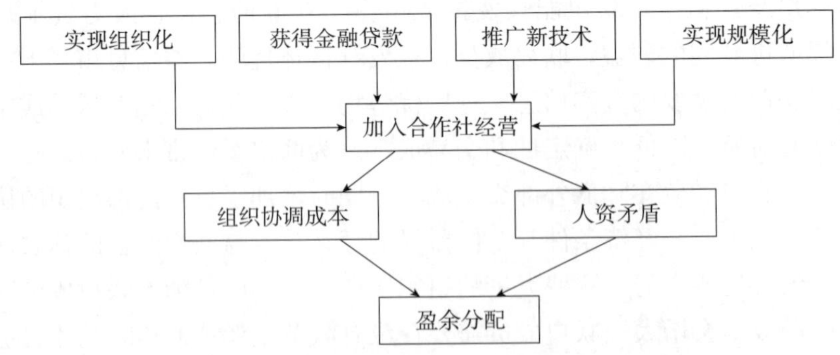

图 3-4　合作社经营模式决策机制及利益分配

1. 基于文献研究的农户入社经营动因及意愿分析

为化解家庭林业分散经营困境的农户林业合作社行为，已经成为政府部门和学术界颇为关注的研究对象，但目前国内关于林业合作社的研究文献并不算多，大部分是关于农业经济合作组织的。现有的文献多是从林业合作社建立的必要性、农户入社经营的动因、林业合作社的类型、农户入社经营意愿的影响因素、存在的问题和解决措施等方面进行分析。

林业合作社建设的必要性方面，孔凡斌等（2010）认为我国林改的“分林到户”，以家庭经营为基础的分散经营“小林经济”模式在农户林业收入持续增长时，只考虑农户的“私人经济理性”，忽略政府对森林资源增长的“公共利益”需求，会导致集体森林生态系统功能的整体下降，寻求林业的合作经营模式势在必行；由于林业投资回报期长，风险大，私人投资林业缺乏足够的吸引力，存在森林资源的过度利用和投资不足的倾向，造成私有林效率低下。Bromly 和 Michael（2008）通过对林地规模与林地管理效率的相关性研究，认为规模比较大的林地管理效率要高于较小的林地地块。国内外的理论与实践表明，采取合作化措施能有效改变私有林效率低的状况，对于当前我国林业分散经营的现状，社会实践者和学术界都基本赞同林地的合作经营和规模化经营，小规模林地合作经营社是一种必然趋势。

农户入社经营意愿影响因素方面，国内外学者得出了不少有价值的研究结论。国内有孔祥智、陈丹梅（2011）的研究认为，合作的高机会成本阻碍了小农户自发性组织的发展；王桂涛等（2009）的研究结果表明，农户参与林业经济合作组织的主要影响因素有户主受教育水平、林地面积、林业收入占家庭收入的比重、林业合作经济组织作用发挥、现有林业经济合作组织管理效率等，其中经营者的参与意愿是决定私有林经营效率的首要因素，是私有林发展的根本因素；黄森慰、张春霞（2010）建立计量模型，分析了影响林农合作经营意愿的林地因素，认为地块数、地块面积、林种数量、林地坡度等影响合作经营意愿。国外学者 Howard 认为，加入合作社的交易成本及所带来的收益是最重要的影响因素；Nikos 等的研究认为，除合作社规模外，由于合作社中成员的非同质性，社员自身对待风险的态度也将影响社员的参与选择。因而在现阶段林业规模化、合作化的推进过程中，应采用统一的模式，要尊重各经营主体的意愿，以此为基础运用相应经济措施加以引导。

2. 林业合作社的运行机制和组建模式

（1）运行机制。林业合作社的运行机制是基于其发展模式而言的，不同的发展模式有不同的运行机制。运行机制一般从这几个方面体现：①经营方式。

比如产销型合作社的产前农资、农药由农资店统一提供，产中环节也由农资店统一提供，这样可以降低成本，产后环节各自解决，但可以使用合作社的统一商标；而基地型合作社是社员把自己林地统一交给合作社统一管理、统一经营、统一销售，这样既可以为林农增收，也为转移出去的劳动力省心；此外，混合型合作社的经营模式是“基地＋散户”，主要是社员自己经营，过程中可享受合作社提供的培训等服务。②合作社管理。产销型合作社是当合作社有大事发生，比如林权抵押贷款时，社员与带头人一齐开会，口头商量讨论，进行决策；基地型合作社的治理机制十分简单，理事长召集大家开会，大家根据市场行情定价，一人一票民主决策。③合作社分配方式。产销型合作社是合作社先收益，再通过按股份分红分配给社员；基地型合作社是合作社用提留、相关项目经费以及以后林权抵押贷款来开展低产竹林改造、竹产品品牌经营等业务，取60%，留给农户40%进行分配。

（2）组建模式。组建主体方面，主要有农民自主组建型、乡村集体组建型、企业带动组建型、政府部分扶持组建型等（王登举，2006）。运作模式方面，主要有“龙头企业＋基地＋合作社＋林农”“基地＋合作社＋林农”以及“市场＋合作社＋林农”这样三种运作模式（张金凤，2008）。不同的组建主体采用不同的运作方式，所产生的社会效益也不同。

3. 合作社联合社的发展

随着合作社的不断发展，合作社联合社联盟在我国已经形成雏形，联合社的发展不是一蹴而就的，它的出现有着其必要性和重要性，关于合作社联合社的出现动因，大部分学者认为联合社的出现是为了更好地适应市场化需要，提高社员及产品的市场竞争力而产生的。刘同山（2014）等在分析农民合作社联合社成立的动因时认为联合社是为了提高谈判地位、实现规模化发展以及延长产业链条，扩宽发展空间这几个方面；张娟（2012）认为农民专业合作社联合社比单个农民专业合作社具有更多的优势：组织化程度进一步提升，互助合作群体变大，市场竞争力变强，更注重农产品的营销，进而满足合作社及其社员的利益最大化需求。农民专业合作社联合社是农民专业合作社发展的一个突破点。蒋晓娟（2010）通过研究日本、美国及德国的联合社认为，我国的联合社在发展过程中首先要正视政府的作用，财政预算要安排专款引导联合社的发展，同时要给予一定税收优惠来促进联合社的发展；另外苑鹏（2104）通过研究北京市密云县牛奶联合社认为，联合社在发展过程中要通过有效的社员入社机制、延伸产业链条及政府加强指导等几个方面来促进联合社的成立和发展。

3.2 新一轮集体林权制度改革进展状况

3.2.1 新世纪新一轮集体林权制度改革进程

1. 2000—2007 年集体林权制度改革试点阶段

进入 21 世纪，新一轮集体林权制度改革开始进入试点起步阶段。2001 年，武平县在全国率先开展集体林权制度改革试点。2002 年 6 月 21 日，时任福建省省长的习近平同志在武平调研，对武平林改工作给予充分肯定，并作出“集体林权制度改革要像家庭联产承包责任制那样从山下转向山上”的重要指示。武平林改的成功实践，为全省乃至全国林改起到了探路子、树典型、作示范的重要作用。

“林业三定”时期开展的林权制度改革，极大地促进了林业产业的发展，但是随着集体林区森林经营方式的演变，“林业三定”时期的林业政策不能持续给林业产业发展带来活力与动力，基于林业发展需求等内部动因，以及社会经济发展、农村反贫困、农民增收等外部动因，中共中央、国务院于 2003 年 6 月，颁布了《关于加快林业发展的决定》（以下简称为《决定》），《决定》明确提出，“进一步完善林业产权制度是调动社会各方面造林积极性，促进林业更好更快发展的重要基础”。《决定》确立了林业改革发展的大方向，标志着新一轮林权制度改革的开始。《决定》发布之后，福建省率先开展了以“明晰所有权、放活经营权、落实处置权、保障收益权”为主要内容的集体林权制度改革。随后林改陆续在江西（2005）、辽宁（2005）、浙江（2006）等省相继推进，并取得了初步的政策实践经验。

2006 年以来，中央领导同志深入福建、江西、辽宁、云南等地区考察指导，多次对集体林权制度改革作出重要指示。2006 年 1 月，胡锦涛总书记在福建永安考察时，看到永安林业取得的巨大成绩，特别指出“林权制度改革意义重大”。2007 年 4 月 20 日，温家宝总理到江西省武宁县罗坪镇长水村考察林权制度改革情况。他说：“中国 70%是山地。集体林权制度改革如同土地家庭承包改革一样，在山区林区具有历史性的意义。改革调动了农民的积极性，使山更绿、水更清、环境更好，农民的收入更多。要下决心加快推进。”2007 年 5 月 13 日，回良玉副总理在云南农村考察时指出：“集体林权制度改革是农村又一次大的生产关系变革，适应经济发展规律、顺应群众意愿、合乎农村实际。”2006 年和 2007 年连续两年中央 1 号文件都将集体林权制度改革确定为深化农村改革的重要内容和重大举措。2006 年 3 月 14 日，第十届全国人大四次会议审议通过的《国民经济和社会发展第十一个五年规划纲要》中，特别在农村深化改革部分增加“稳步推进集体林权改革”等内容模块。2007 年 10 月，党的十七大报告中明确提出：“深化农村综合改革，推进农村金融体制改革和创新，改革集体林权制度。”

2007 年，为了推进集体林权制度改革，国家林业局做了大量工作，先后在辽宁沈阳、陕西西安、云南普洱召开了东北华北片座谈会、西北片座谈会、南方片座谈会；会同中央农村工作领导小组办公室、国家发展和改革委员会等六部委组成联合调研组，对江西、福建两省的林权制度改革情况进行了全面深入的调研，形成了 10 篇调研报告，向党中央、国务院汇报；到多个省区调研考察，与当地的党政一把手就集体林权制度改革事宜进行研究部署。与国家档案局、财政部等部门联合出台了档案管理、森林资源资产评估、生态公益林补偿等一系列规范性文件，与有关部门协调解决了全国集体林权制度改革部分工作经费，为全国推进集体林权制度改革打下了坚实基础。

截至 2007 年年底，全国已经有 27 个省份成立了集体林权制度改革领导小组及其办公室，18 个省份的党委、政府相继出台了关于开展集体林权制度改革的文件。中央财政先期对 14 个省（市）下达了 15.78 亿元专项工作补助经费，14 个省（市）地方财政也先后安排了专项经费约 29 亿元，全国已完成承包的集体林地约 0.583 亿公顷，占集体林业用地的 34.45%。

2. 2008—2010 年全面推进集体林权制度改革阶段

2008 年 4 月，温家宝总理主持召开国务院常务会议，研究推进集体林权制度改革。随后，胡锦涛总书记先后主持中央政治局常委会议、政治局全体会议，研究部署全面推进集体林权制度改革。2008 年 6 月，中共中央、国务院发布《关于全面推进集体林权制度改革的意见》（以下简称《意见》），决定用 5 年时间，在全国基本完成集体林权制度改革。《意见》提出，在坚持集体林地所有权不变的前提下，依法将林地承包经营权和林木所有权，通过家庭承包方式落实到本集体经济组织的农户，确立农民作为林地承包经营权人的主体地位，承包期为 70 年，期满可以继续承包。《意见》明确了改革原则和主要内容，制定了推进改革的主要政策，标志着我国新时期集体林权制度改革政策进入全面推进阶段。中央 10 号文件颁布后，国家林业局于 2008 年 7 月分别在云南昆明和辽宁沈阳召开了全国集体林权制度改革厅（局）长培训班和集体林权制度改革师资培训班，对全面开展集体林权制度改革进行了系统的安排部署。截至 2008 年 11 月，全国已有 29 个省（自治区、直辖市）成立了集体林权制度改革领导小组及其办公室，23 个省（自治区、直辖市）出台了关于推进集体林权制度改革的文件，13 个省在全省范围内全面推开了集体林权制度改革工作。为推进集体林权制度改革，国家林业局会同财政部到林改地区进行专题调研，对林改工作经费进行实地测算，中央财政最终确定对集体林权制度改革给予每亩 1 元的工作经费补助。2007 年，财政部先行下达了 14 个省林改工作经费 15.78 亿元，2008 年给山西、北京、内蒙古、江苏、山东、河南、广东、海南、甘肃等 9 个省份下达了 7.26 亿元林改工作经费。2008 年，北京大学联合国家林业局组成 3 个调研组，赴江西、福建、山西、辽宁进行了专题调研，为办好集体林制度改革论坛提供了支持。财政部、中国银行业监督管理委员会、清华大学与国家林业局联合开展支持林改的金融政策研究。中央党校、中国农林工会分别与国家林业局合作，开展林改调研，为林改献计献策。九三学社等社团组织也积极为林改提案，吁吁各方加大支持林改的力度。

2009 年 6 月，集体林权制度改革在全国范围内全面推开。2009 年 6 月 22～23 日我国召开了新中国成立以来的首次全国林业工作会议，全面部署推进集体林权制度改革工作。会议强调，集体林权制度改革是农村经营制度的又一重大变革。全面推进集体林权制度改革，必须确保实现资源增长和农民增收两大基本目标，建立以家庭承包经营为基础的现代林业产权制度和支持林业发展的公共财政制度两项根本制度，坚持尊重农民意愿和依法办事两大重要原则，抓住勘界发证和落实责任两个关键环节，处理好改革与稳定、放活与管理两个重要关系，切实保证改革沿着正确的方向推进。截至 2010 年年底，全国已有 20 个省（自治区、直辖市）基本完成明晰产权、承包到户的集体林权制度改革任务，共有承包到户的集体林地 24.31 亿亩，占总面积的 88.6%；发证面积 20.1 亿亩，占总面积的 73.4%，7 260 万农户拿到林权证，3 亿多农民直接受益，集体林权改革取得初步成效。

3. 2011—2013 年集体林权制度“回头看”及配套改革阶段

该阶段在落实和稳定农村林地家庭承包制度与保障农民的林地承包经营权的前提下，强化林权保护工作，依法规范林权日常登记发证管理工作，强化林权档案管理，加快信息系统建设，建立健全林地承包经营纠纷调解、仲裁制度，加快集体林权流转、林权交易市场监管制度建设，从制度上维护农民合法权益的同时，完善政策，进行财政支持、金融保险服务、林业合作组织建设等相关配套改革。

至 2013 年年底，集体林权制度改革已在全国范围内全面展开，集体林权改革涉及 1.5 亿农户，5.77 亿农民。全国除上海和西藏以外的 29 个省（自治区、直辖市）已确权面积 27.05 亿亩。全国累计发证面积达 26.41 亿亩，占已确权林地总面积的97.63%。发证户数9 076.94万户，占涉及集体林权制度改革总户数的60.53%。26个省（自治区、直辖市）建立了地方森林生态效益补偿基金制度。26个省（自治区、直辖市）林权抵押贷款面积7 015.09万亩，贷款金额1 166.00亿元。24个省（自治区、直辖市）开展了森林保险，投保面积13.64亿亩，保险金额6 571.84亿元，保费17.20亿元。24个省（自治区、直辖市）成立县级及以上的林权交易服务机构1 380个，成立855个资产评估机构。全国累计流转集体林地2.19亿亩，占已确权林地的8.10%。全国共建立林业专业合作组织11.57万个。2013年全国林下经济产值达4 575.75亿元，参与农户5 301.90万户。

4. 后林改时期全面深化集体林权制度改革阶段

2013年11月，党的十八届三中全会审议通过的《中共中央关于全面深化改革若干重大问题的决定》（以下简称《决定》），是党在新形势下全面深化改革的科学指南。《决定》第11、20、21条均有提及农村土地政策，对集体林权制度改革提出新的要求，结合中国中央政府对农村集体土地提出的所有权、承包权、经营权"三权分立"新政策，构建包含家庭林场、林业大户、林业合作社、林业龙头企业在内的新型林业经济组织，完善征地及补偿制度，赋予林农更多的林业集体资产的产权，完善林地交易制度与林权交易市场。2014年2月20日，习近平总书记在国家林业局《关于第八次全国森林资源清查结果的报告》上作出重要批示，要求林业部门全面深化林业改革，创新林业治理体系。各级林业部门深入贯彻落实习近平总书记重要指示精神，持续加快林业制度体系建设，力争到2020年形成比较成熟定型、具有中国特色的林业制度体系，初步实现林业治理体系和治理能力现代化。

2014年9月24日，为深入贯彻落实十八届三中全会精神和当年中央1号文件精神，贯彻落实中央全面深化改革的决策部署，深化集体林权制度改革，国家林业局下发了《关于开展深化集体林权制度改革综合试验示范区申报工作的通知》，标志着集体林权制度改革进入了全面深化阶段。《通知》着重围绕"深化集体林权制度改革，加快林业治理体系和治理能力现代化"这一主题，重点突出"一个体系两个建设"：（1）建立健全林业经营体系。在深化集体林权制度改革发展中建立健全金融体系、推进农村信用体系、营销体系和监管检测体系建设；创建新型林业经营形式，促进生产经营能力建设，解放和发展生产力，推进适度规模经营。（2）突出制度建设。在林业改革发展过程中，深化集体林权制度改革，建立健全生态资源产权制度、生态资源监管制度、自然生态系统保护制度、生态修复制度、生态监测评价制度、森林经营制度、生态资源市场配置和调控制度、生态补偿制度、财税金融扶持制度等。(3) 大力发展经济建设。重点是促进生态和经济双赢发展。在调整地方经济结构，转变地方经济增长方式，实现林业资源规范、有序流转和林业规模化、集约化生产经营，促进农民就业、增收致富等。

总结新一轮集体林权制度改革进程，我们不难发现，改革旨在赋予农民更多的财产权利，让他们收获更大的改革红利。集体林权改革重在还权、放权和赋权，让集体林地的经营者更具经营自主决策权，让农民获得更多更完整的财产权利，让市场在林业资源配置过程中充分发挥决定性作用，并最终促进农户林地经营收益的提升和现代林业的持续发展。

3.2.2 我国集体林权制度改革进展状况

根据国家林业局农村林业改革发展司面向北京、天津、河北、山西、内蒙古、辽宁、吉林、黑龙江、江苏、浙江、安徽、福建、江西、山东、河南、湖北、湖南、广东、广西、海南、重庆、四川、贵州、云南、西藏、陕西、甘肃、青海、宁夏、新疆等30个省份的统计调查结果，集体林权制度改革取得了相应的进展。

1. 主体改革顺利完成

2013年，全国除上海和西藏以外29个省（自治区、直辖市）纳入林改范围的集体林地面积27.33亿亩，已确权面积27.05亿亩，占各地纳入集体林权制度改革面积的98.97%，其中：家庭承包经营18.19亿亩（包括自留山3.91亿亩、均山到户12.51亿亩、联户承包1.77亿亩），占已确权面积的67.23%，比2010年提高了10.27个百分点；集体经营6.17亿亩（包括集体股份制经营4.16亿亩，集体统一经营2.01亿亩），占已确权集体林地面积的22.82%；其他形式经营2.69亿亩（包括大户承包1.23亿亩，其他形式经营1.46亿亩），占已确权集体林地面积的9.95%。2009—2013年集体林改林地经营状况见表3-1。

表3-1 2009—2013年集体林改后林地经营状况

指标	单位	2009年	2010年	2011年	2012年	2013年
纳入林改范围的集体林地面积	万亩	260 834.07	274 401.86	273 399.67	272 808.87	273 297.23
已确权集体林地面积	万亩	151 398.18	243 060.13	267 674.54	270 215.32	270 480.78
已确权占纳入林改范围的林地面积	%	58.04	88.58	97.91	99.05	98.97
其中：自留山面积	万亩	32 305.33	38 063.71	39 581.70	39 642.72	39 085.04

（续）

指标	单位	2009 年	2010 年	2011 年	2012 年	2013 年
家庭承包经营面积	万亩	64 773.73	106 036.52	124 277.11	123 383.19	125 065.75
联户承包面积	万亩	4 396.22	11 804.64	14 103.06	17 446.18	17 700.31
家庭承包面积合计	万亩		155 904.87	177 961.87	180 472.09	181 851.11
家庭承包占纳入林改范围的林地面积	%		64.14	65.09	66.15	66.54
家庭承包占已确权集体林地面积	%		56.96	66.48	66.79	67.23
集体股份经营面积	万亩	19 872.00	30 670.48	43 365.99	42 178.87	41 609.94
集体统一经营面积	万亩	14 766.91	22 627.55	18 562.11	19 944.65	20 101.68
大户承包面积	万亩	4 667.34	12 023.06	10 654.40	12 533.78	12 274.33
其他形式经营面积	万亩	10 616.73	21 834.88	17 129.92	15 085.82	14 643.73

资料来源：根据国家林业局农村林业改革发展司提供数据整理。

全国已经发放林权证 1.01 亿本，发证面积累积达 26.41 亿亩，占已确权林地总面积的 97.65%。发证户数 9 076.94 万户，占涉及林改的 1.50 亿农户的 60.53%（表 3-2）。

表 3-2　2009—2013 年集体林改林权证发放情况

指标	单位	2009 年	2010 年	2011 年	2012 年	2013 年
发证本数	万本	4 804.44	7 752.84	10 010.20	10 040.55	10 117.99
发证面积	万亩	111 183.26	200 938.19	236 889.88	260 426.77	264 121.48
发证面积占已确权林地面积比例	%	73.44	82.67	88.50	96.38	97.65
发证户数	万户	4 391.06	7 260.66	8 783.97	8 981.25	9 076.94
发证户数占林改涉及农户数比例	%	29.19	50.85	58.72	60.01	60.53

据不完全统计，全国国有林业单位（保护区、国有林场等）经营集体林地面积 7 555.48 万亩，已发证 5 993.29 万亩，占经营面积的 79.32%；其中发证到户 3 976.89 万亩，占经营面积的 52.64%。

2013 年，共发生林权纠纷 133.23 万件，林改以来，已调处 116.84 万件，调处率为 87.69%。纠纷争议面积 11 281.47 万亩，已调处纠纷面积 9 041.69 万亩。2009—2013 年集体林改林权纠纷发生及调处情况见表 3-3。

表 3-3　2009—2013 年集体林改林权纠纷发生及调处情况

指标	单位	2009 年	2010 年	2011 年	2012 年	2013 年
纠纷发生件数	万件	66.26	81.71	92.86	91.60	133.23
已调处纠纷件数	万件	54.50	74.08	86.70	85.01	116.84
纠纷争议面积	万亩	2 667.14	70 957.92	9 015.38	10 700.41	11 281.47
已调处纠纷面积	万亩	1 826.06	5 774.06	7 965.44	8 519.50	9 041.69
调处率	%	82.25	90.66	93.37	92.81	87.70

注：调处率＝（已调处纠纷件数/纠纷发生件数）×100%。

林改的组织领导得到了巩固加强。2013 年，全国林改工作机构 36 069 个，林改培训人数 5 051.84 万人，分别比 2009 年增加 7 526 个和 5 051.84 万人，其中：地（市）级林改机构 327 个，县级林改机构 2 657 个，乡（镇）林改机构 33 085 个。林改机构的设立及工作人员的培训强化了集体林权制度改革的组织措施，为推进集体林权制度改革提供了基础保障。

2. 林改配套政策和制度逐步得到完善和落实

（1）生态效益补偿制度基本建立。各地落实国家级公益林补偿面积 7.99 亿亩，平均每亩补偿 14.92 元，补偿资金为 119.35 亿元，其中中央财政补偿资金 110.33 亿元，地方财政补偿资金 9.02 亿元。有 26 个省（自治区、直辖市）建立了地方森林生态效益补偿基金制度，补偿地方公益林 3.87 亿亩，平均每亩补偿 11.90 元，补偿金额 46.15 亿元，其中，省级财政补偿资金 36.46 亿元，市县级财政补偿资金 9.69 亿元。纳入国家级公益林的集体林生态效益补偿标准由 2009 年的 5.92 元/亩增加至 2013 年的 14.92 元/亩；纳入地方公益林的集体林生态效益补偿标准由 2009 年的 6.85 元/亩增加至 11.90 元/亩（图 3-5）。

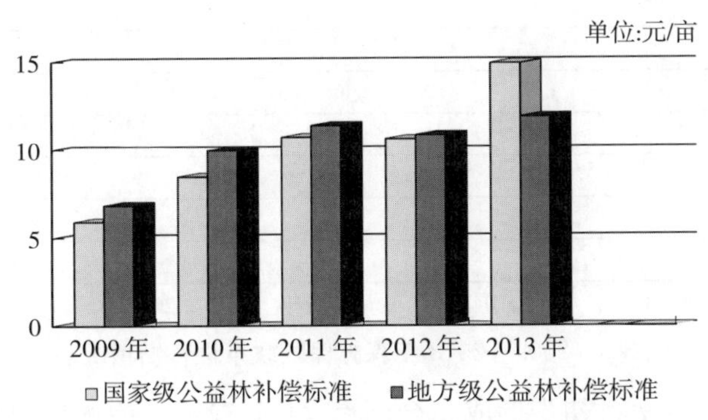

图 3-5　2009—2013 年国家级和地方级公益林补偿标准变化情况

（2）林权抵押贷款增长迅猛。全国有 26 个省（自治区、直辖市）开展了林权抵押贷款工作。抵押贷款面积 7 015.09 万亩，贷款金额 1 166.00 亿元，比上年增长了 47.16%；平均每亩贷款 1 662.13 元。其中：农民抵押贷款面积 3 500.64 万亩，抵押贷款金额 517.68 亿元，比上年增长了 49.53%；贷款农户数 440.22 万户，农户贷款余额 239.67 亿元，户均贷款 1.18 万元。2009—2013 年我国集体林林权抵押贷款开展状况详见表 3-4。

表 3-4　2009—2013 年我国集体林林权抵押贷款开展状况

指标	单位	2009 年	2010 年	2011 年	2012 年	2013 年
抵押面积	万亩	2 246.55	4 208.15	3 850.58	5 780.49	7 015.09
其中：农户抵押面积	万亩	331.86	2 696.66	2 186.35	2 905.06	3 500.64
贷款金额	万元	1 306 835.83	3 219 203.24	5 298 956.60	7 923 104.98	11 660 027.03
平均每亩贷款额	元/亩	581.70	764.99	1 376.15	1 370.66	1 662.13
其中：农户贷款金额	万元	755 390.70	1 312 340.90	2 559 915.05	3 462 010.33	5 176 804.82
贷款农户数	万户	1 394.38	1 616.54	180.16	195.03	440.22
平均每户贷款额	元/户	937.22	811.82	14 209.03	17 750.93	11 759.69

（3）森林保险发展强劲。有 23 个省（自治区、直辖市）开展森林保险，投保面积 13.64 亿亩，比上年（下同）增长了 49.06%，保险金额 6 571.84 亿元，增长 61.25%；保费 17.20 亿元，增长 57.58%；其中政策性补贴 14.81 亿元，增加 66.34%；平均每亩保险金额约 481.87 元，增长 8.17%；平均每亩保费 1.26 元，增长 5.88%；保费费率 0.26%。2009—2013 年森林保险政策性补贴情况见图 3-6。

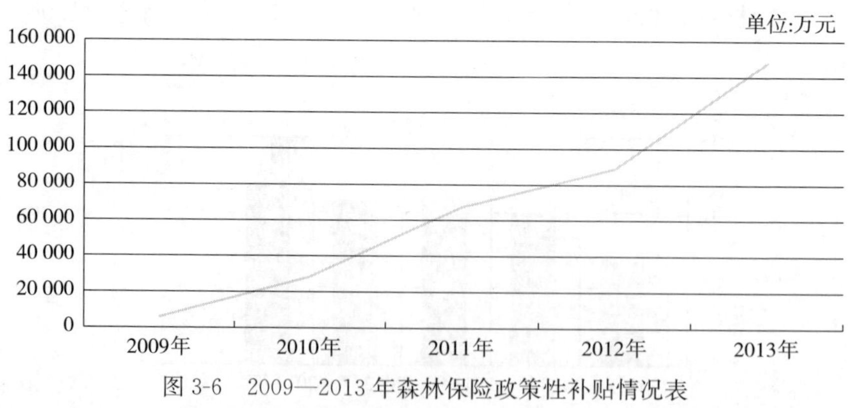

图 3-6　2009—2013 年森林保险政策性补贴情况表

（4）林权服务平台初步形成。全国有 24 个省（自治区、直辖市）成立县级及以上的林权交易服务机构（包括综合服务中心中设立的交易机构）1 380

个，比上年增长 16.36%，成立 855 个资产评估机构，其中有资质的资产评估机构 570 个，据不完全统计，有资质的森林资源资产评估人员4 572人。2013 年全国累计发生集体林地流转面积 2.19 亿亩，占已确权林地的 8.11%，其中林权交易机构中流转面积 6 889.80 万亩，占流转面积的 31.41%。按流转方式统计，已流转面积中转让 8 803.02 万亩，入股 2 237.44 万亩，出租转包 9 053.20万亩，其他 1 840.81 万亩；转让面积占已流转面积的 40.13%，流转总金额 3 136.89 亿元，平均每亩 1 430.08 元。按流转对象统计，流转到本集体经济组织以外的有 14 676.98 万亩，占 66.91%。

（5）合作组织方兴未艾。全国共建立林业专业合作组织 11.57 万个，农户 1 372.10 万户，经营林地面积 2.27 亿亩，占已确权林地的 8.38%。合作组织中，林业专业合作社 4.71 万个，比上年增长 26.17%，加入林业专业合作社的农户为 756.46 万户，林业专业合作社经营的林地面积为 10 941.84 万亩，增长 12.02%，占已确权的林地面积的 4.05%。2009—2013 年林业合作组织发育及农户参与状况详见表 3-5。

表 3-5　2009—2013 年林业合作组织发育及农户参与状况

指标	单位	2009 年	2010 年	2011 年	2012 年	2013 年
1. 林业合作组织						
（1）林业合作组织个数	个	36 260.00	94 518.00	97 759.00	111 474.00	115 697.28
（2）加入合作组织的农户数	万户	1 310.96	1 136.52	1 260.71	1 356.21	1 372.10
合作组织农户数占林改涉及农户数比例	%	8.70	7.96	8.43	9.06	9.15
（3）合作组织经营林地面积	万亩	12 584.97	21 548.13	19 989.88	23 754.12	22 678.46
合作组织经营林地面积占已确权面积比例	%	8.31	8.22	7.47	8.79	8.38
2. 林业专业合作社						
（1）林业专业合作社个数	个		17 846.00	31 677.00	37 360.00	47 137.00
（2）加入合作社的农户数	万户		654.96	530.91	623.27	756.46
（3）合作社经营林地面积	万亩		7 293.94	8 340.74	9 767.78	10 941.84
合社经营面积占已确权面积比例	%		3.00	3.12	3.61	4.05

3. 林改成效显著

（1）林下经济蓬勃发展。据不完全统计，2013 年全国林下经济产值达 4 575.75亿元，增长 270.60%，其中林下种植 2 002.43 亿元，林下养殖

1 137.15亿元，森林景观利用 588.86 亿元，林下产品采集加工 847.31 亿元（图 3-7）。参与农户 5 301.9 万户。2011—2013 年集体林林下经济发展状况详见表 3-6。

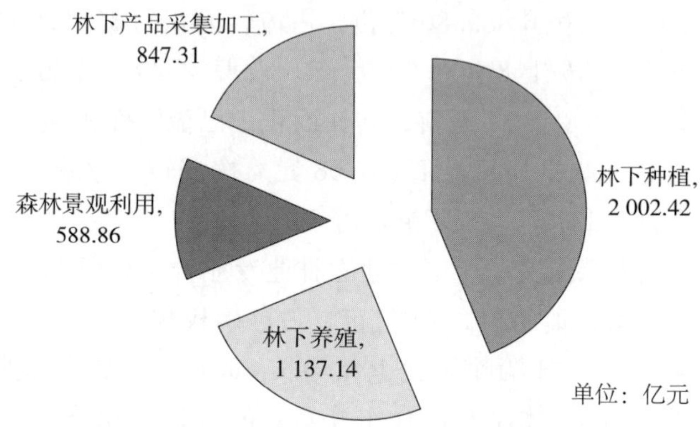

图 3-7　2013 年我国集体林林下经济产值构成

表 3-6　2011—2013 年集体林林下经济发展状况

指标	单位	2011 年	2012 年	2013 年
（一）林下种植				
1. 种植面积	万亩	7 276.95	11 128.65	12 483.86
2. 农户数	万户	1 637.72	1 975.04	2 118.94
3. 产值	万元	11 867 574.66	16 684 243.62	20 024 297.30
（二）林下养殖				
1. 农户数	万户	2 847.51	1 384.80	1 568.87
2. 产值	万元	6 128 916.70	8 296 973.80	11 371 480.49
（三）森林景观利用				
1. 集体林地面积	万亩	2 353.53	5 929.86	6 592 389.87
2. 农户数	万户	927.29	452.81	840.33
3. 农户收入	万元	971 865.34	5 242 888.90	5 888 643.13
（四）林下产品采集加工				
1. 农户数	万户	357.93	737.48	773.76
2. 产值	万元	1 971 556.67	5 788 299.46	8 473 087.72
（五）参与农户总数	万户	5 770.45	4 550.13	5 301.90
（六）林下经济总产值	万元	20 939 913.36	36 012 405.78	45 757 508.63

（2）林业增收贡献稳步提升。林改涉及近 1.50 亿农户，5.77 亿农民。据 29 个省（自治区、直辖市）不完全统计，2013 年林改县农民人均年收入为

7 229.19元，比上年多 114.68 元；其中来自林业的收入 1 331.94 元，来自林业的收入占总收入的 18.42%；来自林下经济的收入 435.23 元，比上年减少 17.41 元，降幅 4.22%，林下经济收入占林业收入的 32.67%，比上年下降 0.44 个百分点。2009—2013 年林改后林业经营增收成效状况详见表 3-7。

表 3-7 2009—2013 年林改后林业经营增收成效状况

指标	单位	2009 年	2010 年	2011 年	2012 年	2013 年
林改涉及农户数	万户	15 043.92	14 278.68	14 958.53	14 966.43	14 995.15
林改涉及人口数	万人	50 827.93	47 904.63	56 643.79	56 801.31	57 738.02
林改县农民人均年收入	元		5 674.84	6 435.48	7 114.51	7 229.19
其中：来自林业的收入	元		866.30	1 197.86	1 369.95	1 331.94
林业收入占总收入比例	%		15.27	18.61	19.26	18.42

尽管林改县农民来自林业的收入增速放缓、林下经济的收入略有减少，但农民收入渠道正逐步拓宽，呈多元化趋势。随着林权改革的全面推进和逐步深化，正在赋予农民更多财产权利和林权生产要素的功能，真正使农民获得的林权从资产变成资本，确保农民获得更多财产权利。

3.3 林权改革中利益主体权益关系及收益变化分析

林权是林业政策的核心，是人们对森林资产的权利。具体讲，林权是指权利主体对森林、林木、林地的所有权、使用权、收益权、处置权等。从新中国成立之初至今，林权制度的变革大致经历了土地改革时期、初级合作社时期、高级农业合作社和人民公社时期、林业“三定”时期、林权改革深化时期五个阶段，以 20 世纪 90 年代的改革为界，前期四个阶段变革表现为林权制度的反复，各利益主体博弈激烈，收益变化出现此消彼长的状况；最后在深化改革方向明确下，改革政策的落地及配套措施完善，相关主体又有利益需求的一致性（刘凯辉 等，2012）。

目前国内林权制度变革中的利益相关者分析已有不少研究。柯水发等（2011）分析认为在各利益相关者复杂的责任、权利和利益关系中，各利益主体之间有共同的利益结合点，但同时也存有差异，各方都希望达到自己的最优目标或实现利益的最大化，其过程就是多方博弈的行为过程。金银亮（2008）则围绕林地的存在有三方，即国家，地方政府和林农（自然人，法人和非法人主体）进行分析，寻找一个均衡状态。邵彬（2008）将集体林权改革涉及的利益主体分为三类，分别是管理林业的利益主体、经营林业的利益主体、林业相关社会团体，指出利益主体的利益目标各不相同，但不变的是追求各自主体的利益（利润、收益）最大化。目前的研究多集中于各个利益主体各自的利益，并提出均衡的发展趋势，而本研究侧重于从林农收益变化和行为决策入手，分析相关主体利益需求一致性的条件，为林业经营管理决策提供借鉴。

3.3.1 利益主体界定

1. 中央政府、地方政府及林业部门

政府是政策制定的主体，应该代表社会公正、公平，应该维护的是社会公众的公共利益。中央政府担负全民的共同利益。中央政府的收益目标是林业治理的经济政绩、生态绩效和社会政绩的最大化。但地方政府和中央政府的利益目标并不完全一致，基层地方政府偏向地方利益最大化。特别是林业主管部门作为一个利益群体，寻求的是部门利益的最大化，具体体现为推动和促进林业和林业经济发展，提升林业的社会贡献和社会地位（柯水发，2005）。

2. 村集体

在《中华人民共和国村委会组织法》中表明村民委员会应当尊重集体经济组织依法独立进行经济活动的自主权，而在实践中，由于集体经济组织发展迟滞，村内重大事项往往经由村委会决定。即便如此，村两委也应该代表和维护本村所有村民的共同利益；但是在我国现阶段，由于不少地方基层民主发育程度还不够高，村委会往往被少数人所把持，这也就使得村委会异化于村民，而主张获取自身利益。

3. 林农

经济学认为，每一个人都是以追求个人利益最大化为主要目标，人们在相互交换产品提供服务时，遵循的是个人利益原则，即以利己为动机，力图以最小的经济代价去追逐和获得自身最大的经济利益（何得桂，2012）。因此林农的利益目标是以最小的经济支出（如税费负担）换取个人自身利益（包括经济和非经济）的最大化，或者说是在林权制度变革中寻求更好的经营环境和经营政策，以一定的成本获取最大化的林业收益（何得桂，2012）。

3.3.2 利益主体收益函数建构

1. 林农收益

本研究将农户在林木经营中的收益分为货币收益和非货币收益，货币收益包括交易林木的收益（aP）、村集体经营收益分红（bR）、林地耕地化收益

(r)、砍树获得的收益（K）及外出务工收入（W）；非货币收益包括产权收益（RP）、心理（及预期）的满足（$nURM$）；成本（C）包括栽种经营林木成本（$C1$）和上缴税费（$C2$）。因此，林农的收益＝货币收益＋非货币收益－成本，即 $R1=aP+bR+r+K+W+RP+nURM-C1-C2$。式中，$P$ 为林木价格，a 为交易中林农获得收益的比重；R 为集体经营收益，b 为分配系数（$0<b\leqslant1$）；$nURM$ 包括林农从非货币收益中获得的满足（n 设定为1～5个程度，数值越大，满足程度越高，反之则越低）；r 为林地转为耕地耕种所获得收益。产权拥有的非货币收益指林农拥有林地所有权（OFL）、林地使用权（UFL）、林木所有权（OF）、林木处置权（FDR）、林木收益权（IRF）等所获得的非货币收益。

2. 地方政府和村集体收益

在公有制下，以林业部门为代表的相关政府官员和村集体只有不同程度占有（地方政府占有的政策收益，村集体占有的是不公平分配）集体林的控制权（张维迎，1998）才能占有其产生的收益。可以假设村集体的收益＝货币收益和非货币收益，其中货币收益包括村集体经营林木分红（$1-b$）R；非货币收益则包括产权收益（RP）和控制权收益，这两个收益表现为村集体通过集体林的控制而获得其他途径收益：如拍卖四荒地等。这表明控制权在产权收益和货币收益中起关键作用，失去控制权就失去一切，因此本研究总结村集体的收益＝控制权收益＋货币收益，即 $R2=RC+(1-b)R$。

与村集体不同的是，地方政府的控制权收益和货币收益的联系并不那么紧密，首先由于公共需要，政府对于林业经营的控制不会完全放开，如建设需要的木材、生态保护等；地方政府的收益目标是林业治理政绩，包括生态政绩（地方政府在取得的生态保护、环境污染防治方面的业绩）、经济政绩（地方政府在经济发展方面的业绩）、社会政绩（地方政府在林业管理方面的业绩），在过去的林改过程中，由于利益驱动，经济效益上的需求提升得较为明显，本研究把地方政府的收益分为控制收益和货币收益，即 $R3=(1-a)P+C2$，其中（$1-a$）P 表示地方政府在林木交易中通过木材公司获得的收益，这是源于计划经济时期里，木材公司等国营企业全部由国家投资，按国家规定下达的计划采伐木材，所采伐木材全部由国家调拨，属于一类物资，价格由国家规定，没有计划外的合法销售渠道（何得桂，2012）。

3.3.3 林权制度变革中的权益关系及收益变化

1. 土地改革时期（1949—1953年）

这一时期没收和征收的山地，除收归国有外，其余均分给农民[①]。通过林权改革之后，公平的问题得到彻底解决，农民拥有完整产权，拥有产权收益（*RP*），极大地激发了农民的生产积极性。但是这个阶段木材的收购价格在很大程度上由木材公司控制，农户砍伐林木资源获得的收益相对比较低；而且新中国刚刚成立，对粮食的需求增加，农户在砍伐林木资源之后更愿意种植粮食，即形成了一次性的货币收益（*aP*），同时种植粮食获得了林地耕地化收益（*r*）。尽管在垄断木材公司的制度背景下，林农难以从产权收益中获取林木的长期增值收益，但是从林地开垦获得的粮食收益中得到弥补，而且经过改革林农首次获得自主林地的满足即非货币收益（*URM*）也是不容忽视的，与日后历次林权改革林权下放相比，可以说满足程度达到顶峰，没有明显的顾虑。因此这个阶段林农的收益：林农收益（*R*1）＝交易林木的收益（*aP*）＋林地耕地化收益（*r*）＋产权收益（*RP*）＋心理（及预期）的满足（5*URM*）－成本（*C*），即：$R1=aP+r+RP+5URM-C$（*RP*＝林地所有权 *OFL*＋林地使用权 *UFL*＋林木所有权 *OF*＋林木处置权 *FDR*＋林木收益权 *IRF*）。

2. 初级合作社时期（1953—1956 年）

1952 年起，在全国各地出现了农业生产互助组，1953 年进一步发展为初级合作社，在这一过程中，林业合作组织的规模由小变大，合作方式也由劳动力互助合作转变为生产资料的合作。在初级合作社时期，个人拥有林地所有权，合作社拥有林地的使用权，收益权在林地所有者和合作社之间分配，所有者获得土地分红，但这种分红必须在扣除公积金、公益金后兑现，处分权也受到了很大制约，所有者不能再按照自己的意志来处分土地了，社员不能出租或出卖土地，但农户有退社的自由（柯水发 等，2011）。这个阶段林农的收益：林农收益（*R*1）＝村集体经营分红（*bR*）＋产权收益（*RP*）＋心理（及预期）的满足（3*URM*）－成本（*C*），即：$R1=bR+RP+3URM-C$（*RP*＝林地所有权 *OFL*＋林木收益权 *IRF*）；村集体收益（*R*2）＝产权收益（*RP*）＋控制权收益（*RC*）＋货币收益（1－*b*）*R*（*RP*＝林地使用权 *UFL*＋林木处置权 *FDR*＋林木收益权 *IRF*），即 $R2=RP+RC+(1-b)R$。

在初级合作社中，尽管林农只拥有部分产权，但是林地所有权还是属于林农所有，这也是能得到集体分红的凭证，同时初级合作社小范围的合作有利于克服林农个人经营林木的种种困难，实际上是有效互助，但是由于合作社发展

① 《中华人民共和国土地改革法》和《福建省土地改革中山林处理办法》及中共南平地委《关于山林处理办法几个具体问题的通知》。

太快，这种优势还没完全显现出来就淹没在大跃进的高潮当中。

3. 高级农业合作社和人民公社时期（1956—1980 年）

1956 年开始，初级合作社升级为以生产资料公有制为基础、按劳分配为原则的高级合作社。农民只保留了小部分用于自家消费的自留山和房前屋后的零星树木，其他山林全部归公，由集体统一经营管理。1958 年的人民公社化运动进一步加速了我国林业集体化进程，至此合作运动的性质已发生了根本变化，农民不仅失去了对林地、林木的所有权，事实上也被剥夺了直接经营林业的权利（柯水发 等，2011）。

这个阶段林农的收益：林农收益（$R1$）＝心理（及预期）的满足（$1URM$）－成本（C），即：$R1=1URM-C$（$RP=0$）；村集体收益（$R2$）＝产权收益（RP）＋控制权收益（RC）＋货币收益［（$1-b$）R］（RP＝林地所有权 OFL＋林地使用权 UFL＋林木所有权 OF＋林木处置权 FDR＋林木收益权 IRF），即 $R2=RP+RC+R$。

集体化加速进程中，一味追求速度和规模，导致背离了合作社的原则，从而损害了林农的利益，引起了林农的抵制。于德仲（2008）在其研究中写到：抵制的形式是“闹退社”，刮起一场“退社风”。当“退社风”被压下去后，一些地方的农民群众又发明了一种迂回斗争的策略，在保持高级合作社的组织架构的情况下，改变高级合作社内部生产分配关系，出现很多“消极抵抗”行为，如在生产实践中常常出现“偷懒、耍滑”现象或行为，也就是美国著名比较政治学者詹姆斯·斯科特（James C. Scott）所谓的“弱者的武器”，他们借此来减轻自己的劳动强度或者以此来表达他们对劳动与收益不对等的不满（于德仲，2008），在林农的第一次反抗中，从开始正面抵制和冲突最后不得不转变为“消极抵抗”，这也成为日后历次变革冲突的一种惯性依赖。

4. 林业“三定”时期（20 世纪 80 年代）

1978 年开始的农村经济体制改革促进了粮食增产、农民增收，客观上为集体林权制度改革提供了借鉴，1981 年颁布的《关于保护森林发展林业若干问题的决定》决定开展“稳定山权、划定自留山、确定林业生产责任制”的“三定”工作，给农民群众划分了自留山和责任山，实行林业生产承包经营责任制。

（1）耕者无其利。何得桂（2008）的研究表明，“三定”政策的实施确实在一定程度和范围内调动了农民的积极性和主动性，有的农户将自己的自留山都种上树，精心管护，但是这毕竟是少数，更多的是社员们“争先恐后”地砍伐林木——不管是自留山，还是责任山上的林木。有的地方甚至出现“山分到哪里就砍到哪里"的现象，森林资源遭到极大破坏。由于此类现象的广泛、严重地存在，1982年10月20日中共中央、国务院发布了《关于制止乱砍滥伐的紧急指示》，明确要求停止私人采伐。农民针对砍伐现象的回答是"那也还是国家的树，不砍白不砍，白砍谁不砍!"，"既然分给我们了，为什么不能砍?想怎么砍就怎么砍，如果不抓紧时间砍，迟早会像'土改'后不久那样又被'没收'回去，晚砍不如早砍!"

从博弈论的序贯行动看，在分林到户政策中，政策制定者并没有意识到林农的决策行为。应该明确的是林农对未来结果的算计支配着现在的行动，可以从以下的分析来认识：首先，可以确定，这是一个不完全信息的并遵循序贯行动的博弈，即政策制定者和林农都无法预料到双方各自的反应机制，同时双方又会根据对方的行为做出有利于自己的决策。分林到户政策实施，所期望的是调动林农的生产积极性，即林农积极经营分到户的林木；但由于林农对于政策未来稳定性的怀疑致使其最直接地反应是必须获得当前收益，即抓紧时间砍树。农民很难去考虑乱砍滥伐带来国家政策再次将林权上收的后果；尽管相比于乱砍滥伐，假设政策稳定的前提下，经营会获得更大收益，但是绝大多数人都是风险规避的，宁愿获得确定的较小收益，而不是参与一场期望支付不确定虽然有可能更高收益的赌局。因此林农在经营分到户的林木时，面临两种状况：一是政策稳定，就如上述所说的，能获得较大收益；二是政策变化，林权再次上收（存在其他林农乱砍滥伐而引起的政策变更），在这个情况下，前期经营的收益为零，尽管还可以通过偷砍获得一定的收益，但由于政策紧绷，风险更大。通过上述讨论，可以得出农民因对未来政策的不确定性而选择砍树这一个收益较少但是最有保障的行为方式。

除此之外，在计划经济时期里，国家对木材实行低价统购和平价调拨，林业所有者只能获得少量的收益，没有计划外的合法销售渠道。不仅没有砍伐、运输的自由，"耕山者无其利"现象更是普遍存在（何得桂，2008）。而且经营所得价款，除提取育林基金和税款外均应提取山价，实际上，这是一种变相占有公社社员的劳动成果。"我山不种我树，我树不能我砍，我砍不能我卖，我卖不能我得"顺口溜广为流传。因此在强制力和林农渴望获取收益下，催生了木材黑市。这个阶段林农的收益：林农收益（$R1$）＝交易林木的收益（aP）＋村集体经营分红（bR）＋林地耕地化收益（r）＋产权收益（RP）＋心理（及预期）的满足（$nURM$）－成本（C）（RP＝林木处置权 FDR＋林木收益权 IRF），即 $R1=aP+bR+r+RP+3URM-C$，但是如果林农将林木卖给木材贩子，林木价格就变成 P'（$P'>P$），所以 $R1=aP'+bR+r+RP+3URM-$

C。特别要指出的是，当林农通过其他渠道（木材贩子）进行交易时，政府在木材流通环节的收益就会减少，但不至于为零，这是因为木材贩子最后还是需要将木材贩卖给木材公司进行生产，只是原来木材公司（地方政府）占有的交易收益比重下降，林农、木材贩子各自从中获得一定的收益。

20 世纪 80～90 年代，伴随乱砍滥伐之风的盛行以及乱收费现象的存在，涉林部门的机构和人员迅速增加，与此同时，中央财政压力较大，开始甩地方财政包袱，这就意味着各个部门要自己创收以维持部门运转，因此，林业“两金”多被用于林业部门弥补工作经费。它们是基层林业部门解决编制外人员工资和经费的主要资金来源（易杳 等，2006）。因而地方政府收益（$R3$）＝控制权收益（$1-a$）P＋货币收益（$C2$），一方面通过垄断的木材统销渠道获得收益，即分配系数 a 趋于最小值，另一方面通过税费收缴，$C2$ 趋于最大值，致使 $R3=(1-a)P+C2$，最大化，也就意味着 $R1=aP'+bR+r+RP+3URM-C$，最小化。

购销环节得利多，林区农民得利少，通过林农的顺口溜“木材站，不流汗，转过手，赚一半”更是可见一斑。正是因为木材税费高，林农大多不愿意把木材交给木材公司，而愿意低于市场价卖给木材贩子，这样一立方木材反而可以多赚一百多元（何得桂，2008）。

（2）耕者无其权。1985 年以后，有些地区实行“分股不分山，分利不分林”，其中以三明的林业股份制改革最为显著，既满足了林业规模经营的要求，又解决了过去林业生产长期吃“大锅饭”的状况，使林农直接从集体山林获利，真正成为森林的主人，从根本上调动了林农发展林业的积极性（何得桂，2008）。林业股份制公司是农民经营管理集体山林的新型林业合作经济组织，将山林折价入股，以股票形式均分给全体村民，而作为实物形态存在的林木仍然保持其完整性，利用承包形式实现规模经营，俗称“分股不分山，分利不分林”。具体做法：折价入股、确定分股办法、分红办法、拥有股票或股份证的林农即为股东。

理论上说，林农经营林木，干部进行管理，两者收益合理分配，但在实践过程中，村委会对股东会包揽过多，公益事业挤占股东资金的普遍现象，实际用于林农分配的比例大多达不到 60%，导致出现干部占有绝大部分收益，而林农股东权利没有保障，林农普遍认为自己是有股难有权，有林难有利，因此顺口溜“集体林、干部林，群众受益等于零”也就流传开来（何得桂，2008）。这个阶段的初期，林农的收益逐渐提高，而到后期，无论是村集体经费、村干部私利，都或多或少挤占了集体收益，直接减少了林农收益占比。最终，名义上集体所有人人有份，实际上人人没份。林农既没有经营权，也没有收益权。经营决策、收益分配等都是村干部说了算，林农的股权虚置化，利益得不到保障，“股份林”实际上成了“干部林”。即林农不能自主通过交易木材获得收益，货币收益为零；虽然能从集体经营分红 bR（股份分红），但是分配系数 b 由村干部说了算，趋于较小值，因此林农的收益：$R1=bR+RP+1URM+K-C$（b 趋于较小值）；而村集体的收益：村集体收益（$R2$）＝产权收益（RP）＋控制权收益（RC）＋货币收益［（$1-b$）R］（RP＝林地所有权 OFL＋林地使用权 UFL＋林木所有权 OF＋林木处置权 FDR＋林木收益权 IRF），即 $R2=RP+RC+(1-b)R$（b 趋于较小值）。因此当村干部侵占林农利益时，林农抱着“与其被干部吃掉，不如自己砍一棵是一棵”的心理，开始砍伐林木，至少能在干部“越权”的情况下获得一些收益 K。

需要特别指出的是，这段时间，没有以自留山、责任山、股份分给农户的林地林木，即维持“纯集体所有的林木”，其主要经营权归集体或由集体承包或出租给个人经营，实际经营权为村干部实际控制。承包或租金收益大部分名义上归集体所有，实际则为村干部所侵占，在经营状况较好的情形下，部分地区的部分村民能获得为数很少的集体收益分红。

5. 林权改革深化时期（20 世纪 90 年代初期至今）

（1）拍卖“四荒地”使用权。1995 年 8 月，经国务院批准，原国家体改委和林业部联合下发《林业经济体制改革总体纲要》（体改农［1995］第 108 号），明确指出要以多种方式有偿流转宜林“四荒地（指属于农村集体经济组织所有的荒山、荒沟、荒丘、荒滩）”使用权，通过“开辟人工活立木市场，允许通过招标、拍卖、租赁、抵押、委托经营等形式，使森林资产变现”。其政策导向是：“尽快消灭荒山，谁承包谁收益，谁种谁有”。这种片面强调效率的做法，显然忽视了社会公平。村干部则可以凭借自身优势以村委会拖欠他们的工资为由，要求将其被拖欠的工资充当“四荒地”使用权的承包费用（本研究对村集体和村干部的行为不做区分），这就意味着是村集体通过政策获得林木的控制权收益 RC。

何得桂（2008）的研究提及一个现象是：村民们虽然对拍卖“四荒地”使用权的上述某些行为很是不满，但是他们并没有产生很多报复性行为，比如到他人的山林里偷砍林木或者到集体山林乱砍滥伐。主要有两点原因：其一，20 世纪 90 年代中后期，木材价格正处于低迷期，砍伐树木收益不好；其二，很多农村剩余劳动力大都外出务工经商，农村人的出走，无形中影响了农民的地权观念，更是对山林管理产生一些积极影响。因此在总结这个阶段的林农收益时，就会发现，林农收益（$R1$）＝交易林木的收益（aP）＋村集体经营分红（bR）＋外出务工收入（W）＋产权收益（RP）＋心理（及预期）的满足（$nURM$）－成本（C）（RP 基于股份分配），即 $R1=aP+bR+W+RP+5URM-C$。虽然木材价格低迷，货币收益较少，而且对于村集体的拍卖四荒地的行为不满也并没出现过激行为，主要源于：一是林农外出打工获得相对不错的收入（W），二是林农通过脱离务农获得的心理满足 $5URM$（这个心理满足不同于土改时期）弥补了交易木材货币收益（aP）降低和消解了不满情绪。

（2）集体林经营体制改革至深化时期。1996 年后开始了集体林经营体制改革，到 2008 年深化集体林权制度改革。按照国家林业局的改革进度安排，此次林权改革涉及全国 57％的森林面积，目标是建立“产权归属清晰、经营主体落实、责权划分明确、利益保障严格、流转顺畅规范、监管服务到位”的现代林业产权制度。新一轮的林改触及到林地制度的深层体制问题，是一种全新的制度创新探索，因此被认为是“继家庭联产承包责任制后的又一项重大突破”。林改要求建立林权流转的平台，林农在承包期内，可以依法将拥有的林木所有权和林地使用权进行流转变现。这实际上是给了林农一个完整的物权，为林农耕山育林提供了有力的激励。由此可以看出，林改在很多方面比耕地承包制改革走得更远。自此，林农的收益：林农收益（$R1$）＝交易林木的收益（aP）＋村集体经营分红（bR）＋外出务工收入（W）＋产权收益（RP）＋心理（及预期）的满足（$nURM$）－成本（C），即 $R1=aP+bR+W+RP+5URM-C$（RP＝林地使用权 UFL＋林木所有权 OF＋林木处置权 FDR＋林木收益权 IRF）。林农拥有较为完整的物权，但是在货币收益（RM）中，仍然受到政策的限制，而且个体经营的劣势逐渐显现出来，因而，林农会在个体经营和集体合作经营中作出选择，在林木经营和外出打工中作出选择。

6. 收益变化讨论

根据西方经济学假设，林农作为理性经济人对自己的收益的获得和损失会做出应有的反应，但是在计划经济体制下，这样的假设并不能很好成立，此处重申开篇的界定，林农对于自己的损益会做出相应的反应，即趋利避害，但是林农收益不仅仅包括货币收益，还包括心理上的满足和对未来稳定预期的安全感，且在一定情况下，非货币收益可以替代货币收益使林农获得满足。

可以看出土改到初级合作社时期，虽然土地收归集体，但是林农还是能通过土地分红来获得林业经营的收益，在社队决策发展中又具有一定的权利，这在一定程度上抵消了失去林地产权带来的不满，而且参与社队确实能够提高经营水平，也是林农积极入社的一个方面。但是到了高级社、人民公社时期，不仅是收益锐减而且之前还能拥有的附属权利也全部丧失，因此不满情绪日益增长，而且又因为庞大的公社人数给监督带来的困难使得这种不满情绪转化成懈怠劳作。到了 1961 年“四固定”时，林权部分下放，给了林农砍树的机会，不论是强制入社的不满还是对政策的不稳定预期都极大促使产生乱砍滥伐现象，之后的紧急收回林权又加深了林农对政策的不确定预期，形成了恶性循环。但是从“三定”时期开始，林农行为导向并非只是为了货币收益，“三定”时期的乱砍滥伐并非是林农主动所为，而是因为出现“干部林”，村干部侵吞集体林所致，林农感到不够公平，与其干部私吞不如自己收益。对此佐证，同样发现，林农在“四荒地”拍卖过程中也感到不满，却没有出现类似之前的报复性行为，这是因为：一是虽然拍卖不一定公平，但经营权确实是在承包人拍得，经营权在一定程度上明晰；二是那个时期正好赶上外出务工潮，林农能够在别的地方获得收益，不仅消除了不满情绪，更有在当时能够外出务工“有面子”带来的心理满足。因此到了 2008 年新一轮林改的推行，林农的收益和心理稳定的预期进一步提高，对于林业的经营有着较好的基础，这也是为什么普遍流传“树定权、人定心”的顺口溜。

总结前文分析（表 3-8），利益在推动或抑制人们行为的过程中，扮演着重要角色。而更为重要的是，在探究利益的驱使下应该关注其制度背景和社会环境，以 20 世纪 90 年代的林权制度改革为界，前一阶段通过林木经营收益的函数构建也表明林农、村集体和地方政府的收益上处于零和博弈。而后一深化改革阶段，林业部门开始确权、登记、发证，林农获得自己的林地，尽管在一些政策上还处于林业部门管制，但至少林权归属林农的格局确定下来，在此基础上，林农、村集体、林业部门的利益取向有相当的一致性。

3.3.4 启示

因此，在本研究前面论述的现实经验和博弈分析上可以得出如下几点启示：

1. 确权到户，明晰产权

纵观林权改革的过程不难发现，林权权属的不明晰是林农乱砍滥伐、村干部侵占集体财产、林权纠纷不断的根源，只有确权到户，明晰产权，在此基础上发展经营才有保障，否则会继续林业历史各种覆辙。针对当下基层林权确权任务的艰巨，上级政府特别是中央应该给予支持和监督，一是要划定专项基金和地方财政共同承担确权成本，一次性解决林权不明晰问题，较强的推动才能避免日后林权问题的反复出现；二是无论资金的使用还是确权工作都要进行监

表 3-8　我国集体林权产权变迁及林农收益变化表

时期	林业产权安排					经营主体	林农收益变化	林农收益结构变化	产权变化及相关条件
	林地		林木						
	所有权	使用权	所有权	收益权	处置权				
土改时期（1949—1953）	农户个人	农户个人	农户个人	农户个人	农户个人	农户个人	全部收益（价格由木材公司控制）	$R1=aP+r+RP+5URM-C$	（RP = 林地所有权 OFL + 林地使用权 UFL + 林木所有权 OF + 林木处置权 FDR + 林木收益权 IRF）
初级合作社（1953—1956）	农户个人	合作社	农户、合作社	农户和合作社分配	农户和合作社	合作社	林木入社折价补偿、家庭副业收入（零星树木）、土地分红、在合作社的劳动报酬、社队利益分配权力、退社自由权利	$R1=bR+RP+3URM-C$	（RP = 林地所有权 OFL + 林木收益权 IRF）
高级合作社、人民公社（1956—1980）	1956—1960	集体	集体	集体	集体	集体	家庭副业（零星树木但范围缩小）、在合作社的劳动报酬	$R1=1URM-C$	（$RP=0$）

（续）

<table>
<tr><th rowspan="3">时期</th><th colspan="6">林业产权安排</th><th rowspan="3">经营主体</th><th rowspan="3">林农收益变化</th><th rowspan="3">林农收益结构变化</th><th rowspan="3">产权变化及相关条件</th></tr>
<tr><th colspan="2">林地</th><th colspan="4">林木</th></tr>
<tr><th>所有权</th><th>使用权</th><th colspan="2">所有权</th><th>收益权</th><th>处置权</th></tr>
<tr><td>高级合作社、人民公社（1956—1980）</td><td>1961—1980</td><td>集体、生产小队</td><td colspan="2">集体、生产小队</td><td>集体、农户</td><td>集体</td><td>集体、生产小队</td><td>零星树木经营收入、自留山经营收入、在合作社的劳动报酬、“谁造谁有”权利</td><td></td><td></td></tr>
<tr><td>林业“三定”（20 世纪 80 年代初至末）</td><td>集体</td><td>农户</td><td colspan="2">集体</td><td>集体、农户</td><td>集体</td><td>承包者</td><td>承包经营收入（正常交易、黑市交易）</td><td>$R1=aP+bR+r+RP+3URM-C$；$R1=aP'+bR+r+RP+3URM-C$；$R1=bR+RP+1URM+K-C$</td><td>（RP ＝林木处置权 FDR＋林木收益权 IRF）如果林农将林木卖给木材贩子，林木价格就变成 P'（$P'>P$）</td></tr>
<tr><td rowspan="2">深化改革</td><td>1995—2003</td><td>集体</td><td>集体、承包者</td><td>集体</td><td>承包者</td><td>承包者</td><td>承包者</td><td>承包经营收入、外出打工收入、外出打工的心理满足</td><td rowspan="2">$R1=aP+bR+W+RP+5URM-C$</td><td rowspan="2">（RP ＝林地使用权 UFL＋林木所有权 OF＋林木处置权 FDR＋林木收益权 IRF），这个阶段林农可以在外出打工的同时获得林木的收益（集体分红、流转等方式）</td></tr>
<tr><td>2003 年至今</td><td>集体</td><td>集体组织内的农户</td><td>集体组织内的农户</td><td>集体组织内的农户</td><td>林地的使用者部分所有</td><td>农户、集体</td><td>个体经营林木收益、外出打工收入、确权后的心理保障</td></tr>
</table>

督，确保资金使用到位、林权证发放到户；三是在确权工作的开展推进过程中要听取林农想法，利用好全面接触林农的机会收集各方面意见和建议，为下一步相关工作开展打好基础。

2. 适度推进规模经营

从“土改”、初级社一直到当下的林权改革新时期，除了宏观下经济发展的不同，林权权属的确定状况和土改时期有相当的相似性，林农拥有收益权、处置权、经营权，只是所有权属于集体，因此面临的必然是小农户难以有效经营，所以可以借鉴上文论述的初级合作社博弈关系，鼓励林农参与合作社，既能形成规模效益又能有效激励社员积极经营。当然，除了合作社还有其他途径，比如林权流转、联户经营等，但在推进适度规模经营的同时，也要充分保障林农的权益。

3. 稳定政策环境，确保林农自主经营

通过林农的收益变化，可以发现林农在决策中具有通过其他收益来弥补货币收益损失的行为机制，而且如果在一般生活水平基础上，其实心理收益会稍大于货币收益带来的满足，因此笔者认为，给林农提供稳定并稳步提升的政策支持环境是值得考虑的方向，稳定好社会各方面环境，让农户自主经营。

4. 关注林农行为的导向作用

林农的行为在政策变迁中起着重要的作用，是推动林业发展的重要着眼点，对林农行为研究在当前是不可或缺的部分。本研究分析了林农的收益变化，总结了林农一般的行为机制，但是，还有很多深层次、区域性的林农行为亟待研究和总结。林农对林业经营模式的选择，是一个合理化经济行为的体现。舒尔茨（Theodore Schultz）说过：“农民贫穷，但绝不愚昧。”纵观改革进程，无论是土地承包责任制还是乡镇企业，都极大推进了改革和促进经济的发展。现在，林农对林业经营模式的选择，很可能成为我国林业发展的基本选择，我们应该顺应这种形势，从中汲取经验，形成科学的认识，从而优化这一进程。

4.农户林地经营形式选择及经营行为调查分析

2003 年开始试点实施，2008 年全面推行的新一轮集体林权制度改革是进一步解放和发展农村生产力、建立充满生机和活力的林业体制机制的一次重大实践，是继家庭联产承包责任制之后中国农村经营制度的又一次重大变革（贾治邦，2007）。

集体林权制度改革是以林地权益为核心的森林资产权益关系进行重大调整的综合性改革（马爱国，2007），其核心是明晰产权。经过 10 年的改革和探索，集体林权制度主体改革完成了“确权到户”的任务，确立了农民的经营主体地位，实现了“明晰产权、放活经营权、落实处置权、确保收益权”，给予了林农真正意义上的物权，集体林权制度正进入深化改革、完善配套措施的“后林改”时期。

林改之后，林农林业收入增长加速，林业收入占家庭总收入的比重提升，林业收入结构不断优化，林业税费得以大幅减免，林农增收成效显著（贺东航等，2010）。林改后的集体林地承包经营实践中还存在着林地经济效益受阻、生态公益关注不够和林地资源浪费等问题。林地承包立法针对性差，林地资源使用标准欠缺、林地流转制度不完善等林地承包经营制度的缺陷，无疑是产生这些问题的重要制度原因（黄锡生等，2011）。随着改革深入和制度变迁，后林改时期集体林区林地经营形式呈现出多样性，而且不同的林业经营模式对林业经济发展和林农收入产生不同的影响，林地的特殊属性以及特定的时代背景决定了林地承包经营需要制度创新。后林改时期催生了林业家庭经营形式的广泛存在，如何促进林权流向更有经营效率的林业组织，实现林业经营组织的制度创新，是后林改时期林业经营管理面临的一个重大现实问题（谭世明，2012）。

无论产权制度的变革还是经营形式的创新，农户无疑是集体林权制度改革的受益人和推动者，成为集体林区主要林业生产经营主体（曹兰芳，2014）。这是因为，农户是理性的林地经营决策主体，农户造林、抚育（管护）和采伐林业生产行为对林业发展产生显著影响，农户的认知及意愿也必将对林改政策产生重要作用。因此，调查研究后林改时期农户林业生产行为既具理论价值又有实践意义。

4.1 农户林地经营认知、经营意愿及经营行为偏好分析：基于福建省226份农户调查

4.1.1 调研地区介绍、数据来源与调查内容概述

福建是我国南方重点集体林区，山林资源成为福建农村最重要的生产资料之一，农业人口很大程度上还需要靠山吃山。同时，福建的林业产权制度的改革走在全国前列。20世纪80年代，在农村土地改革的框架下，福建在全省落实林业“三定”工作。80年代中后期“三定”工作叫停后，以三明地区为代表，福建省又开展了“分股不分山，分利不分林”的林业股份制改革。2003年，随着新一轮南方集体林区改革的开展，福建省委、省政府出台“关于集体林权制度改革的意见”，决定用3年左右的时间基本完成林权制度改革工作，实现“山有其主、主有其权、权有其责、责有其利”的改革目标，建立起经营主体多元化，权、责、利相统一的集体林经营管理新机制。因此，以福建为案例进行农户林地经营的相关研究具有一定的代表性。

本研究采用的资料主要来源于农户问卷调查，调查采取典型抽样与随机抽样调查相结合的方法。数据分析的方法主要采用Excel进行描述性统计分析。本研究选择福建省三明市永安县和将乐县作为调查县，样本涉及永安县的贡川、洪田、上坪、西洋4个乡，将乐县的光明、白莲、黄潭、大源、安仁5个乡，共43个村的250个农户发出调查问卷250份，收回241份，剔除无效问卷15份，共计有效问卷226份，问卷回收率为96.4%，问卷有效率为93.8%。

具体调研内容包括：（1）了解后林改时期集体林区农户林地经营状况及其特点；（2）基于农户理性的假设，探析农户不同林地经营形式选择意愿和经营行为及其主要影响因素；（3）分析和比较不同林地经营形式下的林地经营效率差异。

4.1.2 农户林地经营基本状况

1. 样本村农户林地获得方式

被调查地区农户林地获得方式多样，包括集体分林到户、谁造谁有承包、

自留山、通过招标拍卖承包、从他人那里转包、租用等，其中，集体分林到户、谁造谁有承包是两种主要形式，分别占 26.25%，22.65%。集体分林到户所占比重最大，主要是由于集体林权改革的实行使原有集体所有的林地被分下去，谁造谁有承包获得林地的方式由于山林的使用权属于农户，因此农户也比较多地采用此方式获得林地。

2. 农户林地经营形式

在被调查地区，73.21%的农户是采用单户经营的林地经营形式，19.64%的农户采取与亲戚邻里联户经营，7.14%的农户加入合作组织经营林地。可以看出，单户经营是被调查地区的主要林地经营形式，联户经营和合作组织经营形式存在，但相比较单户经营数量较少。其具体原因不仅和被调查地区农户所拥有的林地面积有关，同时也很大程度上受农户对不同经营形式的认知的影响。

3. 不同经营形式下农户林地立地条件

立地条件是林业生产的一个重要自然因素，林地质量高低决定着林业产出的多少。在选择经营形式的时候，农户也会适当考虑立地条件。本研究根据立地条件好、中、差将其分为一类地、二类地、三类地。由问卷结果可知（表4-1），在所有被调查 226 户农户中，共有林地 486 块，户均拥有林地 2.15 块，其中 59.47%的林地为二类地，33.54%的为一类地，7%为三类地。从林地经营形式看，采用合作经营的农户的林地立地条件较差，三类地所占总户数达22.22%；单户经营形式的一类地和二类地所占比重最大，除被调查地区单户经营形式占主导的客观原因外，一类地、二类地在单户经营中所占的较大比重也否定了我们通常认为的农户将林地面积小、立地条件差且很难通过承包、租赁、转让等形式流转出去的林地留给自己生产经营。相反，我们可以推测，良好的立地条件可能更有助于提升农户自己生产经营的积极性，采用单户经营形式使农户能获得更好的经济效益。

表 4-1　不同经营形式下的林地立地条件

	单户		联户		合作经营	
	个数	所占比例	个数	所占比例	个数	所占比例
一类地	131	35.03%	31	30.10%	1	11.11%
二类地	221	59.09%	62	60.19%	6	66.67%
三类地	22	5.88%	10	9.71%	2	22.22%

4. 农户林地经营规模状况

对于样本地农户立地经营规模现状，被调查地区户均有用林地规模达 63

亩，按家庭劳动力计算，劳均规模为55亩，人均有用林地25亩。在林种方面，目前福建农户经营的林地种类主要有用材林（杉木、松木为主）、经济林、竹林、生态公益林等，由于林地价值的不断提升，目前农户经营林业的积极性显著提高，其中杉木林种植面积最大，毛竹次之。果树种植面积、公益林面积、自留山面积所占比重均较小。

4.1.3 农户对林地经营认知的分析

了解农户对林地经营情况的认知，是分析农户林地经营行为和进行政策分析的重要基础。农户对林地经营的认知直接影响农户参与林地经营的主动性强弱，农户参与林地经营的主动性进而影响到农户对林地经营模式的选择偏好，并最终影响农户林地经营的效率。

1. 农户对林地经营原因的认知

农户经营林地的原因多种多样，可能是农户对经营林地存在偏好，或者认为经营林地可增加收入，抑或认为经营林地有安全保障等，从调查结果看，77.23%的农户认为经营林地主要是因为林地经营可以增加家庭收入，8.93%的农户因为喜欢而从事林地经营；8.48%把林地看做一项资产，认为经营林地有安全保障；3.57%的农户则认为经营林地主要是因为分林到户不得不经营；0.89%的农户因为没有其他获得收入的途径而不得不从事林地经营。由此可以看出，农户经营林地的原因是多样的，且不同经营者经营林地受不同目的的主导，把经营林地当做增加收入的主要途径是大部分被调查农户的主要原因，当然由于被调查地区福建八山一水一分田的地形特点，农户傍山生活对林地有一定的感情，所以对林地的偏好也是部分农户经营林地的原因。此外，也有小比例的农户因为分林到户或没有其他获得收入的途径而被动地选择经营林地。

2. 对不同经营形式优势与隐患的认知

调查显示，68.30%的农户认为单户经营最主要的好处在于自己可以做决策，30.80%的农户认为是产权清晰、权责明确，还有0.89%的农户认为单户经营农户可以对自家林地进行更精细化的经营，有利于提高产出效率。对于单户经营存在的隐患，38.84%的农户认为经营风险是最主要的，效率低、收益低都较均匀地体现，21.43%的其他隐患中包括农户认为的单户经营需要投入较多的资金，不利于个人资金的周转。由此可以看出，能否拥有自主决策权是农户在林地经营中所比较看重的因素，单户经营满足了农户对于决策的自主把握权，所以在被调查地区占主要经营形式，当然，单户经营的风险也是限制许多抗风险能力弱的农户不选择此经营形式的主要原因，风险规避型农户就有可能选择单户以外的其他经营形式。

53.36%的农户认为联户经营最主要的好处是可以相互帮助、提高效率，34.98%认为联户可以很好地共抵风险，11.66%的被调查者认为联户可以更好地扩大经营规模，运营资金更加充裕；而对于联户存在的隐患，易产生经营纠纷是被调查者反映较多的主要隐患，占36.44%，对于权责不清、收益分配不公分别占到1/4，还有11.56%的农户认为联户经营不利于自己决策、多人联合经营可能导致相互扯皮不利于林地的管理。因此，联户经营的相互合作互助优势是吸引农户选择此经营形式的主要原因，但从联户经营所存在隐患的各原因的比例可以看出，联户经营还存在较多的不正式性，权责分配合理与否，收益处置的正当与否都是引发纠纷的潜在原因。

合作组织经营是被调查地区存在最少的经营模式。按照所占比例从高到低，被调查的农户认为合作组织经营最主要的好处分别有可以提高经营效率和收入、可获得合作社服务、降低经营风险等。35.27%的农户认为提高效率增加收入是加入合作组织应该具有的最大好处，32.59%的农户认为能够享受合作社的服务是合作社组织经营的最大好处，由此可以看出，加入合作社组织能否比单户或联户经营更加具有效率，以及能否在加入组织后享受到一系列服务是农户决定是否值得加入所考虑的关键因素。就合作组织经营存在的隐患，37.67%的农户认为最主要的是收益分配不公，36.77%认为最大隐患在于没有经营决策权，由此我们也能发现，如果要加大该地区的合作组织经营形式，吸引更多的农户加入其中，有一个合理的利益分配机制以及保证农户经营决策权力的实行方案是关键。

3. 农户对自家林地经营水平的认知

就农户对自家林地经营水平的认知而言，48.21%的农户认为目前自家林地经营水平高，46.43%的农户认为经营水平一般，5.36%认为经营水平较差。由此可以看出，大部分农户对自家的林地经营水平评价较为良好。结合该调查地区农户主要的经营模式，73.21%的农户是单户经营，也侧面反映了农户对单户经营形式的满意度。

4.1.4 农户林地经营意愿分析

1. 农户林地经营形式意愿分析

由上述对农户现有林地经营形式的分析可知（图4-1），被调查农户目前主要的林地经营形式是单户经营，联户经营和加入合作组织经营次之。而从农户的意愿出发，调查农户期望的林地经营形式，可以得到类似结论，单户经营成为被调查农户的首选，且期望以单户经营的农户数比目前单户经营的农户数多，期望联户经营的比例比现存联户经营的农户数少，期望加入合作社经营的农户数比现已加入合作社经营的被调查农户数多，由此可以看出，在期望的林地经营方式中，单户经营和合作组织经营形式的增加主要由现有的 44 户被调查的联户经营农户的减少所致，反映出联户经营农户对现有经营形式的部分不满意，希望尝试其他更具效益的经营形式。

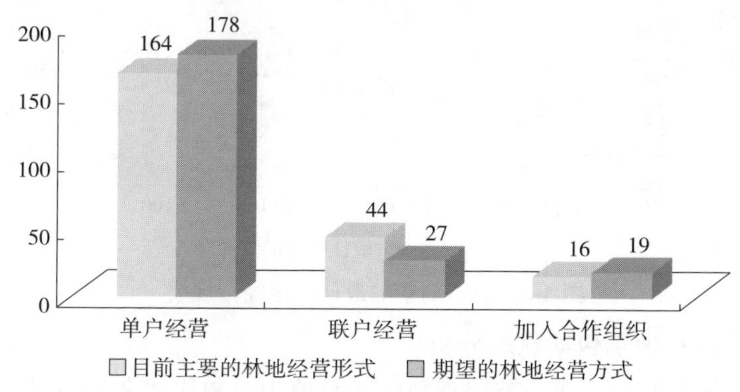

图 4-1　现有及期望林地经营形式

2. 林地经营规模意愿选择分析

为了更好地分析农户所拥有的林地面积以及在现有林地面积基础上农户所期望的最佳林地经营规模，我们根据不同面积区间段的农户数量，将 223 个农户分为 5 组，由图可知，被调查农户中，现有的林地面积在 10 亩以内的有 74 户，林地面积在 10～20 亩的有 33 户，20～60 亩的有 48 户，36 户农户林地面积在 60～100 亩，拥有 100 亩以上林地的有 32 户农户。被调查农户中，其中拥有林地面积最小的为 0.5 亩，最大的有 1 045 亩，拥有林地面积在 20 亩以内的农户占较大比例，达 48%，几乎接近被调查农户数的一半，可以看出农户所拥有的林地面积总体偏小且较为细碎。为了更好地反映不同区间段农户根据现有林地经营面积对最佳林地经营面积的理解，我们将同一区间段农户的理想林地经营面积求均值（由于考虑拥有 1 045 亩林地的林业大户对林地经营规模要求的特殊性，此处计算均值先剔除此户数据），由折线变化可以看出，随着农户现有林地面积的增加，农户对最佳林地经营规模的期望和要求总体是上升的，但拥有20～100 亩之间的农户对最佳林地规模的认知没有很明显的差异。

就农户所愿意持有的最佳林地经营规模水平而言（图 4-2），拥有 10 亩以内的农户认为最佳林地经营规模为 51.28 亩，10～20 亩的农户认为 76.52 亩，20～60 亩的农户认为 141.56 亩左右为最佳林地经营规模，60～100 亩的农户认为是 155 亩，现拥有 100 亩以上林地的农户认为 421.15 亩是其最佳林地经营规模，平均来看，被调查地区户均最佳林地经营规模为 169.1 亩。

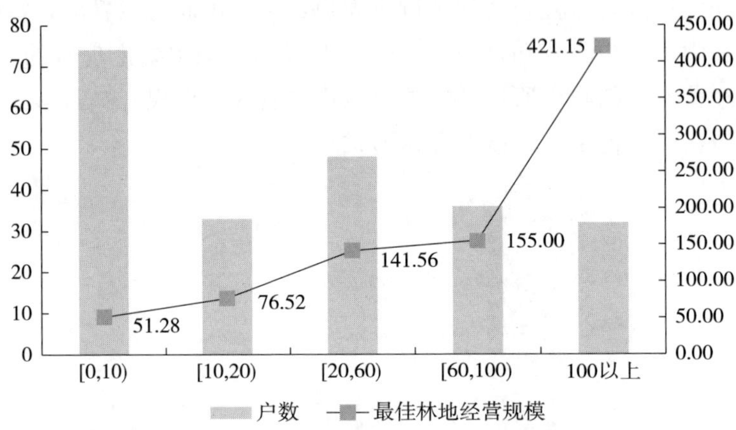

图 4-2　农户期望的最佳林地经营规模

3. 农户对林地承包期意愿分析

从村级调查表中发现，被调查地区除自留山是村民永久拥有外，林地的承包期多为一代林或 30 年。由于该地区种植较多的林种为杉木，一代林的时间为 29～30 年，所以该地区林地承包期大致为 30 年。而在对农户的调查中显示，40.18%的农户认为最适的林地承包期为 20～30 年，25.89%的农户认为最适承包期为农户永久拥有，23.66%的农户则认为 30～50 年最为合适。由此可以看出，现行的林地承包期政策和较大比例农户认为的最适林地承包期较为吻合，当然这其中也有可能是因为现行的林地承包经营周期对农户所形成的既定思维方式，对于 25.89%农户所认为的最适承包期为永久，也反映出了林农对现行林地承包期设定的另一种不同声音。

4. 林地使用费缴纳意愿分析

对于林农是否应该缴纳林地使用费这个问题，49.78%的农户认为应该交，50.22%的农户则认为不应该缴纳。在认为应该缴纳的 111 户农户中，愿意缴纳的林地使用费集中在 3～45 元不等，其中农户愿意接受的林地使用费多在 10 元以内，占 62.2%，20 元以内的林地使用费还有部分农户愿意缴纳，但是超过 20 元，林农的支付意愿直线下降，少于 10%的农户愿意缴纳。

4.1.5　农户林地经营决策行为分析

1. 农户林地经营决策形式

在林地经营的过程中，农户的经营决策是很重要的一个环节，因为如何决策关系到农户的经营行为是否公平和经济合理等问题。由分析可知，农户在做林地经营决策时，户主一人做决定以及和家庭成员共同商议是被调查地区两种主要的决策形式，分别占65.32%，32.88%。

2. 农户林地经营决策影响因素

（1）政策对农户林地经营行为的影响。对于采伐限额管理制度，59.19%的农户认为该制度对其林地经营没有影响，其主要原因在于部分农户种植的林木没有到达砍伐年限，部分农户大部分林地面积种植毛竹，采伐限额管理制度目前对其未造成影响；24.66%的农户认为该制度有一定的负面影响，进一步分析被调查地区采伐指标获取的难易程度可知，41.18%的农户认为采伐指标很难获得，主要是因为该地区采伐指标的获取程序较为复杂，从采伐指标的申请到最后的批准花费的时间长，因此对农户林地经营产生一定的负面影响。就造林补贴政策而言，51.8%的农户认为对其没有影响，46.85%的农户肯定其正面影响。调查得知，由于大部分农户承包的林地为已造林林地，并没有真正参与造林环节，而且农户承包或所拥有的林地面积有限，造林机会有限，没有享受到造林补贴政策，因此认为该政策并没有对其造林积极性有正面或负面的影响，对于享受过造林补贴的农户，则多对政策对造林积极性的正面影响持肯定态度。对于税费减免政策，在对村干部的调查中得知，被调查地区的林业相关税费，如销售收入纳税等都是减免的，53.39%的农户认为税费减免对其林地经营没有影响，主要是因为被调查地区长期没有收取相关税费，多数农户没有经历从收取税费到减免税费的过程，所以没有感知到政策对其的影响。除没有享受过税费减免政策的农户外，44.80%的农户认税费减免政策对其造林积极性有正面影响。

（2）村里人员对农户林地经营决策的影响。在对农户进行林地经营决策时是否会受村里其他人的影响以及村干部对村里林地经营决策是否有影响的调查后可知，82.43%的农户认为在做决策时不会受其他人影响，82.65%的农户认为决策不会受村干部影响，可以看出，农户在做决策时受干扰因素较少，且农户做决策的独立性和自主性较强，此外，户主对林地经营决策起主导作用。

3. 农户林地经营决策依据

从农户林地经营的决策依据来看（图4-3），42.34%的农户在做种植决策时是根据已有的传统习惯，26.58%的农户会根据市场的需求确定经营决策，18.02%的农户在做决策时有跟风的现象，周围邻居种什么自己也跟从种植，可以看出，农户在做决策时还是相对保守和封闭，根据传统种植习惯、跟从周围邻居、凭借自身喜好等因素对农户的经营决策影响较大，三个影响因素之和占到 68.47%，而市场需求对农户的决策有一定的影响，但整体影响相对较弱。

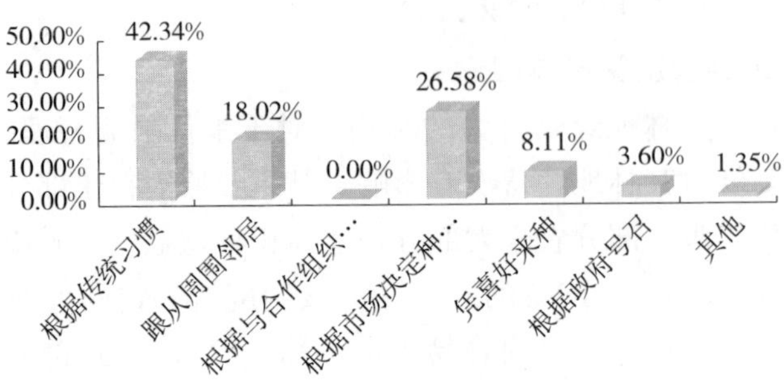

图 4-3　农户林地经营决策依据

4. 农户在生产环节的行为分析

在整地、栽种、抚育等生产劳动环节中（表 4-2），50.67%的农户采用独自生产的方式，38.57%的农户雇工进行生产劳动，村民合伙互帮，委托他人承包等形式在被调查地区使用较少，两种方式总和占 10.76%。农户在生产劳动环节独自生产所占比重较大和农户的林地经营形式存在较大联系，由于 73.21%的被调查农户是单户经营，而且由于被调查的 224 户农户中，69.2%的农户有种植杉木，杉木的生长周期长，农户在集中栽种后，抚育和管护花费的精力较少，需要的劳动力也较少，因此大部分农户在能力范围内比较愿意独自生产。对于 38.57%的农户在劳动生产中选择雇工主要是由于被调查农户中有 70.54%的农户在林业生产中有涉及毛竹种植，而毛竹的生长周期较短，一般为 2～3 年，因此每到毛竹砍伐期及竹笋采收期都需要较多的劳动力，雇工成为大面积种植毛竹的农户的主要生产方式。由于大部分农户都自己拥有林地，且林地生产经营时间较为一致，所以村民合伙互帮的形式较少，而且该地区杉木种植面积占所有种植面积的 82.52%，杉木的生产经营周期长且管理较为粗放，选择委托他人承包的成本较高，所以在被调查农户中选择此生产劳动方式的比重最小。

5. 农户在技术环节的行为分析

在病虫害防治等技术服务中（表 4-2），64.57%的农户选择自己进行施肥施药进行病虫害防治，17.94%的农户自己出钱请人进行此项服务，其他形式在被调查地区都较少使用。由此可以看出，农户对于病虫害防治多凭经验自行处理，此外也反映出村委会及乡镇组织的技术服务实施程度较低，较低的惠民力度使得希望节省成本的村民对于自己熟悉及可控的病虫害防治更愿意选择自己弄。

表 4-2 生产技术环节的农户行为

生产劳动环节		技术服务环节	
独自生产	50.67%	自己弄	64.57%
村民合伙互帮	6.28%	独自请人	17.94%
雇工	38.57%	村民合伙请人	8.07%
委托他人承包	4.48%	村委会组织技术员下乡	3.59%
		乡镇组织技术人员	3.14%
		县里组织技术人员	0.90%
		其他	1.79%

6. 农户在销售环节的行为分析

在林产品销售环节上，61.95%的农户销售木材或林副产品的最主要渠道是商贩来村里收购，20.8%的农户自己将要销售的木材或林副产品拿到市场上去卖，3.54%的农户由于林地面积小，林业种植产量有限，木材及林副产品不进入销售，只留着自己使用。除以上三种形式外，其余销售形式如委托他人代销、和公司签有订单、专业合作组织帮忙销售等都占较少比例，由此可以看出，农户林产品的销售途径相对单一，销售形式比较自由随意，合作组织、企业等具有固定林产品需求的组织与农户没有形成很好的固定联系，农户主要靠自己已有的人际往来和固有的销售途径进行销售。

7. 农户林地经营行为约束影响因素

农户的林地经营行为有时会受到资金、技术、交通、劳动力、市场、政策等相关方面的限制和约束。32.29%的农户认为自有资金不足是其在林地经营中遇到的主要问题；19.28%的农户遇到其他的存在的问题，主要包括：农户认为存在信息不对称，对于林权证发放等相关政策制度和真正落实的程序不一致、农户在生产经营中存在的风险如抵御自然灾害的风险较低、农户拥有的林地细碎，林业生产经营规模小而导致的低效益。缺乏技术指导、交通不便也是部分农户认为目前遇到的主要障碍，分别占 18.83%，12.11%。

4.1.6 调查分析与启示

调查可知，被调查地区林地经营形式较为单一，73.21%的农户以单户经营为主要林地经营形式。杉木种植占全部农户林地面积总和的比重最大，毛竹种植面积次之，但从事毛竹种植的农户数大于杉木，毛竹是被调查地区农户林业经营收入的主要来源。

对于农户对林地经营的认知，农户将林业生产经营看作增收的主要来源，对于不同林地经营形式的利弊衡量，单户经营以其决策的自主性成为农户的首选，当然，单户经营的风险也使一些无力单户抵御风险的农户选择联户或者加入合作组织经营。但在调查中发现，农户认为联户经营的弊端较多，利益分配不均、权责不清都会产生一系列纠纷，而对于合作组织，被调查地区农户的参与度较低，从利弊分析中可以了解到，加入合作组织是否能享受到应有的服务，农户参与其中是否拥有经营决策参与权和较公平的利益分配机制是决定农户是否参与其中的关键。绝大多数农户对于自己的林地经营水平较为满意，在进行林地经营决策时独立性较强，较少受村里其他人或村干部的影响，但农户在做决策时还是相对保守和封闭，根据传统种植习惯、跟从周围邻居、凭借自身喜好等因素对农户的经营决策影响较大。

在对农户的经营意愿分析中，80％的农户更愿意选择单户经营，农户愿意接受并拥有的最佳林地经营规模受其现有林地经营规模的影响，在现有的林地经营规模基础上，综合家庭劳动力和经济能力，拥有 10 亩以内的农户认为最佳林地经营规模为 51.28 亩，10～20 亩的农户认为 76.52 亩，20～60 亩的农户认为 141.56 亩左右为最佳林地经营规模，60～100 亩的农户认为是 155 亩，现拥有 100 亩以上林地的农户认为 421.15 亩是其最佳林地经营规模。由于平均数受极端值影响较大，该地区的林地大户对林地经营规模的要求可能影响其他目前林地细碎化农户对最佳林地经营规模水平的认同。在分别剔除最小、最大林地经营规模农户所拥有的林经经营面积，平均来看，户均 169.1 亩为被调查地区农户认为的最佳林地经营规模，而就现状而言，该地区的户均林地经营规模为 63 亩，由此可以看出，农户对扩大林地经营规模的意愿较强，普遍不满足于现有的林地经营规模。此外，农户在林地经营的生产和技术环节都表现出较强的自主性，反映出在以单户经营为主的生产活动中，农户更愿意自己完成力所能及的生产活动，也从侧面表现出村里的技术服务不到位，使得很多农户只能自己凭经验摸索处理病虫害相关问题，在销售环节，61.95％的农户通过商贩来村里的收购的形式进行产品的销售，整体销售渠道较为单一，没有形成专业化的产品销售流通渠道。

为使农户的林业经营行为更符合其经营意愿，笔者提出如下建议：①完善单户经营农户的风险防范机制，增设政策性林木保险险种，增强林业风险防范能力，保障林农创业致富。②联户经营理清权责分配，规范收益分配机制。联户经营形式要不断正规化，逐步完善内部治理结构和治理机制，加强内部监督，保障成员的获益分配。③创新合作组织监管服务体系，健全组织结构，规范组织运行程序，使参与其中的林农享受到更具体有效的服务。④增加林业科技服务活动频率和效率。立足林农需求，结合林农接受程度和技术运用效果进行指导，向广大林农推广实用技术，使服务工作适应广大林农的需求。⑤在支持农户单户经营意愿的同时，形成大户带小户的林农学习型生产发展模式，“能人”大户分享经营方式及生产技术处理，提高小户的生产经营技术和风险防范手段，促进共同发展。⑥完善林产品销售渠道，拓宽林产品的销售路径，形成专业化的产品流通渠道和流通路径，保证农户林产品的销售来源的稳定性和长久性。

4.2 农户林地经营状况认知及意愿分析：基于辽宁省4县200个农户调查

4.2.1 调研概述

1. 调研地区情况

辽宁省林地面积666.28万公顷，森林面积511.98万公顷，人工林面积283.03万公顷，森林覆盖率35.13%，是我国东北重点国有林区。辽宁省地形多样，东部与长白山接壤，是山地多林区，平均森林覆盖率70%以上，集体林人均面积大、资源状况好，是辽宁省水源涵养和公益林保护的重点地区；中南部位于辽河平原，以平原农田防护林居多，林地不适合发展林下经济；西北部位于科尔沁沙地南缘，半石质荒山和沙漠化土地多，是干旱半干旱地区，属于三北防护林区，生态脆弱，集体林地较少（翟印礼 等，2010）。

辽宁省是我国北方地区以生态公益林为主的集体林权制度改革省份，将公益林和重点公益林纳入改革范围之内，这是与南方集体林改的重要差别（张俊清 等，2008）。区域内资源禀赋不均衡，经济、社会发展与制度几大要素之间长期积累形成的矛盾，使辽东地区丰富的森林资源并没有给农民带来富裕，辽西贫瘠的自然条件形成了制约农业发展的瓶颈（韩晓燕 等，2008），还包括在集体林产权改革配套体系建立过程中出现的承包周期短、公益林比重大、复合经营评估体系不科学、森林经营方案编制不合理等问题的出现（张俊清 等，2008）。辽宁省结合本省不同区域的林业发展状况，开展了多种模式的集体林权改革，形成了具有北方省份代表性的经验模式（翟印礼，2008），采取分类改革、分区突破以及主体改革和配套改革相结合的方法，使主体改革基本完成，工作重点转向配套改革（郜姗姗 等，2010）。

目前，辽宁省集体林确权面积525万公顷，占应改面积527万公顷的99.62%以上，林改涉及农户435万户，1 520万人。辽宁省配套改革全面推进，已建成并投入使用的县级林权管理服务中心52个，乡镇级区域性分中心

20 个，方便了农民群众；已编制完成 1 734 个村级森林经营方案，占应编数的 66%；累计发放以林抵押贷款 71 亿元，余额 37 亿元；已纳入森林保险面积 313 万公顷，占森林面积 580 万公顷的 54%；组建了 2 607 个林业合作经济组织，入社社员 20.75 万户，经营林地面积 64 万公顷，占参改面积的 12.1%；林业占农业总产值比重由 2005 年的 2.7%提高到 2013 年的 3.1%（图 4-4）。

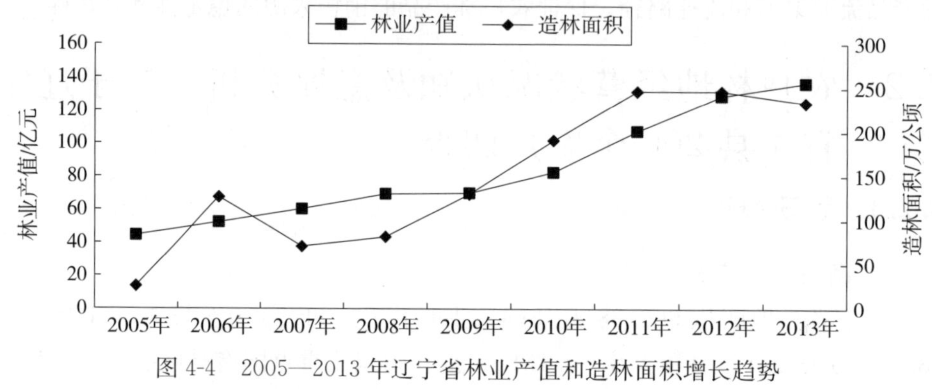

图 4-4　2005—2013 年辽宁省林业产值和造林面积增长趋势

2. 数据来源与调查内容

本研究数据来源于国家社会科学基金面上项目“后林改时期农户林地经营决策机理及营林效率差异研究”（13BJY060）的实地调研数据，该项目研究人员于 2014 年 8 月在辽宁省的建昌县、开原县、北票县、铁岭县进行实地调研，其中开原、铁岭位于辽宁省东部，建昌、北票位于辽宁省西部。调查方式是入户问卷调查，采取典型抽样与随机抽样调查相结合方法并采用 Excel 进行描述性统计分析。

样本涉及玲珑塔、药王庙等 14 个乡，共 20 个村。向农户发出调查问卷 200 份，收回 200 份，共计有效问卷 200 份，问卷回收率为 100%。具体调研内容包括：(1) 林改后集体林区农户林地资源状况和林地具体情况；(2) 农户林地经营投入产出变化；(3) 农户林地经营认知、意愿和行为调查。见表 4-3。

表 4-3　样本农户分布

县名称	样本乡	有效问卷量	所占比例/%
建昌县	玲珑塔乡、药王庙乡	50	25
开原县	嵩山堡、黄旗寨乡、上肥地乡、马家寨	50	25
北票县	五间房、大三家、东官营、上园乡、大板乡	50	25
铁岭县	大甸子乡、白旗乡、李千户	50	25
合计	14	200	100

4.2.2 农户基本概况

1. 样本地农户家庭基本情况

样本地农户以男性户主为主，有 189 户，占 94.5%，女性户主的农户仅有 11 户，占 5.5%。农户家庭劳动力规模 1 人、2 人、3～5 人、5 人以上的户数分别为 26 户、93 户、73 户、2 户，所占比例分别为 13%、46.5%、36.5.5%和 1%，说明样本地农户劳动力规模以 2 人和 3～5 人为主，有 6 户家庭没有劳动力。

被调查农户职业划分有三类，分别为农业生产（占比 67%）、林业生产（占比 11.5%）、非农林生产性（占比 20.5%），还有部分不劳动退养等（占比 1%）。由此可以看出，样本地农户除极少数老弱者外主要从事农业生产，专业从事林业生产比重不大，而非农林兼业型生产性（以打工为主、边打工边种地）比重正在逐步加大。样本地农户其他特征见表 4-4。

从收入结构分析，被调查农户财产性、转移性收入比重较少，户均只有 26 元和 181.43 元，低于当地农民收入水平，但财产性、转移性支出比重较多，户均达 2 284.5 元和 9 257.5 元，说明调查地农户婚丧嫁娶等礼金负担过多。

2. 样本地农户林地获得方式

被调查地区农户林地获得方式多样，包括自留山、原责任山确权承包、“谁造谁有”承包、集体分林到户、通过招标拍卖等方式承包、退耕还林地、租赁、其他方式等，其中，集体分林到户、自留山是两种主要形式，分别占 35.5%，30%，集体分林到户所占比重最大。林权改革的本质是实现部分林权的非集体化，分林到户是林权改革的具体表现形式。

表 4-4 样本农户家庭基本情况

名称	类别	数量	比例/%	名称	类别	数量	比例/%
家庭人数	1 人	6	3	家庭劳动力规模	没有	6	3
	2 人	45	22.5		1 人	26	13
	3 人	40	20		2 人	93	46.5
	4 人	41	20.5		3～5 人	73	36.5
	5 人以上	68	34		5 人以上	2	1
受教育年限	没有	4	2	劳动力平均年龄	30 岁以下	0	0
	1～5 年	10	5		30～40 岁	14	7.22
	5～9 年	102	51		40～50 岁	39	20.1
	9～12 年	63	31.5		50～60 岁	58	29.9
	12 年以上	21	10.5		60 以上	83	42.78

（续）

名称	类别	数量	比例/%	名称	类别	数量	比例/%
家庭毛收入	5 000元以下	7	3.5	林业收入占家庭总收入比重	1%以下	106	53
	5 000～10 000元	10	5		1%～10%	55	27.5
	10 000～30 000元	61	30.5		10%～30%	3	1.5
	30 000～50 000元	46	23		30%～50%	11	5.5
	50 000元以上	76	38		50%以上	25	12.5

3. 样本农户林地资源状况

辽宁省土地资源相对丰富，样本地位于丘陵区，以落叶、阔叶林为主，主要树种有松、柞、槐、杨、柳等，经济林木有榛子树、苹果树、枣树，林种类型占比分别为用材林42.5%、经济林31%、公益林20%、其他林6.5%。

样本地农户林地面积户均值为38.84亩，其中最大林地面积户均值为27.60亩。从农户林地规模分布状况看，有32.5%的农户林地面积在10亩以下、19%的农户林地面积位于10～20亩之间、13.5%的农户林地面积位于20～30亩之间、12.5%的农户林地面积位于30～50亩之间、22%的农户林地面积在50亩以上。其中有8户农户计73.26亩的林地纳入省市县级公益林，62户农户2 372.3亩纳入国家级公益林。见表4-5。

表4-5　样本农户林地资源状况

名称	类别	数量	比例/%	名称	类别	数量	比例/%
林地面积	10亩以下	65	32.5	最大林地面积	10亩以下	90	45
	10～20亩	38	19		10～20亩	42	21
	20～30亩	27	13.5		20～30亩	23	11.5
	30～50亩	25	12.5		30～50亩	22	11
	50亩以上	45	22.5		50亩以上	23	11.5
用材林	没有	98	49	经济林	没有	124	62
	5亩以下	23	11.5		5亩以下	13	6.5
	5～10亩	13	6.5		5～10亩	16	8
	10～30亩	35	17.5		10～30亩	27	13.5
	30亩以上	31	15.5		30亩以上	20	10
自留山	没有	128	64	承包山	没有	104	52
	5亩以下	24	12		5亩以下	21	10.5
	5～10亩	15	7.5		5～10亩	14	7
	10～30亩	20	10		10～30亩	32	16
	30亩以上	13	6.5		30亩以上	29	14.5

4.2.3 农户经营状况

1. 农户林地经营形式

样本地农户林地经营形式较为单一，单户经营占主导地位，其中有 175 户农户选择单户经营，有 14 户农户选择联合经营，有 9 户农户选择合作经济组织经营，有 2 户农户选择了流转和由村集体统一经营管护。可以看出，单户经营是被调查地区的主要林地经营形式。

2. 农户林地经营各环节的投入情况

栽种是农户林地经营的起始，采伐是林业生产周期的结束，农户造林行为也体现了林业投资大、生产周期长的特点。农户林地经营投入主要是资金和劳动力，样本地农户直接现金投入项目包含：种苗费用、购药费用、购肥费用，还有少量的森林保险投保费用、林地使用费缴纳金额、林地转入支付金额。调查数据显示，样本地农户种苗费用、购药费用、购肥费用亩均分别为 74.81 元、172.66 元、186.37 元，说明管护投入成本逐步增大。从样本地农户林地经营各环节的劳动力投入情况来看，栽种环节劳动力投入的比重较大，而采伐的劳动力投入正在萎缩，说明农户采伐行为趋向理性，从经济角度判断，采伐已不是农户林地经营的主要来源。抚育、管护是造林之后的重要林业生产环节，样本地农户林地经营的抚育、管护环节劳动力投入较大，抚育达到平均每亩投入劳动力 213.34 人，反映出农户林地经营的积极性，见表 4-6。

表 4-6 农户林地经营各环节的劳动力投入情况

林地经营项目	户均栽种面积（亩）	抚育、施药、施肥次数	自投工	雇工	用工合计（人/亩）	投工费用（元/亩）
栽种	20.8	—	5.475	11.52	140.44	9 782.6
抚育	—	6.23（次）	—	—	213.34	1 210.66
管护	—	8.18（年）	—	—	23.25	1 669.47
施药	—	10.7（次）	—	—	—	972.53
施肥	—	2.62（次）	—	—	—	455.61
采伐	—	—	—	—	—	30.21
非木质林产品采摘	—	—	—	—	—	913

随着农村劳动力季节性短缺矛盾的加剧，劳动力成本也在上升，样本地农户非木质林产品采摘主要是榛子的采摘，虽然只有两个月的采摘期，但用在榛子的采摘劳动力成本逐步增加。劳动力成本的上升还体现在劳动力成本在抚育、管护诸环节比重的增加，样本地劳动力投入比例分别占抚育、施药总费用

的 22.88%、21.30%。

3. 农户分林种经营中劳动力投入分析

林业增收是农户林地经营的原动力，也是衡量农户劳动力配置现状和趋势的标准，分析农户在不同林种经营中的收入情况，可为农户在不同林种经营中劳动力配置提供决策依据。不同林种经营平均每亩收入见表 4-7。

表 4-7 农户不同林种经营收入情况

单位：元/亩

抚育材	主伐材	经济林果	林下采摘		
			食用菌	山野菜	药材
25	68.3	36 583.5	133.8	50.75	166.5

从农户收入情况可以看出，经济林果、林下采摘收入占主导地位，势必引导农户在林地经营中劳动力配置的正确选择，单一靠砍伐木材致富的林业经营模式已经逐渐消亡，发展经济林和林下经济是农户林地经营的必由之路。但是，在发展经营林果、林下经济的同时，将影响农户造林、育林的积极性。

4. 农户林地经营产出收入

调查显示，经济林果收入已经成为样本地农户林地经营产出收入的主导，是农户林地经营的重要来源，这也是样本地以经济林产业带建设为重点，全面加快林业产业发展步伐的政策引导结果。见表 4-8。

表 4-8 农户林地经营收入明细

单位：元

林地经营收入项目	总收入	户均	亩均
种苗销售	70 000	350	16.82
主伐木材	27 940	139.7	6.71
经济林果	7 316 700	36 583.5	1 758.39
食用菌采集	2 6760	133.8	6.43
山野菜采集	10 150	50.75	2.45
药材采集	33 300	166.5	8.00
公益林生态效益补偿	24 744	123.72	5.95
退耕还林补贴	70 660	353.3	16.98
造林种苗补贴	54 349	271.75	1.31
抚育补贴	1 380	6.9	0.33
林下种植	26 180	130.9	6.29

在农户心中，承包的山变成了花果山，种植的树成为了摇钱树，根据测算，承包的林地价值每亩已经达到 7 200 元。

4.2.4 农户林地经营认知情况

了解农户对林地经营情况的认知，是分析农户林地经营行为和进行政策分析的重要基础。

1. 农户对林地经营原因的认知

农户经营林地的原因迥异，不外乎生存安全和收入效益角度考虑，但可能也有农户对经营林地存在偏好。从调查结果看，44%的农户认为经营林地可以增加家庭收入；5.5%的农户把林地看做一项资产，将来有增值潜力；1.5%的农户怕失去林地，认为经营林地有安全保障。由此可以看出，尽管农户经营林地的原因多样，且不同经营者经营林地受不同目的的主导，把经营林地当做增加收入的主要途径是大部分被调查农户的主要选择。

2. 农户对不同经营形式的认知

调查显示，11.5%的农户认为是产权清晰、权责明确，58%的农户认为单户经营最主要的好处在于可以自己决策，心里踏实，30.5%的农户认为可以多劳多得。对于单户经营存在的隐患，17.5%农户认为效率低，28%的农户认为经营风险大，24%的农户认为收益低，还有 30.5%的农户认为竞争力小、信息不灵，担心政策变化等。由此可以看出，能否拥有自主决策权是农户在林地经营中所比较看重的因素，单户经营满足了农户对于决策的自主把握权，所以在被调查地区占主要经营形式。见表 4-9。

表 4-9 单户经营形式比较

您觉得单户经营的最主要好处		您觉得单户经营的最主要隐患	
产权清晰，权责明确	11.50%	效率低	17.5%
可以自己决策、心里踏实	58.00%	风险大	28%
多劳多得	30.5%	收益低	24%
		其他	30.5%

调查得知，59.5%的农户认为联户经营最主要的好处是可以相互帮助、提高效率，17.5%认为联户可以很好地共抵风险，23%的被调查者认为渠道多、统一销售、得到采伐指标等。而对于联户存在的隐患，22%的农户认为易产生权责不清，17.5%的农户认为收益分配不公，49.5%的农户认为易产生经营纠纷，还有 11%的农户认为效率低、工作没有积极性等。因此，联户经营的相

互合作互助优势是吸引农户选择此种经营形式的主要原因，但从联户经营所存在隐患分析，加强制度约束、明确责权利，是消除经营纠纷的根本途径。见表4-10。

表 4-10　联户经营形式的比较

你觉得联户经营最主要的好处		你觉得联户经营最主要的隐患	
可以互相帮助，提高效率	59.5%	易产生权责不清	22%
可以共抵风险	17.5%	收益分配不公	17.5%
其他	23%	易产生经营纠纷	49.5%
		其他	11%

合作组织经营是被调查地区存在最少的经营模式，只有 9 户农户加入农民合作组织。按照所占比例从高到低，被调查的农户认为合作组织经营最主要的好处分别有可以提高经营效率和收入、可获得合作社服务、降低经营风险等。30%的农户认为提高效率、增加收入是加入合作组织应该具有的最大好处，26.5%的农户认为能够享受合作社的服务是合作社组织经营的最大好处，由此可以看出，加入合作社组织能否比单户或联户经营更加具有效率，以及能否在加入组织后享受到一系列服务是农户决定是否值得加入所考虑的关键因素。就合作组织经营存在的隐患，34%认为最大隐患在于没有经营决策权，22%的农户认为怕林地被改作他用，21%的农户认为最主要的是收益分配不公，还有20.5%的农户认为加入合作组织担心收费、管理不善以及无人负责等。由此我们也能发现，如果要扩大该地区的合作组织经营形式，吸纳更多的农户加入其中最重要的是赋予农户经营决策参与权制度，以及合理的利益分配机制和方案。见表 4-11。

表 4-11　合作组织经营形式的比较

你觉得合作组织经营最主要的好处		你觉得合作组织经营最主要的隐患	
可获得合作社服务	26.5%	退社难	2.5%
降低经营风险	8.5%	收益分配不公	21%
省心省力	23%	没有经营决策参与权	34%
提高经营效率和收入	30%	怕林地被改作他用	22%
其他	12%	其他	20.5%

3. 农户对自家林地经营水平的认知

就农户对自家林地经营水平的认知而言，29.5%的农户认为目前自家林地经营水平高，非常满意，20%的农户表示比较满意，23.5%的农户认为经营水平一般，11%的农户认为经营水平较差，不太满意，还有16%的农户对目前的林地经营收益非常不满意。由此可以看出，大部分农户对自家的林地经营水平评价较为良好。结合该调查地区农户主要的经营模式是单户经营，也侧面反映了农户对单户经营形式的满意度。

4.2.5 农户林地经营意愿及行为分析

1. 农户林地经营形式意愿分析

由上述对农户现有林地经营形式的分析可知，被调查农户目前主要的林地经营形式是单户经营，联户经营和加入合作组织经营次之。而从农户的意愿出发，调查农户期望的林地经营形式，可以得到类似结论，单户经营成为被调查农户的首选，且期望以单户经营的农户数比目前单户经营的农户数多，期望联户经营的比例比现存联户经营的农户数少，期望加入合作社经营的农户数比现已加入合作社经营的被调查农户数多，由此可以看出，在期望的林地经营方式中，单户经营和合作组织经营形式的增加主要由现有的44户被调查的联户经营农户的减少所致，反映出联户经营农户对现有经营形式的部分不满意，希望尝试其他更具效益的经营形式（图4-5）。

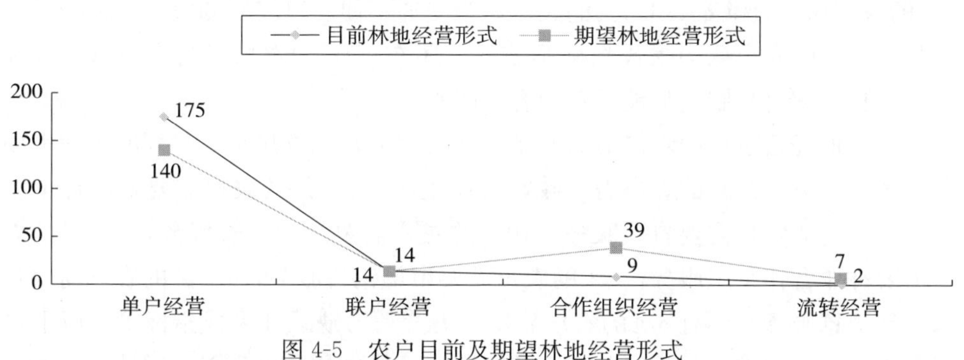

图4-5 农户目前及期望林地经营形式

2. 林地经营规模意愿选择分析

为了更好地分析农户所拥有的林地面积以及在现有林地面积基础上农户所期望的最佳林地经营规模，我们将200个农户分为5组，调查意愿结果是：期望经营林地面积10亩以下的农户占16.5%，10～20亩和20～30亩的均占13.5%，30～50亩的占15.5%，50亩以上的占41%。通过样本农户林地资源状况对比发现，目前拥有10～30亩的农户期望值变化较小，而拥有10亩以下和50亩以上的农户期望值则变化较大。当然，这种测算方法未必精确，决定农户最佳经营规模的因素有许多，如家庭劳动力状况、投入产出水平、管护能力等，但以此可以判断出大多数农户有增加林地面积的愿望。

3. 农户对林地承包期意愿分析

调查显示，65.5%的农户认为最合适的林地承包期为永久，只有2%的农户认为最合适的林地承包期为20年以下，认为最合适的林地承包期为20～30年、30～50年、50～70年、70年以上分别为7%、11%、9%、5.5%。由此可以看出，绝大多数农户期望林地承包经营周期的延长，也反映出了林农对现行林地承包期的设定是基于对林业政策稳定的顾虑。

4. 农户林地经营决策形式

在林地经营的过程中，农户的经营决策是很重要的一个环节，因为如何决策关系到农户的经营行为是否公平和经济合理等问题。由分析可知，农户在做林地经营决策时，户主一人做决定以及和家庭成员共同商议是被调查地区两种主要的决策形式，分别占35%和62.5%。

5. 农户林地经营约束影响因素

农户的林地经营行为有时会受到资金、技术、交通、劳动力、市场、政策等相关方面的限制和约束。20%的农户认为自有资金不足是其在林地经营中遇到的主要问题，24%的农户认为缺乏技术指导、9%的农户认为市场销售难、2%的农户认为贷款难、3.5%的农户认为交通不便、11.5%的农户认为劳动力不足、13%的农户认为采伐指标难获取，还有17%的农户认为病虫害、气候干旱等自然灾害是制约林地经营的客观因素。

在林地经营过程中农户最需要哪些社会服务，调查显示，41%的农户需要科学技术服务，13%的农户需要政策法律服务，1.5%的农户需要资产评估服务，11.5%的农户需要贷款服务，10%的农户需要森林保险服务，1.5%的农户需要林业合作组织服务，9%的农户需要市场销售服务，4.5%的农户需要林权管理信息服务，还有8%的农户需要解决劳动力缺乏和采伐指标等。以上可以看出，农户需求不再是简单的效益问题，而是更加全面和趋于理性。

4.2.6 结论与启示

辽宁集体林权改革后，林农获得的绝大多数林地为天然林，其中80%以上又是国家重点公益林和地方公益林，受禁伐政策束缚很大。从林木资源看，树木生长周期长。辽宁省的西北部位于科尔沁沙地南缘，是干旱半干旱地区，生态脆弱，且由于气候、土壤、政策原因经营林业的收益几乎为零（陈珂等，2005）。从收入角度分析，由于林改的林地个体化对农户来说首先是资产和财富的增加，而林地上林木的收入实现还需要一个过程（蒋宏飞等，2012）。另外，当承包经营合同到期时，将导致对经营权重新分配的要求，大规模的林地纠纷，也可能造成产权体系的转换等，所以，林权改革将是一个长期的过程（徐晋涛，2008）。

调查发现，第一，样本地辽东地区农户林地资源丰富，有发展林地经营的基础条件；第二、样本地农户经营形式基本为单户经营，经营的产品单一，森林旅游、休闲林业尚处于空白，林业收入占家庭总收入的比重普遍偏低；第三，样本地农户财产性、转移性收入结构不合理，公益林、生态林补贴较少；第四、样本地农户劳动力资源结构正在发生深刻的变化，劳动力年龄老年化趋势明显，劳动力成本逐步增大。

如何破解林权改革过程中的难题，解决林农增收问题。国家林业局指出要赋予农民更多的财产权利，特别是赋予林权生产要素的功能，使农民获得林权是可抵押、可担保、可流转的，真正使农民获得的林权从资产变成资本，这样来确保农民获得更多财产权利。

在林业行业，国家新的退耕还林还草工程对转移劳动力提供了新的契机，促使劳动力结构进行调整，使造林、育林和森林管护成为吸收劳动力的主渠道。拓宽林业就业机会，提供诸如护林员之类的新的职业岗位，改善农户非农林兼业状况。

就农户而言，积极探寻其他经营模式、摸索新的经营产品，是提高林地经营效率，增加家庭收入的主要途径。农户在林地经营中除加大资金、技术、土地要素的投入外，优化劳动力配置，使不同特征的劳动力从事适应的劳动，在增加收入的同时，逐渐成为体面的职业农民。

4.3 农户林地经营特征、经营意愿及决策行为分析：基于河南省和辽宁省的调查

4.3.1 样本农户基本特征描述性分析

1. 样本农户分布

本调研组于2014年7月分赴河南和辽宁进行实地调研。调研主要采取问卷调查方式，样本选择采取随机抽样和典型抽样相结合的原则，调研过程中涉及的主要利益相关者包括林农、村干部、合作组织领头人和当地政府官员。剔除对林业经营不了解而不能得到有效回答的问卷、一些有明显偏差和数据缺失较多的问卷，最终获取165份有效问卷（表4-12）。

表 4-12 样本地区分布及总量

省县（市）	乡镇	行政村	农户	
			样本数	比例/%
辽宁省开原县	4	5	50	30.30
辽宁省铁岭县	3	5	49	29.70
河南省夏邑县	1	2	66	40.00
总计	8	12	165	100

数据来源：调查问卷。

经过新一轮集体林权制度改革之后，林地产权进一步明晰，使得经营林地的相关权属结构发生了转变，把大部分的集体山林划分到户，赋予了林农更多的权利。从现实中来看，农户的林地经营形式主要可以分为单户经营、联户经营和合作社经营。在 165 份调查问卷中，单户经营的农户有 154 个，占总数的 93.33%，比例较高，另有联户经营 7 户，合作组织经营 3 户，村集体统一管护 1 户。本报告试图探索林地不同经营方式的影响因素，在此先对农户家庭基本特征和林地资源禀赋进行描述性分析。

2. 农户户主特征

农户户主特征包括户主年龄、文化程度，户主是否从事于林业相关活动等方面。为了数据获取的准确性，所调查的农民基本上都是对家庭林业生产情况比较了解的男性。165 份有效问卷中，男性占 95.75%，女性占 4.25%；其中有 60.60%的人从事林业经营活动，28.48%的人曾经接受过林业培训；村干部占调查总群体的 7.88%；调查对象中有 37.57%为少数民族，主要为满族（见表 4-13）。

表 4-13 样本农户基本特征之一

	性别		是否从事林业经营活动		是否接受林业培训		是否是村干部		是否是少数民族		样本数量
	男	女	是	否	是	否	是	否	是	否	
频次	158	7	100	65	47	118	13	152	62	103	165
比例	95.75	4.25	60.60	39.40	28.48	71.52	7.88	92.12	37.57	62.43	100

数据来源：调查问卷。

从受访者的年龄来看，小于等于 30 岁的农户最少，以 40 岁以上的中老年居多。在家庭负责管护林地的人员上看，也是以中老年人居多；从教育程度上来看，小学和初中程度的人数最多，但是所受教育是高中及以上的林农也占了一定的比例，这一部分约为 7.88%；在主要从事职业上，以农业为主的占绝大部分，为 64.85%，而以林业为主要收入的农户只占总体调查样本的 20.00%（见表 4-14）。可见，在林地经营上主要以中老年人为经营者，文化水平较低，接受林业技术改变林业经营观点可能相对滞后，同时林业投资回报周期长的特点使得农民难以仅仅依靠林业生存，其家庭收入仍有相当大的比重依靠农业收入或者外出打工收入。

表 4-14　样本农户户主基本特征之二

指标	频次	比例
样本数量	165	100
受访者年龄		
≤30	2	1.21
31～40	18	10.91
41～50	57	34.55
51～60	42	25.45
≥61	46	27.88
受教育程度		
≤5	45	27.27
6～8	55	33.33
8～10	52	31.52
≥11	13	7.88
主要从事职业		
农业生产	107	64.85
林业生产	33	20.00
非农林生产	25	15.15

数据来源：调查问卷。

3. 农户家庭特征

从家庭劳动力结构上来看（表 4-15），从事农业劳动人数为 2 人及以下的农户最多，占 60.00%；从林地管护上来看，有 60.61%的农户家中有专人管护林地，由于林地的收成，尤其是经济林的果实等，容易被偷窃，因此大部分种植经济林的农户都会有专人看护林地；在家庭年毛收入方面，小于等于 10 000万元的农户有 29 户，占 17.59%，10 001～30 000元之间的农户最多，有 55 户，占 33.33%，30 001～50 000元之间的农户有 33 户，占 20.00%，而 50 001元以上的高收入家庭有 48 户，占总调查样本的 29.09%。在本次调查中涉及的农户收入分布比较均匀，高收入农户家庭主要集中于辽宁省，而低收入则集中于河南省。根据调研实地考察来看，辽宁省调研村的林业发展更为规模化、集约化，人均林地面积要高于河南省调研村；经营方式更为多样，有单户经营、联户经营、合作社经营等，而河南省调研村则几乎全是小规模的单户经营模式。

表 4-15　农户家庭基本特征

指标	频次	比例
样本数量	165	100
家庭劳动力		
≤2	99	60.00
3	32	19.40
4	23	13.94
≥5	11	6.66
是否有护林员		
有	100	60.61
没有	65	39.39
2012 年家庭毛收入（元）		
≤10 000	29	17.58
10 001～30 000	55	33.33
30 001～50 000	33	20.00
>50 000	48	29.09

数据来源：调查问卷。

4. 林地资源禀赋

林地资源禀赋因素主要包括林地细碎化程度，林地总面积，立地条件，目前林地主要林龄等方面。

从本次调查的结果来看，农户所拥有的林地面积差异较大，最小的面积仅为 0.2 亩，最大的林地面积达到 160 亩，平均林地规模为 23.28 亩。不同省份，其农户所拥有的林地规模也有所不同。辽宁省所选取的调研地平均林地面积为 36.72 亩，而河南省调研地的平均林地面积为 3.43 亩。从林地细碎化程度上来看，不同省份的情况也不同。开原县和铁岭县调查农户的平均林地数为 2.87 块，而河南夏邑县的调研农户平均林地数为 1.36 块。从表 4-16 可以看出本次调研农户的林地细碎化程度及经营规模的总体情况。

表 4-16　林地经营细碎化程度及经营规模

指标	最大值	最小值	平均值	频次	比例
块数					
1				80	48.48
2	11	1	2.27	38	23.03
3				23	13.94
>3				24	14.55
林地总面积(亩)					
≤10				84	50.91
10～30	160	0.2	23.28	41	24.85
30～50				18	10.91
≥50				22	13.33

数据来源：调查问卷。

本调查中的林地利用类型主要根据农户经营的主要树种划分，分为用材林、经济林和公益林。从林种类型上来看，经济林所占比重最大，共有 93 户，占 56.36%，而经营公益林的农户很少，只有 15 户，占 9.10%；从立地条件上来看，大部分林地的立地条件属于中上，好和中的评价占总数的 36.36%；从目前主要的林龄来看，成熟林种最多，共有 90 户，占 54.54%（表 4-17）。

表 4-17　林种类型、立地条件及目前林龄

指标	频次	比例
面积最大林块林种类型		
用材林	52	31.52
经济林	93	56.36
公益林	15	9.10
其他	5	3.03
立地条件		
好	74	44.85
中	60	36.36
差	31	18.79
目前主要林龄		
幼龄	15	9.10
中龄	52	31.51
近熟	8	4.85
成熟	90	54.54
过熟	0	0.00

数据来源：调查问卷。

4.3.2 农户对林地经营的认知分析

了解农户对林地经营情况的认知，是分析农户林地经营行为和进行政策分析的重要基础。农户对林地经营的认知直接影响农户参与林地经营的主动性强弱，农户参与林地经营的主动性进而影响到农户对林地经营模式的选择偏好，并最终影响农户林地经营的效率。

调查显示，多数农户认为单户经营最主要的好处在于自己可以做决策，产权清晰、权责明确，还有少数农户认为单户经营可以对自家林地进行更精细化的经营，有利于提高产出效率。对于单户经营存在的隐患，农户认为最主要的是经营风险，其他隐患中包括农户认为的单户经营需要投入较多的资金，不利于个人资金的周转。由此可以看出，能否拥有自主决策权是农户在林地经营中所比较看重的因素，单户经营满足了农户对于决策的自主把握权，所以在被调查地区占主要经营形式，当然，单户经营的风险也是限制许多抗风险能力弱的农户不选择此经营形式的主要原因，风险规避型农户就有可能选择单户以外的其他经营形式。

农户认为联户经营最主要的好处是可以相互帮助、提高效率，同时还可以很好地共抵风险，更好地扩大经营规模，运营资金更加充裕；而对于联户存在的隐患，易产生经营纠纷是被调查者反映较多的主要隐患。因此，联户经营的相互合作互助优势是吸引农户选择此种经营形式的主要原因，但从联户经营所存在隐患的各原因的比例可以看出联户经营还存在较多的不正式性，权责分配合理与否，收益处置的正当与否都是引发纠纷的潜在原因。

合作组织经营是被调查地区存在最少的经营模式。按照所占比例从高到低，被调查的农户认为合作组织经营最主要的好处分别有可获得合作社服务、可以提高经营效率和收入、降低经营风险等（表 4-18）。大部分农户认为提高效率、增加收入是加入合作组织应该具有的最大好处，加入合作社组织能否比单户或联户经营更加具有效率，以及能否在加入组织后享受到一系列服务是农户决定是否值得加入所考虑的关键因素。就合作组织经营存在的隐患（表 4-19），最主要的是收益分配不公和没有经营决策权，由此我们也能发现，如果要加大该地区的合作组织经营形式，吸引更多的农户加入其中，有一个合理的利益分配机制以及保证农户经营决策权力的实行方案是关键。

表 4-18　农户对不同经营形式优势的认知

指标	频次	比例
样本数量	165	100
单户经营		
产权清晰，权责明确	35	21.21
可以自己决策，心里踏实	89	53.94
多劳多得	41	24.85
联户经营		
可以互相帮助，提高效率	97	58.79
可以共抵风险	34	20.61
其他	34	20.61
合作社经营		
可获得合作社服务	65	39.39
降低经营风险	25	15.15
省心省力	21	12.73
提高经营效率和收入	38	23.03
其他	16	9.70

数据来源：调查问卷。

表 4-19　农户对不同经营形式忧患的认知

指标	频次	比例
样本数量	165	100
单户经营		
效率低	40	24.24
风险大	56	33.94
收益低	41	24.85
其他	28	16.97
联户经营		
易产生权责不清	33	20.00
收益分配不公	41	24.85
易产生经营纠纷	80	48.48
其他	14	8.48
合作社经营		
退社难	9	5.45
收益分配不公	36	21.82
没有经营决策参与权	70	42.42
怕林地被改作他用	20	12.12
其他	30	18.18

数据来源：调查问卷。

4.3.3 农户林地经营意愿分析

1. 农户林地经营形式意愿分析

由上述对农户现有林地经营形式的分析可知，被调查农户目前主要的林地经营形式是单户经营，联户经营和加入合作组织经营次之。而从农户的意愿出发，调查农户期望的林地经营形式，可以得到类似结论（表 4-20），单户经营成为被调查农户的首选，且期望以单户经营的农户数比目前单户经营的农户数少，期望联户经营的比例比现存联户经营的农户数多，期望加入合作社经营的农户数比现已加入合作社经营的被调查农户数多，由此可以看出，在期望的林地经营方式中，联户经营、合作组织经营形式和流转经营的增加主要由现有的 27 户被调查的单户经营农户的减少所致，反映出单户经营农户对现有经营形式的部分不满意，希望尝试其他更具效益的经营形式。

表 4-20 农户经营形式选择意愿

经营方式	单户自己经营	联户经营	加入合作组织	流转给别人经营
目前的经营方式	155	6	3	1
所占比例	93.94%	3.64%	1.82%	0.61%
希望采取的方式	128	7	26	4
所占比例	77.58%	4.24%	15.76%	2.42%

数据来源：调查问卷。

2. 农户对林地承包期意愿分析

从村级调查表中发现，被调查地区除自留山是村民永久拥有外，林地的承包期多为一代林或 30 年。由于该地区种植较多的林种为苹果树或者榛子林，一代林的时间为 29～30 年，所以该地区林地承包期大致为 30 年。而在对农户的调查中显示，认为农户最适的林地承包期为永久拥有的比例最高，为 38.71%，其次有 23.23%的农户认为最适承包期为 30～50 年，少数农户则认为 50～70 年最为合适（表 4-21）。由此可以看出，现行的林地承包期政策和较大比例农户认为的最适林地承包期并不十分吻合，这说明农户对承包期限的期望值已经高于现行的林地承包经营周期。

表 4-21 农户对林地承包期的意愿

经营方式	20 年以下	20～30 年	30～50 年	50～70 年	70 年以上	永久
林地承包期意愿	10	20	36	18	11	60
比例	6.45%	12.90%	23.23%	11.61%	7.10%	38.71%

4.3.4 农户林地经营决策行为分析

1. 农户林地经营决策形式

在林地经营的过程中，农户的经营决策是很重要的一个环节，因为如何决策关系到农户的经营行为是否公平和经济合理等问题。由分析可知，农户在做林地经营决策时，户主一人做决定以及和家庭成员共同商议是被调查地区两种主要的决策形式（表 4-22）。

表 4-22 农户林地经营决策方式

指标	户主决定	家庭商议决定	找外人咨询决策	其他
频次	47	114	2	0
比例	28.48	69.09	1.21	0

数据来源：调查问卷。

2. 农户林地经营行为约束影响因素

农户的林地经营行为有时会受到资金、技术、交通、劳动力、市场、政策等相关方面的限制和约束。20%的农户认为自有资金不足是其在林地经营中遇到的主要问题（表 4-23），在 12.12%存在的其他问题中，主要包括：农户认为存在信息不对称，对于林权证发放等相关政策制度和真正落实的程序不一致、农户在生产经营中存在的风险如抵御自然灾害的风险较低、农户拥有的林地细碎，林业生产经营规模小而导致的低效益。缺乏技术指导、交通不便也是部分农户认为目前遇到的主要障碍。

表 4-23 农户经营行为约束影响因素

指标	资金	技术	销售	贷款	交通	劳动力	采伐指标	其他
频次	33	44	27	3	5	14	19	20
比例	20.00	26.67	16.37	1.82	3.03	8.48	11.52	12.12

数据来源：调查问卷。

4.3.5 研究小结

经过上述研究结果分析，我们了解到，新一轮林权制度改革后，部分集体林区分林至户，集体林区经营方式在结构上发生了变化，在一定程度上赋予了林农对经营模式的选择权。调查可知，被调查地区林地经营形式较为单一，以单户经营为主。榛子林种植占全部农户林地面积总和的比重最大，苹果树种植面积次之。

对于农户对林地经营的认知，农户将林业生产经营看作增收的主要来源，对于不同林地经营形式的利弊衡量，单户经营以其决策的自主性成为农户的首选，单户经营的风险也使一些无力单户抵御风险的农户选择联户或者加入合作组织经营。但在调查中发现，农户认为联户经营的弊端较多，利益分配不均、权责不清都会产生一些纠纷，而对于合作组织，被调查地区农户的参与度较低，从利弊分析中可以了解到，加入合作组织是否能享受到应有的服务，是否拥有经营决策参与权和较公平的利益分配机制是决定农户是否参与其中的关键。绝大多数农户对于自己的林地经营水平较为满意，在进行林地经营决策时独立性较强，较少受村里其他人或村干部的影响。

在对农户的经营意愿分析中，农户对扩大林地经营规模的意愿较强，普遍不满足于现有的林地经营规模。此外，农户在林地经营的生产和技术环节都表现出较强的自主性，反映出在以单户经营为主的生产活动中，农户更愿意自己完成力所能及的生产活动，也侧面表现出村里的技术服务不到位，使得很多农户只能自己凭经验摸索处理病虫害相关问题，在销售环节，整体销售渠道较为单一，没有形成专业化的产品销售流通渠道。

4.4 林地经营行为及经营形式选择调查：基于湖南省娄底、张家界两地村级和农户调研

4.4.1 调查地和调查对象基本介绍

1. 样本分布情况

本次调研在湖南省娄底、张家界两市进行，共走访调研 9 个村庄，访谈村级负责人 6 名，调查普通农户 23 户。农户调查中，深度访谈 4 户农户，对 19 户农户利用问卷进行了结构式访谈问卷调查（表 4-24)。

表 4-24 问卷分布表

市	县	乡镇	村	村级负责人访谈数	普通农户调查数
张家界市	慈利县	零阳镇	汪家桥村	0	1
			双洲村	0	6
			放马村	0	1
		象市镇	高潮村	1	1
			龙坦坪村	1	1
			走马村	1	7

（续）

市	县	乡镇	村	村级负责人访谈数	普通农户调查数
娄底市	涟源市	荷塘镇	西冲村	1	2
			湴里村	0	1
	娄星区	—	梽木村	2	3

2. 调查地概况

（1）娄底市。娄底市地处湘中丘陵西北部和湘西山地东缘，有林地面积 319 333.3 公顷，森林活立木蓄积量达 1 182.5 万立方米，森林覆盖率达 48.15%，林业产业化建设稳步增长，以楠竹资源为主的综合加工利用不断加强，2011 年林业总产值达 88 亿元。全市共有 8 个国有林场，经营面积 31.338 万亩，其中国家级森林公园 2 个，分别是新化大熊山和涟源龙山国家森林公园；省级森林公园 4 个，分别是双峰紫峰山和九峰山、涟源包围山、娄星洪家山森林公园；县级森林公园 2 个。

该市的涟源荷塘镇西冲村总户数 372 户，总人口为 1 628 人，林业专业户 320 户，1 个林业专业合作组织，总劳动力 1 100 人，外出打工人数为 700 人，从事林业劳作 200 人，贫苦人口数为 65 人。全村人均年收入为 2 500 元，全村林业总收入为 100 万元左右，占全村总收入的 20%～30%。该村土地总面积 7 000 亩，林地总面积 4 000 亩，用材林面积 150 亩，经济林面积 150 亩，竹林 2 700 亩，薪炭林 1 000 亩。经济林主要为苹果，梨子，杨梅，柑橘。主要种植楠竹与杉树，其中楠竹占 90%。该村的木材主要通过加工成扁担、席子等销往娄底，并且该村的林业企业以山庄旅游的形式获得年收入 30 万元。由于天气等因素，该村经常有森林火灾，防火、灭火措施主要由林业站和村里相关人员负责。2011 年该村进行了林改，但一直未发放林权证。

该市的茶园镇梽木村总户数 286 户，总人口为 788 人，有几十户林业专业户，2 个林业专业合作组织，2 个涉林企业，从事林业劳作 300 人，贫苦人口数为 100 人。全村人均年收入为 3 200 元，全村林业总收入为 60 万元左右，占全村总收入的 40%。该村土地总面积 1 400 亩，林地总面积 800 亩，公益林 180 亩，主要为经济林。在经济林中，以生产果品为主的 500 亩，生产食用油料为主的 340 亩，生产药材与保健食品为主的 100 亩。该村有三个林业企业，并主要种植果树和大棚蔬菜，产品多为外村收购或售往娄底、长沙等地，在旅游方面，以卖水果、自由采摘和餐饮等方式吸引游客，有约 80 万元的年收入。在森林防火方面，该村有专门的防火带、宣传牌，并且安排了村干部轮流值班。该村在 1999 年进行了林改，以村代表集体统一制定林改方式，已全部发放林权证。

（2）张家界市。张家界市地处湖南省西北部．为武陵山脉腹地。全市林业用地面积 1 050 万亩，占全市总面积的 73.4%，有林地面积 789 万亩，活立木蓄积量 2 033 万立方米，森林覆盖率 69.16%。林业产业总产值达 79.7 亿元，全市有森林公园 5 个，其中国家级 3 个。有自然保护区 7 个，其中国家级自然保护区 1 个。国有林场 9 个。

该市慈利县象市镇走马村总户数 214 户，总人口为 683 人，林业专业户 2 户，1 个林业专业合作组织，总劳动力 280 人，外出打工人数为 197 人，从事林业劳作 89 人，贫苦人口数为 82 人。全村人均年收入为 4 000 元，林地面积 6 400亩，主要种植马尾松，有 4 800 亩；经济林面积 200 亩，主要种植板栗、茶、杜仲；竹林 50 亩，薪炭林 50 亩，公益林 1 200 亩。该村收入主要来源于外出务工和种植，主要种植庄稼以及马尾松、杉树，并采用直接销售的方式获利。该村还有一定规模的养殖业生产（鸡、鸭、牛、羊），每年约有 20 万元的收入。该村国家级公益林每亩可获得 14.5 元的补贴，省级为 12.5 元。在森林防火方面，有专门的防火车、宣传牌，并且有护林员巡查。该村在 2008 年进行林改，林业流转主要为农户个人联系，但只有 20 年的使用权，未转让林权。森林保险由国家统一发放。该村实施过退耕工程与公益林工程。

该市慈利县象市镇双岭村总户数 150 户，总人口为 600 人，林业专业户 100 户，总劳动力 330 人，外出打工人数为 180 人，从事林业劳作 400 人，贫苦人口数为 50 人。全村林业总收入为 80 万元左右，占全村总收入的 20%。全村人均年收入为 7 000 元，总土地面积 700 亩，林地面积 6 400 亩，主要种植松树，杉树，有 4 000 亩。用材林 400 亩，经济林面积 1 000 亩。

该市慈利县象市镇龙坦坪村总户数 190 户，总人口为 710 人，总劳动力 370 人，外出打工人数为 210 人，贫苦人口数为 40 人。全村人均年收入为 4 000元，林业总收入为 142 万元，占总收入 50%。林地面积 5 346 亩，主要种植松树，用材林 3 000 亩。竹林 100 亩，薪炭林 1 000 亩，公益林 800 亩。该村以种植松树和杉树为主。全村 30%收入来源于农业，20%来源于林业，50%来源于打工。该村直销木材，并于 2004 年进行林改，由村民大会制订方案。林权证已基本发放。

该市慈利县象市镇高潮村总户数 434 户，总人口为 1 437 人，林业专业户 434 户，1 个林业合作组织，总劳动力 708 人，外出打工人数为 500 人，贫苦人口数为 70 人。全村人均年收入为 7 000 元，林业总收入为 1 200 万元，占总收入的10%。林地面积2 200亩，主要种植樟树、松树、杂木林等。经济林面积500亩，薪炭林500亩。该村主要种植柑橘、樟树、松树、杂木林等，木材直接销售给木材站，在1981年包产到户，在2009年进行林改，实行分户管理，已发放434户的林权证。

结合调查数据可以发现，娄底和张家界两地在林地基础资源方面有明显的差异，张家界的森林覆盖率、森林产业发展和林地管理层级均优于娄底市；两地优势树种也有差别，张家界地区以樟木、杉木为主，娄底地区以楠竹为主，但两地在经济林发展方面，选择比较类似，果林药材均有涉及。

3. 调查对象的基本情况

调查对象主要为普通的林地经营户，年龄处于40～60岁之间。调查数据显示，大部分农户学历在高中以下，近60%的农户未接受过林地经营方面的培训，12%的户主在近三年有外出打工经历，平均每户劳动力数量为2.87名，2/3的农户家中有老人，近一半的农户家中有学生，所有接受调查的农户均参与合作医疗，90%有养老保险，50%为党员，40%担任村干部，30%家中经商。大部分农户家庭有专人管护林地，平均年龄59.1岁，年纪最大的甚至达到74岁，年龄结构处于老龄。

家庭最高学历以高中职高为主，接受大学及以上教育的人较少。从总体来看，家庭最高学历比被调查农户个人学历要高，说明各农户对教育的重视程度逐步提高，尤其是自身教育水平较高的农户，重视程度更高。

通过调查我们发现，被调查林地经营户的家庭收入来源主要有打工、经商和农业生产，真正依靠林业生产来获得主要收入的农户占比不到15%，单纯的林业生产并没有给他们带来很大的收益。

4. 基于深度访谈的湖南省4个典型农户林业经营状况

（1）湖南省涟源市荷塘镇西冲村——黄世雄。黄世雄，男，52岁，西冲村的村支书，也是村中唯一的林业企业的法人代表。黄家有4人，全为适龄劳动力，家庭成员中最高学历为大学本科。家庭年收入可达30万元，基本来源于旅游山庄的经营，此类收入水平在村中处于较高水平。

黄世雄及其合作社共从农户、本村和其他村庄中转包了1 000亩林地，主要种植楠竹，面积达800亩。林地转入支付3万元现金，在之后的经营中，采取三七分成的给付方式，合作社占多数。该片山林就位于黄世雄房屋旁的山上，树龄已达近熟。2007年转包之后，一共花费种苗费用6万元，栽种时雇工超过20人，共计花费工价近2 000元。日常管护中，每月发1 000元工资给所雇护林员，护林员需要负责巡护、砍伐杂草等。竹林同时进行了林下养殖，投入近 1 万元。

竹林种植 7 年以来，期间砍伐过一次，共计产出 80 吨竹材，花费人工费 2 万元，运输费 5 500 元，总收入 2 万元。

合作社内含产业有珍果林种植、竹林种植和山鸡、鱼、猪等养殖，经营模式有生态旅游山庄及普通原材料砍伐销售，年收入可达 30 万元。其中养殖规模水平是整体经营中占地最大的。客户群分布在娄底、涟源等城镇地区，获得的收入比较可观。合作社由村支书黄世雄一人发起，占股 90%，联合本村 5 家农户和转包山林的原山林主占股 10%。在访谈中，黄支书说道："合作社经营最大的优势就是可以进行工商、税务登记，拥有营业执照，在外谈业务的时候可以签合同，盖公章，便于同各个单位、企业打交道。"

谈及经营的现状，黄世雄并不十分满意，一直在强调"人工费太高，刨去人工费，收入没有多少剩余。"对于合作社未来的发展，黄世雄想在技术和加工上寻求突破，办一个竹材加工厂，推广竹腔打药的技术。因此，他本人及其合作社最需要的就是资金方面的服务。

（2）湖南省涟源市荷塘镇溢里村——肖辉其。肖辉其，男，51 岁，溢里村卫生所一名乡村医生，医科大专毕业之后，回到乡村，行医数十年。其学历、职业及收入水平在村中属于较高水平。家中人口 7 人，有 1 位需要照顾的老人和 4 名在校学生，长女、次女已经考上大学。目前家庭年收入约 10 万元。据肖辉其描述，该收入仅够保证子女读书。

肖辉其在行医之余，于 2000 年采用联户经营的方式，和丁家村的李安益、西冲村的张伟东的共同承包了 432 亩土地，分别来源于溢里村、丁家村、秀溪村和西冲村。最大地块面积 79.2 亩，植有杉树、松树及其他杂树，以用材林为主。该 432 亩土地全是从各村村民中转包，肖占 60%。最大地块土质为黑沙土，立地条件高，离最近的公路不足 0.5 公里。

在林地培育之初，由农业站统一调配种苗，每亩约植 220 棵，在之后的抚育间伐中，逐渐减少为 150 棵每亩。栽种时自投工 2 人，雇工 15 人。平常看护用工 2 人，根据出勤率发放工资。在林地生长阶段，共计发生火灾 2 次，防火防盗费用共计 5 000 元。树木目前未到砍伐年限，肖辉其说道："目前林地产生效益最大的难点在于人工费和运输费。"运输费平均需要 400 元/立方米，人工费达到 200 元/天。木材销售收入还不足以支付人工费和运输费，同时还要缴纳 30%的税费，投入产出不成比例。目前，肖打算将地中的树木作为环保树、景观树来培育，减少砍伐量，发挥绿化功能。

肖辉其认为，联户经营的效率最高，可以共抵风险，且对于合伙人只需要提供分红，不需要支付现金工资，可以维护现金流的稳定。提高林地经营效率，最重要的是增加资金投入，特别是面对目前工价高的情况，资金的稳定对日后的发展更有利。而在娄底的山林区，气候干燥，火灾频发，森林保险服务业显得尤为重要。

（3）湖南省娄底市娄星区茶园镇梽木村——童志伟。童志伟，男，48 岁，梽木村村书记。梽木村是娄底市领导的定点扶贫村，近年来着力于发展经济林种植业，建设娄底城郊“水果村”，做好后花园。林果种类多样，有杨梅、樱桃、丰水梨、橘子等。樱桃是近年试种的，童志伟是樱桃试种的第一人。6 亩林地中，2 亩用于试种樱桃。这两亩地位于公路旁边，交通比较便利，立地条件较好。樱桃地目前尚在投入阶段，种苗费用 3 万元，栽种费用 300 元，排水沟改造 300 元，施药、施肥约 2 500 元，林下种植成本 600 元。日常抚育、巡护均为自投工，家里有一人专门看护林地。在访谈中，童志伟对未来收入抱有很高的期望，“销路打开以后，就是一个持续盈利的过程了。”

在未来发展的设定中，童志伟想要仿照村中成功的范例建立一个樱桃合作社，建立属于村庄的品牌，以扩大销路。并且想要与高校合作，获得技术上的支持，据童志伟说：“湖南人文科技学院的研究人员和我们已经达成了初步合作意向，相关技术支持正在沟通中。”

童志伟说道，在经营中面临的最大问题是利益分配方面的纠纷，童志伟采取的单户经营模式，对于联户经营，他说道：“几家联户经营时，在种植时应该划分责任区，在销售的时候，几家也应该平分，不能先卖一户，后卖另一户，造成损失；同时，联户最好不要超过 3 户，人太多会‘扯皮’。”

由于樱桃种植在娄底还属于一个新的产业，所以，童志伟想要得到更多的政府支持，梽木村是市领导的定点扶贫单位，有充足的资源去争取，去发展。

（4）湖南省张家界市慈利县零阳镇汪家桥村——汪远华。汪远华，男，51 岁，汪家桥村村民，初中学历，土家族。汪远华家中共有 5 口人，儿女都已成年，家中有 4 个劳动力。父母由各兄弟姐妹共同赡养照顾，夫妻俩是家中果园的主要经营看护者。汪家主要收入来源是林业生产，2013 年家庭毛收入约为 8 万元，在村中属于中下水平，近三年的林业收入约占家庭总收入的 100%。

汪远华在村外承包了 280 亩山林，最大一块 70 亩，主要树种是橘子、橙子，全部为经济果林。这些山林是汪在 2003 年从其他村租赁得来，离家 16 公里，离最近的公路 2 公里，土质好，石头多，适合橘树、梨树生长，立地条件好。

汪远华采取的是单户经营的形式，面积最大的那块地在栽种时花费种苗费用 20 万元，人工方面有自投工 2 名，雇工 7 名，用工费用 3 000 元。日常抚育、管护由夫妻二人负责，在需要施肥、施药的时候会雇佣短工，获得林地以来施药约 5 次，购药费用 2 万元，施肥 2 次，购肥费用 2 万元，人工投入 5 500元。水果采摘之后的运输费达到 18 000 元，运输成本较高。汪说："果树种植以来，基本处于亏本状态，在 2013 年卖了水果之后，净收益约为 8 万元，这就是这片果林目前全部的收益了。"

近两年来，汪远华家的黄桃林效益不错，远近商户都会自行开车来果园采摘批发，这一模式节省了销售的运费，虽然价格会比直接销向市场要低，整体收益还是可以保证。针对目前的经营趋势，汪对收益非常满意，对单户经营的模式十分赞同，虽然风险较大，但可以自己决策，心里比较踏实，不会产生联户经营易带来的经营纠纷。另外，他认为零散小户的经营效率要强于大户，可以自投工，"人工费可以省下不少"。

面对未来的发展，汪远华和他的果园面临最大的困难就是自有资金不足，急需贷款服务。

4.4.2 农户林地经营投入产出状况分析

农户选择林地经营模式的原因有多种，规模经济理论、产权理论和农户行为决策理论对此也可适用，可以从投入情况，产出情况和意愿、行为加以分析。

1. 投入情况

调查数据显示，两地林业经营户的主要投入为种苗费用，雇工费用，施药与施肥费用。在调查的 23 户中，有 60%的经营户需要投入种苗费用，50%的经营户需要投入劳动力对林地进行看管，仅 25%的经营户雇工栽种，22%进行过施药，27%采取过施肥措施。而从整体上看，大多数经营户都是自投工，95%的林地均为自留山。由此可知，大多受访者的林地投入少，主要投入为自身劳动力与种苗费用，少部分需要施肥或施药。其中大部分经营户的种苗费用占总投入的 50%以上，而施药与施肥费用在 10%以下。由此可得，农户在开始经营时需要较大量的投入，之后所需投入较少。

林地经营与其他农业经营不同，日常管护及资金投入较少。基本属于固定投入不变，每次砍伐时增加投入的投入模式，每一次获得收益会对固定投入进行分摊，同时也伴随着新的成本的增加。从规模收益角度理论来看，这是一种固定投入不变、可变投入增加的规模经济，区别于一般的农业规模收益方式。从长期来看，收益存在递减趋势。

2. 产出情况

调查数据显示，近60%的经营户还未从林地经营中获得实际收益，仍处于种植培养阶段，主要依靠相关的公益林生态效益补偿和退耕还林补贴。而在有所产出的农户中，40%产出为主伐木材，47%为经济林果，8%为竹林，5%为食用菌。而在所获收益中，经济果林的收入情况远好于主伐数目。

两地调查都显示，人工成本和运输成本是制约森林产出的重要因素，受访农户表示由于人工成本和运输成本的不断增加，砍伐意愿较低，宁愿种在山上，也可以带来环境效益。张家界由于森林保护区较多，公益林面积较大，受政策影响，砍伐数量更少，补贴收益成为其林地经营收入的重要来源。在40%获得收益的农户中，依靠林业旅游和经济林果出售获得收益的居多，传统林地经营的收益模式逐渐式微，新的盈利模式亟待开发。

从农户行为决策角度来看，农户作为理性人、经济人存在于经济活动中，也会根据市场动向进行生产资料、劳动力、资本配置，农户在考虑各项经营形式的成本收益之后，自然会做出理性、经济的决策。

3. 经营收入及规模评价

收入满意度方面，调查中，60%的经营户表示对当前的林地收入感到满意。对于林地经营效率提高方式，被调查农户没有集中的认知趋势，认为通过扩大经营规模、加大资金投入、加大劳动力投入的农户占比均为21.74%，而认为通过加大技术投入来提高林地经营效率的农户占比为17.39%。在林地经营规模方面，52.17%的农户愿意扩大，43.48%的农户希望保持不变，也有4.35%的农户希望缩小经营规模。总体来看，大部分农户对林地经营有较好的预期，扩大经营意向明显。同时，从调研访谈中的实际来看，选择保持规模不变的农户也是由于现实情况所限，没有多余的地可以用于扩大生产，因此保持不变。从农户行为选择理论来看，每个农户面临的基础条件不同，在态度、主观规范和感知行为控制等多种因素下，行为意向出现差异，对于提高效率的方式也有不同的认识。

4.4.3 农户林地经营形式选择及评价

1. 经营形式选择

经营形式方面，在调查的对象中，86.96%的农户为单户经营，8.7%的农户选择联户经营，4.35%的农户参与了合作组织经营。这部分被调查户的理想经营形式有明显变化，想选择单户经营的农户比例下降为56.52%，选择加入合作社的农户比例上升到34.78%，联户经营没有明显变化。农户的选择主要在单户经营或者合作社经营之间，有部分单户经营的农户有意愿转变经营形式，采用合作社经营的模式。合作社经营有利于扩大规模，带来更大的规模收益，林农出于理性考虑，对合作社经营有较高的期待。

2. 经营形式评价

在对于单户、联户、合作社和与龙头企业合作等4种林地经营形式的评价中，47.83%的农户认为单户经营的最主要好处是可以自己决策，心里比较踏实。其次是产权清晰，权责明确占比30.43%，也有21.74%的农户认为单户经营最大的好处在于多劳多得。另一方面，43.48%的农户认为单户经营最主要的隐患是风险大，这是单户经营农户的普遍担忧，同时也分别有17.39%、13.04%的农户对效率和收益提出了担忧。对于联户经营的认识中，认为联户经营可以相互帮助，提高效率和认为其可以共抵风险比例大致相同，各占45%左右。对于联户经营的隐患，农户的意见呈现多样化，34.78%的农户认为其易产生权责不清，26.09%的农户担心收益分配不公，另有34.78%的农户认为联户经营会产生经营纠纷，比较麻烦。对于加入合作社经营，34.78%的农户认为其最大的好处是省心省力，21.74%的农户认为这可以提高经营效率和收入，认为加入合作社经营可以提高经营效率和收入的农户约占17.5%，而认为其可以降低经营风险的农户约13%。谈及合作社经营的主要隐患，被调查农户有很明显的倾向，34.78%的农户认为易发生收益分配不公，21.74%的农户认为参与者多数没有经营决策的参与权，认为退社难、害怕林地被改做他用的农户比较少。在农户对于与龙头企业合作的看法中，43.48%的农户认为这可以获得生产技术的支持，34.78%的农户认为产销对接方便，其他的人认为这种经营形式生产效率高、资金周转较快。对于其存在隐患的看法中，56.52%的农户认为没有经营决策参与权，其次是认为收益分配不公，意见较为集中。

对于林地经营的承包期而言，30.43%的农户认为最好是拥有永久的承包期，26.09%的农户认为在30～50年最为合适。17.39%的农户认为50～70年较为合适。农户的想法与国家现行政策略有不符，表明农户对土地的经营权有很高的持有期望。

各项经济研究表明产权对人的激励作用是十分明显的，对林农的林地经营形式考察也不例外，林农在选择单户、联户、合作社等经营形式时，考虑最多的就是产权的归属，甚至包括决策权这一更趋于实践层面的自主权力的归属。从科斯的产权理论和农户行为决策理论考虑，林农对各个模式的评价来源于其亲身经历以及身边发生的实例，从而影响了他的认知和评价。林农在做出评价或者选择的时候也会对产权和收益之间的交易费用做一定程度的考虑，在进行了权衡之后，多数林农选择了产权，以求对未来的收益有一个正向的预期。

4.4.4 各村林地经营形式选择的原因分析

在所调查的村庄中，慈利双洲村、走马村、娄底梽木村基本为单户经营，涟源西冲村、溢里村分别有1户联户经营，西冲村有1户合作社经营，单户经营形式产生的种植大户较少。各村的基本情况和面临的政策环境对林地经营形式的选择也有影响，由此，我们结合农业区位理论和制度经济理论从村级层面分析各村林地经营形式的选择原因。

1. 农业区位因素

从农业区位角度看，在交通便利、距离城镇较近的村庄中，选择单户经营的农户较多。娄底市娄星区茶园镇梽木村距离娄底城区约10分钟车程，慈利县双洲村、走马村距离县城约20分钟车程，在这些村庄中，大部分农户选择了单户经营。林业产品与市场对接便利，单个农户推销产品也比较方便，运输成本也比较低，对集体销售的集合力没有非常强的依赖性，单户经营意愿较强。而涟源西冲村、溢里村距离城镇较远，途中多陡坡，路况差，面对这样的基础条件，农户想要凭借单户的力量将产品推销、运输到市场难度较大，集合起来的意愿更加强烈，更有动力联户，或集成合作社共享资源。

砍伐成本较低的地区，农户较为倾向选择单户经营。根据被调查农户的反映，在慈利县双洲村、走马村、娄底梽木村，其林产品都是经销商直接来村内砍伐、摘取、收购，农户不需要承担采摘砍伐费、运输费等前期投入。而在西冲村、溢里村，林农在签订购销合同之后，需要自己雇人砍伐并运输到收购商处，费用由林农承担，在扣除这部分人工费和运输费之后，利润所剩无几，单个农户更加无力承担这些成本风险，需要依托集体的力量分摊成本，分担风险。因此砍伐成本的增加对农户的联合意愿有正向激励，砍伐等成本越高，农户对联户、合作经营会更加理性考虑。

初级产业多，高级产业少的村庄，单户经营相对更加普遍。小农经营，自给自足的模式在中国广大农村有着普遍意义，处于初级生产阶段的农户，用工时数少，劳动力需求可以在家庭内部解决，但一旦发展或引入更高层次的产业，成本增加，对于劳动力、技术等各方面的需求上升，单个农户难以承担这一变化。凡是预备进行深度加工、延长产业链的村庄，有合作社、联户经营组织的会尽量利用这些，没有的也会迅速形成这类集体，以便进一步发展。比如，梽木村引进了一批樱桃进行种植，樱桃原本并不属于南方水果，农户缺少种植经验，为应对这一困境，引进樱桃种植的农户在村中计划成立樱桃合作社，提高自身的市场竞争力。

2. 制度经济因素

制度经济学认为，制度是影响经济绩效好坏以及确定经济绩效好坏评价标准的最终决定因素。土地、劳动、资本等生产要素，有了制度才得以发挥功能。结合调研情况来看，村级组织制度的建设也会影响村内农户经营形式的选择。在西冲村合作社的案例中，村支书牵头为合作社的成立运营提供了很大的便利。[illegible]木村计划成立的樱桃合作社也是村支书在计划牵头。乡村社会中，村民对于村一级干部普遍比较信服，特别是在亲缘、地缘关系紧密的地区，村支书、村主任更加具有号召力，当村主任有意向组织建立合作社时，其联系号召力要强于普通村民。依靠村级组织制度的建设，土地、劳动、资本等生产要素得以有效发挥。

自 1984 年“三定”改革和林权改革以来，有些村庄顺利执行了这些政策，但也存在一部分村庄没有发放林权证。在顺利执行政策的村庄中，农户更愿意选择单户经营，用制度经济的理论解释，可以认为制度的施行更有效地推动了村民产权意识的形成，对村民选择经营形式有指引作用，同时，这一类有关产权制度建设的政策也推动了土地、资本等资源的配置，凸显了模式选择的效率。

3. 其他因素

从其他因素考虑，学历高的农户更易于接受联户或合作社经营。农户学历越高，越希望进行联户经营或组成合作组织经营。且在联户与合作社两种模式的选择中，学历越高越希望选择合作社的形式来进行经营管理。农户受教育年限越长，对知识、法律的认识相对更加深刻，以合作社形式进行经营管理更便于市场业务的拓展，无论是面对工商、税务等国家管理部门，还是普通经销商、收购公司等，合作社的法人身份均可为其合法合规经营带来极大的便利，高学历的人对这些理解更为深刻，更有意愿组建联户单位或合作社。

村内农户如果社会经历少，会倾向于选择单户经营的方式。社会经历与学习经历类似，都可以提高人的认知水平，有部分农户一直以来生活在封闭的村庄中，长期从事一种职业，对市场、对周围的人把握不够，宁愿选择单户经营，自己决策，自担风险，不愿在利益划分、成本分担方面与人起冲突，带来不必要的麻烦，避免吃亏。比如，在西冲村，大部分农户选择单户经营，而其村支书牵头成立了一个合作社，并经营一个旅游山庄，这名村支书早年在外经商，见识较广，相较于其他农户有更多的社会经历，这对于他的思想认识和经营形式选择有基础的影响。梽木村的神龙山庄也是类似的情况，其发起者将在外了解的先进理念、技术、资金等带回村内，联合村民合作经营。

4.4.5 启示与建议

调查显示，农户在林地经营的时候遇到了很多问题，最多的是自有资金不足，约占30.43%，其他缺乏技术指导、市场销售难、交通不便、劳动力不足等问题也都有反映。在对社会服务的预期中，26.09%的农户希望有科学技术服务，17.39%的农户希望有政策法律方面的服务。在贷款、森林保险、林业合作组织、林权信息管理、市场销售等服务方面，部分农户也有需求。针对调查结果和上述分析，我们从以下几个方面提出建议。

1. 政策服务层面

（1）加大林地流转服务力度。促进林地流转是发展现代林业的必然要求。农户兼业特征明显，大量农村劳动力以从事农业为主，林地流转成为现代林业发展的一个新趋势。通过林地流转使林地经营高效化、规模化，低效的普通农户可以获得分红或资金发展副业从而达到双赢。政府对于林地流转应该加强流转政策宣传，构建完善的林权管理体系，出台流转规范，加强流转平台建设，促使林户放心规范进行林地流转。

（2）提供森林保险服务。在气候比较干燥的山林区，火灾频发，森林保险服务业显得尤为重要。集体林权制度改革后，林业生产出现了产权结构小型化、经营主体多元化、林地状态分散化的经营格局，这些都给森林防火工作带来了新困难。湖南省调查的样本村村民均表示没有购买森林保险，而在防火方面有资金投入的林户也极为稀少。应建立起村民轮换巡山机制，确定明确的责任时间，保障火源及时被发现。除了要重视对火源及时扑灭外，更重要的是要遏制火源。培养村民的文明用火意识，在山林中禁止使用明火，特殊情况确有火源时也要确保其完全熄灭方可离开。

2. 引导和规范合作社建设发展

当前林农生产经营活动仍以单户经营为主，农民专业合作社建设处于初级阶段，但已成为提高林农组织化程度，推动小农生产与大市场有效对接的重要手段。合作社经营可以进行工商、税务登记，拥有营业执照，对外洽谈业务可以签订规范的合同，便于同各个单位、企业打交道。合作社在形成规模化收益之后经营销路也更加开阔和稳定。在调查中农户对经营形式的选择意愿有很大的地区差异，娄底市涟源荷塘镇调查的样本村中87%的农户认为合作社是最佳的经营形式，张家界市慈利象市镇调查的样本村中12%的农户认为合作社是最佳的经营形式。靠近的村庄中示范效应也较为明显，经营形式范例会引起附近农户的效仿。政府应积极宣传推行合作社的建设，制定规范明确的条款。对于农户建设合作社过程中遇到的问题应提供政策和技术支持，解决农户“虽愿而不能行”的问题。

3. 加强林业基础设施建设

林区道路、林业机械等设施对降低林业生产成本，提高林业经营便利条件具有重要作用。湖南省林地主要分布在山区，农民对林业的经营管理尤其需要各种林业基础设施的辅助，然而由于山区环境条件的复杂多样，对林道和人力的资金投入远远超出林业产出。生产成本增加，先进技术难以转化为生产力，农民增收困难。运输费平均需要400元/立方米，人工费达到200元/天。木材销售收入还不足以支付人工费和运输费，同时还要缴纳30%的税费，造成投入产出不成比例。这就需要政府相关部门对林农的扶持，加强基础道路建设，引进先进林业机械，从而降低生产经营成本，提高生产效益。加强区域化建设，在积极推行林业经营规模化的同时也会大大加强交通便利程度。除此之外，延伸产业链，建立工厂进行原料加工也是一条有潜力的发展路线。比如竹材加工厂，罐头加工厂等。二次加工产品一方面可获得更高的经济效益，另一方面也可以节省交通费用并吸收村中的劳动力和原材料。

4. 促进林业科技推广

目前的林业技术推广主要是政府主导依靠行政推进；83%的农户表示对实用技术支持的需求最大，但农户很大程度上缺少对技术选择的自主权，技术断层以及地域差异现象明显。林农对先进林业生产条件和科学技术的需求，与自身知识水平有限，政府对农户的引导、支持力度不够的矛盾成为林地经营中的一大问题。现阶段林业主管部门应加强农业（林业）园区与科研单位、高等院校之间的合作，也可鼓励林业经营有一定规模的林业村主动与院校建立联系与合作，对村子的情况进行评估，选择合适的林业作物及经营形式。通过加强科技支撑和多元化服务化体系建设，加快林农生产经营的规模化、科技化和商品化，满足林农对技术的需求，加快林业发展步伐。

5. 重视非木质林产品的开发

在油茶幼林地间种植大豆可以有效利用土地，提高油茶林地的经济效益，是一种较好的林地经营形式。油茶地间种大豆能改善油茶林地土壤的理化性质，促进油茶幼林生长；可改善土壤pH，并有效提高土壤有机质和氮、磷、钾的含量。食用菌林下栽培利用方便干净的空闲林地，充分利用其遮阳、散射光充足、通风好、温湿度适宜等有利条件生产食用菌，也是一种新型栽培模式。除间种轮种外，林下养殖发展前景也很可观。林下养鸡节约饲料，而且鸡粪可肥林地，种树养鸡两不误。据了解，在山林里发展林下养鸡发展已成为林户认可的方式，但未形成规模，也缺乏技术指导和管理规范。应当加强对鸡的疫病防治并进行轮牧。

对于一些确实砍伐成本很高的林地，发展生态林、景观林是一种值得实践的做法。增加农户来自生态林的收益以及降低农户对生态林地的依赖性，都是农户愿意参与生态林建设的显著影响因素。目前的生态林补助资金数额实在太小，有的村民甚至不记得自己是否获得这种补贴。在合适的林地可以进行生态旅游开发，发展集中连片、交通便利、自然景观丰富的生态林，以生态旅游经营方式促进生态林保护和发展。

4.5 异质性农户林地经营形式及决策行为比较分析：基于三类典型农户的案例研究

农户是农村社会经济的基本组织单元和土地利用的决策主体，其资源禀赋的差异、社会偏好及认知的不同决定了不同类型农户的不同行为决策。许多时候，农民经常作为一个无差别的概念用于农村政策制定中，但是农民作为一个高度分化的群体，农村社区“内部依据财富情况、权力、性别、民族特征等因素”而高度分化，有极大差别，所以不能保证所有人都能得到均等的决策权和资源分配权，这也将直接影响到不同农户的林地经营效率和经营收益水平。

就异质性而言，李雪松（2004）认为由于存在未被观测到的异质性，即使在所有可以被观测到的方面都相同的人们仍然会做出不同的决策、获得不同的收入、选择不同的经营模式。也正是由于农户异质性的存在，不同类型农户由于其主要劳动和资本投向、自然、经济环境、自身经济实力、生产经营目标的差异，以及劳动时间总量的约束，其在土地利用方式和行为选择上有很大的不同（欧阳进良，2004），农户土地利用方式和行为的选择主要来自自身资源约束和经营目的的响应。为了解异质性农户在林地经营模式、决策行为和经营效率的差异，本研究通过对典型农户的选取，以个体案例的形式选取在总体中林地经营面积相对较少的林业小户和林地面积较大的林业大户进行比较，观察不同林地经营面积的农户在生产经营上的差异，同时选取生产经营规模相当，但林地经营形式不同的两户（单户和联户）农户代表，分析林地经营形式的异质性是否对农户的林地经营方式、林地决策的选择产生重要影响。在对三类异质性农户基本情况描述的基础上，通过对异质性农户林地经营模式、决策行为和经营效率的比较来更好地了解农户的行为选择，以期为不同类型的农户提供相应的能力建设帮助，以充分确保所有的基层主体在集体林权改革过程中能够受益（骆耀峰等，2013）。

4.5.1 三个典型农户的基本特征描述

1. 典型案例一：单户经营形式的林业小户

罗某，男，福建省三明市永安县洪田村贵湖村人，55 岁，汉族人，小学学历，以营林为生，一直从事与林业生产相关的经营活动。罗某家现共有家庭成员 6 口人，夫妻两人、两个孩子以及两位老人，其中两个孩子均为在校学生，林业生产是该家庭经济收入的主要来源。

罗某家中有林地 2 块，在林权改革后均获得林权证。林地总面积达 80 亩，其中面积最大的林地为 65 亩，于 1998 年通过招标拍卖的方式承包获得，最小的 15 亩林地是 1995 年通过“谁造谁有”方式承包获得。在 80 亩林地中，罗某将 15 亩的地块用于种植杉木，另外 65 亩地种植毛竹。杉木林位于离他家 0.5 公里的山上，拥有较好的立地条件，目前已为成熟林；毛竹林距离他家有 6 公里路，但离公路只有 0.5 公里的距离。在林地经营形式上，该农户均采用单户经营的形式，并进行精细化经营。

在整地、栽种、抚育等生产劳动环节，罗某家主要以独自生产为主，对于短时间内需要完成的面积较大的种植活动，偶尔会召集同村村民合伙帮忙完成。1998 年，罗某花费 5 560 元买入毛竹种苗，在 16 个同村人的帮助下将种苗种下，按照 1998 年当时的工价，共花费 510 元。在栽种后的 3 年时间里，罗某对竹苗进行精心抚育，抚育次数达 30 余次，总抚育费用达 1 200 元，之后每年罗某自投工对林地进行管护，管护费约 2 600 元。为防止毛竹种植过程中的病虫害，他均自己进行病虫害防治工作，从 1998—2013 年，共花费 1 200 元购买农药，自投工进行施药，工时折合劳动力费用约 800 元，家中 65 亩的竹林历年产竹材量达 2 880 吨，竹材总产出收入为 72 000 元，年笋尖产出量 2.5 吨，总产出达 5 000 元。

对于 15 亩杉木，由于为 30 年生杉木，自 1995 年通过谁造谁有方式承包获得并种植后，2010 年罗某将抚育材进行一次砍伐，总产出 96 吨，获得抚育总收入 72 000 元。对于木材、林副产品的销售也都是等到有商贩来村里收购时将其卖出，并没有和专业合作组织合作或者通过固定的公司签订订单，因此林产品最远销售到三明市，一般均在本县进行销售。

在和罗某的访谈中了解到，他家主要以林业生产为生，其经营林地主要是为了增加家庭收入，对于自家目前较小的林地经营规模，罗某认为单户经营是最适合的林地经营形式，因为单户经营可以自己决策，不会产生权责不清的问题，根据自己的投入获得产出，收益分配明晰且稳定。同时罗某也比较满意自己目前的林地经营水平，对于每年65亩的毛竹林带来的收益，以及即将可以采伐的杉木林为自己带来的林地经营收益也十分满意。当谈及如何提高林地经营效率，罗某认为主要靠加大林地经营的资金投入，而且他认为大户的规模经营会比单户小规模经营更有效率，如果条件允许他也愿意扩大林地经营规模以增加收入。虽然目前罗某家只有80亩的林地面积，但是他认为根据投入产出水平，拥有300亩林地是家庭林地经营的最佳规模。但以罗某目前的经济条件，他认为如果有人愿意转出林地，且林地的立地条件相对较好的话他愿意以每亩2 000元的价格再转入30亩，因为现在非农就业比较不稳定，林地经营为其家庭提供较好的生存保障，因此他希望在现有林地经营的基础上适度扩大林地经营面积，但目前愿意转出林地的人较少，且由于该县林权抵押贷款程序复杂，手续繁琐，贷款存在一定难度，因此目前在林地经营行为中，罗某均通过自有资金经营林地，当然如果有合适的贷款服务，他也十分愿意通过贷款来获取资金用于林业生产。

在林地的经营决策上，罗某家采用比较民主的方式，一般由家庭成员共同商议，同时经营决策也经常会受到村里其他人的影响，村干部的一些政策号召也会影响其林地经营决策。自1998年种植毛竹和杉木以来，罗某一直根据自身的种植习惯来经营林木，当然毛竹较高的经济效益以及杉木适宜的种植环境也使得他目前尚未有改变林种的想法。相对于毛竹林种植面积，罗某家杉木的种植面积相对较少，同时目前林木未进行主伐，因此采伐限额管理制度对其林地经营并未产生影响，对于获取木材采伐指标的易难也主要是听闻他人的经验，觉得指标获取可能存在一定难度。而造林补贴和税费减免政策都在一定程度上对其林地经营的积极性产生正面影响。

2. 典型案例二：单户经营形式的林业大户

陈某，男，永安县西洋乡下街村人，37岁，汉族人，初中学历，中共党员。陈某初中毕业后开始从事与林业相关的经营活动，期间接受过林业方面的培训，目前也兼业从事经商活动。目前家中3口人，2个劳动力，1个在校高中学生，家庭主要收入为经商生意所得，目前年收入为50 000元左右。陈某家中有5块林地，共247亩，其中面积最大的一块达118亩，面积最小的为13亩，5块林地均于2005年通过招标拍卖的方式获得，所有林地目前均种植杉木。林地位于立地较好的山上，距家3公里地，距离公路250米，从2006

年种植以来，目前林木多为中龄林。

由于承包的林地面积较大，陈某采用单户经营的方式，在杉木生长的前 5 年对苗木进行精细化管理，以面积最大的 118 亩杉木林为例，2006 年他花费 7 000元购买杉木种苗，按照 2006 年工价，雇工栽种苗木共花费 17 700 元，目前已施肥 1 次，购肥费用为 8 496 元，雇工花费 3 540 元，15 年生林木目前尚处于中龄林，均为投入还未获得产出收益，根据陈某自己的估计，118 亩活立木市场价值将达 40 万元。在林木达到主伐年龄后，将通过和企业签订订单的方式将木材卖出，木材远销外省，拓宽木材的销售渠道。

由于林地经营面积较大，同时家庭也经营有其他生意，因此陈某家不论是在整地、栽种、抚育等生产环节，还是病虫害防治环节都通过雇工来完成。对于大面积的林地经营，且林木尚处于生长阶段，陈某认为现在他家在林地经营过程中最需要的社会服务是森林保险服务，尽管他已经参保，但目前对森林保险只了解一些，对于参保的险种以及赔付方式都处于不清楚的状态。

在对林地经营相关认知方面，作为种植面积较大的林业大户，陈某认为林地是一种资产，林地经营比较有安全保障。由于林木种植时间不长，他对自家的林地经营水平较为满意，但对于林地经营的具体收入在林木成熟之前仍为未知数，但陈某认为林木种植在立地条件较好的林地上，同时前期也对林木进行过较精细化的管理，因此未来的活立木价值将会较高。当被问及林地经营效率相关问题，他认为扩大林地经营规模是提高林地经营效率的主要办法，而且大户经营较小户的分散经营而言更具效率，因此在资金可周转范围内可大面积承包林地，以期获得林地经营的规模效应，因为他十分看好林地将来的增值潜力。对于单户经营最佳的林地规模，陈某认为根据他个人期望的收入水平，他觉得 500 亩的林地经营面积是最佳的，因此他目前还有扩大林地经营面积的意愿和想法。在林地质量有一定保证的情况下，陈某最高能接受的每亩林地转入价格为 1 200 元，但目前由于林地流转还不是特别规范，林地流转也缺乏政策咨询等相关服务，他自身对林地流转政策也不是十分了解，单纯从转入价格考虑，他认为目前林地转入价格太高，所以没有林地转入的打算。对于林地经营方式的选择，陈某认为单户经营最具效率，因为单户经营产权清晰，权责明确，既避免了不必要的纠纷也使自身拥有更多林地经营决策的权利。

在林地经营决策上，陈某家一般都是由作为户主的他一人做决定，并根据市场的行情和需求来选择树种，村里其他人或者村干部都不会对其经营决策产生影响。对于国家的一些政策，目前陈某的林木尚处于中龄林，采伐限额管理制度并没有对其林地经营产生影响，造林补贴和林业税费减免政策对其林地经营产生正面影响。

在资金的使用上，陈某由于有生意经营，因此手头流动资金相对较为充裕，因此林地经营都是通过自有资金进行，被问及林权抵押贷款，他表示完全不了解该种贷款，同时表示目前也没有贷款的需要。

3. 典型案例三：联户经营形式的林业小户

邓某是永安县上坪乡上坪村人，50 岁，汉族，初中学历，从事林业经营活动，期间接受过相关林业培训。目前家里有 6 口人，4 个劳动力，2 个需要照顾的老人，林业生产是家庭主要收入来源。邓某家有 5 块林地，占地 125 亩，其中最大的林地有 75 亩，最小的林地 10 亩，目前种植的林种均为毛竹林。谈起这几块地的获得方式，邓某说该片毛竹林是 2006 年通过“谁造谁有”的方式承包获得，当时一次性缴纳林地使用费 13 500 元，林地使用期限为 30 年。该块林地的立地条件较好，但距离邓某家有 10 公里的距离，距离公路有 1 公里。

在林地经营方式上，邓某农户采取与外村的一户家庭联户经营的形式，各占 50%。由于林地经营的面积具有一定的规模，在整地、栽种、抚育等生产劳动环节以及病虫害防治等技术环节均雇工完成。在竹林种植的投入上，由于邓某在 2006 年承包地块时，此地已经种植毛竹，因此目前为止没有花费任何栽种、抚育、管护的费用，主要费用集中在施药施肥上，具体包括施药一次，花费购药费用 900 元，雇工及自投工共花费 1 080 元，施肥 2 次，购肥费用加人工投入共计 12 750 元，另外，由于联户经营需要共同承担风险，邓某和联户成员也格外注重林木的防护防盗工作，每年按时交纳 5 元的防火防盗费，以保障大面积毛竹种植的安全性。在收入上，毛竹林经营的主要收入包括竹材产出收入和笋尖产出收入，竹材、林副产品主要通过商贩到村里来收购然后卖给企业进行销售，产品最远销售到外省。根据邓某的介绍，75 亩林地历年产竹量达 240 吨，竹材总产出收入为 48 000 元，年笋尖产出量为 12.5 吨，笋尖总产出收入为 22 500 元。

在对林地经营的认知方面，邓某认为目前经营林地的主要原因是自己常年以林地经营为业，对林地产生一定的感情，同时自己也愿意对林地进行经营，既能让自己每天都有事情干，同时也能获得一定的收入。他认为目前联户经营方式是符合他家林地经营状况的，且目前有比较好的林地经营水平，同时也十分满意当前的林地经营收益。当然，从个人期望的收入水平看，邓某认为最佳林地经营规模为 300 亩，因此如果有合适的林地转入，也表示十分愿意适当扩大林地规模，愿意以每亩1 000元的价格再转入100亩类似现在林地立地条件的林地。因为就目前的经营状况而言，适度扩大林地经营规模不仅在其经营能力范围内，同时也有利于增加家庭收入。但由于邓某对国家现行的流转政策不太了解，且目前林地流转的市场尚未完善，许多林地流转的信息无法获得，且流转也没有一个法律保障，所以很多人都认为自己经营比较放心且经营状况相对良好就不会有林地转出的意愿，即使到城里务工也直接将林地撂荒。被问及比较倾向的林地流转方式，邓某认为自己比较愿意到政府办的林权交易中心（林权要素市场）登记流转，确保林地流转的规范性，林地使用起来也更加安心。

在林地经营形式的选择上，邓某表示单户经营的优势在于可以自己决策，心里更踏实，但是作为一个风险规避型的人，由于目前经营的林地面积在100亩以上，他不愿意承担太多的风险，因此选择联户经营可以互相帮助，提高效率，共抵风险。而且两户联户，收益平摊，也避免了多户联户经营可能造成收益分配不公，且两户联户又不同于合作社组织经营因为人数过多而没有经营决策参与权的问题。

对于林地经营效率，邓某认为提高林地经营效率主要取决于如何加大林地经营的技术投入，他觉得零散小户经营的农户出于对自家林地经营状况的了解，会根据自身对林地产出的期望值进行相应的技术投入，有利于林地经营效率的提高。

在做决策方面，由于是联户经营，互相联户的两位农户会在林业经营决策上共同做决定，但是在邓某家庭内部，则是由户主一人决定，村里的其他人不会对其决策产生影响，但是村干部的号召或者政策倾斜会对邓某家的林地经营决策产生影响。邓某决定种植杉木，是根据市场调查决定，近几年由于毛竹的收益较好，他一直以选择种植毛竹为主。

当问及对林业相关政策的认知，邓某表示采伐限额管理制度对林地经营会产生负面影响，但是目前由于他家基本种植毛竹，毛竹的砍伐尚未受到该政策的影响，同样，造林补贴、林业税费减免政策，邓某都认识到其正面作用，但是对他家的林地经营没有很大的影响。对于木材采伐指标获取的容易程度，邓某表示不是十分了解，如果按照规定流程申请应该比较容易获取，对于林权抵押的贷款容易程度由于没有参与过所以不知道，但是如果有贷款需求他表示愿意通过林权抵押的贷款方式获取。

在问及林地经营中最需要的社会服务，邓某表示根据目前的林地经营状况，最需要森林保险服务，目前对于森林保险还完全不了解，也没有参加过森林保险，但是表示愿意参与森林保险，而且由于目前种植的均为毛竹，所以愿意投保经济林相关林种，险种主要为病虫害险。

4.5.2 异质性农户林地经营过程及决策认知比较分析

1. 林地经营面积差异下的林地经营行为选择比较

为了解不同林地经营面积农户对林地经营认知、决策及经营效率上的差异，本研究以单户经营的农户为例，分别选择一户林业种植大户和一户林地经营面积相对较小的农户进行比较研究。

罗某、陈某两家农户虽都采用单户经营的林地经营形式，但由于林地面积的不同，其在经营决策、投出产出等方面都存在一定的区别。

在林地的经营决策上，罗某家一般由家庭成员共同商议，同时经营决策也经常会受村里其他人的影响，村干部的一些政策号召也会影响其林地经营决策。而陈某家由于林地经营规模较大，经营决策更注重市场需求，会根据市场的行情和需求来选择树种，并不会受村干部或村里其他人的影响。

对于政策的认知，不论是罗某家还是陈某家，对各种林业政策的了解都比较被动，他们并不会主动去了解某一政策对其林地经营的好处，而是在林地经营过程中如木材砍伐、造林等活动中受到某一政策的约束或者激励时才会知道并准备了解具体情况，所以，就目前而言，因为两家都是以种植毛竹为主，罗某家的杉木也尚处于中龄林，所以均认为木材采伐限额管理对其林地经营没有影响，而造林补贴、税费减免等政策因为享受过其优惠从而肯定这些政策对其林地经营的正面影响。

对于林地经营形式及规模的态度，罗某认为经营林地主要是为了增加家庭收入，对于林地经营面积较小的农户，单户经营最为适合，因为他认为单户经营既可以自己决策，又不会产生权责不清的问题，此外，还能根据自己的投入获得产出，收益分配明晰且稳定。而陈某作为种植面积较大的林业大户，认为林地是一种资产，经营林地主要是因为相对于其他工作更具安全保障。当然由于陈某家还有除林地经营外的其他生意经营，因此手头流动资金相对较为充裕，因此他更愿意选择单户经营，有较大的自主决策权，可以根据自有资金的多少控制林地经营规模。在对林地经营水平和目前林地经营能为其带来的收益水平而言，罗某、陈某两家都表示比较满意现在的经营状况，同时也都有适度扩大林地经营规模的意愿。罗某认为大户的规模经营会比单户小规模经营更有效率。虽然目前他家只有 80 亩的林地面积，但是他认为根据投入产出水平，拥有 300 亩林地是家庭林地经营的最佳规模。因此如果有人愿意转出林地，且林地的立地条件相对较好的话他愿意以每亩 2 000 元的价格再转入 30 亩。而陈某认为扩大林地经营规模是提高林地经营效率的主要办法，而且大户经营较小户的分散经营而言更具效率，因此他十分看好林地将来的增值潜力。对于单户经营最佳的林地规模，根据他个人期望的收入水平，他觉得 500 亩的林地经营面积是最佳的，因此目前陈某还有扩大林地经营面积的意愿和想法。在林地质量有一定保证的情况下，每亩林地转入价格为 1 200 元以下他将考虑再转入 200 亩。而对于林地流转中的资金周转问题，罗某、陈某两家目前都是通过自有资金进行林业生产，并没有使用过林权抵押贷款。农户对林权抵押贷款政策及贷款流程的了解程度较低，所以选择此贷款的农户也相对较少，但从罗某、陈某两者的意愿反映，他们都愿意通过林权抵押贷款来融通资金，但是希望能更多地了解该政策，并有一个规范的程序和法律作保障。

对于林业生产经营过程，罗某家林地经营规模较小，在整地、栽种、抚育等生产劳动环节，以及病虫害防治等技术环节均以自主经营为主，只有对于短时间内需要完成的面积较大的种植活动，偶尔会召集同村村民合伙帮忙完成。而由于陈某家承包的林地面积较大，同时其家庭也有其他生意经营，因此不论是在整地、栽种、抚育等生产环节还是病虫害防治环节都通过雇工来完成。

在林地经营效率上，从 1998 年毛竹种苗的购买、栽种后，罗某家在 65 亩的毛竹林地上共投入 6 310 元，毛竹林历年产出收益达 72 000 元。由于他家种植的毛竹为 3 年生，1998 年到 2013 年共种植 5 轮，计算可知平均每个生长周期毛竹的每亩利润为 202.12 元。陈某花费 7 000 元购买杉木种苗，按照 2006 年工价，雇工栽种苗木共花费 17 700 元，购肥费用为 8 496 元，雇工施肥花费 3 540 元，目前为止，其在 118 亩林地上的总投入达 29 736 元，由于林木尚处于中龄林，如果按照每亩种 200 株杉木，一亩能产木材 8 立方米，每立方米出材量林价为 245～351 元/立方米进行估算，待杉木到达主伐年龄，118 亩活立木市场价值约能达 40 万元。按照 15 年的一个生长周期，除去已花费的栽种、抚育等生产环节的费用以及接下来 8 年的管护费用，种植杉木的每亩年利润约为 202.12 元。

由每亩林地的年收益分析可知，杉木种植的收益与毛竹相差无异，但由于杉木生长周期长且前期投入较大，像罗某家这种林地面积少且资金周转较不灵活的农户更倾向于种植毛竹，经营周期相对较短、收益平稳且见效快。但陈某由于林业收入不是家庭的全部经济收入，且林地经营规模较大，因此对于林种的选择更倾向于在经营管理上花费时间较少的林种。

2. 林地经营形式差异下的林地经营行为选择比较

由于被调查地区存在多种林地经营形式，不同林地经营形式的选择受林农对林地经营的认知及决策行为的影响，因此本研究选取单户、联户经营形式的农户各一户作为代表，另外，因为目前福建农户经营的林地种类主要有用材林（杉木、松木为主）、经济林、竹林、生态公益林等，由于林地价值的不断提升，目前农户经营林业的积极性显著提高，尤其是毛竹林，由于其经营周期相对较短、收益平稳、见效快等特点，林农对竹林的经营意愿很高。因此，为确保比较对象经营内容的一致性，本研究选择种植毛竹的单户、联户两种不同林地经营形式的农户作为异质性农户的选择代表进行分析。

将邓某家的林地经营情况和罗某家进行对比，以罗某、邓某两户中面积最大的林地（罗某家为65亩毛竹林，邓某家为75亩毛竹林）经营情况为例，虽然两户均以毛竹作为主要生产种植对象，但是由于林地经营的形式不同，罗某家为单户经营，邓某采用联户经营，在生产过程及生产经营决策上也存在一定的差异。

对于林业生产经营过程，罗某家林地经营规模较小，在整地、栽种、抚育等生产劳动环节，以及病虫害防治等技术环节，他均以自主经营为主，只有对于短时间内需要完成的面积较大的种植活动，偶尔会召集同村村民合伙帮忙完成。邓某由于和他人一起联户经营，所以自投入较少，生产、技术等环节都雇工来完成。由于罗某是自己栽种的竹林，而邓某家的毛竹林在承包时就已经栽种，所以在栽种和抚育环节没有可比性，但就施药施肥环节，罗某靠自己一人完成施药工作，但由于施肥成本较高，而没有进行此操作，而邓某不仅完成所有施肥施药环节，而且是雇工操作，所有生产成本较单户经营相对更高。从利润角度分析，按照3年期的毛竹生产周期，罗某家65亩地平均每周期的每亩地利润为202.12元，而邓某为366.8元。由此可以看出，尽管罗某家在林地经营上的投入较邓某相对较少，但是邓某在施肥、林地防火防盗等增加毛竹产量和安全性保护上的投入对其产出有一定的促进作用。

对于林地经营的认知上，联户经营的邓某比单户经营的罗某更注重风险的规避，认为联户经营能和他人共担风险，减轻不可抗力等自然灾害带来的损失。而单户经营的罗某更强调林地经营的自主决策权。

对于林地经营规模，不论是单户经营的罗某还是联户经营的邓某，在林地转入价格合适、林地的立地条件良好且林地流转有一定规范性的情况下都愿意继续扩大自己的规模。从个人期望的收入水平看，罗某、邓某均认为最佳林地经营规模为300亩，由此可以看出，即使是不同的林地经营形式，其对于最佳林地经营规模的认知具有相似性。

在做决策方面，联户经营的农户会在林业经营决策上共同做决定，村里的其他人不会对其决策产生影响，但是村干部的号召或者政策倾斜会对邓某家的林地经营决策产生影响。而且对于林种的选择一般根据市场调查决定，近几年由于毛竹的收益较好，所以一直以种植毛竹为主。而单户经营罗某农户，在决策上一般与家庭成员一同商讨，最后由户主自己做最后决定，但是相关的决策会受到村干部或村里其他人的影响，这可能是由于联户经营在决策时由联户成员共同商讨易形成最终决定，而且联户经营的成员均有决策权，而单户经营虽然自主决策权力大但也较容易受他人意见左右。

4.5.3 结论与启示

从对同一经营形式下的大户和小户以及规模相当的不同经营形式的农户的行为选择的分析可知，异质性农户在林地生产经营上存在异同。

就同一经营形式下的大户和小户而言，大户在生产环节更多地选择雇工进行，同时，许多大户为种植方便且尽可能减少雇工等人力成本的投入，喜欢选择种植耗费劳动力较少的林种。而对于林地经营规模较小的农户而言，他们对经营周期相对较短、收益平稳、见效快的毛竹有更大的种植意愿。其次，林地经营规模较大的农户更倾向于将林业作为经营性资产来经营，因此对林地经营面积的扩大有更强的意愿，而林地经营面积较小的农户更多的是将林地作为保障性资产来经营，侧重对现有规模林地的有效经营，视家庭经济能力情况确定对林地经营面积的转入与转出。

就不同经营形式的农户而言，由于单户经营时农户感觉有更大的决策自由权，而联户经营者则更注重生产经营环节的安全性，为确保产出的高质量，所以在林业生产投入环节较单户生产会更多，比如施肥、防火防盗投入等，同时，由于前期生产投入的稳健性也保证了后期收益的高质量，不论产量还是质量上，林地每亩收益都高于单户经营的农户。

上述结论对异质性农户林地经营决策选择有如下启示：(1) 联户经营能相互制约，相互监督，使生产更规范。(2) 不同林地经营形式的选择对林地经营效率有一定的影响，林地规模较大的农户适合联户经营，林地经营规模小的农户适合单户经营。(3) 不同生产形式的农户对于扩大林地经营规模的意愿强烈程度不同，纯农户更愿意进行林业生产的投入，兼业型农户则需要权衡非农业投入与农业投入，在生产决策中追求整体利益，以求总收入最大化。

需要说明的是，本研究只是基于三个典型案例来开展研究，尽管这些典型案例农户具有典型代表性，依然不能解释所有的农户类型。但本研究通过典型案例农户来加以解析农户的林地经营决策机理及经营绩效，具有积极的意义。

5.农户林地经营意愿选择及经营绩效的影响因素分析

5.1 农户林地经营形式选择意愿的影响因素分析：基于福建省226户农户调查

集体林地经营形式和经营规模的大小关系到林业的经营效率，也关系着中国“三农”问题的解决。当前，农户的林地经营形式选择意愿及其经营行为决策偏好是影响林业生产力的重要因素，是集体林权制度改革对林业生产产生影响的直观体现。对于广大农村地区来说，后林改时期针对单户承包经营、联户经营和股份合作经营等林地经营形式农户的选择意愿如何，哪些关键因素在影响着农户的林地经营决策，林业生产中，小农经营的现代性是否也应该从细碎化的分散经营向规模经营转变，成为“后林改时期”集体林区林业发展面临的一系列重大现实问题。就已有研究成果来看，从农户的意愿和偏好出发研究不同林地经营形式的文献相对较少。因此，本研究以农户的主观意愿作为切入点，在更深层次地了解农户的意愿的基础上，结合对于农户客观行为的分析，了解影响农户选择不同林地经营形式的因素，并对农户的意愿偏好进行分析。

5.1.1 理论分析框架与模型选择

当农户林地经营形式选择受到一系列主观客观因素的综合影响时，农户会考虑自身家庭情况、林地资源禀赋状况、林地经营特点、政策制度激励和约束情况等一系列影响因素。根据经济学的理性选择假设，农户对林地经营形式的选择要以实现其利润最大化。其行为可用函数表示为：

$$D_L = \mathrm{IF}\ (Rf_1 > Rf_0) \qquad \text{（公式 5-1）}$$

式中 D_L 为农户对不同林地经营形式选择意愿函数；Rf_1、Rf_0 分别为农户选择单户经营和联户经营所能获取的最大利润；IF 为判断函数，如果 $Rf_1 > Rf_0$，表示农户有选择单户经营的意愿，否则农户选择联户经营。

由于农户家庭特征、生产经营特征、政策条件等外部与内部因素皆处于动态变化过程，Rf_1、Rf_0 并非固定不变，其函数为：

$$Rf = F(X_1, X_2, \cdots, X_n) \quad \text{（公式 5-2）}$$

式中 Rf 为不同经营形式下的农户利润；X 为户主个人特征、家庭特征、农户生产经营特征、外部政策市场、政策制度因素等影响农户决策行为和农户利润的因素。

农户对林地经营形式的选择决于农户经营形式变化所引致的利润差异，而后者又取决于农户个人特征、家庭特征等因素，因此农户对不同林地经营形式选择意愿的函数可以转换为：

$$D_L = \text{IF}(Rf_1 > Rf_0) = F(X_1, X_2, \cdots, X_n) \quad \text{（公式 5-3）}$$

结合上文分析，借鉴相关研究成果，选用在微观个体意愿及其影响因素领域广泛应用的 Logistic 模型进行回归分析。该模型适用于因变量为两分变量的情况，同时自变量可以全部是定性变量、定量变量，或者是定性与定量变量相结合。经过 Logistic 变换，得到概率函数与自变量间的线性表达式为：

$$\text{logit} f(p) = \ln\left(\frac{f(p)}{1-f(p)}\right) = b_0 + b_1 x_1 + b_2 x_2 + \cdots + b_n x_n + \varepsilon \quad \text{（公式 5-4）}$$

式中 p 为农户选择联户经营意愿的概率；$f(p)$ 为其 Logistic 回归方程形式；x_1、x_2，…，x_n 为影响农户选择林地经营形式意愿的各个因素，包括农户个人特征、农户家庭特征、农户生产经营特征、外部因素等四类。

5.1.2 数据来源、变量选取与描述

1. 数据来源

本研究数据来源于国家社科基金项目“后林改时期农户林地经营决策机理及营林效率差异研究”的实地调研数据，该项目研究人员于 2013 年 8 月在福建三明市的永安市和将乐县进行实地调研，调查方式采用农户问卷调查，采取典型抽样与随机抽样调查相结合方法，样本涉及永安市的贡川、洪田、上坪、西洋 4 个乡，将乐县的光明、白莲、黄潭、大源、安仁 5 个乡，共 43 个村的 250 个农户发出调查问卷 250 份，收回 241 份，剔除无效问卷 15 份，共计有效问卷 226 份，问卷回收率为 96.4%，问卷有效率为 93.8%。具体调研内容包括：(1) 了解后林改时期集体林区农户林地经营状况及其特点；(2) 基于农户理性的假设，探析农户不同林地经营形式选择意愿和经营行为及其主要影响

因素。

2. 变量选取

本研究选取的可能影响农户的林地经营选择意愿的变量有：（1）反映农户户主特征的变量：户主性别、年龄、受教育程度、从事习惯、是否干部、是否打过工；（2）反映农户家庭特征的变量：家庭人口数、劳动力数量、未成年子女和扶养老人数、农户生活水平、林业收入占家庭收入的比重；（3）农户生产经营特征：林地块数、林地面积、林地离家最远距离、林地距公路最远距离、资金来源；（4）其他外部市场、政策、制度等因素特征变量：林产品最远销售地区、采伐限额对林地经营积极性的影响、造林补贴对积极性的影响、林业税费减免对造林积极性的影响、采伐指标申请是否容易、获取林权抵押贷款是否容易、对林改是否满意、对林业合作组织的认知、是否应缴纳林地使用费、对国家现行有关林地流转的政策是否满意。

3. 变量定义及特征描述

调查数据分析表明，在被调查地区，73.21％的农户是采用单户经营的林地经营形式，19.64％的农户采取与亲戚邻里联户经营，7.14％的农户加入合作组织经营林地。可以看出，单户经营是被调查地区的主要林地经营形式，联户经营和合作组织经营形式存在，但相比较单户经营数量较少。其具体原因不仅和被调查地区农户所拥有的林地面积有关，同时也很大程度上受农户对不同经营形式的认知的影响。由于合作组织经营形式的样本数量过少，影响多项logit 回归分析，为确保分析结果的有效性，本研究将合作组织经营形式并入联户经营，即林地经营形式分为单户经营和联户经营，合并后农户林地经营形式如表 5-1 所示。

表 5-1　农户林地经营形式特征描述

变量赋值	样本量（个）	百分比（％）	有效百分比（％）	累积百分比（％）
单户经营＝0	164	73.21	73.21	73.21
联户经营＝1	60	26.78	26.78	100.00

在自变量中，户主性别以男性为主，男性主导家庭占 97.32％，户主年龄介于 30～49 岁之间的占 80.35％，以林业为主要从业习惯的户主占绝大多数(79.46％)，户主文化程度主要分布在小学和初中。更多详细的自变量定义及数据描述特征参见表 5-2 至表 5-6。其中表 5-2、表 5-3、表 5-4 反映的是内部影响因素特征变量赋值情况；表 5-5 反映的是外部影响因素特征变量赋值情况，表 5-6 是基于所有调查样本数据的描述统计。

表 5-2　户主基本特征变量赋值情况

户主特征变量名称	变量定义（赋值）	户主特征变量名称	变量定义（赋值）
性别	女性＝0；男性＝1	从业习惯	从事非林业＝0；从事林业生产＝1
年龄	29 岁以下＝1；30—44 岁＝2 45—59 岁＝3；60 岁以上＝4	受教育程度	小学以下＝1；小学＝2； 初中＝3；高中及以上＝4
是否干部	否＝0；是＝1	是否打过工	否＝0；是＝1

表 5-3　农户家庭特征变量赋值情况

农户家庭特征变量名称	变量定义（赋值）	农户家庭特征变量名称	变量定义（赋值）
林业收入占家庭收入比重	35％以下＝1；35％～70％＝2；70％～100％＝3	劳动力数量	1 个以下＝1；2 个＝2；3 个以上＝3
未成年子女和扶养老人数	1 人以下＝1；2～4 人＝2；4 人以上＝3；	农户生活水平	差＝1；中＝2；好＝3
家庭人口数	1 人以下＝1；2～3 人＝2；4～5 人＝3；5 人以上＝4		

表 5-4　农户生产经营特征变量赋值情况

农户生产经营特征变量	变量定义（赋值）	农户生产经营特征变量	变量定义（赋值）
林地块数	5 块以下＝1；5～10 块＝2；10 块以上＝3	林地面积	5 亩以下＝1；5～10 亩＝2；10 亩以上＝3
林地离家最远距离	500 米以下＝1；500～1 000 米＝2；1 000 米以上＝3	林地离公路最远距离	500 米以下＝1；500～1 000 米＝2；1 000 米以上＝3
林业资金来源	自有资金＝1；亲戚朋友处借款＝2；银行贷款＝3；其他渠道＝4		

表 5-5　市场、政策、制度变量赋值情况

市场、政策、制度变量	变量定义（赋值）	市场、政策、制度变量	变量定义（赋值）
造林补贴对积极性的影响	负面影响＝0；没有影响＝1；正面影响＝2	林业税费减免对造林积极性的影响	负面影响＝0；没有影响＝1；正面影响＝2
采伐指标申请是否容易	否＝0；是＝1	获取林权抵押贷款是否容易	否＝0；是＝1
林改是否满意	否＝0；是＝1	是否应缴纳林地使用费	否＝0；是＝1

（续）

市场、政策、制度变量	变量定义（赋值）	市场、政策、制度变量	变量定义（赋值）
对林业合作组织的认知	不了解=1；了解一些=2；比较了解=3；非常了解=4	对国家现行林地流转政策是否满意	不满意=1；不太满意=2；较满意=3；非常满意=4
最远销售地区	没销售过=0；本村=1；本乡=2;本县=3；本市=4；本市以外=5		

5.1.3 实证结果分析

1. 回归结果

本研究运用stata11.0统计软件对农户数据进行Logistic回归处理，将各个变量都放入模型中作为解释变量进行逐步回归。结果显示，对数似然比（log likelihood）=−102.47413，拒绝原假设的概率（Prob>chi2）=0.000，伪判决系数（PseudoR2）=0.6275，模型拟合优度较好，回归结果具有相当的可信度。其中，市场、政策、制度因素在模型中具有显著的解释能力，是农户选择不同林地经营形式的主要影响因素。此外，农户家庭特征也具有很强的解释能力，而户主个人特征和农户生产经营特征对农户林地经营形式的选择意愿并没有很显著的影响。

表5-6 变量的描述性统计

指标	平均值	标准差	最小值	最大值
性别	0.98	0.18	0	1
年龄	50.05	9.93	29	83
受教育年限	7.26	3.45	0	15
是否从事过与林业有关的经营活动	0.79	0.40	0	1
是否是村组及以上干部	0.36	0.48	0	1
户主2012年在外打工月数（月）	1.06	4.16	0	36
家庭人口数	5.29	1.82	1	12
家庭劳动力数量	2.65	1.13	1	7
家里需要照顾的老人数	0.86	0.81	0	3
家里在校学生数	1.14	0.90	0	4
农户生活水平	2.00	1.27	0	6
家庭收入在村中的水平	1.94	0.57	1	6
林地块数	2.30	1.41	1	10

（续）

指标	平均值	标准差	最小值	最大值
林地面积（亩）	195.88	2 008.90	0	3 0000
离家距离（里①）	6.46	8.77	0	60
离最近公路距离（里）	3.18	5.80	0	60
林地经营的资金主要来源	1.19	0.56	1	4
林产品最远销地	2.92	1.59	0	5
造林补贴政策对造林积极性的影响	2.45	0.52	1	3
林业税费减免政策对林地经营的影响	2.43	0.53	1	3
获取木材采伐指标是否容易	0.32	0.47	0	1
获得林权抵押贷款是否容易	0.33	0.47	0	1
对您村林权改革是否满意	0.74	0.44	0	1
对林业合作组织的了解程度	1.88	0.93	1	4
是否应缴纳林地使用费	0.50	0.50	0	1
对林地流转的政策是否满意	2.96	0.62	1	4

2. 估计结果分析

具体来说，对农户选择不同林地经营形式意愿有显著影响的主要有以下变量：在1%显著性水平上显著的变量有：对林改是否满意、对林业合作组织的认知、是否应缴纳林地使用费；在5%显著性水平上显著的变量有受教育程度、林业收入占家庭收入的比重、农户在生产劳动环节的林地经营习惯；在10%显著性水平上显著的变量有未成年子女和扶养老人数、林业税费减免对造林积极性的影响。具体结果如表5-7所示。

表5-7 农户林地经营形式选择意愿的logistic估计结果

解释变量		回归系数	标准误差	Z值
户主特征变量	性别	−1.603 864	1.114 922	−1.44
	年龄	−0.409 461 6	0.312 725 5	−1.31
	受教育程度	0.459 999 8**	0.216 669 7	2.12
	从业习惯	−0.277 673 4	0.511 352 8	−0.54
	是否干部	−0.303 617 4	0.426 363 3	−0.71
	是否打过工	−0.187 610 5	0.579 450 1	−0.32

① 里为非法定计量单位，1里等于0.5公里。

（续）

	解释变量	回归系数	标准误差	Z值
农户家庭特征变量	家庭人口数	−0.189 754 9	0.312 047 7	−0.61
	劳动力数量	0.416 273 7	0.289 530 8	1.44
	未成年子女和扶养老人数	−0.663 129 1*	0.343 180 2	−1.93
	农户家庭收入在村中的水平	0.705 07**	0.387 491 6	2.31
	林业收入占家庭收入的比重	−0.872 877 3**	0.312 708 5	−2.79
农户生产经营特征变量	林地块数	−0.185 438 4	0.836 138 1	−0.22
	林地面积	−0.017 870 8	0.247 488 5	−0.07
	林地离家最远距离	−0.286 903 3	0.330 821 6	−0.87
	林地离公路最远距离	−0.127 885 8	0.271 622 5	−0.47
	林业资金来源	−0.100 096 5	0.299 852	−0.33
	在生产劳动环节的林地经营习惯	0.412 543 7**	0.168 803 9	2.44
市场、政策、制度变量	最远销售地区	0.129 956 3	0.127 038 2	1.02
	造林补贴对积极性的影响	−0.411 045 9	0.455 544 9	−0.9
	林业税费减免对造林积极性的影响	0.593 251 9*	0.332 655 7	1.78
	采伐指标是否容易申请	−0.317 163 3	0.461 833 1	−0.69
	获取林权抵押贷款是否容易	−0.636 405 4	0.442 165 4	−1.44
	对林改是否满意	−1.801 729***	0.382 731 9	−4.71
	对林业合作组织的认知	0.452 45***	0.168 574 3	2.68
	是否应缴纳林地使用费	1.099 72***	0.351 959 8	3.12
	对现行有关林地流转的政策是否满意	0.205 580 4	0.302 501 5	0.68

注：*、**和***分别表示在10%、5%和1%的统计水平上显著。

（1）户主特征变量对农户林地经营形式选择的影响。户主的性别、年龄、从业习惯、是否干部、是否外出打过工对农户林地经营形式选择的影响并不显著，文化程度对农户选择影响比较显著。从模型的结果中可以看到，代表户主文化程度的系数估计值分别在5%和10%的显著性水平上通过了检验，系数为正数，这说明学历更高的农户更愿意参加联户、合作组织等林地经营形式，小学、初中等学历偏低者更愿意参与单户经营。究其原因，我们发现，由于文化程度较高的农民在农村占少数，很难与大部分低学历的农民在合作问题上达成一致，为避免某些意识及利益的冲突，因此这一小部分高学历农民更愿意从事如开办乡镇企业、农村第三产业等方面的工作，因此整个被调查地区林地经营形式仍以单户经营为主，联户、合作组织经营形式占比少。由此可以看出，户主的文化程度是影响农户选择不同林地经营形式的重要因素之一，这就要求我们进一步全面提高农民群体的整体素质，为丰富林地经营形式，促进林地适度规模发展提供良好的人力资源和智力支持。其他几个变量虽然影响不显著，但回归系数均为负，可以看出，年龄越轻、从事过相关林业经营活动的农户越倾向于单户经营，这也反映出农户对于林地经营形式的选择和自身的劳动力、经验丰富程度以及管理能力有一定的关系。

（2）农户家庭特征变量对林地经营形式选择的影响。农户家庭特征中，家庭人口数、劳动力数量对农户林地经营形式的选择影响不显著，未成年子女和扶养老人数、农户生活水平、林业收入占家庭收入的比重对经营形式的选择有显著影响。代表家庭中未成年子女和需要抚养的老人数的系数在5%的显著性水平上通过检验，负数系数说明农户家庭中需要抚养的人数增加，对单户经营的选择偏好增加，这可能是因为农户家庭抚养孩子、赡养老人的任务较重的话，留在家里的可能性就增大，农户在没有进城打工机会的时候就希望在林业生产上有更大的产出，由于联户的收益不一定有保障，联户经营存在农户权益受损的风险，而单户经营自主决策性较强，资金的掌控能力强，农户可以根据家庭经济情况分配在林业生产上的资金，且林业收益不存在分配不公的风险，降低了农户生产的风险性，林业生产所得收入能更好地用于家庭开支。农户家庭收入在村中的水平以及林业收入占家庭收入的比重这两个变量都通过了5%和10%的显著性水平。家庭收入水平越高的农户更倾向于联户或合作组织经营，而家庭收入水平较低的对单户经营的意愿较强，可以看出，联户经营或合作组织经营需要有一定的启动资金和运营资金，家庭收入水平高的农户更愿意通过联户等形式扩大林地经营规模，实现规模收益。同时，由林业收入占家庭收入比重这一系数为负数可以看出，林业收入在家庭收入所占比重小的农户更愿意联户或合作组织形式生产，因为联户或合作组织的经营形式可以满足在不耽误现有工作的基础上以资金等其他非劳动力投入的方式参与到林业生产经营中，在林地经营上花费的时间和精力都相对较少，但同时也能获得一定的收益。而林业收入占家庭收入比重高的农户，因为把林业生产作为家庭收入的主要来源，所以会花更多的时间参与林业经营，选择单户经营的话，农户可以对林地进行更精细化管理以提高产出。由此可以看出，农户家庭的经济状况是影响农户选择林地经营方式的又一重要影响因素。

（3）农户家庭生产经营特征对林地经营形式选择的影响。在农户家庭生产经营特征变量中，只有在生产劳动环节的林地经营习惯这一变量在5%和10%的显著性水平上通过检验，其余变量包括林地块数、林地面积、林地离家最远距离、林地离公路最远距离对农户林地经营形式选择都没有显著影响，但系数都为负，可能是因为林地面积越大，农户成为生产大户的可能性越大，在林业生产的投资收益越大，农户在林业生产上的积极性越强，因此会倾向于单户经营，自主经营自主决策，多劳多得。而对于林地离家、离公路的距离这两个变量，其系数的正负与预期不太一样，可能是因为联户都是以村小组或生产队为合作单元，林地都是集中在村附近的某一区域，如果距离家或公路太远，联户的成本高，可能就会选择单户经营。在生产环节上，自己独自生产的农户更倾向于单户经营，而雇工经营或者将经营生产委托承包给他人的农户对联户或合作组织经营形式更有偏好，这也说明了农户在生产环节上可支配时间的投入或者资本等其他形式的投入的选择会影响其对林地经营形式的选择。

（4）市场、政策、制度对林地经营形式选择的影响。市场、政策、制度因素对农户选择不同林地经营形式有主要影响。林业税费减免对造林积极性的影响变量系数通过10%的显著性检验，农户对林改是否满意、对林业合作组织的认知以及是否应缴纳林地使用费的认知三个自变量都在1%、5%和10%的显著性水平上通过了检验。这说明林业税费减免政策对农户选择联户或合作组织经营形式有正向刺激作用，农户对林改的满意度越高对于单户经营的意愿越强。农户对林地合作组织的认知越深入，对组织的功能了解越全面越能发现其优势，对单户经营的意愿下降，更愿意选择联户或合作组织经营。对应该缴纳林地使用费这一事项认同度越高的农户对联户或合作组织经营的偏好更强。这是因为联户或者合作组织经营都是由具有不同利益主体的个人组成，同时联户或者合作组织经营的林地规模往往比单户经营要大，相对于单户经营形式，其投入更高风险也更大，林地使用费的缴纳是保障农户可以安全使用林地的重要方式，因此，相对于单户而言，选择联户或合作组织经营的农户对林地使用费的缴纳更有认同感。而对于造林补贴、采伐指标申请、林权抵押贷款、林地流转等政策都没有对农户选择林地经营形式产生显著影响，由此可以看出，中国的林业制度和政策还存在着诸多不足，许多政策发挥的影响力还很弱，农户对林业制度和政策存有不满，这些政策制度未能对农户经营形式的选择起到正向激励作用。但从系数的正负可以看出，认为造林补贴政策对造林有积极影响的农户更愿意选择单户经营，认为木材采伐指标申请较为容易、林权抵押贷款容易获得的农户更愿意单户经营，而对于林地流转政策感到满意的农户更愿意选择联户或合作组织经营形式。这可能是因为造林补贴政策及木材采伐指标获取的容易程度增加了农户林业生产的积极性，从造林到采伐，从投入到产出，整个生产与经营过程的方便化有利于提高农户林业生产的信心，因此会对单户经营的意愿增强。而林地流转的规范化，有助于农户将更多细碎化的土地整合到一起进行规模化生产，从而有利于扩大生产，提高生产经营的效率与效益。

当然，有些预先设计的影响因素未能通过检验或影响的显著性不强，可能原因在于地区农户之间本来就存有差异，其次，本研究中所采用的样本数据也不够大，样本农户的特征不能覆盖所有的影响因素。

5.1.4 结论与启示

实证分析结果表明，林改后集体林的经营方式呈现多元化趋势，但单户经营的自主经营方式是农民最为偏好的经营方式。在调查地区林业经营形式以单户经营为主，联户经营占有一部分比例，但合作组织经营相对较少。对于农户对不同林地经营形式的选择意愿受多种因素的影响，不同因素对农户选择的影响程度和影响方向不一样。其中最显著的影响农户经营形式选择的因素是：农户对林改是否满意、对林业合作组织的认知、对是否应缴纳林地使用费的认知以及受教育程度、林业收入占家庭收入的比重、农户在生产劳动环节的林地经营习惯、家庭中未成年子女和扶养老人数、林业税费减免对造林积极性的影响等。

从相关系数的正负分析，可以将影响农户选择不同林地经营形式的因素归为如下几类：（1）如果户主是男性且年龄较大，林业生产经营活动经验丰富，受教育程度相对较低，家庭人口数较多，且家庭小孩、老人的抚养压力大，林业收入占家庭收入比重大的农户更倾向于单户经营。（2）在林业生产中，拥有林地数量越多，林地面积越大，对于国家现行的林业政策、制度满意度较高，如造林补贴政策对其造林积极性有积极影响，认为目前我国采伐指标申请容易，对我国林权改革政策满意的农户对单户经营也有更强的意愿。（3）家庭劳动力数量较多，农户家庭收入水平在整个村里较高的农户，更愿意扩大规模进行联户经营或合作组织经营。（4）有联户经营意愿的农户在林业生产环节习惯于雇用别人或承包给他人生产，其次大规模的生产使得林产品的产出有一定的保障，林产品销售得也越远。（5）联户或合作组织经营选择意愿强的农户普遍对林业合作组织有较高的认知度，同时也更倾向于应该缴纳林地使用费，对林地流转政策的满意度高。

由此可见，农户选择何种林地经营形式最主要的考虑因素在于：一是农户家庭是否有选择某种生产经营形式的能力，二是农户选择的林地经营形式是否能获得最大收益，三是国家的制度、政策对其选择及风险考虑的影响。上述结论对于指导农户选择林地经营形式有如下启示：（1）从林农需求出发，尊重林农意愿，切实保障农户的主体地位，保障农户的收益。制定与农户喜爱的经营方式配套的改革措施，降低农户在林业经营中的成本与风险，从而达到农民增收的目的。(2) 加快发展林业合作组织，降低林地经营成本和风险。虽然从调查结果看，多数农户倾向于单户经营，只有少数农户实行了联户经营。但林业作为一个周期长、自然风险和市场风险都较大的产业，单户经营的成本风险将更大。建立林业合作组织可以汇集生产要素、扩大生产规模，有利于林业管理工作的展开，有利于提高农户应对市场能力和市场竞争力，实现规模效益，提供林农收入。(3) 规范林地、林木等林业要素的流转，拓宽投融资渠道，激发农户林业生产的积极性，使林业经营方式多样化的同时，促进农户林业收入的多形式化。

5.2 农户林地经营产出的影响因素分析：基于辽宁省 4 县 200 户农户调查

农户经营的内涵是指在坚持土地等重要生产资料集体所有的前提下，在不确定的市场竞争中，谋求家庭效益最大化一系列活动的总称（黄祖辉，2005）。在林业中，林地经营是为了利益最大化而进行的多方面活动，其选择受制于自然、社会、技术等一系列客观条件约束，其经营过程都是由多种要素综合作用的结果（冉陆荣，2011）。林地既是森林资源的重要组成部分，又是林业经济活动得以进行的基本条件（朱洪革，2012），用于经营林业的土地，是林木存续的物质基础和载体，是不可缺少和不能再生的生产要素和经济资源（谢屹，2008）。

农户作为林业经营的重要微观主体，其林地经营效率，不仅是衡量集体林权制度改革成效的主要经济技术指标，而且对促进农户增收致富具有现实意义，因此引起学者关注。方鸿（2010）鉴于林业生产资源的有限性，认为必须依靠林业生产要素利用效率的提升，即全要素生产率的增长；曾云钦，张春霞，许佳贤（2011）以林农的经营形式为切入点，研究土地规模与生产效率之间关系；但刘凤芹（2006）的研究表明大规模土地经营与小规模家庭农户相比并没有显示出可察觉到的全要素节约优势和单位产量优势；曹慧，秦富（2006）研究则认为农地过于细碎及林业税费的增加会对农业生产的技术效率产生负面影响；刘璨（2007），藏良震（2011）等，采用多年固定跟踪调查数据，利用投入产出等指标对林地经营效率进行测算，并对内外影响机理进行探讨；刘振滨（2014）研究认为，从农户角度分析林业经营效率的变动情况以及影响其变动的具体因素，对加快林业发展具有指导作用。

新一轮集体林权改革后，尽管制度安排在一定程度上赋予了林农对于林业经营模式的选择权，极大地调动了农户林地经营的积极性。但林业生产规模变小、林地细碎化、林业生产要素呈分散态势，由此产生的农户林地经营效率问题已经引起各界的广泛关注（石丽芳 等，2012）。经营效率即投入产出效率，基本意义是指从一个给定的投入量中获得最大的产出，即以最少的资源消耗取得同样多的效果，或以同样的资源消耗取得最大的效果。鉴于林地经营的双重性特征，农户林地经营投入生产要素繁多，产出多样无法衡量；经营周期内制度变动性较大，相关数据难以获得。因此，本部分利用调查数据，从农户家庭经营特征和生产要素投入进行实证研究和定量分析，理清制约或提升因素，运用 Tobit 回归模型测算林改后的农户林地经营效率。

5.2.1 研究区域概况和数据来源

1. 研究区域林业概况

辽宁省位于中国东北地区的南部，是中国东北经济区和环渤海经济区的重要结合部。林地面积 699.89 万公顷，其中森林面积 557.31 万公顷，天然林面积 210.13 万公顷，人工林面积 307.08 万公顷，森林覆盖率 38.24%。2013 年，辽宁省生产总值 28 626.6 亿元，林业行业总产值 833.92 亿元，人均 GDP 达 35 201 元。

2005 年 3 月，辽宁省拉开了集体林权改革的序幕，截至 2008 年年底，主体改革完成率为 98.66%，在抓好主体改革的同时，辽宁省积极开展了配套改革试点工作。2008 年，辽宁省继续完善相关措施，配套改革取得重要进展。集体林权制度改革的实施，培育了林业发展的市场主体，发挥了市场在林业生产要素配置中的基础性作用，林地流转对促使林地等生产要素汇集，促进林业集约化和规模化生产，提高林业生产力水平具有重要的现实意义。

2. 数据来源和样本特征

本研究数据来源于国家社会科学基金面上项目“后林改时期农户林地经营决策机理及营林效率差异研究”的实地调研数据，该项目研究人员于 2013 年 8 月在辽宁省的建昌县、开原县、北票县、铁岭县进行实地调研。调查方式采用农户问卷调查，采取典型抽样与随机抽样调查相结合方法，样本涉及玲珑塔、药王庙等 14 个乡，共 20 个村。向农户发出调查问卷 200 份，收回 200 份，共计有效问卷 200 份，问卷回收率为 100%。具体调研内容包括：（1）林改后集体林区农户林地资源状况和林地具体情况；（2）农户林地经营投入产出变化；（3）农户林地经营认知、意愿和行为调查。见表 5-8。

表 5-8　样本点农户分布

县名称	样本乡	有效问卷量	所占比例/%
建昌县	玲珑塔乡、药王庙乡	50	25
开原县	嵩山堡、黄旗寨乡、上肥地乡、马家寨	50	25
北票县	五间房、大三家、东官营、上园乡、大板乡	50	25
铁岭县	大甸子乡、白旗乡、李千户	50	25
合计	14	200	100

样本地农户林地面积户均值为 38.84 亩，其中最大林地面积户均值为 27.60 亩。从农户林地规模分布状况看，有 32.5%的农户林地面积在 10 亩以下、19%的农户林地面积位于 10～20 亩之间、13.5%的农户林地面积位于 20～30 亩之间、12.5%的农户林地面积位于 30～50 亩之间、22%农户林地面积在 50 亩以上（表 5-9）。其中有 8 户农户计 73.26 亩的林地纳入省市县级公益林，62 户农户 2 372.3 亩纳入国家级公益林。

表 5-9　样本农户林地资源状况

名称	类别	数量	比例/%	名称	类别	数量	比例/%
林地面积	10 亩以下	65	32.5	最大林地面积	10 亩以下	90	45
	10～20 亩	38	19		10～20 亩	42	21
	20～30 亩	27	13.5		20～30 亩	23	11.5
	30～50 亩	25	12.5		30～50 亩	22	11
	50 亩以上	45	22.5		50 亩以上	23	11.5
用材林	没有	98	49	经济林	没有	124	62
	5 亩以下	23	11.5		5 亩以下	13	6.5
	5～10 亩	13	6.5		5～10 亩	16	8
	10～30 亩	35	17.5		10～30 亩	27	13.5
	30 亩以上	31	15.5		30 亩以上	20	10
自留山	没有	128	64	承包山	没有	104	52
	5 亩以下	24	12		5 亩以下	21	10.5
	5～10 亩	15	7.5		5～10 亩	14	7
	10～30 亩	20	10		10～30 亩	32	16
	30 亩以上	13	6.5		30 亩以上	29	14.5

样本地位于辽东半岛丘陵区，以落叶、阔叶林为主，主要树种有松、柞、

槐、杨、柳等，经济林木有榛子树、苹果树、枣树，林种类型占比分别为用材林 42.5%、经济林 31%、公益林 20%、其他林 6.5%。

样本地农户以男性户主为主，有 189 户，占 94.5%，女性户主的农户仅有 11 户，占 5.5%。农户家庭劳动力规模 1 人、2 人、3～5 人、5 人以上的户数分别为 26 户、93 户、73 户、2 户，所占比例分别为 13%、46.5%、36.5.5%和 1%，说明样本地农户劳动力规模以 2 人和 3～5 人为主，有 6 户家庭没有劳动力。

被调查农户职业划分有 3 类，分别为农业生产（占比 67%）、林业生产（占比 11.5%）、非农林生产性（占比 20.5%），还有部分不劳动退养等（占比 1%）。由此可以看出，样本地农户除极少数老弱者外主要从事农业生产，专业从事林业生产比重不大，而非农林兼业型生产性（以打工为主、边打工边种地）比重正在逐步加大。样本地农户其他特征见表 5-10。

表 5-10　样本农户家庭基本情况

名称	类别	数量	比例/%	名称	类别	数量	比例/%
家庭人数	1 人	6	3	家庭劳动力规模	没有	6	3
	2 人	45	22.5		1 人	26	13
	3 人	40	20		2 人	93	46.5
	4 人	41	20.5		3～5 人	73	36.5
	5 人以上	68	34		5 人以上	2	1
受教育年限	没有	4	2	劳动力平均年龄	30 岁以下	0	0
	1～5 年	10	5		30～40 岁	14	7.22
	5～9 年	102	51		40～50 岁	39	20.1
	9～12 年	63	31.5		50～60 岁	58	29.9
	12 年以上	21	10.5		60 以上	83	42.78
家庭毛收入	5 000 元以下	7	3.5	林业收入占家庭总收入比重	1%以下	106	53
	5 000～10 000 元	10	5		1%～10%	55	27.5
	10 000～30 000 元	61	30.5		10%～30%	3	1.5
	30 000～50 000 元	46	23		30%～50%	11	5.5
	50 000 元以上	76	38		50%以上	25	12.5

样本地农户林地经营形式较为单一，单户经营占主导地位，其中有 179 户农户选择单户经营，有 14 户农户选择联合经营，有 3 户农户选择合作经济组织经营，有 4 户农户选择了流转和由村集体统一经营管护。

5.2.2 模型构建及研究假设

1. 模型构建

本研究的被解释变量为林地经营产出，采用单位面积林地产出值作为模型数据，调查样本中因变量的数据不少为0值，符合受限因变量回归中的断尾回归形式，因此采用Tobit模型，其一般形式为：

$$Y = c + \sum_{i=1}^{n} a_i x_i + u, \ u \sim (0, \alpha^2) \qquad \text{（公式 5-5）}$$

Y表示林地经营效率，x_i表示影响林地经营产出的可能因素，c表示常数项，a_i表示解释变量的回归系数，u表示系统随机误差项。

由于原始变量具有不同的单位和量纲，在进行回归分析的时候会对结果的可靠性造成影响，所以为了消除量纲的影响，而且为了使因变量分布在某一个闭区间内，先对数据进行离散标准化（0-1标准化），对原始数据进行线性变换，使结果落到［0，1］区间，转换函数如下：

$$x^* = \frac{x - \min}{\max - \min} \qquad \text{（公式 5-6）}$$

其中max为样本数据的最大值，min为最小值。

2. 研究假设

根据以往的研究文献以及林地经营特点，由于影响林地经营产出的因素较多，本研究结合辽宁省调研问卷，从家庭特征、生产要素投入两大方面对户主特征、家庭特征、经营特征、林地要素、劳动力投入、资本投入和政策要素提出如下假设：

（1）户主特征。选取户主年龄、受教育程度、是否为村干部。

研究表明：随着年龄的增大，积累的经验也越多，对经营管理技术创新、进步的吸纳能力和扩散能力越强，产出效率也就越高（廖文梅 等，2014）。由于林地经营的特殊性，与农地经营相比，劳动力的投入不单一是体力、体能，而更多的是知识、经验、技能的集合。尽管样本地户主受教育程度差别不大，对林地经营效率并无绝对影响。但从趋势角度判断，受教育程度越高，接受使用新技术的能力也越强，经营效率也就越高。具体而言，户主受教育水平对新技术的采纳和风险防范都有正的效应（林毅夫，1994）。在不存在交易的情况下，干部身份与个人能力高度相关，在乡村基层担任村干部或合作社负责人一般是组织或社会活动能力强的人才能当选（王思斌，2005）。就目前来看，中国农村的发展道路及由此形成的阶层结构和权力关系使精英竞争成为可能（翟秋，2013）。所以，户主年龄、受教育程度、是否为村干部与林地经营效率呈正相关关系。

（2）家庭特征。选取家庭外出打工人数、家庭存款、林业收入占比。

非农就业机会的增加使家庭外出打工人数保持相对稳定的区间，样本地非农林生产人数达 20.5%左右。劳动力的减少造成林地荒废，无疑对林地经营效率起反向作用。由于资金是重要的生产要素，家庭存款的多寡决定着林地投入的多少。林农林地资金投入越多，从而产出就会增加，尤其是林业收入占比的增加不仅是利益驱动，可以诱发农户经营潜质，增强林地经营意愿，形成良性循环，进一步帮助农户提高其经营产出效率。

（3）经营特征。选取理想经营面积、是否愿意扩大经营规模、是否由户主一人进行林地经营决策、是否在经营中遇到问题、是否需要接受社会服务。

粗放经营的理念是在技术水平较低的条件下，投入较少的生产资料和活劳动，进行粗耕粗作，广种薄收，主要靠扩大林地面积来增加林业总产值的经营方式（沈月琴 等，2011）。因此，对于传统农户而言，理想经营面积就是愈多愈好。规模经营是指改变规模狭小的分散经营，根据生产发展的客观要求和社会、经济、技术、自然条件的可能，将林地生产要素适当集中使用，以获得更大经营效益的经营方式。即使农户理解扩大经营规模与林地经营效率呈正相关关系，但在实践中，传统农户小富即安的思想未必能够适应规模经营方式。

在林权改革初期，由户主一人进行林地经营决策是普遍存在现象，但随着改革的逐步推进，土地流转、合作经营组织、规模经营迫使户主一人进行林地经营决策行为发生改变，家庭民主意识不断唤醒，家庭成员参与决策行为已成常态。

在当今社会，林业产业化能促进生产要素的合理配置，有利于形成区域联合经济优势和良性经济结构，但同时也对传统农户形成冲击和影响。在市场经济环境下，小农弱势地位更加显现，尤其是林产品价格、销售问题难以突破，在样本地，劳动力季节性缺乏已成瓶颈。在社会化大生产环节中的农户，更需要接受社会服务，尤其是经营知识、生产技术服务。接受过社会服务、技术培训的林农，利用生产资料的能力就越强，生产出的产品就越多，效率自然会越高。

（4）林地要素。选取人均林地面积、家庭林地块数。

林地面积是农户的基本生产资料，林地面积大小直接影响农户的生产积极性和经营方式（朱臻，2010）。即使是狭隘意识的判断，人均林地面积的增加可以直接提高林地经营效率。但林地块数越多，林地细碎化程度越高，林农投入林地经营的积极性越低，林农林地产出量也同时呈现比较明显的下降趋势（孔凡斌 等，2012）。

（5）劳动力投入。选取林地劳动力投入。

显而易见，样本地农户自投工和雇工比例均呈双增长趋势，从林地经营各环节的劳动力投入情况来看，栽种环节劳动力投入的比重较大，而采伐的劳动力投入正在萎缩，说明农户采伐行为趋向理性，从经济角度判断，采伐已不是农户林地经营的主要来源。见表 5-11。

表 5-11　农户林地经营各环节的劳动力投入情况

林地经营项目	户均栽种面积（亩）	抚育、施药、施肥次数	自投工	雇工	用工合计（人/亩）	投工费用（元/亩）
栽种	20.8	—	5.475	11.52	140.44	9 782.6
抚育	—	6.23（次）	—	—	213.34	1 210.66
管护	—	8.18（年）	—	—	23.25	1 669.47
施药	—	10.7（次）	—	—	—	972.53
施肥	—	2.62（次）	—	—	—	455.61
采伐	—	—	—	—	—	30.21
非木质林产品采摘	—	—	—	—	—	913

（6）资本投入。选取林地种苗费用、林地化肥农药费用。

林地种苗费用的增加在林权改革以后发生巨大变化，说明农户不仅考虑当期林地效益，更着眼于远期投资和收益。林地化肥农药费用变量可以从两方面评估，一是化肥的使用可以增加林产品的产出水平，提高经营效率；另一方面，农药的使用是控制经营风险的表现形式，改变了原有林地粗放经营观念，提升了经营管理水平，资本投入对林地经营效率的作用正逐步显现。

（7）政策要素。选取经营期限、是否有林权证、是否加入联户承包、林改后经营水平是否提高。

经营周期是指一次收获到另一次收获之间的间隔期，它在经营中起着重要作用，关系到生产计划、经营措施等一系列生产活动的安排（万志芳 等，2013）。林权证的获得反映出林业政策的普遍性，稳定山权林权，使经营行为更加持久。林权改革后，包括联户承包等各种林业经济组织形式不断涌现，这些经济组织可以解决分散经营与规模经营的矛盾、增强市场核心竞争力、增加抵抗市场风险的能力。促进林农就业增收是实施集体林业产权制度改革的主要目标，经过实践检验，林改后各项强林惠林政策正在逐步落实，农户林业收入有所增加，农户经营水平不断提高。

根据上文提到的假说选择的解释变量如表 5-12 所示，并对预期影响方向进行了说明，“+”表示变量与林地经营产出呈现正相关关系，“—”表示变量与经营效率负相关。

表 5-12　林地经营效率影响因素变量选取

影响因素		变量符号	变量名称	单位	变量解释	预期影响方向
家庭经营特征	户主特征	X_1	户主年龄	岁		+
		X_2	户主受教育程度	年		+
		X_3	户主是否为村干部	0，1	是=1，否=0	+
	家庭特征	X_4	家庭外出打工人数	人		—
		X_5	家庭存款	元		+
		X_6	林业收入占比	%	林业收入/家庭总收入	+
		X_7	理想经营面积	亩		+
	经营特征	X_8	是否愿意扩大经营规模	0，1	是=1，否=0	+
		X_9	是否由户主一人进行林地经营决策	0，1	是=1，否=0	—
		X_{10}	是否在经营中遇到问题	0，1	是=1，否=0	+
		X_{11}	是否需要接受社会服务	0，1	是=1，否=0	+
生产要素投入	林地要素	X_{12}	人均林地面积	亩/人		+
		X_{13}	家庭林地块数	块		—
	劳动力投入	X_{14}	林地劳动力投入	工日	自投和雇佣劳动力投入	+
	资本投入	X_{15}	林地种苗费用	元		+
		X_{16}	林地化肥农药费用	元		+
		X_{17}	经营期限	年		+
	政策要素	X_{18}	是否有林权证	0，1	是=1，否=0	+
		X_{19}	是否加入联户承包	0，1	是=1，否=0	+
		X_{20}	林改后经营水平是否提高	0，1	是=1，否=0	+

运用 stata12.0 软件对被解释变量林地经营产出以及 20 个解释变量的调查数据进行了简单的描述性统计，结果如表 5-13 所示。

表 5-13　模型变量数据描述统计

变量	有效样本数	最小值	最大值	平均数	标准差
Y	200	0	8 000	357.224 2	976.122 8
X_1	200	31	84	56.285	11.194 21

（续）

变量	有效样本数	最小值	最大值	平均数	标准差
X_2	200	5	14	7.205	2.219 823
X_3	200	0	1	0.105	0.307 322 7
X_4	200	0	4	0.545	0.762 154 4
X_5	199	0	100 000	8 223.618	18 504.07
X_6	200	0	1	0.122 031 3	0.243 054 7
X_7	199	0	10 000	121.632 1	716.815 8
X_8	199	0	1	0.447 236 2	0.498 462 2
X_9	199	0	1	0.351 758 8	0.478 723 5
X_{10}	199	0	1	0.889 447 2	0.314 368 4
X_{11}	199	0	1	0.949 748 7	0.219 013 9
X_{12}	200	0.03	300	13.434 57	28.611 75
X_{13}	200	0	11	2.405	1.865 038
X_{14}	200	0	360	31.56	54.211 79
X_{15}	200	0	150 000	1 219	10 925.59
X_{16}	199	0	40 000	1 317.638	4 469.944
X_{17}	200	20	70	52.35	15.882 02
X_{18}	200	0	1	0.815	0.389 272
X_{19}	200	0	1	0.135	0.342 581 1
X_{20}	199	0	1	0.276 381 9	0.448 335 8

5.2.3 模型结果

基于 Tobit 模型理论，采用 stata12.0 软件对离差标准化后的数据进行 Tobit 回归分析，具体结果如表 5-14 所示。

该模型的伪 R^2 为 1.590 4（Pseudo R^2 = 1.590 4），卡方检验统计量为 134.87（LR chi2（20）=134.87），对应的 P 值为 0（Prob>chi2=0.000 0），对数似然估计值为 25.033 918（Log likelihood=25.033 918），模型整体上具有较好的拟合优度。变量 X_3（户主是否为村干部）、X_5（家庭存款）、X_6（林业收入占比）、X_{14}（林地劳动力投入）、X_{19}（是否加入联户承包）这 5 个变量在强行进入法回归中显著。

表 5-14 Tobit 模型回归结果

变量	回归系数	标准差	T 值	显著性
X_1	−0.051 8	0.056 6	−0.92	0.361
X_2	−0.063 2	0.053 9	−1.17	0.242
X_3	0.109***	0.037 5	2.9	0.004
X_4	0.022	0.057 4	0.38	0.701
X_5	0.153***	0.056 5	2.71	0.007
X_6	0.366***	0.048 6	7.54	0
X_7	−0.122	0.201	−0.61	0.544
X_8	−0.009 77	0.022 3	−0.44	0.662
X_9	0.002 45	0.023 2	0.11	0.916
X_{10}	0.023 3	0.039 2	0.6	0.552
X_{11}	−0.018	0.056 3	−0.32	0.75
X_{12}	−0.437	0.272	−1.61	0.11
X_{13}	−0.070 2	0.075 4	−0.93	0.353
X_{14}	0.156**	0.070 7	2.21	0.028
X_{15}	−0.070 1	0.171	−0.41	0.682
X_{16}	0.165	0.122	1.35	0.178
X_{17}	0.042 1	0.035 8	1.18	0.241
X_{18}	0.004 96	0.027 9	0.18	0.859
X_{19}	−0.074 3*	0.040 7	−1.83	0.069
X_{20}	−0.002 06	0.024 4	−0.08	0.933
_cons	−0.066 3	0.074 9	−0.89	0.377

注：*、**、***分别表示在 10%、5%和 1%水平下通过显著性检验。

为了更加明确各个因素对林地经营产出的影响程度，并且防止过多不相关变量的加入使得相关系数受到影响，得到较准确并具有说服力的回归结果，本研究进一步采取逐步回归的方法对离差标准化后的数据进行 Tobit 回归分析，具体结果如表 5-15 所示。

表 5-15 Tobit 模型逐步回归结果

变量	回归系数	标准差	T 值	显著性
X_3	0.081 7**	0.034	2.4	0.017

（续）

变量	回归系数	标准差	T值	显著性
X_5	0.166***	0.053	3.13	0.002
X_6	0.412***	0.043 7	9.42	0
X_{12}	−0.562**	0.254	−2.22	0.028
X_{14}	0.142**	0.069 5	2.04	0.042
_cons	−0.090 8***	0.018 1	−5.03	0

注：*、**、***分别表示在10%、5%和1%水平下通过显著性检验。

该模型的伪 R^2 为 1.452 7（Pseudo R^2 = 1.452 7），卡方检验统计量为 123.20（LR chi2（5）=123.20），对应的 P 值为 0（Prob>chi2=0.000 0），对数似然估计值为 19.195 274（Log likelihood=19.195 274），模型整体上具有较好的拟合优度。变量 X_3（户主是否为村干部）、X_5（家庭存款）、X_6（林业收入占比）、X_{12}（人均林地面积）、X_{14}（林地劳动力投入）这 5 个变量在逐步回归中显著。

5.2.4 结果分析

通过显著性检验的解释变量构建出辽宁省农户林地经营产出的影响因素模型为：

$$Y = 0.0817X_3 + 0.166X_5 + 0.412X_6 - 0.562X_{12} + 0.142X_{14} - 0.0908$$

（公式 5-7）

户主担任村干部对林地经营产出影响显著，呈正向相关关系，回归系数为 0.0817，说明在保持其他条件不变的情况下，户主担任村干部的家庭其林地经营效率比不担任村干部的家庭要高。这个结论与前文的假设相符合，户主如果为村干部，因而其获取的政策信息和市场信息较一般村民更充分，更善于把握市场机遇和挑战，具有较好的适应和应变能力，易于接受先进的发展理念和思路，因而会对技术效率产生正的效应。

家庭存款对林地经营产出影响显著，呈正向相关关系，回归系数为 0.166，说明在保持其他条件不变的情况下，家庭存款每增加 1 个单位，林地经营产出增加 0.166 个单位。这个结论与前文的假设相符合，家庭存款金额越大，表明其具备更好的资金投入能力，对经营产出效率有促进作用，而且在遭遇自然灾害等不利情况时，能够有足够的资金对经营方式进行调整，不会受到太大影响。

林业收入占比对林地经营产出影响显著，呈正向相关关系，回归系数为0.412，说明在保持其他条件不变的情况下，林地收入占比每增加1个单位，林地经营效率增加0.412个单位。这个结论与前文的假设相符合，林业收入占家庭总收入的比重体现了家庭对林业的依赖程度。占比越大的家庭其对林业的依赖性越强，对林业生产的热情越高涨，投入的精力也越多，所以林地经营产出效率越高。

人均林地面积对林地经营产出影响显著，呈负向相关关系，回归系数为－0.562，说明在保持其他条件不变的情况下，人均林地面积每增加1个单位，林地经营效率减少0.562个单位。这个结论与前文的假设相违背，可能的原因如下，经济学中的规模经营理论提到规模区间的效率分布呈现“倒U型”（徐立峰，2015），辽宁省样本农户的人均林地面积均值为13.434 57，较大，样本农户人均林地面积大部分有可能已经超过了倒“U”形的极值处，随着人均林地面积的提高，其经营效率反而降低。

林地劳动力投入对林地经营产出影响显著，呈正向相关关系，回归系数为0.142，说明在保持其他条件不变的情况下，林地劳动力投入每增加1个单位，林地经营效率增加0.142个单位。这个结论与前文的假设相符合，根据投入产出理论，人力投入是重要的投入要素，自投工和雇佣工投入的劳动时间越多，说明对林业生产越重视，相应的经营效率也会越高。

5.2.5 对策建议

根据以上林地经营效率回归模型实证和影响因素分析，结合辽宁省农户的具体情况，提出如下建议：

（1）支持合作社等经济组织的建设，拓展农户经营能力发展空间。担任村干部的户主家庭林地经营效率较高，表明家庭特征对林地经营效率影响的重要性，但并没有单纯强调人的主观能动性。由于农户个体禀赋的不一致性，资源与能力基本由后天养成，村干部职位的稀缺性使许多农户难以获得，发展合作社等经济组织，行使一人一票的经营权利，营造农户参与管理的机会和平台，同时，最大限度发挥村干部等能人带头作用，实现村民共同致富。

（2）加大对农户林业补贴力度，增加农户财产性收入渠道。结果表明家庭资金存量越多林地经营效率越高，但目前农户转移性收入比例远高于财产性收入，如果政府一方面对农户进行林业方面的补贴，增加收入途径，另一方面促进林业资源变为资产、资本和资金，扩大财产性收入渠道，可以进一步提高农户进行林业生产的积极性，并且使得农民有更多的资金可以投入到林业生产中。

（3）加快林权配套改革步伐，提高农户林业经营收入。结果表明林业收入占比越高的家庭林地经营效率越高，说明对林业的依赖性较强，政府应该为林农搭建融资平台，建立林产品流通渠道，使得以林业生产为主要收入来源的家庭能够有更便利的经营条件，获得更大的利益。

（4）引导适度规模经营，稳妥推进林地流转。结果表明人均林地面积越大的家庭经营效率越高，分析林地经营效率可能与经营规模存在倒“U”形关系，政府应该对农户的林地经营进行指导，采用流转、租赁、转包等形式，整合或者分散经营面积，尽量使各家农户都能达到或者接近适度经营规模。

（5）定期进行林业技术服务和培训，逐步提升农户经营水平。当前，农村劳动力普遍短缺，简单依赖增加劳动力数量提高经营效率恐难以为继，所以提升农户经营水平迫在眉睫。要通过技术指导和培训，传授给林农在抚育、管护、施肥、采伐等各个环节的先进技术和科学知识，培养懂技术会经营的新型农民。同时，进一步畅通农民工回乡创业渠道，改善农民工回乡创业环境，引导、鼓励更多的外出农民工回乡创业，发展林业经济。

5.3 林地经营模式及经营绩效影响因素分析：基于辽宁省和河南省的调查

5.3.1 林地经营模式选择意愿的影响因素分析

1. 模型选择

根据实地调查情况，对农户选择林业经营模式（单户经营、联户经营、加入合作组织经营和流转给别人经营）的影响因素进行实证分析，考察家庭、资源等因素对农户选择经营模式的影响。采用多元 Logistic 模型，被解释变量为农户林业经营模式选择，单户经营取值 1，联户经营取值 2，加入合作组织经营取值 3，流转给别人经营取值 4。以第 4 类（“流转给别人经营”）作为参考类别，其他类别同它比较得到 3 个非冗余的 Logistic 变换模型：

$$\ln\left[\frac{p(y=i)}{p(y=1)}\right]=B_{i0}+B_{i1}x_1+B_{i2}x_2+\cdots+B_{in}x_n$$

（公式 5-8）

其中，p 为农民愿意选择某种林地经营模式的概率，$\sum_2^4 p_i+p_1=1$，i 为除认为“流转给别人经营”之外的其他 1～3 类林地经营模式偏好，x_n 为第 n 个解释变量，B_{i0} 为常数项，B_{in} 为第 i 个模型中第 n 个解释变量的回归系数。

数据来源于 2014 年 7 月河南和辽宁的问卷调查数据。

2. 变量名称及描述性统计

基于现有理论模型和研究文献，本研究将影响农户林地经营取向的因素分为 4 大类：户主个人特征、农户家庭特征、林地资源禀赋状况及林地经营认知和意愿，具体又细分为 13 项变量。其中，林地细碎化程度用农民家庭林地地块数量来反映，有关变量的名称、定义、均值和标准差见表 5-16。

表 5-16 变量的描述性统计分析

因变量	养老模式偏好	y	0＝单户；1＝联户；2＝合作组织经营；3＝流转给别人经营	均值	标准差
自变量	户主年龄	x_1	连续变量	53	10.67
	所在地区	x_2	0＝河南省；1＝辽宁省	0.60	0.49
	受教育年限	x_3	连续变量	7.08	2.89
	家庭劳动力人数	x_4	连续变量	4.2	1.71
	林业收入占比	x_5	连续变量	27%	0.31
	人均林地面积	x_6	连续变量	7.06	10.27
	家庭人均收入/元	x_7	连续变量	12 106	10 983
	林地细碎化程度	x_8	连续变量	2.27	1.96
	立地条件	x_9	1＝好；2＝中；3＝差	1.74	0.76
	林地承包应多久	x_{10}	1. 20 年以下；2. 20～30 年；3. 30～50 年；4. 50～70 年；5. 70 年以上；6. 永久	4.07	1.86
	目前主要林龄	x_{11}	1. 幼龄；2. 中龄；3. 近熟；5. 成熟；6. 过熟	3.59	1.59
	林地经营收益满意度	x_{12}	1＝非常满意；2＝比较满意；3＝一般；4＝不太满意；5＝非常不满意	2.77	1.21
	规模与经营效率认知	x_{13}	1＝大户效率高；2＝没有差别；3＝小户效率高	1.93	0.90

3. 实证结果及解释

实证分析结果见表 5-17。

（1）户主个人及家庭特征对林业经营模式选择的影响。户主年龄、受教育年限、家庭劳动力人数、家庭人均收入和林业收入占家庭收入的比重对农户林业经营模式选择的影响均不显著。户主年龄在模型中未通过显著性检验，可能的原因是随着家中的年轻人外出务工，目前经营林业的大都是家中的老人，年龄差别不大。受教育年限也不显著，也可解释为经营林业的基本是以中老年为主，多数受教育水平较低，因此对林业经营方式的选择没有很强的规律性。同理，虽然家中劳动力数目可能有所差异，但从事林业生产的只是留守在家中的中老年，因此，家庭特征中，家庭劳动力人数对林农经营模式的选择也没有显著的影响。同时林业经营具有投资回报周期长、风险大的特点，使得林业收入占家庭收入的比重对农户林业经营模式选择的影响不显著。

（2）资源禀赋特征对林业经营模式选择的影响。家庭资源禀赋特征中，人均林地面积对林农经营模式的选择具没有显著的相关性。立地条件对经营模式的选择具有显著的影响，在模型二通过了15%统计水平的显著性检验，系数为负。说明立地资源质量好的林农选择单户经营的意愿更强，反之则会选择加入合作组织经营。林地细碎化程度在3个模型中的显著性都较弱，表明林地细碎化程度对林农经营模式选择的影响没有规律性。现有的研究表明，农户林地越细碎化和林地面积越大的情况下，农户将选择将林地下分到户而不是集体经营。但是这一研究结果在本研究未得到验证。可能是因为所调查的农户以单户经营为主，导致样本间林地细碎化程度的差异较小，所以得出的结果显著性较弱。目前主要林龄对经营模式的选择具有显著的影响，在模型二通过了1%统计水平的显著性检验，系数为负。说明目前拥有林龄越大的林农选择单户经营的意愿更强，反之则会选择加入合作组织经营。林地细碎化程度在3个模型中的显著性都较弱，表明林地细碎化程度对林农经营模式选择的影响没有规律性。

（3）林地经营认知意愿对林业经营模式选择的影响。在调查中，我们设计了一个问题，询问被调查者认为林地经营承包期多长合适，通过实证发现，这个变量通过了15%的统计检验，说明认为承包期越长越好的林农更倾向于选择单户经营。林地收益满意度的显著性都较弱，表明对目前林地收益的满意程度对林农经营模式选择的影响没有规律性。而认为零散小户的林地经营规模效率高的林农选择单户经营的意愿更强。

（4）地区差异对林业经营模式选择的影响。此外，我们还设计了地区变量，以比较河南省和辽宁省的林农在林业经营模式偏好上的选择，发现相对于河南省的林农，东北的林农选择联户经营的意愿更强。这可能跟东北地广人稀，需要加强林业生产合作有关。

表 5-17　多项 Logistic 回归结果

变量	联户	合作组织经营	流转给别人经营
	1	2	3
户主年龄	−0.073 6	−0.028 8	−0.065 4
	(0.055 7)	(0.029 8)	(0.079 0)

（续）

变量	联户	合作组织经营	流转给别人经营
	1	2	3
受教育年限	−0.250	−0.089 8	−0.026 0
	(0.184)	(0.107)	(0.254)
家庭劳动力人数	0.044 8	0.183	−0.080 3
	(0.362)	(0.205)	(0.448)
林业收入占比	0.690	1.498	−3.387
	(2.553)	(1.090)	(3.455)
家庭人均收入	−7.16e−05	1.09e−05	−5.12e−05
	(7.54e−05)	(2.67e−05)	(7.50e−05)
林地细碎化程度	0.378	−0.001 84	−0.918
	(0.369)	(0.145)	(0.729)
立地条件	−1.412*	−0.745*	−0.180
	(0.831)	(0.433)	(0.801)
目前主要林龄	−0.301	−0.622***	−0.277
	(0.410)	(0.233)	(0.478)
林地应承包多久	0.252	−0.268*	0.066 2
	(0.368)	(0.148)	(0.417)
人均林地	−0.215	0.014 7	0.037 6
	(0.160)	(0.030 5)	(0.072 9)
林地收益满意度	0.358	0.395*	−0.599
	(0.439)	(0.234)	(0.527)
规模与经营效益	−0.691	−0.804**	−0.634
	(0.634)	(0.353)	(0.708)
地区（河南为参照）	3.402*	0.966	15.41
	(2.058)	(0.946)	(1.120)
Constant	2.766	2.912	−8.186
	(4.720)	(2.442)	(1.120)
Observations	164	164	164

5.3.2 农户林地经营绩效的影响因素分析

1. 林地经营活动中的成本及收益

（1）经营活动中的显性成本。根据问卷调查所收集的数据，林地经营过程中的成本构成主要有下列几个部分：种苗费用、栽种用工投入、抚育用工投入、管护费用、施药和人工总费用、施肥和人工总费用、采伐费用、防火防盗费用、采集成本、森林保险投保费用、林地使用费、销售收入缴纳税费、林地转入支付金额及其他投入。

①辽宁省。辽宁的铁岭县和开原县两地，农户既种植经济果林，也种植用材林。品种大致有柞树、落叶松、杨树、油松、桦树、榆树、榛子树和苹果树，其中榛子树和苹果树居多。

表 5-18　辽宁省林地经营活动的显性成本

项目	收益
种苗费用	只有落叶松和苹果树有投入，苹果树居多，其余品种该费用均较少或为 0，这是由于用材林生长期较长，种苗的价格按基年价格换算十分低廉，占投入很小比例。苹果树种苗费用大致在 10 000 元以上，最高达 112 500 元，平均 7 000 棵/亩
栽种用工投入	由于该地区农户大多选择单户经营，所有投入多为自投工，用材林的用工投入较低，经济林投入较高。苹果树最高达 35 000 元
抚育用工投入	抚育是指从造林起的幼龄到成熟龄森林培育过程。用材林该投入较少，苹果树该投入较多，最高达 202 000 元
管护费用	各木材品种在该项目上普遍投入较多，平均约为 15 810 元
施药、施肥和人工总费用	由于苹果树是经济林，需要对其进行及时的施药施肥以保证果实质量，故苹果树在此项目上的投入较多，最高达 7 万以上
采伐费用	近似 0 元
防火防盗费用	近似 0 元，因为很少发生火灾和盗伐事件

通过表 5-18 中情况分析可得，在辽宁省的铁岭县和开原县，用材林的成本投入主要在管护方面，而经济林（苹果树）的成本投入结构相对复杂，包括了种苗费用、抚育用工投入、管护费用、施药和施肥及人工总费用，因而其成本投入也比用材林高，但由于其生长周期较短，收益的回收期也较短，基本可以每年获利。

②河南省。我们调查地为河南省商丘市杨集镇的王口村，该村并不是主营林业，而是许多农户仍保留了田地用于种植经济果林(基本上是苹果树)。由于该村的调研对象种植情况较为一致,所以我们用数据的加权平均值来分析(表 5-19)。

表 5-19　河南省林地经营活动的显性成本

项目	种苗费用	栽种用工投入	管护费用	施药费用	施肥费用	合计
平均投入（元）	4 262.35	633.97	115 294.85	36 679.14	43 934.77	200 805.08
占比	2.15%	0.18%	57.42%	18.27%	21.98%	100%

注：成本为自栽种以来的累计成本。

大部分村民平均都种植 3～4 亩果树，最多达 7 亩，有少数几户种植的是杨树。从数据中得出表 5-19，平均成本合计达 20 万元以上，主要由五部分组成：种苗费用、栽种用工投入、管护费用、施药和人工总费用以及施肥和人工总费用，其余项均大致为 0。在这五项中，管护费用最高，平均每户达 10 万元，占总投入的一半以上。施肥的投入比施药略高一些，因为肥料的价格高于农药的价格。此外，种苗费用和栽种投入是按照基年价格折算之后的价格水平来测算的，可以看出费用也并不是很高。

（2）经营活动中的隐性成本。由于林业种植的生长周期很长，再加上该产业具有很强的自然属性，不确定性和风险性都很高，且收益回报期长，并不是一个利润率高的产业。隐性成本的多少在很大程度上决定了跨区作业市场的运行效率。通过调查我们将其隐性成本总结如下：

①与收购商建立信任关系。用材林方面，农户更倾向于寻找他们比较熟悉、信任的收购商或木材公司，一方面价格出的合理，另一方面也保证了木材的销路。而这种信任关系的建立需要长期合作、不断互通往来的基础，这样才能彼此加深了解和合理地承担风险，在此过程中产生隐形成本。

②收获面积不确定的风险。经济林方面，由于苹果的播种面积不够多，再加上自然条件的不确定性（比如旱灾），因而往往农户的收益不足以支付产生的一系列成本，也会造成播种行为的盲目性。

③获取信息的成本。为了尽可能准确地选取收购商或木材公司，农户一方面根据长期播种经验，把握苹果的成熟时间，另一方面，通过人脉打听或是上网搜寻信息，选取收购价格高的收购商。

④等待采集的时间成本。“宁可早到也不能让别人抢先”，农户往往希望先将苹果卖出，好抬高价钱，但有时由于当地天气等自然因素导致苹果成熟时间推迟一两天，于是他们不得不让收购商多停留几天，但等待过程中，既浪费时间，也很难与收购商洽谈高价。

⑤种植内容单一的不足。辽宁省开原县和铁岭县的苗木基地种植品种单一，以榛子林为主，苗木生产周期长，导致结构性过盛，紧俏产品价格一路走高，而大路货销售价格有所下降。短期内，紧俏苗木价格仍会继续走高。因此，苗木种植应从单一的榛子松种苗向经济林苗木和观赏苗木扩展。

⑥恶性竞争的成本。个别生产经营者逃避协会统一管理，私买私卖，购买隐患种苗，进行无检疫育苗，致使苗木成活率不高，苗相不好，加上在价格上互相恶性竞争，给农户也带来不小的经济损失，极大地阻碍了种苗行业健康有序发展。建议林木种苗经营者应该走统一管理的协会模式，才能抵御市场风

险，达到发展壮大林木种苗产业的目的。

（3）林地经营活动中的收益情况。根据问卷调查所收集的数据（表 5-20 和表 5-21），林地经营过程中的收益构成主要有下列几个部分：历年种苗销售收入、抚育材收入、主伐木材总销售收入、经济林果产出、薪材收入、累计公益林生态效益补偿，以及对目前林地及林木的价值估算。

表 5-20　辽宁省林地经营活动中的收益情况

项目	收益
历年种苗销售收入	只有 3 户种植苹果树的农户有该收入，平均 750 元/亩
抚育材收入	近似 0 元
主伐木材总销售收入	近似 0 元
经济林果产出	榛子树平均收入 194 800 元，苹果树平均收入 227 600 元
薪材收入	有两户种植落叶松的农户有该项收入，平均 1 500 元
累计生态效益补偿	平均每户获补偿 120 元
林地及林木的价值估算	榛子树 247 368.42 元，苹果树 370 000 元，其余树种 102 739.29 元

注：收益为历年来的累计收益。

表 5-21　河南省林地经营活动中的收益情况

项目	收益
经济林果产出	平均每户 153 479 元，每亩 56 542.73 元
林地及林木的价值估算	苹果树 38 469.7 元

注：收益为历年来的累计收益。

从辽宁省和河南省的数据可以看出：

（1）辽宁省的平均收益要高于河南省，而且辽宁省的收益结构更丰富，除了主要的经济林果产出，还有生态效益补偿收入，但河南省在补偿收入方面得到的少之又少，这一方面是由于政策的漏洞，另一方面是由于林农维权意识的淡薄。

（2）由于辽宁省农户拥有的林地数量要多于河南省，并且辽宁属东北地区，土壤的质量也比华北平原地区质量优，所以经济林果产量更多，收益也更多。因而辽宁省农户对自己土地的估值要远高于河南省的土地估值。

（3）由于用材林的生长周期很长，所以农户通常要种植 20 年左右才可以进行一次采伐而获得收入。调查期间，辽宁省的用材林还未获得采伐收入，并且河南省几乎没有种植用材林，因而这方面的数据值几乎为 0。

2. 林地经营绩效分析

辽宁的铁岭县和开原县两地，农户既种植经济果林，也种植用材林，其中榛子树和苹果树居多。成本方面，从栽种至熟龄并进行交易活动的成本最高可达 44.25 万元。收益方面，辽宁省的苹果树整个生长期所带来的收益可达 59.7 万元，其中 61.97%属于对其预期回报的估值；榛子林的收益合计 46.7 万元，其中 52.89%属于对其预期回报的估值。从经营绩效看，辽宁省的情况为盈余，即收益大于成本。其中，种植苹果的收益更加显著，利润率可达 34.92%，而榛子林的利润率为 5.53%，远低于苹果的经营绩效。

河南省调研村由于并不是主营林业，而是许多农户仍保留了田地用于种植经济果林（基本上是苹果树），所以经营绩效以苹果树的种植情况来分析。成本方面，由种苗费用、栽种用工投入、管护费用、施药费用以及施肥费用构成，总计可达 20.08 万元。收益方面主要包括两部分，经济林果产出收益以及对苹果树预期回报的估值，分别为 15.34 万元和 3.84 万元，合计达 19.18 万元。利润率为－4.48%，经营绩效很低。

从上述分析结果可以看出，辽宁省比河南省经营绩效更高。其中，辽宁省苹果树的经营绩效远高于榛子林的经营绩效，这一方面由于苹果的林果产出量多、频率高，另一方面也由于榛子林的生长周期更长。就苹果种植而言，辽宁省的经营绩效比河南省高很多。一方面在苹果树的林果产出上，辽宁省高很多，这是由于辽宁省的种植技术更发达，管护更全面，销售渠道更多样化；另一方面，在苹果树的预期回报估值上，河南省显著低于辽宁省，这是由于河南省并未将苹果树种植作为自己的主要经济来源，因而在林果方面的长久投入率不高，因而对土地的忠诚度和评估也不高。

3. 分析模型构建

林农当前林地经营绩效影响着其今后的林地经营行为，而探析影响林地经营绩效的因素，对了解林农的经营行为效果及其变化都有着重要的意义。已有的研究表明，农户户主特征因素，农户家庭特征因素，林地资源禀赋因素及林农对林地经营行为等因素都对林地经营绩效水平产生影响。本研究将使用 OLS 回归模型来预测林地经营绩效与这些影响因素之间的关系，基本模型构建如下：

$$H_i = F(X_i, X_m, X_d, X_e) \quad \text{（公式 5-9）}$$

其中，林地经营绩效 H_i 用林地经营成本收益比代表，以显示林地经营绩效状况；X_i 是一组农户户主特征因素，包括：户主年龄，户主文化程度，户主是否都从事于林业相关活动；X_m 表示农户家庭特征因素，包括：家里是否有专门的护林员，家庭劳动力人数；X_d 表示林地资源禀赋因素，主要包括：林地细碎化程度，林地总面积，立地条件，目前主要林龄；X_e 表示林农对林地经营行为，用林改后林地面积是否变化，林改后林地经营水平是否变化来衡量。

因此，公式 5-9 将扩展为：

$$H_i = \beta_0 + \beta_1 X_i + \beta_2 X_m + \beta_3 X_d + \beta_4 X_e + \varepsilon \quad (公式 5\text{-}10)$$

为了验证研究林农林地经营绩效的影响因素，本研究采用的资料主要来源于农户问卷实地调查数据，并依据数据林地经营成本收益比及其影响因素进行 OLS 回归分析。

变量的描述性统计分析见表 5-22。

表 5-22　变量的描述性统计分析

因变量	林地经营成本收益比	y	连续变量	均值	标准差
自变量	户主年龄	x_1	连续变量	53	10.67
	是否从事于林业相关活动	x_2	1=是；0=否	0.61	0.49
	受教育年限	x_3	连续变量	7.08	2.89
	家里是否有护林员	x_4	1=是；0=否	0.62	0.49
	家庭劳动力人数	x_5	连续变量	4.2	1.71
	林地细碎化程度	x_6	连续变量	2.27	1.96
	林地总面积	x_7	连续变量	23.28	29.55
	林改后林地面积是否变化	x_8	1. 幼龄；2. 中龄；3. 近熟；5. 成熟；6 过熟	3.59	1.59
	林改后林地经营水平是否变化	x_9	1=好；2=中；3=差	1.74	0.76
	立地条件	x_{10}	1=好；2=中；3=差	1.74	0.76
	目前主要林龄	x_{11}	1. 幼龄；2. 中龄；3. 近熟；5. 成熟；6 过熟	3.59	1.59

4. 计量结果与讨论

从 OLS 的估计结果来看（表 5-23），农户户主特征因素，农户家庭特征因素及林农对林地经营行为对林地经营绩效的影响皆不显著。林地资源禀赋因素的林改后经营水平、林改后经营面积这两个衡量指标对林地经营绩效有较显著的影响。

其中，林改后经营水平与林地经营绩效正相关，说明在林改后林地经营水平的提高，有助于提高林地经营绩效；而林改后经营面积与林地经营绩效呈现负相关的关系，表示林改后，单纯提高林地的经营面积并不能带来经营绩效的提高，反而可能给经营绩效带来不利的影响。这也给林地经营者带来启示，后林改时代，不能单纯靠扩大林地面积来增加收入，还必须注重提高技术水平和经营水平等一系列措施。

表 5-23 林地经营绩效影响因素的 OLS 估计结果

VARIABLES	m1 Ration	t 统计量的值
年龄	−0.133	0.085 3
受教育水平	0.122	0.315
家庭人口数	−0.710	0.563
是否有护林员	−2.783	1.964
林地细碎化程度	0.354	0.577
林地总面积	−0.047 9	0.038 6
立地条件	0.864	1.287
主要林龄	−0.732	0.637
林改后经营水平	3.654*	2.081
林改后经营面积	−5.882**	2.582
Constant	17.55**	8.607
Observations	144	
R-squared	0.114	

注：*表示在 10%的水平上显著，**表示在 5%的水平上显著。

5.3.3 研究小结与启示

本调研组通过对辽宁省、河南省调查所获得的数据，对影响林业经营效率的影响因素进行 OLS 回归分析，发现：林改后经营水平和林改后经营面积对经营绩效有着显著影响，其中林改后经营水平为正向影响，而林改后经营面积为负向影响。同时，利用多元 Logistic 模型，对集体林权制度改革后农户林业经营模式的选择意愿影响因素进行分析，研究表明：户主及个人家庭特征中，户主年龄、受教育年限、家庭劳动力人数、家庭人均收入和林业收入占家庭收入的比重对农户林业经营模式选择的影响均不显著；家庭资源禀赋特征中，人均林地面积对林农经营模式的选择具没有显著的相关性，立地条件对经营模式的选择具有显著的影响；林地经营认知意愿中，承包期越长越好的林农更倾向于选择单户经营，林地收益满意度的显著性都较弱，而认为零散小户的林地经营规模效率高的林农选择单户经营的意愿更强。

我们据此对不同林业经营模式效率的提高和发展方向提出了下列对策建议：

1. 为林农的生产提供基本的产权制度保障

自新一轮集体林权改革以来，我国林业经营呈现出以单个家庭承包为主，联户经营为辅，伴有少量集体经营林地的林地经营形式和结构。除此之外，当前林业经营的主要模式还包括村小组经营、林地流转经营等几种林业模式，并且在不同地区存在着较大差异。产权制度的保障是林地产权制度的有效性得到发挥的前提，只有在林地经营模式与资源特征及制度环境相互配合的条件下，才能实现林农经营效益的最大化，实现林业经营的可持续性。虽然林农在一定程度上获得了对林地经营制度选择的自由，但在制度保障不够完善的情况下，大多数林农仍然会遵循着既有的经营习惯继续经营。

2. 根据各地区林业经济发展情况和资源条件的差异性，采取不同的政策措施

在本次调研所选取的两个调研省份（辽宁省、河南省）中，我们可以观察到收入、投入、认知、意愿等方面存在着较大的差异，这说明在我国不同地域的林业经济发展仍然存在着较大的差异。因此，不能简单采取一刀切的考核方式刺激林业发展。针对各地林业经济发展情况的不同和资源条件的差异，采取不同的政策措施引导林业可持续发展。

3. 根据不同资源条件差异，有针对性地引导林农经营方式

完善单户经营农户的风险防范机制，增设政策性林木保险险种，增强林业风险防范能力，保障林农创业致富。联户经营理清权责分配，规范收益分配机制。联户经营形式要不断正规化，逐步完善内部治理结构和治理机制，加强内部监督，保障成员的获益分配。创新合作组织监管服务体系，健全组织结构，规范组织运行程序，使参与其中的林农享受到更具体有效的服务。在支持农户单户经营意愿的同时，形成大户带小户的林农学习型生产发展模式，“能人”大户分享经营方式及生产技术处理，提高小户的生产经营技术和风险防范手段，促进共同发展。

4. 加强后续产业发展及服务体系建设

后续产业发展关系着林农的长期行为决策，本研究发现随着林改后经营面积的变化，对林农的经营绩效有着负面影响。这可能是由于林业规模的扩大快于林农生产经营效率的提高，从而导致整体的经营绩效下降。因此，为了实现林业经营的有效性，政府应着重扶持林业后续相关产业的发展及服务体系，帮助林农更好适应新规模下的林业生产活动。增加林业科技服务活动频率和效率。立足林农需求，结合林农接受程度和技术运用效果进行指导，向广大林农推广实用技术，使服务工作适应广大林农的需求。完善林产品销售渠道，拓宽林产品的销售路径，形成专业化的产品流通渠道和流通路径，保证农户林产品销售来源的稳定性和长久性。

5. 加快发展林农合作组织，加强要素流转体系建设

林业经营投资具有周期长，投入大的特点，尤其在早期没有收益时对林业投入要求较高。为了保障林业经济效益，在发展过程中，以切实保护林农主体发展地位为前提，采取加快发展林农合作组织，通过汇集资金、劳动力、技术等要素投入来提高林地生产力；另一方面也要规范林地和林木等林业要素的流转，为林业高效可持续发展提供制度环境保障。

5.4 农户林地经营规模意愿的影响因素分析：基于辽宁省4个样本县的调查

农民意愿是一个动态的心理状态，受到多种因素的制约和影响（乐章，2010）。要想确定林农经营意愿影响因素，首先要了解林农经营意愿，在此基础上对影响因素进行分析，受农户个人特征的影响，不同林农的经营意愿可能会受到不同影响因素主导，但是通过对林农总体的分析研究可以发现影响林农经营意愿的主要因素。本部分研究的主要目的在于了解林农经营规模意愿及其相关影响因素，通过对其影响因素的探究找出决定林农经营规模的决定性因素，并为其合理化经营提供相关建议。

5.4.1 分析模型构建

1. 变量的选取

通过对相关文献的回顾及整理，结合本研究实际情况，本研究以林农林地经营规模意愿为因变量（即被解释变量），选取自变量（即解释变量）来进行实证研究。解释变量如下：（1）农户户主特征。户主性别、户主年龄、户主是否是村干部、户主是否是党员、户主文化程度。一般认为，户主对家庭生产生活的各个方面都具有重要的影响，因此在进行分析时将户主的个人因素考虑在内。例如，一般认为，如果户主受教育程度越高，那么他在林业生产方面对林业政策的认识程度较高，对林业政策的利用度也越好。（2）林农家庭特征。家庭成员数、劳动力个数、家距离林地远近。一般认为，家庭人口数量会直接影响林农的家庭消费情况，家庭成员越多，用于消费资金的数量也就越多，从而间接影响林业家庭投入情况。另外，家庭劳动力数量越多，用于林业生产的劳动力数量也就越多，从而能够在一定程度上扩大林业经营规模，减少一定的资金投入。一般认为，林地距离林农家越近，林农在林地投入的时间成本、金钱成本等越低，越有利于林农扩大林地经营规模。（3）林农生产经营特征。林地经营面积、林地地块数、公益林和经济林面积、林地价值。通常认为，林地面积和林地块数直接影响林地的经营情况，林地面积越大，越有利于林农规模化经营，从而有效地降低林业生产成本，提高林业收入情况，增强林农领地经营意愿。经济林及公益林面积会直接影响林地收入从而影响林农的林地经营，公益林受到国家政策影响，不能进行砍伐和买卖，每年的收益仅来自于公益林的补贴，相比经济林来说收入较低，因此认为经济林面积越大，越有利于林农扩大林地经营规模。林业收入直接影响林农经营规模的意愿，林地收入越多了，林农林地生产的积极性越高。林地价值直接决定了林农对规模的经营，林地价值直接受到林地条件的影响，林地立地条件越好，则林地的价值越高，进而林地价值越大，林农参与林地种植的意愿越强，反之则越低。（4）林地经营形式。单户经营、联户经营、合作社经营。不同的经营方式对林农的林地经营状况具有不同的影响，一般认为林地经营模式在一定程度上影响林农经营规模意愿。

2. 变量定义及特征行为描述

调查数据显示，在192户林农农户中，表示愿意扩大林地规模的100户，占52.08%，表示愿意保持不变的有87户，占45.31%，表示愿意缩小林地规模的有5户，占2.61%。户主以男性性别为主，占97.92%。户主是村干部的占10.42%，户主接受林业方面培训的比例是26.04%，受教育程度在6年以上的占55.21%，户主年龄集中在40～80岁之间，其比例占89.05%。各特征变量赋值和样本分布情况详见表5-24至表5-27。

表5-24 户主特征变量赋值及样本分布

户主特征变量名称	变量定义（变量赋值）	样本分布比例
户主性别 X_1	男=1	97.92%
	女=0	2.08%
户主年龄 X_2	40岁以下=1	7.30%
	40～60岁=2	54.69%
	60～80岁=3	34.36%
	80岁以上=4	3.65%

（续）

户主特征变量名称	变量定义（变量赋值）	样本分布比例
户主受教育程度 X_3	1～6 年=1	44.79%
	6～9 年=2	43.23%
	9～12 年=3	10.94%
	12 年以上=4	1.04%
是否从事过林业活动 X_4	是=1	50%
	否=0	50%
是否接受过林业方面的培训 X_5	是=1	26.04%
	否=0	73.96%
户主是否是村干部 X_6	是=1	10.42%
	否=0	89.58%
现在所从事的职业 X_7	农业生产=1	66.15%
	林业生产=2	11.98%
	非农林生产=3	21.87%

表 5-25　林农家庭特征

林农家庭特征变量名称	变量定义（变量赋值）	样本分布比例
家庭成员数量 X_8	1 人=1	2.60%
	2～3 人=2	43.23%
	4～5 人=3	40.63%
	5 人以上=4	13.54%
劳动力数量 X_9	1 人及以下=1	16.15%
	2～3 人=2	68.75%
	4～5 人=3	14.58%
	5 人以上=4	0.52%
家中是否有党员 X_{10}	是=1	58.85%
	否=0	41.15%
家距离林地远近 X_{11}	1 公里以下=1	9.90%
	1～2 公里=2	23.96%
	2～5 公里=3	48.96%
	5 公里以上=4	17.18%

表 5-26　林农生产经营家庭特征

林农生产经营特征变量名称	变量定义（变量赋值）	样本分布比例
公益林面积 X_{12}	5 亩以下＝1	71.88%
	5～10 亩＝2	4.69%
	10～30 亩＝3	13.54%
	30～50 亩＝4	2.60%
	50～100 亩＝5	4.69%
	100 亩以上＝6	2.60%
林地面积 X_{13}	5 亩以下＝1	17.19%
	5～10 亩＝2	8.33%
	10～30 亩＝3	34.90%
	30～50 亩＝4	14.58%
	50～100 亩＝5	16.67%
	100 亩以上＝6	8.33%
林地块数 X_{14}	5 块以下＝1	89.58%
	5～10 块＝2	9.38%
	10 块以上＝3	1.04%
林地价值 X_{15}	10 万元以下＝1	55.21%
	10 万～30 万元＝2	27.60%
	30 万～50 万元＝3	7.29%
	50 万～100 万元＝4	6.77%
	100 万元以上＝5	3.13%

表 5-27　林地经营方式特征

林地经营方式特征变量名称	变量定义（变量赋值）	样本分布比例
林地经营方式 X_{16}	单户经营＝1	52.08%
	联户经营＝2	2.61%
	合作社经营＝3	45.31%

3. 模型构建

关于林农林地经营规模影响因素的研究，本研究采用有序 probit 模型，根据研究的要求，林农规模意愿分为愿意扩大，保持不变和愿意缩小三种行为的选择，因此本研究中应用的是有序回归模型。

在模型构建方面，以林农经营规模意愿作为本研究的被解释变量，即因变量；将影响林农规模经营意愿的各种因素作为解释变量，即自变量。根据自变量特征分为以下四大类：（1）林农户主特征；（2）林农家庭特征；（3）林农生产经营特征；（4）林地经营形式。

用函数模型表示为：经营意愿＝f（林农户主特征变量，林农家庭特征变量，林农生产经营特征变量，林地经营形式变量）＋随机扰动项。

5.4.2 农户林地规模经营意愿的实证结果

1. 数据来源说明

本研究的数据来源于社科基金项目的湿地调研数据，该项目人员于 2014 年 7 月在辽宁省建昌、开原、建昌、北票进行实地调研，采用农户调查问卷的方式利用典型抽样与随机抽样调查相结合的方法，样本共涉及 13 个乡 19 个村，200 户农户，共发放问卷 200 份，回收 200 份，剔除无效问卷 8 份，共计有效问卷 192 份，问卷回收率为 100%，问卷有效率为 96%。问卷调研内容包括：（1）了解林农及林地基本状况及经营特征；（2）了解林农经营规模状况；（3）在林地经营规模基础上探析林农林地经营意愿。

2. 变量的说明

自变量按照户主、林农家庭、林农生产特征及林地特征四大类，其中每类包含各个不同的自变量。现将自变量进行变量设置：（1）户主特征。性别 X_1、年龄 X_2、是否从事过林业有关经济活动 X_3、受教育程度 X_4、是否村干部 X_5、是否受过林业培训 X_6、现主要从事的职业 X_7；（2）林农家庭特征。家庭成员数量 X_8、劳动力数量 X_9、家中是否有党员 X_{10}、家距林地远近 X_{11}；（3）林地特征。公益林面积 X_{12}、林地面积 X_{13}、林地块数 X_{14}、林地及林木值多少钱（元）X_{15}、经营形式 X_{16}。

3. 模型结果

首先利用 eviews7.0 对数据进行分析，采用有序 probit 模型对自变量和因变量进行回归，初次回归得结果见表 5-28。

表 5-28 初次回归结果

Variable	Coefficient	Std. Error	z-Statistic	Prob.
X_1	1.237 995	0.596 496	2.075 446	0.037 9
X_2	−0.416 213	0.134 740	−3.089 004	0.002 0
X_3	−0.194 739	0.133 844	−1.454 975	0.145 7
X_4	0.352 682	0.181 043	1.948 056	0.051 4
X_5	−0.057 660	0.099 020	−0.582 306	0.560 4

（续）

Variable	Coefficient	Std. Error	z-Statistic	Prob.
X_6	0.727 856	0.287 079	2.535 387	0.011 2
X_7	−0.055 553	0.107 637	−0.516 116	0.605 8
X_8	−0.147 724	0.135 001	−1.094 240	0.273 8
X_9	0.226 888	0.174 339	1.301 420	0.193 1
X_{10}	−0.061 045	0.205 681	−0.296 797	0.766 6
X_{11}	0.121 274	0.097 190	1.247 806	0.212 1
X_{12}	0.097 830	0.086 043	1.136 986	0.255 5
X_{13}	−0.024 573	0.073 425	−0.334 673	0.737 9
X_{14}	0.614 112	0.378 176	1.623 878	0.104 4
X_{15}	0.173 178	0.114 770	1.508 904	0.131 3
X_{16}	0.171 754	0.178 318	0.963 187	0.335 5

通过初次回归得到在0.05%显著性水平下，X_1、X_2、X_4、X_6 对因变量 y 有显著影响；在0.1%显著性水平下 X_{14}、X_{15}通过验证，而其他自变量对因变量的影响并不显著，现将具有显著影响的6个自变量再次带入模型进行检验，通过两轮优化得到结果见表5-29。

表5-29　优化回归结果

Variable	Coefficient	Std. Error	z-Statistic	Prob.
X_1	1.095 812	0.586 767	1.867 542	0.061 8
X_2	−0.420 703	0.139 309	−3.019 919	0.002 5
X_4	0.307 869	0.178 985	1.720 079	0.085 4
X_6	0.639 382	0.271 288	2.356 838	0.018 4
X_{14}	0.766 361	0.415 123	1.846 108	0.064 9
X_{15}	0.155 568	0.106 553	1.460 011	0.144 3

通过优化检验，保留对因变量具有显著影响的自变量，剔除对因变量影响不显著的自变量。最终检验结论为：林农扩大林地经营意愿主要受到户主性别、年龄、户主的受教育程度、是否受过林业培训、林地地块数量、林地及林木值价值有关，而与是否村干部、是否从事过林业有关经济活动、现主要从事的职业、家庭成员数量、劳动力数量、家中是否有党员、家距林地远近、公益林面积、林地面积、经营方式等关系不大。

5.4.3 实证结果分析

通过对林农经营规模意愿影响因素分析，现得出如下结果：

（1）户主的性别、年龄及受教育程度对林农种植规模意愿具有较显著的影响。具体分析如下：户主为男性的林农家庭更倾向于林地规模的扩大，而女性的规模经营意愿要小。而户主的年龄越大，越倾向于林地规模的扩大，通过实地调研发现，户主在40岁以下的几乎没有人在家中经营林地，他们更倾向于外出务工。在调研的农户中，选择扩大规模的户主大部分在40～60岁之间，这与他们到达一定年龄段，在外务工难有一定的关系。户主的受教育程度对林地经营规模意愿具有显著性的影响，户主受教育程度越高，越倾向于扩大林地经营规模。

（2）是否接受过林业培训对林农经营规模意愿具有显著性影响。通过分析发现，接受过林业培训的林农更愿意扩大林地经营规模，这与林业种植技术有关。具有林业培训经验的林农在林地种植经营方面更具有专业性，他们具备更多的林地经营技巧，在林业经营方面更具优势。

（3）林地及林木价值对于林地规模经营意愿具有一定的影响。林地及林木价值直接关系到林农的直接收入，林地及林木价值越高，林农林地规模经营意愿越强。

6. 农户林地经营规模测算及效率分析

经营规模是规模经济概念的实际运用。从经济学的角度看，经营规模是指一个特定的独立经营主体在生产经营过程中所投入的生产要素的情况，换言之是在一个经济实体中，劳动力、劳动对象和劳动手段等生产要素的集中程度、组合方式和配置比例（钱贵霞，2005）。将经营规模研究具体到土地问题上，便产生了土地适度经营规模的概念。土地适度经营规模指的是投入生产中的土地、劳动、技术设备等生产要素能够达到优化组合，并且取得最佳投入产出效益时生产单位所经营的土地面积大小（韩喜平，2009）。与土地适度规模经营问题类似，林地适度经营规模，即适度扩大林地的经营规模，使得生产要素组合趋于优化，从而增加农户的经济效益（李慧，2013）。适度地扩大林地经营规模有益于充分、合理地利用林地资源，使劳动力、资金和技术等要素达到合理配置，促进专业化经营，从而提高林业生产的效率（李慧，2013）。

6.1 集体林区林地经营适度规模分析：基于辽宁的调查

集体林是中国林业重要组成部分，占中国林地面积的 58.19%，集体林业发展对于国家生态建设、林区农民脱贫致富、社会主义新农村建设具有重大促进作用。2003 年 6 月《中共中央国务院关于加快林业发展的决定》颁布后，福建、江西、辽宁率先开展了以“明晰产权、减轻税费、放活经营、规范流转”为主要内容的集体林权制度改革试点。截至 2014 年，辽宁省集体林确权面积 7 880 万亩，占应改面积 7 910 万亩的 99.62%以上，林改涉及林农 435 万户，1 520 万人。自此，林农成为集体林区拥有林业产权（林木、林地等的使用权、收益权、转让权）的经营主体。伴随着林地使用权的流转和劳动力市场的健全，林农可独立决策林地经营规模、经营项目，这对激发林农的生产积极性、实现林农增收和资源增长具有重要意义。

但是，由于林改时大部分的集体山林分林到户，大规模的林地被划分成很多小块分发给林农经营（户均林地面积为 18.11 亩），而经营规模过小会导致林地资源破碎化，不具有规模经济效益。此外，由于分散经营存在林地资源利用率不高，经营管理的水平低且成本高，林业投入资金不足等许多缺点（伍士林等，2006），人们普遍认同林地的规模经营。但并非林地经营规模越大，效益就越高，根据微观经济学的相关原理，只有在某一点、某一规模上进行林地经营，才会取得最优的经营收益（黄延廷，2011）。

可见，林农林地经营规模的大小关系着其收入的高低，并影响着森林经营的效率。基于此，本研究试图构建计算林地适度经营规模的模型，并利用相关数据进行实证测算。

6.1.1 林地经营适度规模的理论分析

1. 土地适度经营规模的测定方法

土地适度经营规模指的是投入生产中的土地、劳动、技术设备等生产要素能够达到优化组合，并且取得最佳投入产出效益时生产单位所经营的土地面积大小（韩喜平，2009）。林地是土地的一种，其适度经营规模是，在一定的林地经营周期内，扩大林地的经营规模，使得生产要素组合趋于优化，从而增加林农的经济效益。

对于土地适度经营规模的测定，国内学者从三个尺度做出了实证分析，分别是效率尺度、收入尺度和生产率尺度。效率尺度是假设林农以追求投入产出比最大化为目标，通过计算比较现有微观数据的规模效率从而得出适度规模。早期的研究探讨土地适度经营规模时直接使用投资效益这一指标确定土地适度经营规模（万宝瑞，李存洁，1986；张忠根，史清华，2001）。后期学者在测算适度规模时，先将林农现有的经营规模按从小到大排序分组，再利用数据包络分析分别计算了投入导向下和产出导向下的经营规模效率，得出了几个适度规模区间，再结合绝对效率指标（成本利润率）确定最优适度规模区间（许佳贤，2010；张忠明，钱文荣，2008）。韩苏（2014）在测算果品类家庭农场适度经营规模时也用到了数据包络分析，但仅计算了投入导向下的适度规模。

收入尺度是考虑了务农劳动力的机会成本，认为要使林农留在土地上，应该使其农业收入与务工收入相等甚至略高，这时的经营规模为适度经营规模。王佳洁和鞠军（2010）认为农民纯收入等于或略高于其他产业为必要规模；郭庆海（2014）认为获取与城镇居民（或打工林农）同等收入为目标衡量和确定的土地经营规模为适度规模；王征兵（2011）认为适度规模是农民平均纯收入与打工农民平均收入相等时的规模。

生产率尺度是假设林农以追求利润最大化为目标，各项生产要素的边际收益等于边际成本时土地的经营面积，是理想状态下的一个确定值。这类方法一般是先利用利润函数和生产函数建立求解适度规模的模型，再利用微观数据求解出生产函数的系数，最后求解出适度规模的面积（钱贵霞，李宁辉，2004；杨钢桥 等，2011；金生霞 等，2012；赵京，2014）。大部分学者的利润函数的目标值都是农业的纯货币收入，钱贵霞和李宁辉考虑了兼业情况下的非农业收入；关于生产函数的选择，学者普遍采用柯布一道格拉斯生产函数。也有学者并不建立生产函数，而是利用利润函数建立线性规划模型，得出适度规模面积（李慧，2014）。还有学者并不考虑函数的形式，而是利用分组比较法，将边际利润最低的区间作为适度规模区间。张立中等（2012）在对畜牧业适度经营规模测度时，按牲畜头数进行分组，并由低到高依次排列，找出边际利润的变化规律，将边际利润最低的区间作为适度规模区间。

基于数据包络分析计算下的效率尺度仅找出了效率最高的规模区间，但对于高效规模区间如何达成，其他生产要素如何分配并没有相应的说明。因此该尺度计算出的适度规模区间并不具备普适意义，本研究不作考虑。在劳动力市场健全的情况下，收入尺度下确定的经营规模是林农不选择外出打工，选择参与农业经营的必要规模，这一规模对于留住农村固有劳动力有重要意义。生产率尺度是以追求利润最大化为目标而确定的经营规模，这一规模对于激励农村固有劳动力和吸收外来高质量劳动力有重要意义。因此，本研究选择收入尺度和效率尺度作为衡量最优生产规模的方法。

2. 林地经营生产函数的确定

在确定耕地适度规模时，学者认为传统的农业生产函数符合 C-D 生产函数形式，最初的柯布一道格拉斯生产函数表示为公式 6-1，学者根据农业生产的具体情况改进为公式 6-2：

$$Y = A \cdot L^{\alpha} \cdot K^{\beta} \cdot \mu \qquad \text{（公式 6-1）}$$

$$Q = A \cdot L^{\alpha} \cdot K^{\beta} \cdot H^{\gamma} \qquad \text{（公式 6-2）}$$

式中，Y 表示工业总产值；Q 表示产量；A 表示技术进步；α、β 和 γ 分别表示劳动力投入（包括自投入）L，资本投入 K 和土地投入 H 的产出弹性；μ 表示随机干扰项。

但改进后的农业生产函数（即公式 6-2）并不适用于林地经营的产量计算。首先，不同于农业生产产品的单一性，林地经营产出往往具有多样性。例如对于用材林的经营，在获得最终的木材采伐收入之前，还有多次的抚育间伐的收入、开展林下经营（林下种植、林下养殖和林下采集）的收入，那么其产量也基于不同的产品不能一概而论。因此，林地经营函数的产出借鉴最初的柯布一道格拉斯生产函数形式，用产值 Y 表示，而非农业生产函数中采用的产量 Q。

其次，无论是最初的柯布-道格拉斯生产函数还是学者改进后的农业生产函数，其投入与产出普遍都是 1 年内完成，然而林地经营是自然再生产与经济再生产相交织的过程，林业需要更长时期的持续经营。例如，雷州林业局的桉树合理采伐年龄应为 4～7 年（张松丹，2005）；落叶松人工林以檩材为目的轮伐期为 14～23 年，坑木为目的时轮伐期为 17～31 年，原木为目的时，轮伐期为 44 年（高洪亮，2009）。因此，除了劳动力、资本和土地对林业产值产生影响外，林地经营的年限 T 作为自然力的体现也是一个重要的投入变量。

综上，林地生产函数的形式应为：

$$Y = A \cdot L^{\alpha} \cdot K^{\beta} \cdot H^{\gamma} \cdot T^{\theta} \qquad \text{（公式 6-3）}$$

3. 林地经营生产成本的确定

在林地经营过程中，生产要素的投入并不是一次性完成的。获得林地是林农生产经营的前提，林农在一级市场获得林地的方式主要是集体分林到户、自留山经营和原责任山确权承包等；林农在二级市场获得林地的方式主要依赖林地的流转。在一级市场获得林地通常需要支付的费用很少，甚至不用支付；而在二级市场上从个体获得林地需要支付的费用较高，且费用随着林地上的附着物的增加而增加。

整地造林是林农生产经营的起点，这是针对林地上没有目标产品的经营项目而言，是一次性投入，包括种苗等资本投入和劳动力投入。其中劳动力投入包括自投工和雇佣工，因为林地经营的季节性强，林农兼业化程度高，收入尺度下的要求林地经营收入等于其他工作收入的条件并不适用，因此将自投工计作劳动力投入符合考虑机会成本的收入尺度。

抚育是继造林之后另一个重要林地经营环节，是为保证幼林成活，促进林木生长，改善林木组成和品质及提高森林生产率所采取的各项措施。抚育工作包括除草、松土、间作、施肥、灌溉、排水、去藤、修枝、抚育采伐等。抚育产生的费用主要是农药、肥料等资本投入和劳动力的投入，是在林分郁闭后直至主伐期间的多次投入。

采伐收获是林农一个林地经营周期的终点，此时发生的费用主要是劳动力投入和运输费用。对于经济林而言，基本每年都有收获，故该项费用是每年都发生；而对于用材林而言，采伐是一个经营周期的终点，该项费用也是在终期的一次性投入。

由于林地经营投入次数较多，周期较长，为了方便计算，将所有的费用折算到调查末期，所以前面所提的费用并非适用于每个调查对象。林地生产的成本（历年投入折算为现值）即为：

$$C = l \cdot L + k \cdot K + h \cdot T \cdot H \qquad \text{（公式 6-4）}$$

其中，T 为林地经营周期，C 为林地生产的投入总成本，l、k、h 分别为劳动力 L、资本 K 和土地 H 的价格。

4. 林地经营生产收益的确定及最优规模的理论计算

综上所述，林地经营收益即为：

$$R = Y - C \qquad \text{（公式 6-5）}$$

从经济学角度分析，林农林地经营适度规模是在一定条件下，与林农家庭这一特定的生产经营单位所能支配的劳动力和资本等生产要素达到最优匹配时的林地经营面积，此时林农林地经营的利润达到最大。因此目标函数为：

$$\max R = \max(A \cdot L^{\alpha} \cdot K^{\beta} \cdot H^{\gamma} \cdot T^{\theta} - l \cdot L - k \cdot K - h \cdot T \cdot H)$$

（公式 6-6）

根据边际收益原理，在一定的技术条件下，林农林地经营利润达到最大的条件是：对林地利用中的任何一种可变投入而言，一单位投入的额外收益和额外成本正好相等。因此对公式 6-6 分别求 H、L、K 偏导并令偏导数等于 0，即可得到：

$$\begin{cases} \dfrac{\partial R}{\partial H} = \gamma \cdot A \cdot L^{\alpha} \cdot K^{\beta} \cdot H^{\gamma-1} \cdot T^{\theta} - h \cdot T = 0 \\ \dfrac{\partial R}{\partial L} = \alpha \cdot A \cdot L^{\alpha-1} \cdot K^{\beta} \cdot H^{\gamma} \cdot T^{\theta} - l = 0 \\ \dfrac{\partial R}{\partial K} = \beta \cdot A \cdot L^{\alpha} \cdot K^{\beta-1} \cdot H^{\gamma} \cdot T^{\theta} - k = 0 \end{cases}$$

（公式 6-7）

解方程组得到：

$$H^{*} = (A \cdot \alpha^{\alpha} \cdot \beta^{\beta} \cdot \gamma^{1-\alpha-\beta} \cdot l^{-\alpha} \cdot k^{-\beta} \cdot h^{\alpha+\beta-1})^{\frac{1}{1-\alpha-\beta-\gamma}} \cdot T^{\frac{\alpha+\beta+\theta-1}{1-\alpha-\beta-\gamma}}$$

（公式 6-8）

其中，H^{*} 即为适度经营规模，适度规模是关于经营年限 T 的函数。

6.1.2 林地经营适度规模的实证分析

1. 数据来源与研究区域状况

本研究数据来源于国家社会科学基金面上项目“后林改时期农户林地经营

决策机理及营林效率差异研究”（13BJY060）的实地调研数据，该项目研究人员于 2014 年 8 月在辽宁省的建昌县、开原县、北票县、铁岭县进行实地调研，其中开原、铁岭位于辽宁省东部，建昌、北票位于辽宁省西部。调查方式是入户问卷调查，采取典型抽样与随机抽样调查相结合方法。样本涉及玲珑塔、药王庙等 14 个乡，共 20 个村。向农户发出调查问卷 200 份，收回 200 份，共计有效问卷 200 份，问卷回收率为 100%。但为了便于比较，本研究仅选取了经营用材林和经济林的 140 份问卷。

辽宁省林地面积 666.28 万公顷，森林面积 511.98 万公顷，人工林面积 283.03 万公顷，森林覆盖率 35.13%，是我国东北重点国有林区。辽宁省地形多样，东部与长白山接壤，是山地多林区，平均森林覆盖率 70%以上，集体林人均面积大、资源状况好，是辽宁省水源涵养和公益林保护的重点地区；中南部位于辽河平原，以平原农田防护林居多，林地不适合发展林下经济；西北部位于科尔沁沙地南缘，半石质荒山和沙漠化土地多，是干旱半干旱地区，属于三北防护林区，生态脆弱，集体林地较少。

2. 样本的描述性分析

接受访谈的样本中（如表 6-1），97.86%是男性，且年龄偏大，平均为 56 岁。受教育程度偏低，平均为初中文化水平，少有村干部，少数民族所占的比例较少，为 33.57%，其中主要是满族。

从家庭特征变量来看，家庭的平均人数为 3.81 人，其中平均劳动力为 2.34 人，平均每户拥有老人和学生的数量为 1.04 人。家庭成员有党员的家庭接近样本量的一半，为 42.86%，家里信教和有村干部的家庭在总样本的比例差不多，约为 15%，有经商的家庭很少，仅占样本总量的 6.43%，家庭成员的最高学历普遍是初中文化水平。2013 年人均毛收入为 13 007.48 元，低于同年辽宁省居民人均可支配收入 20 818 元，略高于农村居民人均纯收入 10 523 元。平均而言，样本在村中的收入水平中等偏下。

从林地经营特征变量来看，平均每户家庭拥有林地的数量为 2.49 块，每户林地面积为 1.56 公顷。林地立地条件中等偏上，主要林分是中近熟林。林地离家距离为 1.41 公里，离公路距离 2.22 公里。林地经营方式主要是单户经营和联户经营，联户经营中以小组联户为主。林地获得方式主要是集体分林到户、自留山和原责任山确权承包，分别占总量的 37%、29%和 21%，通过谁造谁有、退耕还林、招标拍卖方式获得林地的情况最少，分别占总样本的 1%、2%和 3%。

从家庭对林地的总投入来看，林地平均投入工日为 330.76，其中 72.97%的家庭累计投入工日在 0～246 的区间内，有 8.78%的家庭劳动力投入超过

1 000工日且其中最大值为 3 008，因此拉高了整体平均值。林户家庭资金的平均投入为 17 220.38 元，其中 87.84%的家庭累计投入资金在 0～37 500 元之间，平均值恰好在此区间内。家庭经营的林地面积平均值为 1.56 公顷，其中 70.95%的家庭林地经营面积在 1～1.75 公顷之间，平均值在此区间内。家庭对林地经营年限的平均值为 14.02 年，其中 54.06%的家庭林地经营年限在 4～12 年之间，30.4%的家庭林地经营年限在 25～33 年之间。从总产出情况来看，家庭林地总产出平均值为 21 6381.8 元，其中 64.86%的家庭林地总产出小于 156 000 元，由于 15.54%的样本家庭林地经营总产出超过 500 000 元且其中最大值为 1 874 000 元，因此拉高了整体平均值。

就每年而言（投入和产出指标的平均值除以平均经营年限 14.02），每户家庭林地经营的劳动力投入为 23.59 工日，资金投入为 1 228.27 元，林地投入为 1.56 公顷，产出为 15 433.79 元。

表 6-1　林地经营历年总投入产出情况

变量名称	描述	平均值	最小值	最大值
总投入	劳动力（工日）	330.76	3	3 008
	资金（元）	17 220.38	0	450 000
	土地（公顷）	1.56	0.07	21.07
	经营年限（年）	14.02	1	54
总产出（元）		216 381.8	1 000	1 874 000

3. 模型参数的取值

（1）反映林地生产技术条件的参数。本研究主要通过对研究区域总体和不同林种的林地经营投入产出数据进行分析，运用普通最小二乘回归估计出林地经营的生产函数（表 6-2），进而得出反映林地生产技术条件的各参数的取值（表 6-3）。

表 6-2　各生产要素对产值的回归结果

解释变量	被解释变量：产值的对数		
	全样本	用材林	经济林
$\ln L$	0.270***	0.322**	0.141
	(0.075 3)	(0.115)	(0.086 2)
$\ln K$	0.114***	0.064 4	0.104**
	(0.024 3)	(0.034 8)	(0.033 7)

（续）

解释变量	被解释变量：产值的对数		
	全样本	用材林	经济林
ln$H$	0.512***	0.532***	0.576***
	(0.082 2)	(0.109)	(0.113)
ln$T$	−0.375**	−0.240	−0.291
	(0.120)	(0.162)	(0.176)
_cons	9.001***	8.255***	9.783***
	(0.388)	(0.568)	(0.449)
N	140	79	61

（2）各生产要素的价格。由于在不同时期劳动力的价格不一样，因此，本研究计算劳动力价格的方式是将历年来雇佣劳动力的费用 CPI 指数折算到 2014 年再除以雇佣劳动力的工日，由于在同一个地区，不同林种的劳动力价格并无大的差异，因此，本研究一律取平均值 120 元/天。

对于林地价格，在调查问卷中设计了“林地使用费缴纳金额和林地转入缴纳金额”的选项，但由于许多林农通过一级市场获得林地，并不需要缴纳相应的林地使用费，故该值大多数为 0。但在健全的市场中，林地应流转通畅，呈现出合理的价格，因此，本研究在计算林地价格时，仅对林地使用费用不为 0 的样本做平均估算，计算出总样本情况下，林地价格为 274.30 元，其中用材林的林地价格约为 100 元/（亩·年），经济林的林地价格约为 500 元/（亩·年）。用材林林地价格较低的原因有二，一是，用材林经营年限几乎是经济林的两倍，如果把经营年限算上，从林地投入总量来看，两者差距并没有现在这么大；二是，林农获得用材林时林地上并非都有附着物或目的树种，这种情况下林地价格往往很低，从而导致用材林的平均林地价格偏低。经济林的林地价格偏高的原因在于经济林流转时普遍都带有经营目的附着物，且每年都能获取一定的收益，因此林地价格较高，各参数的取值见表 6-3。

表 6-3　各参数汇总

参数	总体样本	用材林	经济林
α	0.270	0.322	0.140
β	0.114	0.064	0.104
γ	0.512	0.532	0.576
θ	−0.375	−0.239	−0.290

（续）

参数	总体样本	用材林	经济林
l	120	120	120
k	1	1	1
h	274.30	100	500
A	8 170.538	3 846.708	17 731.11
样本量	140	79	61

4. 模型的运算结果及分析

将上述参数带入到公式 6-8 中，可以得到如下结果：

$$H_0^* = (4.4E + 13) \times T^{-9.59}$$

$$H_1^* = (8.29E + 13) \times T^{-10.56}$$

$$H_2^* = (2.98E + 8) \times T^{-5.85}$$

就本研究的样本而言，全样本下林地平均经营年限为 14 年，用材林平均经营年限为 18 年，经济林平均经营年限为 10 年，带入公式中可得，适度经营规模、适度劳动力投入和适度资本投入见表 6-4。

表 6-4　收益最大时各要素的适度投入规模

适度变量	全样本	用材林	经济林
T	14	18	10
H^*（公顷）	29.76	30.74	28.17
L^*（工日）	7 534.15	2 323.62	7 741.60
K^*（元）	382 242.50	100 444.90	382 259.02
R（元）	345 685.10	80 130.89	559 131.00

样本区域适度经营面积为 29.76 公顷，其中用材林的适度经营面积为 30.74 公顷，经济林的适度经营面积为 28.17 公顷。据调查问卷统计，研究区目前户均林地经营规模为 1.56 公顷，其中，用材林的户均经营面积为 1.80 公顷，而经营经济林的户均经营面积为 1.26 公顷。因此，在目前的技术条件下，林农要获得最大的林地经营利润，需要扩大用材林和经济林的经营面积。

在 14 年的经营期限内，经营面积在 29.76 公顷的项目下，样本区域劳动力适度投入总量为 7 534.15 个工日，其中用材林劳动力适度投入为 2 323.62 个工日，经济林劳动力适度投入为 7 741.60 个工日。然而据调查问卷统计，研究区目前户均劳动力投入为 347.72 个工日，其中用材林劳动力投入为

207.41 个工日，经济林劳动力投入为 529.43 个工日。因此，在目前的技术条件下，林农要获得最大的林地经营利润，需要增加对用材林和经济林的劳动力投入。

从计算结果看，若劳动力投入、资本投入和林地投入均达到了适度值，林农能从林地经营中获得最大的收益 345 685.10 元，其中用材林获得收益较低为 80 130.89 元，经济林获得收益较高 559 131.00 元。

5. 放松条件下的适度规模计算

由于林地经营的劳动力投入是由林木生长特点和经营者主观意愿共同决定的，因此，本研究测算出来的适度劳动工日投入并不一定最符合现实，因此，可以放松对劳动工日投入的限制，即在公式 6-7 中放弃对 L 求偏导，将 L 作为如 T 一样的变量放入最后的结果中，即适度经营规模是关于劳动力投入和经营期限的函数，如下：

$$H^{*}=(A\times\beta^{\beta}\times\gamma^{1-\beta}\times k^{-\beta}\times h^{\beta-1})^{\frac{1}{1-\beta-\gamma}}\times T^{\frac{\beta+\theta-1}{1-\beta-\gamma}}\times L^{\frac{\alpha}{1-\beta-\gamma}}$$

（公式 6-9）

在上式中，输入符合实际的经营年限和劳动力投入，即可得到相应的适度经营规模。如在本研究的样本中，平均劳动力投入为 347.72 工日，平均林地经营年限为 14 年，因此相应的林地经营适度规模为 1.72 亩，用材林的适度规模为 1.83 亩，经济林的适度规模为 1.69 亩，远远低于现在的经营面积。

此时测算出来的适度规模偏小，是由于在本研究的数据中，劳动力投入过少，例如 1.8 亩的经济林两年经营时间内只投入了 3 个工日，这明显低估了其中的劳动力投入。导致本研究数据中劳动力投入过少的原因有三个，第一个可能是劳动力的真实投入过少，这是由于林农的兼业化程度过高，且林业收入占其总收入的比重过小，林农对于林地经营并不十分用心，很多时候都放任林地自我生长，只在收获的时候投入劳动力，这也是林地的产出没有达到最大的原因。还有一个原因是经营者对于雇佣劳动力的投入很清楚，但对于自己的劳动力投入并不清晰，甚至忽略，从而使数据中劳动力投入偏低。第三个原因可能是，本研究调查时间是 2013 年，问到了被调查者 10 年前甚至 20 年前的劳动力投入，随着时间的推远，被调查者的所提供的数据越发模糊，导致了劳动力投入数据过低。

6.1.3 结论与启示

本研究通过对土地适度经营规模模型的分析，确定了适用于求解林地适度经营规模的模型，并将其根据林地经营特征进行了相应的修正。接着利用在辽宁省集体林区的调研数据进行了相应的实证分析，得出了如下主要研究结论：

（1）在林农追求利润最大化的情况下，林农林地经营存在一个适度规模，而且这个适度规模由林地经营要素的数量、各投入要素市场价格共同决定。

（2）由于不同林种的生长情况和盈利能力不同，林农林地适度经营规模存在明显的差异。就整个样本区域而言，适度经营面积为 29.76 公顷，其中用材林的适度经营面积为 30.74 公顷，经济林的适度经营面积为 28.17 公顷。并测算出了相应条件下适度劳动力投入和资本投入以及最大的收益。

（3）放松对劳动力生产率达到最大的限制条件，在样本区域内，林地的适度经营规模大幅度减少，这是由于样本区域劳动力投入过少造成的。

根据上述研究结论，本研究从中得出了以下两点启示，以促进辽宁省适度规模经营：

第一，继续深化集体林权制度改革，加快林权流转或成立有效的合作社。集体林权制度改革的最终目标是提高林业生产效率和增加林农收入。实证分析表明，在林农兼业化程度高，林业劳动投入较低的情况下，小规模林业是有效率的，因此，继续深化集体林权制度改革，贯彻落实分林到户的林改政策是有必要的；但要使林农的收入最大，需要林地投入、劳动力投入和资本投入均达到适度值，此时适度的经营面积远比现实规模要大，因此，需要加快鼓励林权流转或者成立合作社，使林地集中在一个单位的林农手中，发挥规模效益。

第二，根据种类和地区逐步推进林地适度经营规模，不能盲目扩大经营规模。实证分析发现样本区中，用材林的适度规模明显高于经济林，因此对于不同的目的树种，其适度规模是不一样的。同时，不同地区的自然环境、经济发展水平、林业生产水平和劳动力转移情况等都有所不同，所以在推行林地适度规模经营时应该结合当地的实际情况，不能盲目扩大。

6.2 农户家庭特征差异下的林地最优经营规模分析：基于福建 226 户农户调查

集体林地经营规模的大小关系到林业的经营效率，已经引起社会各界的广泛关注。集体林权制度主体改革任务“确权到户”基本完成后，改革进入“后林改时期”。后林改时期林业经营形式发生了新的变化，出现了农户分散经营与林业规模经营的突出矛盾。分林到户后农户分散经营条件下，由于产权明确，权利和义务比较对称，为了使产出最大化，林农会对自己的林地进行精耕细作，加大劳动和资本的投入量，提高林地利用率和经营水平，进而提高林产品产量。而适度的规模经营可以有效解决林地过于细碎化的问题，解决林业发展资金投入不足，融资困难等缺陷，提高经营绩效。林地经营是否存在适度规模，林地经营的组织规模要达到多大才能实现规模经营效益，需要经营者根据规模报酬递减规律进行准确计量（高丽英，2007）。

目前，国内关于土地适度经营规模的研究主要集中在耕地经营方面，而对林地的研究相对较少。对林地适度规模经营的研究，主要集中在分散经营和规模经营的优劣比较上。一些学者认识到了分户经营模式和林地细碎化不利于林业的投入与产出（李智勇 等，2001）。分散林业生产具有规模小、经营分散、数量众多等特点，存有管理水平低、融资难等缺陷（伍士林 等，2006），分析了农民林业收入增长的经济原因和收入持续增长的阻碍因素，观察到农民短期趋利性和长期性森林经营的矛盾（孔凡斌，2008）。可以看出，目前存在的研究多以农户林地经营定性研究为主，而对如何定量分析林地适度经营规模较少，这正是后林改时期林地经营研究亟须解决的问题。本研究利用后林改时期福建省三明市永安县、将乐县农户林地经营调查数据，借助回归分析和非线性规划分析，分析林地经营收入的影响因素，并对不同特征农户各自适宜的林地经营规模加以测算，以期为林业部门和农户林地经营决策提供参考和借鉴。

6.2.1 理论框架与研究设计

1. 林地规模经营理论基础

本研究假设生产要素投入包括土地和劳动力，生产函数满足规模报酬不变等新古典基本假定条件。生产函数的基本形式是：

$$Y=A(\theta)L^{\alpha}T^{\beta},\ \theta\in\Theta \qquad (公式 6\text{-}10)$$

上式中，A 代表技术水平，L 代表劳动力，T 代表林地要素。本文研究认为，不同农户的生产差异主要体现在技术水平 A 的不同。进一步地，A 是由某些潜在的农户特征决定的，这反映了农户的异质性。这样的函数设定没有考虑资本要素投入，这实际上等价于存在一个恒定的市场均衡利率水平假定。尽管新古典经济理论一般认为生产函数是规模报酬不变的，但是生产函数究竟是否规模报酬不变，这是一个实证性的问题。

本文研究认为，不同农户的生产差异主要体现在技术水平 A 的不同。进一步地，A 是由某些潜在的农户特征决定的，这反映了农户的异质性。假定 A 的函数形式为：

$$A_i=A(\theta_i),\ \theta_i\in\Theta \qquad (公式 6\text{-}11)$$

上式中，Θ 是 n 维实参数空间，反映不同的农户特征。对于农户 i，决定

技术水平的参数 θ_i 是决定了实际技术水平。

对于一个典型农户 i，一个可行的理论假设为最大化林业生产利润。假设均衡市场工资水平为 W，林地地租为 R，那么其目标如下式所示：

$$\max \pi_i = A_i L_i^{1-\alpha} T_i^{\alpha} - W L_i - R T_i$$

$$\text{s. t. } 0 \leqslant L_i \leqslant \bar{L_i} \qquad \text{（公式 6-12）}$$

2. 模型选择与模型设计

为了分析林地最优经营规模，本文拟运用两种分析手段解决问题：计量分析和非线性规划分析。通过计量方法，探寻影响单位面积林地收入的决定因素和相互关系，找到相应方程；其次，在上述分析的基础上，将该方程带入非线性规划模型，使用 R 软件 Rsolnp 包进行求解，找出具有不同特征的农户的最优林地经营面积。

（1）计量分析设计。在上述分析中，本文研究假定了林业生产函数的基本形式，这就需要研究采用微观数据对其进行识别。对式（公式 6-10）取对数，得到计量检验形式如下：

$$\ln Y_i = c + \alpha \ln L_i + \beta \ln T_i + \theta_i \gamma + \varepsilon_i \qquad \text{（公式 6-13）}$$

上式中，L_i 为实际劳动力投入，T_i 为土地投入，θ_i 为其他潜在影响技术水平的因素。另外 ε_i 为简化式中的扰动项。为了验证生产函数是否具有规模报酬不变的性质，采取 Wald 统计量，原假设为 $\alpha + \beta = 1$。如果原假设被否定，则暗示生产函数可能是规模报酬递增或递减的；反之，则应当保留原假设即规模报酬不变。此外，上一部分已经考虑到农户生产技术受到多种因素影响，本文在简化式（公式 6-13）中，技术函数式（公式 6-11）取对数后为：

$$\ln A_i = c + \theta_i \gamma \qquad \text{（公式 6-14）}$$

（2）非线性规划模型设计。在识别出生产函数的具体形式后，便可采用数学规划的方法探讨最优林地经营规模。实际上，这一部分探讨的最优经营规模是一个经验性问题，这取决于各农户的劳动力和当地社区的总林地禀赋数量。实际的最优林地经营规模应当取决于当地的自然地理条件、社会经济发展状况以及各个农户的林业生产经营能力。在公式 6-12 的代表性居户最优化问题中，本文假定存在一个均衡的林地地租水平 R，然而现实中林地是有限供给的，因此全局最优解就不可能存在均衡地租水平。因此，以总家庭林地收入最大化为目标，构建非线性规划模型如下：

$$\max \Sigma_i (A_i L_i^{\alpha} T_i^{\beta} - W L_i) \qquad \Sigma_i T_i \leqslant T \qquad \text{（公式 6-15）}$$

$$0 \leqslant L_i \leqslant \bar{L}_i$$

$$0 \leqslant T_i \leqslant T$$

这一数学规划问题的目标是使利润最大化，而约束条件包括总林地面积和家庭内部劳动力数量的限制。上式中，W 代表市场均衡工资水平，T 代表当地社区的总林地面积，$\bar{L}_i$ 是农户 i 家庭劳动力数量上限。

本文的最终目标是估计不同农户的林地最优经营规模，因而上式为实现这一目标提供了理论基础。为了估计农户最优经营规模，数学规划问题中的几个参数有待确定，待定参数及校准方法如表 6-5 所示。

表 6-5　待定参数及校准方法

变量	经济含义	校准方法
α	劳动力产出弹性	计量分析
β	林地产出弹性	计量分析
A_i	农户 i 生产技术水平	计量分析
w	市场均衡工资水平	通过参考文献获得
T	总林地面积	通过调查数据加总
$\bar{L}_i$	农户 i 劳动力数量	通过调查数据计算

6.2.2　数据来源、变量选取与描述

1. 数据来源

本文数据来源于国家社科基金项目“后林改时期农户林地经营决策机理及营林效率差异研究”。团队于 2013 年 8 月在福建三明市进行实地调研，采用农户问卷调查，采取典型抽样与随机抽样调查相结合方法将永安县和将乐县作为调查县，样本涉及永安县的贡川、洪田、上坪、西洋 4 个乡，将乐县的光明、白莲、黄潭、大源、安仁 5 个乡，共 43 个村的 250 个农户发出调查问卷 250 份，收回 241 份，剔除无效问卷 15 份，共计有效问卷 226 份，问卷回收率为 96.4%，问卷有效率为 93.8%。

2. 变量选择及特征描述

根据前文的理论分析，公式 6-10 和 6-13 决定了核心的解释变量。另外考虑到技术水平受家庭某些特征影响，本文根据已有研究成果和实际调研中取得的发现，选取了一些可能影响农户林地适度经营规模的变量。因此，变量选取主要分为两个方面。

（1）根据公式 6-10，林业产出 Y 用林业收入衡量。由于实地调研中很难

获得实际林业生产中的劳动力数量，本文采取一种替代策略，通过林业收入占家庭收入比重和家庭劳动力数量的交互项作为实际林业生产劳动力投入的估计值。考虑到农户理性决策和市场出清，这一替代策略是可行的。此外通过农户持有林地的面积来反映公式 6-10 中的土地投入。根据公式 6-13，对林业收入、实际劳动力投入和林地面积取首先取对数，再进行计量分析。

（2）反映农户家庭特征的变量，这些变量包括扶养老人数、家中是否有人从政、家中是否有人经商、户主教育水平和农户是否合作经营。这些变量都是潜在可能影响农户林业生产技术水平的因素。农户需要照顾的老人数量越多，家庭就需要牵扯更大的精力用来照顾老人，这就增大了经营林业的难度；若家中有人从政，从社会网络角度看有可能拓宽经营渠道并获得更多信息；若家中有人经商，那么农户就可能有更广阔的经营渠道；户主教育水平越高，反映出更高的人力资本水平，潜在地会改善林业生产效率；农户选择单户经营或合作经营，有可能影响信息沟通、农户间劳动力资源的重新配置等因素，也可能影响农户技术水平。

根据以上分析，在界定变量后，本文清理获得有效样本 106 份。变量的描述性统计见表 6-6。

表 6-6　变量的描述性统计

自变量		平均值	标准差	最小值	最大值
logy	林业收入对数	8.959 0	1.868	−0.105 4	12.250 0
labor	家庭劳动力数量	2.642	1.180 707	1	7
prop	林业收入占家庭收入的比重	0.374 300	0.309 812 9	0.000 625	1.000 000
logl	有效劳动力投入对数	−0.676 9	1.470 326	−6.279 0	1.569 0
logt	林地面积对数	3.452	1.304 823	0.000	6.215
olders	家里需要照顾的老人数	0.934	0.831 165 2	0.000	3.000
official	家中是否有人从政	0.386 8	0.489 329 1	0.000 0	1.000 0
business	家中是否有人经商	0.311 3	0.465 233 3	0.000 0	1.000 0
educ	户主教育水平	7.189	3.329 845	0.000	15.000
org	农户是否合作经营	0.207 5	0.407 477 3	0.000 0	1.000 0

其中，家中是否有人从政、家中是否有人经商和农户是否合作经营均为哑变量。以家中是否有人从政为例，0 代表无人从政，1 代表有人从政；上述另外两个变量作类似处理。家里需要照顾的老人数为整数变量，类似地户主教育水平数值反映户主的受教育年限。

6.2.3 结果与讨论

1. 计量分析结果与讨论

基于前文模型，以林业收入对数 logy 为因变量，本文运用软件 R 并采取逐项回归策略，得到计量分析结果（表 6-7）：

表 6-7 计量分析结果

	(1)	(2)	(3)	(4)	(5)	(6)	(7)
(Intercept)	8.93***	9.01***	8.90***	8.85***	8.82***	8.93***	8.93***
	(0.34)	(0.37)	(0.35)	(0.34)	(0.38)	(0.35)	(0.37)
logl	0.96***	0.95***	0.97***	0.98***	0.97***	0.96***	0.97***
	(0.08)	(0.08)	(0.08)	(0.08)	(0.08)	(0.08)	(0.08)
logt	0.20*	0.19*	0.19*	0.18*	0.18*	0.20*	0.17
	(0.09)	(0.09)	(0.09)	(0.09)	(0.09)	(0.09)	(0.09)
olders		−0.07					−0.10
		(0.13)					(0.13)
official			0.17				0.04
			(0.22)				(0.23)
business				0.53*			0.52*
				(0.22)			(0.24)
educ					0.02		0.01
					(0.03)		(0.03)
org _ form						0.01	0.00
						(0.26)	(0.26)
R^2	0.67	0.67	0.68	0.69	0.68	0.67	0.69
Obs..	106	106	106	106	106	106	106
Wald test	3.00 (0.09)	2.41 (0.12)	2.85 (0.09)	2.96 (0.09)	2.43 (0.12)	2.93 (0.09)	1.34 (0.25)

注：括号中报告的是标准误。另外，***$p<0.001$，**$p<0.01$，*$p<0.05$。表中最后一行报告 Wald 检验统计量结果，用以检验生产函数是否满足规模报酬不变，原假设为生产函数为规模报酬不变，其中括号中报告的是 Wald 检验的显著性水平。

表 6-7 内结果（1）至（7）中，R^2 均在 0.67 以上，这表明本文的识别策略至少可以解释 67%的林业产出变异。实际劳动力投入对数均在 1%水平上显著，林地面积对数基本上在 10%水平上显著。系数估计值在 0.95 至 0.97 之间，系数估计值在 0.17 至 0.20 之间，估计系数较为稳健；而从数值上看，生

产函数表现出轻微的规模报酬递增性质。上表最后一行报告了Wald统计量结果，在结果（1）（3）（4）（5）中，Wald统计量在10%水平上拒绝了规模报酬不变的原假设；然而在结果（2）（6）中，原假设不能被拒绝。这表明，林业生产可能存在轻微规模报酬递增。这一结论否定了规模报酬递减的猜想。因而，适度规模经营概念可能是值得商榷的。

通过逐项回归策略，本文尝试识别潜在影响技术水平的因素。（4）式结果表明家庭经商可以显著提高林业产出，并且控制其他变量后在（7）式中系数依然显著。依据（4）式结果，在其他条件不变的情况下，经商家庭比非经商家庭林业收入高53%。其他家庭特征的估计系数方向虽然符合经济直觉，但是结果并不显著，无法得到统计意义上的稳健结论。

上述计量分析表明，（4）式可能是相对较为合理的计量结果。由此看来，该式大约解释了因变量69%的变异，并且三个解释变量均至少在10%水平上显著。以该结果为基准，劳动力的产出弹性约为0.98，林地的产出弹性约为0.18。

2. 参数校准与非线性规划分析结果

上文已经详细讨论了林业生产函数理论分析和识别策略，并得到初步的计量分析结果。计量分析结果确定了生产函数的基本形式。根据非线性规划式的分析思路，这一部分经验性的分析当地林地最优经营规模。根据表6-5的参数校准要求，已经确定了劳动力和林地产出弹性和生产技术决定经验形式，这里仍需要确定实际工资水平。根据《中国统计年鉴（2013）》，福建省农户的实际工资性收入水平约为5 193元（中华人民共和国国家统计局，2013）。本文以这一数值反映式（5）中的工资W。此外，农户规模也即劳动力数量分析上，由于绝大多数样本中劳动力数量范围在1至6个范围内，因此区分区间设定为1至6。将106份有效样本，运用R软件求解上述非线性规划模型，得到结果如表6-8所示。

表6-8 农户是否经商、劳动力数量与最优林地经营规模

农户特征	农户规模（劳动力数量）	最优林地经营规模（亩）
没有经过商的家庭	1	16.23
	2	36.95
	3	51.74
	4	72.87
	5	109.66
	6	136.28

（续）

农户特征	农户规模（劳动力数量）	最优林地经营规模（亩）
经过商的家庭	1	30.72
	2	69.95
	3	113.30
	4	159.06
	5	179.52
	6	258.00

上述分析表明，从平均水平来看，同样的家庭劳动力规模下经商家庭的最优林地经营规模更大；农户特征一致的条件下，劳动力数量越多，最优林地经营规模越大。

6.2.4　小结与建议

集体林权制度改革后，众多学者密切关注林地经营规模问题研究，林地经营规模不仅关乎森林治理效果，而且影响农户收入水平。如果合理配置劳动力、林地资源，有可能达成森林良好治理与农户收入改善的双重红利。然而最优经营规模因农户规模和家庭特征而异，因此并不是固定值。此外，传统的林地适度规模经营概念存在模糊，似乎暗含林业生产存在规模报酬递减特征。基于这些研究中尚未解决的问题，本文首先通过文献梳理和理论分析构建分析框架，再结合相应的调查研究，通过计量分析识别林业生产函数的具体形式，最后通过非线性规划经验性地分析不同规模和特征的农户最优林地经营规模。

本文核心研究发现：一是林业生产呈规模报酬不变或轻微规模报酬递增的特征；二是识别农户潜在影响林业生产技术的特征，发现经商对于农户具有明显正向作用；三是通过非线性规划分析，从是否经商和家庭劳动力数量两方面经验性地分析了最优林地经营规模，并且人均林地面积随着劳动力数量增大而轻微增大。

就政策建议而言，本文研究认为可以通过林地流转为不同劳动力规模的农户配置相匹配的林地资源。另外由于家庭是否经商对林业生产率影响较大，短期内应当创造条件为经商的农户配置更多林地资源。而长期来看政府和其他社会力量应当为农户创造良好的商业环境，完善价格机制，这也是实施基于市场的森林治理方式的必要条件。

6.3 基于DEA模型的农户林地经营规模效率测算：以辽宁省4个县200农户为例

林权改革的最大意义在于使林权中的所有权和使用权分离，实现了林地的自由流转，促使森林资源向高效率的经营者集中，同时保障所有者的权利。但林改后也暴露出一些问题，如林农的资本积累能力不强，生产投入不足，制约了林农生产规模的扩大；采伐管理制度的滞后阻碍了林农的生产积极性；以及林权纠纷问题和改革后对生态公益林造成的不利影响等。再加上林地的不规范流转等导致林地细碎化程度严峻，林地大多以家庭为基本经营单位，林农多属于分户、散户经营，制约了林业经营效率的提高，从而阻碍了林业经济的发展。这些问题削弱了林权改革带来的效果，需要配套政策进一步深化改革。随着集体林权制度改革的深化，农户成为林地经营主体，林地细碎化、生产规模变小等问题使得对林地经营效率的研究势在必行（徐立峰，2015）。

辽宁省东部山区以水分涵养林为主，宜于发展林业以及柞蚕、人参、药材等，辽东半岛的山区气候条件适宜苹果等水果生产，发展果树种植业；辽西低山丘陵地区，多为无林山地，可在低坡和凹地开发种植果树以及发展畜牧业。林地资源丰富，林地面积699.89万公顷，其中森林面积557.31万公顷，天然林面积210.13万公顷，人工林面积307.08万公顷，森林覆盖率38.24%。

辽宁省是林权改革较早的省份，在林地经营出现了多种经营模式，其中以自留山、家庭承包和股份三种形式最为常见，与南方集体林区不同，辽宁省公益林、退耕还林比重较大，林地经营存在复杂和多样性。

辽宁省林权改革以后，农户作为林业经营的主要微观主体，农户林地经营效率，即农户投入产出效率，是衡量集体林权制度改革成效的主要经济技术指标。故本研究以辽宁省铁岭县、建昌县、开原县、北票县4个县为样木区，采用DEA模型研究农户经济林经营效率，对林农经济林经营效率进行测算，寻求影响林农经营效率的关键性因素，分析其影响方向和程度，提出合理化对策建议，以期为继续深化林改及制定辽宁省农户增收相应政策提供参考。

6.3.1 效率测算模型构建与变量选取

数据包络分析简称DEA，是数学、运筹学、数理经济学和管理学的一个新的交叉领域，它是由A. Charnes等学者于1978年开始创建，并被命名为DEA。DEA是使用数学规划（包括线性规划、多目标规划、随机规划等）模型进行评价具有多个输入、特别是多个输出的决策单元（DMU）间的相对有效性。依据 DEA 方法理论，可以直接利用输入和输出数据建立非参数的 DEA 模型进行经济分析，使用 DEA 对决策单元进行效率评价时，可得到很多有用的经济管理信息（魏权龄，1998）。

1. 模型构建

本研究在投入一定的情况下，追求林地产出最大的优化方案，本研究采用可变规模收益模式 *VRS* 来构建模型，其对应的产出导向的 *BBC* 模型具体如下：

$$\max \quad \mu \qquad \text{（公式 6-16）}$$

$$\text{s. t.} \quad x_{i0} \geqslant \sum_{j=1}^{n} x_{ij}\lambda_j, \quad i=1,2,\cdots,m \qquad \text{（公式 6-17）}$$

$$y_{r0}\mu \leqslant \sum_{j=1}^{n} y_{rj}\lambda_j, \quad r=1,2,\cdots,s \qquad \text{（公式 6-18）}$$

$$\sum_{j=1}^{n} \lambda_j = 1 \qquad \text{（公式 6-19）}$$

$$\lambda_j \geqslant 0 \quad j=1,2,\cdots,n \qquad \text{（公式 6-20）}$$

式中 j 表示决策单元指标，i 表示投入指标，r 表示产出指标，x_{ij} 表示第 j 个决策单元的第 i 个投入，y_{rj} 表示第 j 个决策单元的第 r 个产出，λ_j 表示第 j 个决策单元的非负权重，μ 表示最优产出水平。

对于任何一个待评估的决策单元 DMU_0 来说，该模型试图构建一个效率最大的虚拟决策单元，效率结果来源于所有决策单元的线性组合。公式 6-16 的含义为最大化虚拟单元的产出水平；公式 6-17 的含义为使投入的最大值不超过实际观测投入值；公式 6-18 的含义为使产出的最小值不低于 DMU_0 水平；公式 6-19 的含义为该 *DEA* 模型满足 *VRS* 模式；公式 6-20 的含义为参数 λ_j 非负。如果 μ 的最优解大于 1，则意味着存在一个虚拟的 *DMU*，它的运营效率高于 DMU_0，即 DMU_0 并非技术有效，*DMU* 的相对有效值为与 μ 值成反比。

2. 数据来源

本研究依托国家社会科学基金面上项目“后林改时期农户林地经营决策机理及营林效率差异研究”，选取辽宁省铁岭县、建昌县、开原县、北票县 4 个县，每个县选取 5 个村共 200 户农户作为样本户进行入户调查，共发放问卷 200 份，回收问卷 200 份，问卷有效率 100%。本研究数据是基于 2013 年当年的林业投入产出数据。由于所调查样本农户多数系经营榛子林，林地的经营投入产出具有一定的对应性，具备了量化分析基础。

3. 变量选取

产出指标：林业收入。微观林农进行林业生产的主要目的是为了获得林业收入，所以将农户 2013 年全年的家庭林业总收入作为产出指标，总收入既包括用材林收入、竹林收入、经济林收入等直接收入，还包括林下经济收入、涉林打工收入、财产性收入、转移性收入等其他间接收入（李芳宁，2010）。

投入指标：林地投入、林业经营支出、劳动力投入。根据生产函数等经济学理论，生产要素一般被划分为劳动、土地、资本和企业家才能这四种类型（高鸿业，2000），结合微观林农生产经营的具体特点，本研究不考虑企业家才能这一指标，投入指标选定为三大要素。第一，林地投入选取农户 2013 年家庭林地总面积，基本能够反映家庭林地经营规模；第二，林业经营支出选取农户在 2013 年从事林业生产经营总支出，包括种苗费用、化肥农药费用、机械或畜力支出、税费等其他经营支出；第三，劳动力投入选取 2013 年家庭劳动力总工时，包括家庭自投劳动力工时和雇佣劳动力工时。

根据以上分析列出林地经营规模效率评价指标表，如表 6-9 所示。

表 6-9 林地经营规模效率评价指标

指标	指标名称	解释说明	单位	最大值	最小值	平均值	标准差
产出指标	林业收入	林地的直接收入与间接收入之和	元	120 000	0.01	7 271.538 6	17 652.882
投入指标	林地投入	家庭林地面积	亩	600	0.15	39.359 748	65.827 218
	林业经营支出	种苗费用、化肥农药费用、机械或畜力支出、税费等其他经营支出	元	200 000	0.01	2 801.256 2	14 887.755
	劳动力投入	自投劳动力工时与雇佣劳动力工时之和	日	360	0.01	31.562 4	54.074 693

6.3.2 效率测算结果

本研究将一户林农的投入产出情况作为一个决策单元，将数据导入 DEAP Version 2.1 软件中进行运算处理，一方面由于软件要求原始数据 0 及小数分位数不能过多否则无法运行，另一方面为了保证样本数目不愿剔除含 0 数据，所以对原始数据中为 0 的进行了处理取值为 0.01，运行结果显示 crste 代表综合效率（或称技术效率），综合效率反映生产经营水平高低，是各决策单元获得经济林最大产出能力；vrste 代表纯技术效率，纯技术效率是在假设规模报酬不变的前提下，投入产出结构是否使效益最大化；scale 代表规模效率（drs：规模报酬递减；—：规模报酬不变；irs：规模报酬递增），规模效率是反映投入产出规模进行调整能否达到 DEA 方法有效（米锋，2013）。各效率之间存在关系式 scale=crste/vrste 林地投入产出效率值如表 6-10 所示。

表 6-10　林地投入产出效率值

样本户	综合效率	技术效率	规模效率	规模报酬情况	样本户	综合效率	技术效率	规模效率	规模报酬情况
1	0.049	0.095	0.514	drs	35	0	0	1	—
2	0.196	0.365	0.536	drs	36	0	0	1	—
3	0.314	0.992	0.317	drs	37	0.119	0.119	1	—
4	0.399	0.795	0.502	drs	38	0	0	0.658	—
5	0.156	0.233	0.671	drs	39	0.015	0.015	1	—
6	0.231	0.269	0.861	drs	40	0	0	1	—
7	0.515	0.778	0.662	drs	41	0.1	0.394	0.254	drs
8	0.213	0.512	0.417	drs	42	0.134	0.441	0.305	drs
9	0.257	0.411	0.624	drs	43	0.75	0.882	0.85	drs
10	0.043	0.064	0.665	drs	44	0.379	1	0.379	drs
11	0.164	0.331	0.496	drs	45	0	0	0.366	—
12	0.228	0.513	0.444	drs	46	0.125	0.29	0.43	drs
13	0.227	0.666	0.34	drs	47	0.25	0.251	0.995	irs
14	0.397	0.397	1	—	48	0.182	0.515	0.354	drs
15	0	0	0.352	—	49	0.444	0.542	0.819	drs
16	0.323	0.659	0.49	drs	50	0.606	0.769	0.788	drs
17	0.24	0.819	0.293	drs	51	0	0	1	—
18	0.163	0.196	0.833	drs	52	0	0	1	—
19	0.022	0.037	0.603	drs	53	0	0	1	—
20	0.215	0.397	0.541	drs	54	0	0	1	—
21	0.005	0.005	0.999	—	55	0.036	0.074	0.494	irs
22	0.005	0.008	0.643	drs	56	0	0	1	—
23	0	0	0.585	—	57	0	0	1	—
24	0	0	1	—	58	0	0	1	—
25	0.005	0.006	0.741	irs	59	0	0	1	—
26	0	0.001	0.336	drs	60	0	0	0.976	—
27	0	0	1	—	61	0	0	1	—
28	0	0	1	—	62	0	0	0.99	—
29	0.795	0.795	1	—	63	0	0	1	—
30	0	0.001	0.256	drs	64	0	0	1	—
31	0	0	1	—	65	0	0	1	—
32	0.397	0.397	1	—	66	0	0	0.999	—
33	0	0	1	—	67	0	0	0.105	—
34	0.031	0.031	1	—	68	0	0	1	—

（续）

样本户	综合效率	技术效率	规模效率	规模报酬情况	样本户	综合效率	技术效率	规模效率	规模报酬情况
69	0	0	1	—	111	0.165	0.208	0.794	drs
70	0	0	1	—	112	0.04	0.082	0.494	drs
71	0.008	0.008	1	—	113	0.028	0.089	0.315	drs
72	0	0	1	—	114	0.066	0.365	0.181	drs
73	0	0	1	—	115	0	0	0.857	—
74	0	0	1	—	116	0.1	0.17	0.588	drs
75	0	0	1	—	117	0	0	1	—
76	0	0	1	—	118	0.033	0.044	0.745	drs
77	0	0	1	—	119	0	0	0.772	—
78	0.122	0.122	1	—	120	0.039	0.182	0.214	drs
79	0	0	1	—	121	0	0	1	—
80	0	0	1	—	122	0.031	0.115	0.269	drs
81	0	0	0.741	—	123	0	0	0.252	—
82	0.127	0.132	0.966	irs	124	0	0	1	—
83	0.046	0.049	0.951	irs	125	0	0	1	—
84	0.132	1	0.132	irs	126	0	0	1	—
85	0	1	0	irs	127	0	0	1	—
86	0	0	0.92	—	128	0.007	0.007	1	—
87	0	0	0.741	—	129	0	0	1	—
88	0	0	0.949	—	130	0	0	1	—
89	0	0	0.967	—	131	0.006	0.006	1	—
90	0	1	0	irs	132	0	0	1	—
91	0	0	0.926	—	133	0.048	0.048	1	—
92	0	0	0.555	—	134	0.635	0.635	1	—
93	1	1	1	—	135	0	0	1	—
94	0.004	0.004	0.989	—	136	0	0	1	—
95	0	0	0.998	—	137	0.01	0.028	0.356	drs
96	0	0	0.974	—	138	0	0	1	—
97	0	0	0.741	—	139	0	0	1	—
98	0	0	0.871	—	140	1	1	1	—
99	0.188	0.198	0.945	irs	141	0.01	0.01	1	—
100	0.117	0.13	0.9	irs	142	0.024	0.024	1	—
101	0	0	0.625	—	143	0	0	0.233	—
102	0.015	0.015	1	—	144	0.001	0.001	0.926	—
103	0	0	1	—	145	0.01	0.01	1	—
104	0.001	0.001	1	—	146	0.001	0.002	0.9	—
105	0	0	0.741	—	147	0	0	0.366	—
106	0.063	0.063	0.994	—	148	0.006	0.006	1	—
107	0	0	0.996	—	149	0	0	0.644	—
108	0	0	1	—	150	1	1	1	—
109	0	0	1	—	151	0.006	0.006	1	—
110	0	0	1	—	152	0	0	0.947	—

（续）

样本户	综合效率	技术效率	规模效率	规模报酬情况	样本户	综合效率	技术效率	规模效率	规模报酬情况
153	0	0	1	—	177	0	0	1	—
154	0.124	0.132	0.94	irs	178	0	0	1	—
155	0.031	0.031	0.979	irs	179	0	0	1	—
156	0.042	0.043	0.964	irs	180	0	0	0.453	—
157	0	0	0.121	—	181	0.264	0.714	0.37	irs
158	0	0	0.996	—	182	0	0	0.023	—
159	0	0	0.96	—	183	0	0	0.992	—
160	0.001	0.001	0.871	—	184	0.001	0.001	0.826	—
161	0.241	0.275	0.877	drs	185	0	0	0.99	—
162	0.794	0.794	1	—	186	0	0	0.951	—
163	0.438	0.548	0.8	drs	187	0	0	1	—
164	0.324	0.45	0.72	drs	188	0	0	0.964	—
165	1	1	1	—	189	0.682	0.715	0.954	irs
166	0.193	0.445	0.434	drs	190	0	0	1	—
167	0.108	0.168	0.641	drs	191	0	0	1	—
168	0.111	0.217	0.51	drs	192	0	0	1	—
169	0.111	0.179	0.62	drs	193	0	0	0.999	—
170	0.262	0.308	0.85	drs	194	0.05	0.05	1	—
171	0	0	1	—	195	0.034	0.036	0.944	irs
172	0.004	0.004	1	—	196	0.159	0.159	1	—
173	0	0	1	—	197	0	0	0.943	—
174	0.028	0.028	1	—	198	0	0	1	—
175	0	0	1	—	199	0.011	0.029	0.387	drs
176	0	0	1	—	200	0.238	0.238	1	—

纯技术效率反映的是假定生产已经对应了最优规模，在不变规模报酬条件下投入产出的生产效率，考虑投入产出是否使效益最大化，纯技术效率大小受到决策单元管理能力、技术水平等因素的影响；规模效率反映的是生产还未达到最优规模，在可变规模报酬条件下投入产出的生产效率，考虑的是如何调整实际规模缩小与最优规模的差距，规模效率大小受到决策单元规模因素的影响。综合效率＝纯技术效率×规模效率，综合效率是对决策单元的资源配置能力、资源使用效率等多方面能力的综合衡量与评价（廖冰，2014）。

若综合效率等于1，表示该决策单元的投入产出是综合有效的，即同时实现技术有效和规模有效；若纯技术效率等于1，而规模效率小于1，表示该决策单元在目前的技术水平上，投入资源的利用是有效的，未达到综合有效的根本原因在于规模无效，改进的重点在于如何更好地发挥规模效益；若规模效率等于1，而纯技术效率小于1，表示该决策单元目前的投入产出结构还未达到有效水平，未达到综合有效的根本原因在于技术无效，改进的重点在于提高技术管理水平。

本研究参考以往研究经验（石丽芳 等，2012），对各效率值区间进行划界，分为以下四大类：无效率程度严重（0≤E＜0.400）、无效率程度中等（0.400≤E＜0.700）、无效率程度轻微（0.700≤E≤0.999）、有效率（0.999＜E≤1），样本户各效率值分区间统计情况如表6-11所示。

表6-11　各效率值分区间统计情况

效率值区间	综合效率			纯技术效率			规模效率		
	个数	比例（%）	均值	个数	比例（%）	均值	个数	比例（%）	均值
无效率程度严重（0≤E＜0.400）	187	93.5	0.050 326 2	170	85	0.047 058 8	27	13.5	0.254 666 7
无效率程度中等（0.400≤E＜0.700）	6	3	0.553 333 3	12	6	0.528 083 3	28	14	0.554 964 3
无效率程度轻微（0.700≤E≤0.999）	3	1.5	0.779 666 7	10	5	0.805 3	55	27.5	0.902 218 2
有效率（0.999＜E≤1）	4	2	1	8	4	1	90	45	1

6.3.3　效率测算结果讨论

1. 样本户林地经营综合效率较低

综合效率均值为0.095，表明样本户林农经营林地的综合效率过低，对各类资源的配置和使用能力较差，没有达到投入产出的最优状态，其中纯技术效率均值为0.152，规模效率均值为0.810，显而易见纯技术效率低是导致综合效率低的主要因素。200个样本户中综合效率无效程度严重的有187个，占比高达93.5%，可见大部分农户的综合效率不高，生产经营中的投入并没有很好实现产出最大化、效益最大化；无效程度中等的有6个，占比为1.5%；无效程度轻微的有3个，占比为2%。

2. 样本户林地经营纯技术效率不高

纯技术效率总体均值为0.152，其中无效程度严重效率值在0.400以下的样本户数为170个，占比为85%，该类农户的纯技术效率均值仅有0.047。效率值为1的技术有效样本户数为8个，所占比例很小，高达96%的样本户未实现技术有效。

3. 样本户林地经营规模效率较高

规模效率总体均值为 0.810，其中实现规模有效的样本户数为 90 个，占比为 45%，无效率程度轻微的样本数为 55 个，占比为 27.5%，该类农户的规模效率均值较高为 0.90，可见大部分的农户规模效率处于较高水平。另外无效率程度中等的样本数占比为 14%，无效率程度严重的占比为 13..5%。普遍认为，林改后分山到户在一定程度上导致了林地的细碎化程度增高，从农户林地规模分布状况看，样本地农户林地面积户均值为 38.84 亩，有 32.5%的农户林地面积在 10 亩以下、19%的农户林地面积位于 10～20 亩之间、13.5%的农户林地面积位于 20～30 亩之间、12.5%的农户林地面积位于 30～50 亩之间、22%农户林地面积在 50 亩以上。

4. 样本户林地经营大多处于规模报酬不变的状态，林地资源停滞、缺乏流动

200 个样本中实现综合效率、纯技术效率、规模效率均有效的农户数有 4 个，占比为 2%，均呈现规模报酬不变的状态。未实现效率有效的农户数有 196 个，其中规模报酬递增的农户数有 16 个，占比为 8%，规模报酬递减的农户数有 47 个，占比为 23.5%，规模报酬不变的农户数有 133 个，占比为 66.5%。

样本户林地投入产出规模报酬统计情况如表 6-12 所示，分为规模报酬递增、规模报酬递减、规模报酬不变三大类。

表 6-12　规模报酬统计情况

样本类别	规模报酬递增		规模报酬递减		规模报酬不变	
	个数	比例（%）	个数	比例（%）	个数	比例（%）
全部样本	16	8	47	23.5	137	68.5
有效样本	0	0	0	0	4	2
无效样本	16	8	47	23.5	133	66.5

6.3.4　结论与启示

依据辽宁省 4 个县 200 个林农样本数据，利用 DEA 分析法对农户林地经营的综合效率、规模效率和纯技术效率进行测算分析，与许多学者研究结果一致或吻合，但也存在差异性和特殊性。

样本户中实现综合效率、纯技术效率和规模效率均等于 1 的农户只有 4 个，达到了林地生产经营的最优状态成为经营有效，但该类农户仅占 200 个样本总量的 2%，份额过少，这也与样本地 53%的农户林业收入占家庭总收入比重只有1%以下有很大关系，所以，林地经营综合效率普遍低下状况亟待全面提高。

从表象看，林农未接受过或很少接受过林业方面的技术培训，在种植、抚育等林业生产过程中没有使用科学高效的先进技术，或许是导致林地经营纯技术效率不高的主要原因。究其客观因素，家庭劳动力规模、受教育年限，尤其是劳动力平均年龄，样本地60岁以上农户占42.78%，因此劳动力结构的不尽合理才是制约林地经营纯技术效率不高的瓶颈。

对于未实现有效经营的农户来说，需要根据自身情况，通过流转土地增加财产性收入渠道；依托政策退耕还林、转换公益林，获取林业方面的补贴，增加收入途径；联合经营或加入合作社等方式来实现经营规模最优，从而提高林地经营效率实现效益增收。随着林权改革的深入，林地经营大户或合作社等组织的不断涌现，样本地正在引导适度规模经营，稳妥推进林地流转，实现林地的规模经营，降低了生产成本，从而提高了林地规模效率。

最后，需要特别指出的是本研究的研究结论存在地域上的局限性，且调查样本只有200户。同时由于林业生产周期性较长，数据的完整性和准确性不易确保，未能采取全周期的投入产出数据来进行分析。此外，虽然本研究得出的结论是林地经营的综合效率不高，但是由于农户经营林地具有多目标性，在实践中不是单纯考虑经济产出效率，林地除了经济产出，还具有生态效益、社会效益等，此外，农户还会考虑到能够长期持有林地经营权的心理享受和精神慰藉等其他因素。因此，多数农户还是很愿意持有林地并从事些相关经营活动。

6.4 毛竹林地单户经营规模效率测算：基于福建三明的调查

追溯我国林改的历史渊源，我国林业生产曾经历分分合合的不同发展阶段，由分到合再由合到统分结合。整个过程中，以个体独立经营为代表的单户经营形式起到较大推动作用。因为单户经营使劳动者与生产资料相结合，使农户在林地所有权不变的条件下产生较大的生产积极性，有利于林业的发展。特别是在我国南方地区的集体林区中，单户分散经营占有很大的比重，其地位尤为突出。该种经营形式因其分布的广泛性和数量多样，重视单户经营形式下农户的营林问题不仅是关心我国林业全局发展的重要部分，也关系到我国对三农问题的重视与进一步解决。

然而由于单户经营形式一般以社会中的最小组织“家庭”作为基本生产单

位，其在经营力量和经营能力上都十分有限，而且在实际的林业生产中，不同家庭的林业生产经营情况不同，在管理方式、技术水平上也都会存在差异（高立英，2007）。一些林地面积较大的经营户，可能存在家庭人力不足的问题而疏于对林地的经营管理；更有一些林地面积较小的经营户由于在林业上的经营效益差，在林业生产中不做统筹安排，而是将其当作副业，粗放经营，森林资源闲置浪费现象十分严重。因此，就单户经营的农户而言，农户在林地规模既定的条件下，单位面积实际产出量是否和最大潜在产出量存在很大差距？林地经营规模多大才达到最优效率？经营规模有一个度的问题，并不是说规模越大越好，所以，单户经营形式下的规模效率界定是很值得探讨的。因此，本研究通过探讨营林规模效率来最终确定单户经营的最适经营规模，有利于提高林地经营效率，促进林业经营发展，完善林业经营过程中的保障体系。

因为林业经营中的适度规模是一个动态的概念。其适度的数值会因林业生产经营的地区、条件等不同而有所改变；此外，不同地区经济条件的变化，其适度量也会发生相应变化（黄河清，1986）。因此，要想使单户经营的农户开展最适规模经营，营林效率达到最优，我们需要研究影响单户营林效率的因素，不同林地资源分布情况、自然条件、林地生产力以及农户的生产能力等因素将会影响营林效率，只有了解影响单户经营形式下的营林效率的因素，才能更有针对性地促使林地经营效率向最优靠近。

福建省作为全国竹林面积最大的省份，从20世纪40年代始至今，毛竹经营经历了粗放式管理、掠夺式经营到科技兴竹将毛竹经营作为山区农民致富奔小康的重要项目，毛竹以其种植面积大、分布广、经济价值高、生产潜力大的特点成为诸多农户生产经营的首选林种。因此，就福建地区而言，在该自然资源分布情况下，在现有生产规模下，农户经营的投入元素如何配置，多少规模区域的林地面积使毛竹林经营效率达到最优成为本研究关注的重点。

6.4.1 调研地介绍及集体林区林地经营概况

1. 后林改时期福建林业发展概况

福建作为南方重点集体林区，以其优越的亚热带气候条件和显著的区位优势一直是我国南方地区重要的生态屏障，也是我国林业对台合作交流的前沿平台。山多林多是福建的一大特色和优势。山林资源也成为福建农村最重要的生产资料之一。福建素有“八山一水一分田”之称，根据全国第八次森林资源清查结果，全省拥有林业用地926.82万公顷（1.39亿亩），占土地总面积75.3%，森林面积801.27万公顷，森林覆盖率65.95%，居全国首位，竹林面积 106.75 万公顷，其中毛竹 100.3 万公顷（1504 万亩）；森林蓄积量 60 796.15万立方米，天然林蓄积量 35 942.92 万立方米，人工林蓄积量 24 853.23万立方米。

福建的林权制度改革走在全国前列。从 20 世纪 80 年代福建率先在全省落实林业“三定”工作，到 80 年代福建省开展的“分股不分山，分利不分林”的林业股份制改革，再到 2002 年福建省率先开启林权制度改革将“明晰产权、放活经营权、落实处置权、确保收益权”作为改革的主要内容。2003 年，新一轮的集体林权制度改革顺利进行，福建省委、省政府决定用 3 年左右的时间基本完成集体林权制度改革工作，建立起经营主体多元化的集体林经营管理新机制。2006 年，福建省推进的综合配套改革有效调动了农户林业建设的积极性和社会参与度，初步实现了“山定权、树定根、人定心”和“国家得绿，林农得利”的目标，2013 年又在全国率先启动了全面深化林改工作，不断推进林业的健康、可持续发展。从林业发展路径看，福建省的林业发展成为全国林改的一面旗帜。

2. 福建省毛竹生产经营概况

福建省是我国毛竹的主要产区，竹类资源丰富，拥有竹林面积 106.75 万公顷（1 601 万亩），其中毛竹 100.3 万公顷（1 504 万亩）。福建地处亚热带地区，优越的自然条件对毛竹的生产十分有利。

毛竹的生产周期多为两年，在毛竹生产经营过程中，农户会根据林地立地条件、毛竹资源的丰富度等条件来决定毛竹的生产经营方式。根据农户多年毛竹种植经验的积累和摸索，目前在福建盛行的毛竹经营方式一般有以下三种：（1）由小毛竹长成大毛竹。不同于其他林木，毛竹的采伐不受砍伐指标的限制，加之优质成熟毛竹在市场上具有较高价值，因此在毛竹长势良好的情况下农户会选择不挖竹笋，留下做母竹并长成大毛竹，以使后期达到更高的产出回报。（2）在毛竹山上挖长不大的小毛竹使其长成竹笋。为使一些长势一般的小毛竹尽可能发挥其经济价值，农户会选择将其培育成竹笋，一般在农历二月左右将长好的冬笋进行采挖，冬笋市场价可达 20～30 元/千克，每个笋按 2～2.5 千克计算，每个笋可收入 60～75 元。（3）相较于市场价格 20～30 元/千克的冬笋，优质的成熟毛竹平均每亩地能卖 4 000～7 000 元。如果一亩地种 10 棵左右毛竹，精细化管护、抚育、施肥的投入在 1 000 元左右，仍能保证较高的收益。三种经营管理方式的交叉使用，在留好、留足母竹进行可持续发展，同时也能合理挖笋，使眼前利益和长远效益得以较好地兼顾。

对于毛竹的管理，被调查地区的农户基本维持在每年劈山一次，经营管理较好的农户会定期进行次、残、病竹的清理以及施肥等抚育管护工作，但仍存在部分不可持续的毛竹林地经营方式。因此，了解毛竹生长发育规律，采取有效的技术措施进行科学育竹十分必要。

3. 农户林地经营基本概况

（1）样本村农户林地获得方式。被调查地区农户林地获得方式多样，包括集体分林到户、谁造谁有承包、自留山、通过招标拍卖承包、从他人那里转包、租赁等。其中，新一轮集体分林到户、谁造谁有获得林地是两种主要形式，分别占 26.25%，22.65%。集体分林到户所占比重最大，主要是由于集体林权改革的实行使原有集体所有的林地分包到户。谁造谁有获得林地是由于农户利用“谁造谁有”政策通过四荒造林实现。其次，自留山分配获得林地、通过招标拍卖等方式获得林地、原责任山确权到户获得林地、通过他人转包、通过租赁获得林地分别占 17%、14%、9%、4%和 2%。

（2）农户林地经营形式。在样本调查地，农户林地的经营形式主要分为三大类，单户经营占 73%，联户经营形式占 20%，合作组织经营占 7%。由分析可知，单户经营形式占该样本调查地区最大比例，联户经营和合作组织经营形式虽然也都存在一定比例，但所占比例相对较少。因此，本研究主要针对单户经营的农户对其林业经营情况、经营效率及影响因素进行分析。

（3）农户林地经营规模状况。对于样本地农户立地经营规模现状，被调查地区户均拥有林地规模达 63 亩，按家庭劳动力计算，劳均规模为 55 亩，人均拥有林地 25 亩，同时，随着林地价值的不断提升，农户对林业经营的积极性也越发突出。在林种方面，目前福建农户所经营的林种主要有毛竹林、用材林、经济林、生态公益林等，其中毛竹种植面积最大，杉木次之。果树种植面积、公益林面积、自留山面积所占比重均较小。

（4）单户经营形式下毛竹林立地条件。立地条件是反映林业生产条件的一个重要自然因素，林业立地条件的好坏对林业产出的多少有重要影响。在选择林地种植规模和经营方式时，农户也会适当考虑立地条件。根据问卷调查，单户经营的 163 户毛竹林经营农户的林地立地条件总体在中上水平，一类地和二类地所占比重达 94.12%。可以看到，一类地、二类地在单户经营中占较重比重，这也否定了我们通常认为的农户单户经营的林地质量多为较难通过承包、租赁、转让等形式流转出去的林地面积小、立地条件差的林地。相反，良好的立地条件可能更有助于提升农户生产经营的积极性，采用单户经营形式使农户能获得更好的经济效益（柯水发，2014）。

6.4.2 基于数据包络分析法的单户经营规模效率评价体系构建

1. 数据包络分析方法

数据包络分析（the Data Envelopment Analysis，简称 DEA）是以相对效率概念为基础，利用包络线技术应用数学规划方法将所有决策单位（DMU）的投入、产出项投射于空间中寻找边界，并根据同类型的决策单元生产前沿面的距离，将投入最小产出最大的决策单元连接形成效率前沿或包络曲线，进行相对有效性评价，确定各决策单元是否有效的分析方法（魏权龄，2000）。落在边界上的所有相对绩效指标值位于 0、1 之间，1 表示达到效率最优，0 表示无效率。如图 6-1 所示，点 O、A、B、C 为落在生产前沿面 OABC 上的点，分别表示有效率的 DMU，F 位于生产前沿面，表示无效率的 DMU。

设 F’与 B’为 DF、DB 在生产前沿面 OABC 上的交点，则 F 点的效率值表示为 DF’/DF，由于 DF’/DF＜1，因此为达到效率最优，而 B 点的效率值为 DB’/DB=1，达到效率最优。DEA 分析法的优势在于并非对各项投入产出之间的关系进行预测，而是采用相对比较概念，找出各决策单元最公平的效率值，及为达到规模效率的投入产出组合相应调整方法（林勇刚，2010）。

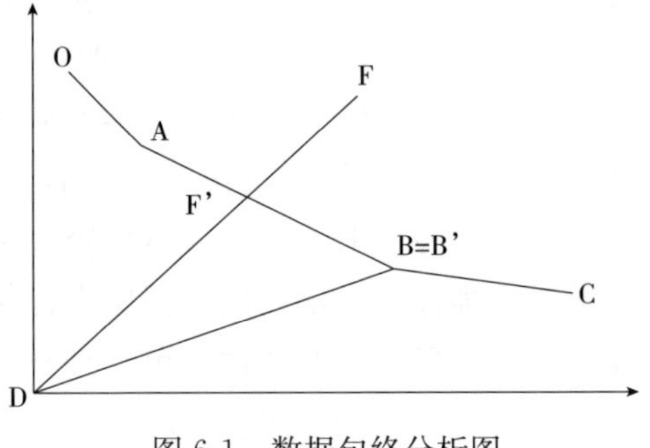

图 6-1 数据包络分析图

DEA 模型分为 CCR（CRS）模型和 BCC（VRS）模型两类，CCR（CRS）模型是假设规模报酬不变时决策单元相对效率度量的一种非参数方法，它利用线性规划所计算的比值来估计效率生产可能性边界，从而确定各决策单元的相对效率。而 BCC（VRS）模型将综合技术效率（规模报酬不变时的技术效率）分解为纯技术效率（规模报酬可变模型下的技术效率）和规模效率。规模效率（Scale Efficiency）测量可粗略看成在可变规模报酬下运营厂商的平均产品与在最优规模下运营厂商的平均产品之比率（蒂莫西.J. 科埃利，2008），反映每个决策单元是否在最佳的投资规模下进行生产，评价决策单元是否达到最佳规模（朱治国，2012）。规模收益递增、规模收益递减和规模收益不变是规模收益呈现的三种状态。但无论规模收益递增或递减，均为规模不经济，需要通过进一步的完善才能实现最佳规模。纯技术效率（Pure Technical Efficiency）是在规模报酬可变的情况下，被考察决策单元与生产前沿面之间的距离，反映的是因价格机制、经营管理水平等外在因素的不同而导致的非规模经济性和要素可处置性的效率之差。BCC 模型是 1984 年 Banker，Charnes 和 Cooper 在引进 Shepherd 距离函数概念的基础上，通过增加对权重 λ 的约束条件（王宁，李植，2006），建立如下规模报酬可变模型如公式 6-21 所示。

$$\begin{cases} \min \theta \\ \text{s. t.} \sum_{j=1}^{t} \lambda_j x_j \leqslant \theta x_0, \\ \sum_{j=1}^{t} \lambda_j y_j \geqslant y_0, \\ I\lambda = 1 \\ \lambda_j \geqslant 0，j = 1，2，\cdots，t \end{cases} \qquad \text{（公式 6-21）}$$

其中 $I=$（1，1，…，1）$1\times t$

由于在实际的林业生产经营中，可能由于外界环境或自身条件变化导致投入产出配置的不合理或者投入规模比例不当而造成 DMU 处在规模报酬递增或递减的状态，因此本研究采用 DEA 方法中的 BCC 模型来评价农户单户经营的毛竹林经营规模效率。由于农林业生产经营的周期性相对较长，在短时间内农户生产经营的产出状况不太可能有较大的调整，因此农户营林过程中投入量比产出量更容易控制。所以，本研究采用基于投入导向的 BCC 模型。

假设有 n 个决策单元（DMU），每个决策单元有 m 个投入指标 s 个产出指标，X_{ij} 和 Y_{rj} 分别表示第 j 个决策单元（DMUj）的第 i 种投入和第 r 种产出。λ_j 为 n 个 DMU 和的投入产出指标权重，加权处理后的 DMU 的投入产出量用 $\sum_{j=1}^{t} X_j\lambda_j$ 和 $\sum_{j=1}^{t} Y_j\lambda_j$ 表示，θ 为相对效率，S^- 和 S^+ 代表松弛变量，ε 表示无穷小。模型如公式 6-22 所示。

$$\min\theta - \varepsilon[\sum_{r=1}^{t} S_r^+ + \sum_{i=1}^{m} S_{i=1}^-]ST \begin{cases} \sum_{j=1}^{n} \lambda_j x_{ij} + S_i^- = \theta \times x_{i0} \\ \sum_{j=1}^{n} \lambda_j y_{rj} - S_r^+ = y_{r0} \\ \sum_{j=1}^{n} \lambda_j = 1；j = 1，2，\cdots，n； \\ s_i^- \geqslant 0，s_i^+ \geqslant 0 \\ \lambda_j \geqslant 0；j = 1，2，\cdots，n \end{cases}$$

（公式 6-22）

用 DEAP2.1 直接通过 DEA 分析得出农户单户毛竹经营的纯技术效率和

规模效率，但对于林地经营规模效率未能直接得出。本研究根据 DEA 分析中得出目标规模和实际规模值，利于公式 6-23 计算农户在劳动力、资金等生产要素资源配置达到最优时的林地经营规模效率：

$$LSE_i = \frac{ALI_i - LLI_i}{ALI_i} = 1 - \frac{LLI_i}{ALI_i} = \frac{TLI_i}{ALI_i} \quad \text{（公式 6-23）}$$

其中 i 表示第 i 个林地规模区域，ALI 为林地实际投入的规模，LSE 为林地规模效率，LLI 为林地投入损失的规模，TLI 为林地目标投入规模，即为当前的生产技术条件下，农户为实现最优效率所需投入的林地规模。

2. 毛竹林单户经营规模效率评价指标体系的建立

依据研究目标和评价标准有针对性地选取效率评价指标。从农户的角度出发，毛竹经营规模效率的评价既要保证毛竹生产的经济效益也要保证广大农户收益的可持续增长。因此，指标体系的建立要结合毛竹经营规模效率的自然特征、经济特征及相关社会属性。

就调查地区而言，福建的毛竹生产周期多为 2～3 年，农户在整个经营周期内，前期的投入主要包括小毛竹的栽种、抚育、施肥，后期集中在竹材砍伐、竹笋挖、运等劳动力的投入。毛竹经营的主要收益在于竹材的产出以及竹林地竹产品（春笋、冬笋、笋干）的产出。

在 DEA 模型的指标选择上，本研究选取毛竹生产经营的直接产出收益作为产出指标。投入指标分为土地、劳动、资本三大要素。具体包括：样本竹农家庭毛竹的林地面积。毛竹林地面积基本反映家庭经营的林地规模。劳动力投入指标选取单户经营农户在最近的一个生产经营周期从事毛竹生产经营的实际用工费用，数值上等于农户家庭所有劳动力从事毛竹生产以及雇工进行栽种、管护、抚育、砍伐、挖笋各环节的用工总天数和雇工总天数与工价的乘积。资本投入是农户在该生产经营周期内从事毛竹生产经营过程中投入的资金支出，包括林地使用费缴纳、化肥农药购买费用、苗木费、病虫害防治费、其他费用，具体如表 6-13 所示。

表 6-13　投入产出指标体系

效率评价	产出指标	投入指标	
林地经营规模效率	毛竹生产经营的直接产出（元）	林地投入（亩）	林地面积
农户经营规模效率		劳动力投入（元）	年投工费用
纯技术效率		资本投入（元）	林地使用费、化肥投入费、病虫害防治费用、苗木费、其他费用
总体规模效率			

在效率指标选择上，本研究主要选取 4 个指标，包括农户在整个林地经营过程中的规模效率值、林地这一单一因素在生产经营中的规模效率值、规模报酬可变条件下的纯技术效率以及农户家庭总体规模效率。选取以上 4 个指标的主要原因在于：综合技术效率反映的是毛竹林经营过程中所有要素投入是否充分发挥生产潜能；而总体规模效率反映的是农户在竹林经营过程中所有要素投入规模是否达到家庭总体收益最大化所要求的规模；技术效率是指在整个林地经营过程中各投入要素投入比例最优时的最小潜在投入量与实际投入量的比率；综合技术效率=纯技术效率×总体规模效率。林地规模效率则是毛竹经营中林地这一生产要素的最小潜在投入量与实际投入量的比率。这样的指标体系能较好地反映在毛竹生产经营过程中林地要素与其他要素之间的相互关系，同时也考察了土地、资金、劳动力各要素在毛竹产生经营过程中所发挥的生产潜能以及投入规模对总收益最大化的贡献程度。

对变量个数而言，本研究投入变量 3 个，产出变量 2 个，决策单元个数为 16，符合变量个数少于线性方程个数的经验法则。

而对于变量相关性的要求，在 DEA 模型中，各投入要素和产出要素要必须满足同向性的假设。运用 SPSS19.0 软件对农户的林业收入与林地经营面积投入、林业资金投入、劳动力费用投入的相关性进行检验，具体结果如表 6-14 所示。

表 6-14　林地经营投入要素相关性分析

指标	毛竹经营收益	林地投入	劳动力投入	资金投入
毛竹经营收益	1.000	0.797**	0.560**	0.667**
林地投入	0.797**	1.000	0.582**	0.490**
劳动力投入	0.560**	0.582**	1.000	0.426**
资金投入	0.667**	0.490**	0.426**	1.000

注：**表示相关系数在 0.01 的置信水平下显著（双尾）。

本研究的投入变量 $m=3$，产出标量 $n=1$，决策单元的个数 $k=31$，从表 6-14 中可以看出，投入产出变量的 Pearson 相关系数均为正，投入指标分别为林地投入、劳动力投入、资金投入，毛竹经营收益作为产出指标，可以看出，投入指标都在 0.01 的置信水平下显著，这表明三个投入指标均对毛竹经营收益具有较为显著的影响，其中，林地投入的相关系数为 0.797，是三个投入要素中相关系数最大的一个指标，说明林地是林业经营中重要的生产要素，林地规模在很大程度上决定了毛竹的经营收益。因此，本研究选取的投入产出指标符合 DEA 模型所要求的假设，具有合理性。

3. 数据处理与说明

首先，对于投入，由于林业生产周期长，投入不均衡。就毛竹而言，在前期，种苗、化肥的投入较大，而后期人工管护、竹材的砍伐及竹笋的挖掘等投入较大，因此本研究从毛竹一个生命周期的投入费用进行考量，使得每一个农户对于自家不同规模的林地投入都是基于一个生产周期，使整个数据具有一定的可比性。

其次，就产出而言，由于只有少数农户有竹笋相关加工业、服务业以及立体养殖鸡鸭等间接收入，因此，本研究只计算一个生产周期内的从事毛竹生产经营的直接收入，包括竹材产出、春笋产出、冬笋产出、笋干产出。

同时，一般毛竹生产周期为 3 年，由于农户在毛竹生产经营周期内其劳动力投入、竹材采伐等不是在某一年内全部完成的，为减少不同年份工价、物价等变动带来的误差，本研究将所有的收入均按货币化的收入来衡量，将价格全部转换为 2013 年当期现值。

此外，对于部分数据的缺失值，采取根据未知数据前后的已知数据来计算这两个已知数据的平均值，以此来代替空缺值。

结合数据处理原则，本研究对单户经营毛竹规模效率的研究主要以福建 163 个样本户 2013 年从事毛竹生产的投入产出数据为基础，但是考虑到毛竹林地规模效率可能会受到不同农户个体特征以及生产、生活环境差异的影响，因此，本研究以林农家庭毛竹经营规模和毛竹产出总收入（竹材＋竹笋）为分类依据对样本户进行聚类分析。如表 6-15 所示，基于 SPSS13.0 软件的层次聚类法中的 Q 型聚类进行分析，由结果可知，本研究 163 个不同林地规模农户被分成 16 组林地规模区域，各区域的投入（包括林地投入、劳动力投入、资金投入）与产出（包括竹材总产出、竹笋总产出）用该区域要素投入产出的平均值表示。

表 6-15　不同规模区域下的投入产出分析

规模区域（亩）	样本量	投入			产出	
		林地投入（亩）	劳动力投入（元）	资金投入（元）	竹材总产出（元）	竹笋总产出（元）
0～5	16	2.24	2 663.42	826.63	2 487.63	1 948.89
5～9	12	6.05	7 371.84	1 792.58	7 279.47	3 647.11
9～15	15	10.20	9 986.50	2 838.65	10 900.00	7 364.05
15～18	9	15.20	18 650.00	3 900.00	29 940.00	5 091.20
18～23	14	19.71	1 3251.43	8 377.86	19 514.29	7 805.57

（续）

规模区域（亩）	样本量	投入			产出	
		林地投入（亩）	劳动力投入（元）	资金投入（元）	竹材总产出（元）	竹笋总产出（元）
23～30	8	24.00	21 480.00	4 850.00	47 500.00	49 000.00
30～35	9	30.44	29 512.22	7 700.00	38 655.56	56 111.11
35～41	13	39.16	24 338.89	8 091.58	37 344.74	48 442.11
41～51	9	48.10	24 206.00	8 910.00	48 840.00	57 600.00
51～57	11	55.33	31 366.67	16 615.33	63 333.33	22 600.00
57～60	8	58.00	78 308.65	11 772.75	42 160.00	71 500.00
60～70	9	61.83	35 275.00	30 283.33	105 466.67	127 833.33
70～80	8	70.63	61 600.00	25 360.63	140 531.25	98 100.00
80～90	6	82.00	35 866.67	13 940.00	79 600.00	21 333.33
90～110	8	95.00	68 515.00	28 467.50	126 200.00	43 250.00
110～200	8	147.14	58 565.71	27 254.29	139 607.14	75 571.43

注：临界值归下。

6.4.3 单户经营规模效率评价结果及分析

1. 基础 DEA 规模效率分析

本研究运用 DEAP2.1 软件 16 组规模区域的林地规模效率、综合技术效率、纯技术效率和总体规模效率进行计量，具体如表 6-16 所示：

表 6-16 林地经营规模效率分析结果

编号	规模区域（亩）	实际规模	目标规模	林地规模效率	综合技术效率	纯技术效率	总体规模效率	规模报酬
1	0～5	2.245	2.240	0.998	0.560	1.000	0.560	递增
2	5～9	6.053	4.516	0.746	0.606	0.746	0.812	递增
3	9～15	10.200	6.312	0.619	0.539	0.619	0.870	递增
4	15～18	15.200	15.200	1.000	0.993	1.000	0.993	递增
5	18～23	19.714	14.040	0.712	0.625	0.712	0.878	递增
6	23～30	24.000	24.000	1.000	1.000	1.000	1.000	不变
7	30～35	30.444	28.198	0.926	0.900	0.926	0.972	递减
8	35～41	39.158	23.868	0.610	0.793	0.806	0.984	递增
9	41～51	48.100	28.172	0.586	0.921	0.925	0.996	递增
10	51～57	55.333	48.182	0.871	0.859	0.871	0.987	递增

（续）

编号	规模区域（亩）	实际规模	目标规模	林地规模效率	综合技术效率	纯技术效率	总体规模效率	规模报酬
11	57～60	58.000	58.000	1.000	0.604	1.000	0.604	递减
12	60～70	61.833	61.833	1.000	1.000	1.000	1.000	不变
13	70～80	70.625	70.625	1.000	1.000	1.000	1.000	不变
14	80～90	82.000	70.726	0.863	0.953	0.957	0.996	递增
15	90～110	95.000	76.191	0.802	0.802	0.802	1.000	不变
16	110～200	147.140	147.14	1.000	1.000	1.000	1.000	不变

从基于投入导向的林地规模效率计量结果来看（表 6-16），福建省样本调查地区单户经营的农户其毛竹林经营平均规模效率为 0.91，其中林地平均规模效率为 0.86。单户经营的农户家庭规模在 23～30、60～70、70～80 和 110～200 亩区域的，其林地规模效率、纯技术效率和总体规模效率均为 1，表明这 4 个规模区域的林地规模效率达到了最优。而 15～18、57～60 亩规模区域，总体规模效率未达到最优，只有林地规模效率和纯技术效率达到了 1，说明在目前的林地规模上，全部要素投入是有效率的并且已经充分发挥其生产潜能，但总体规模效率小于 1，说明林地的实际经营规模与最优生产规模还存在差距，这两个区域的家庭总体经营规模过小，所有要素投入规模未能达到单户家庭总体收益最大化所要求的规模，即从事毛竹经营的投入要素整体是无效的，始终处于规模报酬递增状态，因此这两个规模区域的林地规模效率是非最优的。规模区域在 0～5 亩的林地，其纯技术效率达到最优，林地规模效率和总体规模效率均存在一定改善空间。纯技术效率为 1 说明全部生产效率均已充分发挥潜能，但是由于林地规模偏小导致总体经营效率未达到最优。5～9、9～15、30～35、35～41、41～51、51～57、80～90、90～110 亩的林地区域规模，由于投入要素的投入量以及林地经营规模大小等问题均需要进一步改善以提高林地经营效率。

进一步从林地规模与其效率的变化趋势来看（图 6-2），首先，从各区域规模的变化看出，60 亩以上的林地规模效率较高，中小规模农户林地规模效率相对偏低。其次，分析林地规模效率、纯技术效率和总体规模效率三组数据可以看到，农户毛竹林经营的总体规模效率基本都要高于林地规模效率和纯技术效率。总体规模效率主要体现的是全部生产要素投入规模与当前的林业生产水平以及林农经营管理能力等独立于生产要素之外的因素之间的协调关系，判断农户家庭经营规模是否处于最优状态。总体规模效率值基本高于林地规模效率说明除相比于土地这一投入要素，劳动力、资本等要素与独立于生产要素之外的因素之间的协调关系更为融洽，在提高经营规模效率方面土地这一要素需要调整的空间较大；林地规模效率和纯技术效率所表现出的类U状变化说明局部规模区域的林地规模可能需要一定的调整与合并，整合资源发挥生产效率高的规模区域的经营优势。就总体规模效率而言，随着林地区域规模的扩大，效率总体呈上升趋势，但在向大规模经营范围扩大的过程中，也存在某一段的总体规模效率下降，之后又有上升，说明在经营规模扩大的同时也要充分考虑其他生产要素的效率情况才能达到总体规模效率的提升。

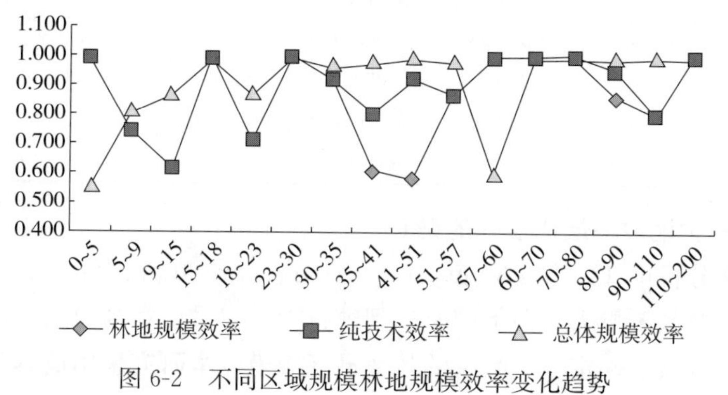

图 6-2　不同区域规模林地规模效率变化趋势

2. 投入冗余与产出不足分析

对于非DEA有效的改善，松弛变量表给出了基于投入导向的存在冗余现象的规模区域农户的投入调整方向和调整空间。松弛变量表（表6-17）提供了关于投入产出的径向变量和松弛变量，松弛变量是参数实际需要变化的值，径向变量实际上指的是DMU在没有包括松弛变量的情况下离有效前沿面的距离。在对9个技术效率不足的规模区域进行松弛变量分析，可以看出，绝大多数中等及以上规模区域农户效率低的重要原因在于林地投入过多，从而使各个要素之间配置比例失调，特别是林地规模的投入，若35～41亩的规模区域中，林地投入减少7.705亩，41～51亩的规模区域中减少16.333亩，80～90亩规模区域中减少7.774亩，仍能达到相应的目标产出值。而劳动投入和资金投入不需要作太大调整，这表明从要素间配合角度来分析，单户经营毛竹林的农户在劳动力投入和资金投入方面相对比较合理，只有较小规模区域的林地劳动力和资金的要素分配有一些冗余。因此，要达到各要素间的平衡主要需要调整林地投入规模，并通过调整劳动力和资金投入比例，以实现林地规模效率、纯技术效率、总体规模效率达到最优。从各个投入项的径向变量来看，随着规模区域的不断扩大，要素损失总体上随之增加，这说明在规模扩大的同时，各个投入要素的径向变量也有很多需要调整。

表 6-17　松弛变量表

规模区域（亩）	林地投入（亩）		劳动力投入（元）		资金投入（元）	
	径向变量	松弛变量	径向变量	松弛变量	径向变量	松弛变量
5～9	−1.753 4	0.000	−1 868.940	−251.953	−454.462	−2.904
9～15	−3.888	0.000	−3 806.970	0.000	−1 082.126	−172.407
18～23	−5.67	0.000	−3 811.768	0.000	−2 409.888	0.000
30～35	−2.242	0.000	−2 173.875	−2 823.746	−567.183	0.000
35～41	−7.587	−7.705	−4 715.228	0.000	−1 567.600	0.000
41～51	−3.594	−16.333	−1 808.879	0.000	−665.831	0.000
51～57	−7.148	0.000	−4 052.301	0.000	−2 146.556	0.000
80～90	−3.5	−7.774	−1 530.772	0.000	−594.953	0.000
90～110	−18.809	0.000	−13 564.896	0.000	−5 636.119	0.000

3. 农户林地效率最优规模的确定

由前文分析可知，23～30 亩、60～70 亩、70～80 亩、110～200 亩这 4 个规模区域是在基于投入导向下同时达到纯技术效率最优和规模效率最优。为在这 4 块规模区域中确定一个唯一的效率最优规模，本研究采用成本利润率指标对其进一步比较。

收益总额选取农户竹材、竹笋产出的总收入，总成本的核算充分考虑农户的自投工成本及间接费用投入等，具体包括土地成本、劳动力成本和资金成本。土地成本用农户家庭经营土地数量与被调查地区平均每亩地转包的年租金的乘积衡量（即林地机会成本）（张忠明，2008）。

具体核算结果如表 6-18 所示。

表 6-18　效率最优规模区域成本利润率分析

规模区域（亩）	23～30	60～70	70～80	110～200
土地投入（元）	2 400.23	5 435.41	6 305.21	11 750.40
劳动力投入（元）	21 480.00	35 275.00	61 600.00	58 565.71
资金投入（元）	4 850.00	30 283.33	25 360.63	27 254.29
竹材总产出（元）	47 500.00	105 466.67	140 531.25	139 607.14
竹笋总产出（元）	49 000.00	127 833.33	98 100.00	75 571.43
净利润（元）	67 769.77	162 306.26	145 365.42	117 608.17
利润率（%）	235.88	228.62	155.86	120.54

注：成本利润率＝（利润总额－总投入）/（土地投入＋劳动力投入＋资金投入）。

从表6-18效率最优规模区域的成本利润比较来看，60～70亩规模区域农户家庭的成本利润率达到了228.62%，高于其他3个规模区域。由此可见，60～70亩这一规模区域是投入导向下的农户毛竹林地地经营的效率最优规模。

6.4.4 小结

本研究在文献搜集分析的基础上，从经营规模效率的相关概念界定到效率理论等基础理论的分析，进一步建立农户毛竹林单户经营规模效率评价理论框架。其次，构建以林地面积、劳动力投工费用、资金投入等变量为投入指标，以毛竹经营收益，包括竹笋收益和竹材收益为产出指标，建立毛竹林地规模效率评价指标体系，为使农户的个体特征以及生活环境的差异不对农户毛竹林经营规模效率产生影响，因此，本研究根据农户家庭毛竹经营规模和毛竹产出总收入对样本户进行分类，采用DEA方法中的可变规模报酬模型计算投入导向下的综合技术效率、纯技术效率和规模效率。然后，再利用成本利润率这一绝对效率指标对这4个最优规模区域进行进一步的比较，得出样本地毛竹经营规模效率最优的区域面积。通过研究得出如下结论：

（1）福建省样本调查地区单户经营的农户其毛竹林经营平均规模效率为0.91，其中林地平均规模效率为0.86，可以看出，毛竹林总体经营规模效率较高，但林地这一要素的规模效率较低，林地这一生产要素投入比例的进一步调整有利于提高总体经营规模效率。单户经营的农户家庭规模在23～30、60～70、70～80、110～200亩区域的，其林地经营规模效率、纯技术效率和总体规模效率均达到1，其他规模区域或多或少存在生产要素投入比例不协调，没有实现DEA有效。因此，要实现这些规模区域的规模效率最优，农户在生产经营中使用的直接费用、间接费用、劳动力资源的投入均需要作相应调整，特别是劳动力资源的投入，要合理使用家庭劳动力，避免资源浪费。

（2）单户经营林地最优规模为60～70亩，总体投入产出要素配置比例相对协调，但中小规模经营面积的农户其经营效率仍有待提高。就样本地农户立地经营规模现状而言，被调查地区户均拥有林地规模达63亩，而根据投入导向下单户经营农户毛竹林地经营的效率最优规模计算，60～70亩这一规模区域为样本地农户立地经营最佳规模，平均而言，被调查地区的单户经营家庭的种植规模已位于效率最优规模区域。但由于被调查地区中小规模林地面积数量偏多，林地经营投入产出资源配置有待进一步提升，减少资源浪费，努力发展最适规模经营。

6.5 基于 Tobit 模型的毛竹林单户经营规模效率影响因素分析

从毛竹林单户经营规模效率的研究中我们可以看到，不同林地经营规模区域的效率存在差异，且大部分规模区域林地经营效率未达到最优，存在一定的改进空间。为使毛竹林经营规模效率不断趋于最优，农户整体经营规模效率和林地这一单一因素的经营规模效率影响因素成为研究的又一重点，影响因素的分析关系到下一步如何提高林地规模效率，因此，本章分别对农户整体经营规模效率和林地经营规模效率进行分析和比较。

6.5.1 计量模型说明

由之前计算结果可知，各效率值如毛竹林经营规模效率、纯技术效率、总体规模效率、林地经营规模效率等作为被解释变量被限制在 0～1 之间，且效率值是连续型数值变量，因此正好适用于 Tobit 回归模型。根据截取点的不同 Tobit 模型具有不同的形式，本研究选取标准 Tobit 模型，设左端截取点为 0，则有如下公式 6-24：

$$Y_i^* = \beta X_i + \mu_i \qquad \text{（公式 6-24）}$$

$$Y_i = \begin{cases} Y_i^*，0 < Y_i^* \leqslant 1 \\ 0，\text{其他} \end{cases}$$

其中 Y_i 是第 i 种林地规模的单户营林规模效率值或林地经营效率值，β 是待估系数向量，X_i 是单户经营形式下营林规模效率影响因素向量，大致可归纳为一般性影响因素和在特定环境下发挥作用地特殊性影响因素。一般性因素主要包括劳动者个人特征变量（性别、年龄、受教育年限）、家庭特征变量（劳动力数量、林业收入占家庭收入比重等）、林业资源特征变量（林地块数、林地资源数量、立地条件等）、生产经营特征变量（土地投入变量、资本投入变量如种子、化肥、农药等、劳动力投入等投入量），这些因素对林地经营规模效率具有直接的影响，特殊性因素指对林地经营在特定环境下有影响的因素，如当地农户对集体林权改革制度的满意度、产权组织形式等，μ_i 是随机扰动项，Y_i^* 是潜在规模效率，整体服从正态分布，$0<Y_i^*\leqslant 1$ 时，$Y_i=Y_i^*$ 表示林地规模效率值可被观测，否则表示将无法测出规模效率值。

6.5.2 影响因素的选取与设计

关于农林方面效率影响因素分析中关于粮食生产的影响因素研究较多。在农业方面，研究多从投入劳动力、资金、土地、技术等因素考虑（田新建，2003；宋伟、陈百明，2007）。物质要素中，不同学者针对不同研究对象选择相应要素变量，包括研究粮食产量选择耕地规模、复种指数、秸秆还田和钾肥施肥水平（陈曦，2007）、在研究规模效率时又考虑了家庭地块分割数量，同时通过生产用工行为、生产投资行为、技术采用行为、土地流转差异等方面对不同土地规模下的农户生产行为差异进行分析（张忠明，2008）。林勇刚（2010）在研究农地经营规模效率时对影响因素按照户主个人特征、家庭资源禀赋、家庭种植结构、家庭种植投入、家庭非农经营等维度进行分类，李芳宁对影响毛竹经营规模效率的影响因素分为自然因素（林地因素、辅助约束）、社会因素（家庭特征、培育方法、科技水平、其他因素）、经济因素（组织形态、资本投入）三个大类。陈旻榕（2010）在研究茶农经营规模效率影响因素时将影响因素分为茶农家庭与社会特征变量、经营状况变量以及科技服务变量三类。

在借鉴相关研究成果的基础上，结合实地调研数据及毛竹经营规模效率所具有的特性，本研究选择农户的基本特征、家庭特征、林地资源特征、生产经营特征、政策制度特征等五类影响因素，17 个特征变量来分析毛竹经营农户经营效率及其影响因素。其中农户个人基本特征不同，对风险偏好、技术掌握、信息接收和处理的能力不同，会形成不同的生产经营效率，用“户主年龄”“性别”“受教育程度”和“是否村干部”变量测度；家庭特征包括农户家庭所拥有的“劳动力数量”“离公路距离”“家庭林业收入占总收入的比重”等变量；林地资源特征变量包括反映林地资源数量和质量的“林地块数”“立地条件”、同时还有反映农户林地经营管理方式和经验的变量，如“是否从事过与林业有关的经营活动”“是否参加培训”“经营管理方式”等。农户生产经营特征代表特定的投入产出指标及生产要素的选择，用“年投工费用”“资金投入费用（化肥投入费、病虫害防治费、苗木费）”、林地规模投入等变量测度；政策制度特征变量代表社会组织系统服务及政策对生产技术选择的作用（王云，2014），用“对林改是否满意”“产权组织形式”两个变量测度。

根据相关研究，本研究对影响毛竹经营规模效率影响因素在回归函数中的系数符号做出假设。一般认为，户主个人特征对经营规模效率有显著影响。就年龄而言，相较于年长的户主，年轻的户主体力和健康状况更加良好，对于新的生产技术和经营管理模式也更能接受，有利于生产效率的提高。因此本研究假设户主年龄对毛竹林经营规模效率呈正相关。就受教育程度，假设户主受教育程度对毛竹林经营规模效率有正向影响。受教育程度高的户主可能对新技术、新的的经营理念和管理方式理解得更为深入全面，对于生产经营中的不同情况能更加客观地分析，对投入产出能有更准确地把握，因此假设户主受教育程度对经营规模效率的提高有促进作用。同时，毛竹林的种植产物包括毛竹和竹材（竹笋、笋干），竹笋的砍伐和笋干的制作都需要较为精细的管理和细致的投入，因此，对毛竹经营适当加大劳动力、资金、土地规模等生产要素的投入可以发挥规模效应，获得较高产出，因此假设生产资料投入较高的农户林地经营生产效率较高。就劳动力这一变量，因为毛竹的经营不需要很多机械化的操作，但是其经营的过程中对劳动力的要求较高，毛竹的栽种、管护、砍伐、病虫害防治等过程都需要人工操作来较好地完成。单户经营的家庭中，家庭劳动者是生产经营的主要力量，因此，家庭劳动力数量是精细化管理的保障，有利于提高经营效率，因此，假设单户经营的农户家庭劳动力数量对毛竹经营规模效率具有正向影响。林地资源特征变量中具体变量包括林地块数、立地条件、林地距公路距离等，假设优质的林地资源将正向有助于毛竹林经营规模效率的提高。本研究还有一种变量类型为生产经营特征变量，包括土地、资本、劳动力的投入情况以及农户参与相关林地经营活动的经验、对林地经营技术的掌握程度、林业经营管理方式，这些变量都是农户积极投入林业经营活动度重要标志。假设技术服务的提高、经营经验的丰富、管理水平的提高均有利于提高组织化程度从而使农户的经营效率得以提高，而土地、资本、劳动力等要素的投入情况和毛竹林经营规模效率的关系假设为到 U 型，可能存在一个最优规模点，过度或者过少的资源投入都不利于效率提高。同时假设林业相关政策、制度的完善有利于提高农户的满意度，从而提高毛竹林经营规模效率。具体影响因素在函数中的预测方向如表 6-19 所示。

表 6-19　变量赋值及方向预测表

变量类别	变量名称	变量定义	方向预测
个人特征变量	性别	1=男；0=女	+/−
	年龄^2		−
	受教育年限（年）		+
	是否村组及以上干部	1=是；0=否	+
家庭特征变量	家庭劳动力数量（个）		+
	林业收入占总收入的比重(%)		+
林地资源特征变量	林地块数（块）		+
	林地立地条件	1=好；2=中；3=差	−
	离公路距离（里）		−

（续）

变量类别	变量名称	变量定义	方向预测
生产经营特征变量	生产周期投工费用（元）	投工费用	+/−
	生产周期资金投入（元）	化肥投入费、病虫害防治费、苗木费	+/−
	林地面积（亩）	林地面积	+/−
	是否从事过与林业有关的经营活动	1=是；0=否	+
	是否曾接受过林业方面的培训	1=是；0=否	+
	林地经营管理方式	1=精细；2=粗放；3=不管理	−
政策制度变量	林改是否满意度	1=是；0=否	+
	产权	1=自留山；2=集体分林到户；3=退耕还林地；4="谁造谁有"承包；5=原责任山确权承包；6=通过拍卖承包；7=转包；8=租赁；9=其他	−

为描述样本的分布情况，本研究运用 Stata11.0 软件对变量进行简单的描述性统计分析，如表 6-20 所示。

表 6-20 变量描述性统计分析

模型变量	最小值	最大值	均值	标准差
经营规模效率（解释变量 1）	0.051	1	0.350 430 3	0.230 214
性别	0	1	0.969 696 97	0.171 941 7
年龄^2	961	6 889	2 588.975 76	1 073.789 3
受教育年限（年）	0	15	7.327 272 73	3.358 940 8
是否村组及以上干部（1=是；0=否）	0	1	0.351 515 15	0.478 896 9
家庭劳动力数量（个）	1	6	2.624 242 42	1.117 223 9
林业收入占总收入的比重（%）	15	100	48.836 363 6	26.520 882
林地块数（块）	1	4	1.830 303 03	0.808 674 3
林地立地条件（1=好；2=中；3=差）	1	3	1.733 333 33	0.585 738 4
离公路距离（里）	0	60	3.165 212 12	5.457 775 2
生产周期投工费用（元）	650	205 000	20 762.430 3	26 294.607
生产周期资金投入（元）	0	108 150	8 319.821 21	14 669.627
林地面积（亩）	0.3	400	32.344 242 4	45.442 646

（续）

模型变量	最小值	最大值	均值	标准差
是否从事过与林业有关的经营活动（1=是；0=否）	0	1	0.78 787 879	0.4 100 547
是否曾接受过林业方面的培训（1=是；0=否）	0	1	0.42 424 242	0.495 732
经营管理方式（1=精细；2=粗放；3=不管理）	1	3	1.42 424 242	0.5 538 283
林改是否满意度（1=是；0=否）	0	1	0.83 030 303	0.376 509
产权（1=自留山；2=原责任山确权承包；3="谁造谁有"承包；4=集体分林到户；5=通过拍卖承包；6=退耕还林地；7=转包；8=租赁；9=其他）	1	9	3.54 545 455	1.7 684 724

6.5.3 实证结果与分析

建立模型将DEA分析中得出的毛竹林经营规模效率作为被解释变量，以农户经营规模效率可能的影响因素作为解释变量，基于Tobit模型采用软件Stata11.0版本对单户经营林地规模效率响因素分别进行回归分析，并做比较研究。

1. 回归结果的估计与检验

由表6-21可知，年龄、家庭劳动力个数、是否从事过与林业有关的培训三个变量在10%的显著水平下通过检验，性别、生产周期投工费用、林地面积三个变量通过5%显著水平检验，是否村干部、对林改是否满意、经营管理方式、产权等变量由于完全不显著而被剔除。卡方值38.28，显著性为0.0002，远小于0.05的显著性概率水平，判定系数R^2为1.3352，虽然该数值大于1，但由于模型分析使用的是截面数据，因此不会对影响因素分析产生影响。

表6-21 单户经营毛竹林规模效率回归结果

解释变量	系数	标准误	T值	显著性
性别（1=男；0=女）	−0.279 559 2**	0.109 902 5	−2.54	0.012
年龄^2	−0.000 033*	0.000 018 3	−1.8	0.074
受教育年限（年）	0.000 021 5	0.005 936 4	0	0.997
家庭劳动力数量（个）	0.027 106 9*	0.016 075 2	1.69	0.094
林地块数（块）	0.018 679 2	0.022 618 7	0.83	0.41
林地立地条件（1=好；2=中；3=差）	−0.010 974 1	0.028 042 5	−0.39	0.696

（续）

解释变量	系数	标准误	T值	显著性
离公路距离（里）	−0.000 867 8	0.003 336 4	−0.26	0.795
林业收入占总收入的比重（%）	0.000 880 2	0.000 861 5	1.02	0.309
生产周期投工费用（元）	−1.09E−06**	8.72E−07	−1.25	0.013
生产周期资金投入（元）	−7.89E−07	1.40E−06	−0.56	0.574
林地面积（亩）	0.001 624 6**	0.000 65	2.5	0.014
是否从事过与林业有关的经营活动（1=是；0=否）	0.065 025 5*	0.049 512 9	1.31	0.091
是否曾接受过林业方面的培训（1=是；0=否）	−0.012 312 5	0.039 399 1	−0.31	0.755
卡方值 LR chi2（17）=38.28		显著性 Prob>chi2=0.0002		
似然值 4.804 991 2		判定系数 R^2=1.335 2		

2. 回归结果的影响因素分析

（1）户主的性别对单户经营规模效率具有显著影响。女性户主的林地规模效率高于男性户主。这与假设不太符合。原因可能在于：在农村中男性较女性而言有更多参与社会活动和外出的机会，男性户主在了解到外界产业发展的信息后可能将原本安排于林业经营活动的时间分配到一些其他生产经营活动上，由此减少对林业经营时间和精力的投入而影响林地经营规模效率，而女性致富手段较男性而言相对较少，特别是女性成为户主后拥有更多的责任和积极性投入到林业生产中，因此可能会较男性户主在林业经营中产生更高的规模效率。

（2）户主年龄与农户经营规模效率密切相关，两者呈负向变动关系。这表明户主的年龄越小，经营规模效率越高。在调查中发现，年龄较小的户主一般比年长的户主有更高的受教育年限，对外界新技术、新知识的运用能力更强，可能更懂得合理配置投入产出，而随着年龄的上升及精力的下降，经营者对林地管理所投入的时间及劳动在一定程度上都会有所下降，他们更希望能维持现状或缩小规模，避免频繁波动。此外，年轻户主一般身体素质较年长户主强，对林地的管理将会更精细，因此能产出更高的规模效率。

（3）农户家庭劳动力的数量对农户经营规模效率影响非常显著。家庭劳动力数量越大，林地规模效率越高。毛竹经营作为一个人工劳动力投入大于机械劳动力投入的作业类型，加上单户经营毛竹的农户所拥有的林地面积相对不是很大，因此家庭劳动力成为要素投入十分重要的因素。劳动力数量的增加能进一步提高林地经营精耕细作的程度，从而能进一步促进农户的经营规模效率的提高。

(4) 在毛竹经营的整个生产周期中，投工费用对农户林地经营效率有重要影响。投工费用越少，农户经营规模效率越高，这与回归前假设也不太相符。可能由于本研究的投工费用包括自投工的成本折算和雇工的成本费用，加之家庭劳动力数量和经营规模效率呈正相关关系，因此此处的投工费用的过多投入而使农户经营规模效率下降应该是雇工费用所致。由于毛竹经营农户总体规模偏小，要素配置比例不合理，生产周期的投工费用过多，影响了包括林地在内的生产效率。因此，适量减少雇工，提高家庭劳动力的投入效率，减少整个生产经营周期的投工费用对提高经营效率有一定的帮助。

(5) 林地面积是影响林业规模效率的重要因素，两者表现为正相关。首先，适度扩大林地经营规模有利于提高单户经营农户种植的积极性，农户在一定规模面积下，会愿意投入更多精力去有效经营、管理林地，合理规划毛竹林的砍伐以及竹笋等竹产品的采摘。其次，适度的扩大规模，更有利于优化投入产出量，更合理地配置资源，产生规模效应。

(6) 拥有与林业有关的经营活动的经验对毛竹林经营规模效率具有重要影响。参与过林业有关经营活动有利于增加农户种植经验与种植技能，对提高林地规模效率有正向作用。首先，林业经营作业具有一定的共性，丰富的林业经营经验有助于更好地利用现有林业资源增加产出量，同时能使现有要素更合理配置，使林地规模效率得到有效提高。

从模型的计量结果中我们可以看到，以上 6 个影响因素对毛竹林整体经营规模效率产生显著影响。当然，其他不显著的因素并不意味着它们对总体经营规模效率没有影响，比如生产周期的资金投入等变量，如果在整个毛竹生产经营周期没有资金的投入则生产经营将无法维持下去，因此适当的资金投入对于提高毛竹林经营规模效率是有必要的。

6.5.4 效率影响因素的比较分析

1. 三大效率影响因素比较分析

(1) 回归结果的估计与检验。毛竹林经营规模效率可分解为纯技术效率和总体规模效率。由表 6-22 可知，毛竹林经营规模效率（综合技术效率）分析中，年龄、家庭劳动力个数、是否从事过与林业有关的培训这三个变量在 10%的显著水平下通过检验，性别、生产周期投工费用、林地面积三个变量通过 5%显著水平检验。纯技术效率分析结果中，只有性别、林地面积 2 个变量通过 10%的显著性检验，总体规模效率中是否村级干部这一指标在 5%的显著水平下通过检验，家庭劳动力个数、离公路距离、林地面积、是否从事过与林业有关的经营活动等变量均在10%的显著性水平下通过检验。三个效率影响因素的判定系数R^2，虽然存在大于1的数值，但由于模型分析使用的是截面数据，因此不会对影响因素分析产生影响。

表6-22 单户经营毛竹林规模效率回归结果

解释变量	综合技术效率影响因素显著性系数	纯技术效率影响因素显著性系数	规模效率影响因素显著性系数
R^2	1.335 2	0.353 1	−3.525 2
卡方值 LR chi2（17）	38.28	0.288 0	94.22
似然值 Log likelihood	4.804 9	−18.0794	60.4741
显著性	0.000 2	0.000 0	0.000 02
性别	−0.279 559 2**	−0.235 238 9*	−0.004 489 7
年龄^2	−0.000 033*	−0.000 018 5	−0.000 025 6
受教育年限（年）	0.000 021 5	0.003 311 5	0.003 054 8
是否村组及以上干部（1=是；0=否）	−0.001 186 6	−0.028 495 3	0.089 844 7**
家庭劳动力数量（个）	0.027 106 9*	0.019 830 5	0.033 817 3*
林业收入占总收入的比重（%）	0.000 880 2	0.041 817 2	0.006 637 6
林地块数（块）	0.018 679 2	−0.029 107 4	0.022 545 6
林地立地条件（1=好；2=中；3=差）	−0.010 974 1	0.002 120 5	−0.000 828 1
离公路距离（里）	−0.000 867 8	−0.000 174 6	−0.001 728 1*
生产周期投工费用（元）	−0.000 001 09**	−0.000 001 54	0.000 000 213
生产周期资金投入（元）	−0.000 000 789	−0.000 000 997	−0.000 001 46
林地面积（亩）	0.001 624 6**	0.001 309 9*	0.001 229 1*
是否从事过与林业有关的经营活动（1=是；0=否）	0.065 025 5*	0.042 824 6	−0.112 089 3*
是否曾接受过林业方面的培训（1=是；0=否）	−0.012 312 5	−0.029 123 1	−0.035 586
经营管理方式（1=精细；2=粗放；3=不管理）	0.004 195 2	0.015 855 9	−0.000 001 45
林改是否满意度（1=是；0=否）	0.012 741 8	0.027 454	0.073 906 3
产权（1=自留山；2=原责任山确权承包；3="谁造谁有"承包；4=集体分林到户；5=通过拍卖承包；6=退耕还林地；7=转包；8=租赁；9=其他）	−0.001 831 4	−0.010 958 1	0.011 137 8

注：*表示在10%的水平上显著，**表示在5%的水平上显著。

（2）影响因素比较分析。从总体来看，对综合技术效率有显著影响的因素或多或少对纯技术效率或规模效率存在显著性影响，如性别、林地面积、家庭劳动力数量等。对比综合技术效率影响因素和纯技术效率影响因素，可以看出，性别、林地面积两个要素在林业生产经营过程中所发挥的生产潜能将影响综合技术效率，提高整体林业经营效率，但家庭劳动力数量、林业培训经历等变量存在一定的投入不足或投入过剩，虽然对综合技术效率有显著影响，但并未对纯技术效率产生影响。就综合技术效率和规模效率影响因素而言，劳动力投入数量、林地面积、林业经营培训经验等因素对两者均有显著影响，说明这些投入要素的规模对整体的林业经营效率产生一定影响，如果这些要素的投入规模达到收益最大化所要求的规模，将有助于综合技术效率的提高。

2. 毛竹林经营规模效率与林地规模效率比较分析

（1）回归结果的估计与检验。由于总体经营规模效率已经在前面作出具体的分析，此处对林地规模效率作为被解释变量进行影响因素分析。林地规模效率反映的是林地这一单一生产要素的最小潜在投入量与林地规模实际投入量的比率，同时林地作为全部生产要素的重要部分，其投入规模对整个林业生产经营也有着举足轻重的作用，因此，比较林地规模效率影响因素和毛竹林总体经营规模效率影响因素，找出提高林地规模效率的重要因素也有利于进一步提高整体林业生产经营效率。由表 6-23 可知，家庭劳动力个数、离公路距离、林地面积、是否从事过与林业有关的经营活动 4 个变量在 10%的显著水平下通过检验，只有是否村组及以上干部这一个变量通过 5%显著水平检验，性别、经营管理方式、立地条件、产权等变量因完全不显著被剔除。卡方值为 22.79，显著性为 0.000 2，小于 0.05 的显著概率水平，判定系数 R^2 为 0.298 5 小于 1。

（2）影响因素比较分析。与毛竹林总体经营规模效率不同，林地规模效率是考察林地这一要素的最小潜在投入量与实际投入量的比率，以林地经营规模效率为被解释变量进行影响因素的 Tobit 回归分析，是为了找出影响农户在林地经营时林地规模投入量大小的因素，找出能促使农户往最优经营效率规模发展的路径和方向。

①家庭劳动力个数是影响林地经营效率的重要因素。如在毛竹总体经营规模效率影响因素分析中所述，毛竹经营是一个人工劳动力投入大于机械劳动力投入的作业类型，加之单户经营以家庭自主劳动为主，因此，家庭林地经营的规模将受家庭劳动力个数影响，劳动力个数越多，林地经营的规模效率将会更高。

②林地离公路远近是反映林地资源特征的一个重要变量，林地离公路越近，林地经营生产中产品的运输将越方便，不仅降低毛竹经营的成本，同时将有效提高作业效率。离公路越近的林地，占据着如交通、销售等多种优势条件，因此农户就会更有效利用而减少土地的搁置或抛荒，提高林地经营规模效率。

表 6-23　林地规模效率 Tobit 回归结果分析

解释变量	系数	标准误	T 值	显著性
年龄^2	−0.000 02	0.000 02	−1.2	0.231
受教育年限（年）	0.003 05	0.006 90	0.44	0.659
是否村组及以上干部（1=是；0=否）	0.089 84**	0.044 30	2.03	0.044
家庭劳动力数量（个）	0.033 82*	0.018 67	1.81	0.072
林业收入占总收入的比重（%）	0.006 63	0.026 19	0.25	0.8
林地块数（块）	0.022 55	0.032 61	0.69	0.49
离公路距离（里）	−0.001 73*	0.000 99	−1.73	0.085
生产周期投工费用（元）	0.000 000 2	1.00E−06	0.21	0.832
生产周期资金投入（元）	−0.000 001 4	1.61E−06	−0.9	0.368
林地面积（亩）	0.001 229*	0.000 65	1.88	0.062
是否从事过与林业有关的经营活动（1=是；0=否）	−0.112 089*	0.057 66	−1.94	0.054
是否曾接受过林业方面的培训（1=是；0=否）	−0.035 586	0.045 76	−0.78	0.438
林改是否满意度（1=是；0=否）	0.073 906 3	0.061 01	1.21	0.228
截距项	0.383 805 8	0.188 57	2.04	0.044
卡方值 LR chi2（17）=22.79		显著性 Prob>chi2=0.0015		
似然值 Log likelihood=−26.780485		判定系数 R^2=0.2985		

③林地面积对林地经营效率具有正向影响。由于目前被调查地区单户经营农户的家庭所拥有的林地面积相对较小，因此林地面积的适度扩大使林地规模趋于最优投入量从而提高林地经营规模效率。

④过去从事与林业有关的经营活动的经验并没有对林地规模效率产生正向影响，反而没有林地从业经验的人能产生更好的林地经营效率，这与假设不相符。可能原因在于过去已有的林业经营经验会使林业从业者形成一种定式思维，对于已有的林地经营规模不善于进行扩张或缩小，因此在一定范围内限制了林地经营的进一步发展，从而影响林地经营规模效率。

⑤村级及以上干部对林地规模效率的提高有正向影响。原因在于农村作为一个熟人社会，村干部等在村中掌握大量的人脉，在村中可以拥有信息获取更畅通的渠道，如土地政策的变化、村民林地转入、转出等相关信息都需要经村委会，因此村干部能较快掌握资讯，对自家林地经营规模的调整也能更为及时，有利于提高林地经营规模效率。

由此可以发现：劳动力数量、林地面积两个变量对两个规模效率均有正向影响，而是否有从事过与林业有关的经营活动的经验在两个规模效率影响因素分析中分别具有不同方向的影响，其他因素均不同程度地对总体经营规模效率或林地规模效率分别产生影响。由此可以看出，劳动力数量和林地面积两个变量是作用在林地经营上的关键要素，而其他不影响林地经营规模效率但影响总体经营规模效率的因素如户主性别、年龄、生产周期投工费用等都是通过家庭林地经营的生产行为直接影响规模效率，而不是通过土地这一要素间接影响毛竹林总体经营规模效率。因此，要提高毛竹林总体经营规模效率，林地规模的适度发展是关键，其次，其他生产经营相关要素使用效率的提高也十分重要。提高总体经营规模效率要从户主个人、家庭劳动力素质、生产经营特点等多因素把握。

6.5.5 结论与启示

1. 结论

本部分提出农户林地经营规模效率的影响因素体系，并采用 Tobit 模型进行实证检验，找出影响经营规模效率的因素。同时，将毛竹林总体经营规模效率与纯技术效率、规模效率、林地规模效率等效率的影响因素分别进行比较分析，根据不同效率值影响因素的差异分析为进一步提高毛竹林经营效率寻找切入点。研究结论表明：

（1）毛竹林总体经营规模效率受到多种因素的影响，不同生产投入要素的变化对经营规模效率的影响有显著差异。多种因素主要包括户主性别、年龄、家庭劳动力数量、生产经营周期内劳动力投入、林地面积、林地生产经营经验等 6 个因素。其中家庭劳动力数量、从事林业经营活动经验、林地面积与毛竹林经营规模效率存在正相关关系；户主性别、年龄、生产周期投工费用与规模效率呈反向变动关系。就劳动力数量投入而言，家庭劳动力数量的增加无疑增加了林地生产中劳动的投入，对林地规模效率的提高有一定的促进作用。但是过多的投工费用，又会使投出产出配置不协调，从而降低林地规模效率，因此适度的劳动投入是提高林地规模效率的关键。就劳动力的质量而言，年轻的劳动力相较于年长劳动力更愿意花时间和精力去管理和经营林地，有利于林地规模效率的提高，而且有从事过林业经营活动即有林业从业经验的家庭劳动者在林地经营方面更具优势，有利于林地经营效率的提高。另外，拥有丰富林地经营经验的劳动者对生产经营的投入产出安排也更具合理性，他们在经营中积累的技术应用也有利于林地经营效率的提高。

（2）林地规模效率受家庭劳动力个数、离公路距离、林地面积、是否村组及以上干部等因素影响，其中劳动力个数、林地面积等同时影响毛竹林总体经营规模效率，反映林业家庭经营中家庭劳动力的数量和林地面积大小，不仅影响林地经营规模的发展，同时对提升整体经营效率也至关重要。离公路距离、是否村干部等变量通过土地使用的便利性以及对土地流转、土地政策变化等信息搜集的方便性作用于家庭经营中土地要素的投入大小及使用效率。

2. 启示性建议

基于前文分析，本部分研究提出如下相关启示性建议：

（1）加大力度扶持林地中小规模农户，提高整体林地生产经营规模效率。由调查结果可知，林地面积是影响农户毛竹林总体经营规模效率和林地经营规模效率的重要因素，福建省样本调查区的毛竹林经营效率最优适度规模区域为60～70亩，大部分中等规模以下农户的林地经营是缺乏效率的，这其中受到资源禀赋、资金、劳动力投入、政策等多方面因素影响，但单靠其自身调整劳动力及资金投入实现规模最优仍很难达到，只有政府在林地流转、财政补贴、资金信贷等优惠政策上给予帮助和扶持，才能扩大这些农户的林地经营规模，从而在适度规模经营中提高林地经营效率。

（2）因地制宜确立林地经营效率最优适度规模。由于不同地区的经济条件、资源状况不同，不同林区的林地经营规模状况也各不相同，因此要建立一个全国统一的毛竹林地效率最优适度规模是十分困难的，只有根据当地实际情况确立毛竹林地效率最优适度规模，才能使不同林区的毛竹林经济得以有效发展。大部分中小规模的农户要适度扩大林地规模以优化投入产出配置比例，提高林地规模效率。

（3）加强林业劳动者队伍质量建设，健全社会保障体系，规范林地、林木等林业要素的流转。由于我国农村社保体系的不完全发育，农民将土地资源作为最后救命稻草的思想根深蒂固，特别是一些年龄相对较大、思想较为保守的农户，即使他们拥有较小规模的林地，宁可低效经营也不愿将其流转，因为他们认为林地资源在一定程度上就是生存、养老、医疗的保障（林永刚，2010）。因此，为改变此种局面，盘活农村林地资源，需要不断完善农村社保体系，弱化并改变农户将林地作为社会保障功能的观念。同时，尽快规范土地流转制度，避免因土地权属利益等发生矛盾，使林地资源能更优化地进行配置，适当扩大林地经营能手的林地面积，提高林地经营效率。另外，在经营资金扶持方面，要发展农村普惠金融服务，有效拓宽投融资渠道，激发不同林地规模农户在林业生产中的积极性，促进农户林业收入的多形式化。

（4）加强林业科技服务机构建设，积极推广科技服务。为提升所有农户的生产经营技术水平，农户要积极参加科技培训并将其投入实践，积累经验，促进科技创新。由于毛竹林在福建具备优越的生长条件，因此科技投入可以得到很好的收益。只有农户积极配合并参与政府提供的各类技术指导和技术培训，推进病虫害防治、节水灌溉等科技兴竹技术应用，毛竹林经营水平才能得以提高，林地经营效率才能进一步提升。

7.新型林业经营主体的培育及经营分析

前面几章分析表明，要提高林地经营效率，实现林地经营的规模化和组织化，新型林业经营主体的培育势在必行。我国农村林业发展进入新阶段，要应对林业兼业化、林村空心化、林民老龄化，解决谁来种地、怎样种好地的问题，亟须加快构建新型林业经营体系。林改后，一家一户的分散经营，在林业生产经营过程中面临着造林难、防火难、病虫害防治难、科学技术难、对接市场难、农村劳动力减少等一系列问题，农民不断探索新型林业生产经营组织形式，林业合作社、家庭林场、龙头企业等新型林业经营主体成为林业生产的重要生产组织形式。培育新型林业经营主体是践行习近平总书记提出的“四个全面”战略布局中的“全面建设小康社会”和“全面深化改革”的重要体现。

新型林业经营体系已成为当前林业经济的研究热点和实践重点。2012 年，党的十八大报告提出：“培育新型经营主体，发展多种形式规模经营，构建集约化、专业化、组织化、社会化相结合的新型农业经营体系。”2012 年年底，中央农村工作会议正式提出培育新型农业经营主体的要求。新型林业经营体系是新型农业经营体系的重要组成部分。新型林业经营体系指大力培育发展新型林业经营主体，逐步形成以家庭承包经营为基础，林业专业大户、家庭林场、农民林业合作社、林业产业化龙头企业为骨干，其他组织形式为补充的新型林业经营系统。新型林业经营主体是林业先进生产力的代表，是推进林业转型升级、林业增效、林农增收的主要力量，在发展现代林业中发挥着重要的作用。新型林业经营主体是相对于传统的小规模、自给半自给农户家庭经营，克服了以往家庭经营在规模经济、要素利用效率等方面的缺陷，具有经营规模较大、集约化经营、劳动生产率较高、市场化程度高等特征。新型林业经营主体的培育，有力地促进了林地规模开发、发展壮大了各地林业经济、推动了各地的现代林业建设。

文献研究表明，黄祖辉等（2010）、楼栋和孔祥智（2013）、丁冬等（2014）等诸多学者针对新型农业经营主体进行了较为系统和深入的研究，而当前系统针对新型林业经营主体的研究成果较少（刘秋颖，2014），邹继昌

(2013)、廖深洪等(2013)、刘秋颖(2014)等针对新型林业经营主体也开展了一些相关研究，为后续研究提供了借鉴。本部分旨在分析新型林业经营主体的特征、问题及发展对策，并进一步基于实地调查样本对实践中较为典型的林业大户和林业合作社经营特征加以分析。

7.1 新型林业经营主体的特征、问题及发展对策

7.1.1 新型林业经营体系培育的动因

1. 政府的引导、支持和推动

基于文献查阅和实地调研发现，当前新型林业经营体系的培育路径主要有如下几种类型：(1) 自我发展型，是由经营主体自我组织、自我发展起来的；(2) 政策引导型，即是在政府政策的引导和扶持下发展起来的；(3) 市场推动型，即在市场力量的推动下发育起来的；(4) 混合型，是在综合前述几种路径的基础上发展起来的，实践中以此类型居多。

新型林业经营体系的培育和发展，离不开政府的引导和支持。林业作为大农业的有机构成，新型林业经营体系是新型农业经营体系的重要组成部分。近年来，国家出台了如下一系列促进培育新型农业经营主体的相关政策。2012年，党的十八大报告提出："培育新型经营主体，发展多种形式规模经营，构建集约化、专业化、组织化、社会化相结合的新型农业经营体系。"2012年年底，中央农村工作会议正式提出培育新型农业经营主体的要求。2013年中央1号文件《中共中央国务院关于加快发展现代农业进一步增强农村发展活力的若干意见》指出，农业生产经营组织创新是推进现代农业建设的核心和基础。要尊重和保障农户生产经营的主体地位，培育和壮大新型农业生产经营组织，充分激发农村生产要素潜能。2013年党的十八届三中全会通过的《中共中央关于全面深化改革若干重大问题的决定》要求，健全城乡发展一体化体制机制，加快构建新型农业经营体系，鼓励农村发展合作经济。推进家庭经营、集体经营、合作经营、企业经营等共同发展的农业经营方式创新。2014年中共中央、国务院《关于全面深化农村改革加快推进农业现代化的若干意见》中要求创新农业生产经营体系，稳步提高农民组织化程度，大力支持发展多种形式的新型农民合作组织。鼓励农民兴办专业合作和股份合作等多元化、多类型合作社，切实提高引领带动能力和市场竞争能力。在上述政策的引导下，各地政府积极出台了新型农林业经营主体的相关培育措施，促进了新型林业经营主体的发育和发展。

2. 其他主要动因

除了政府的积极引导外，新型林业经营主体培育的主要动因还体现在如下几个方面：

（1）农村改革与发展的基础。农村改革与发展是新型林业经营主体兴起的前提，建立“联产承包，包产（包干）到户，统分结合，双层经营”的农村经济制度，其核心内容是包产（包干）到户，本质是把农民解放出来，农民获得生产经营自主权。1978 年改革开放以来，中国农村的改革与发展举世瞩目，出现了农村劳动力大量转移和农村空心化的潮流与趋势，为农村土地流转和新型林业经营主体发育创造了条件和机遇。

（2）集体林权制度改革的推进。始于 2003 年的新一轮集体林权制度改革是新型林业经营主体兴起的保障，林权制度改革是农村生产责任制的丰富和完善，是农村生产责任制在林地上的延伸，是农村经济社会发展的第二次革命，是农村生产力的又一次大解放，是破解“三农”问题的有效途径。通过林权制度改革明晰了产权，放活了经营权，林农经营积极性得到了提高，农村林业经营环境不断优化，促进了林木、林地、森林等林业资源的资产化，通过市场化的运作，资金等生产要素向林业聚集，为新型林业经营主体的发育提供了条件和保障。

（3）相关配套政策的激励。政策激励是新型林业经营主体兴起的重要动因。为了促进新型林业经营主体的发育，出台了相应的一些土地流转、税费优惠、投融资、产业扶持等相关政策。如在土地流转方面，在保障农民利益的前提下，鼓励和规范农民以各种形式流转林地承包经营权，因地制宜、积极稳妥地推进林地流转，使更多的土地向农业龙头企业、家庭农场、专业种养大户等新型林业经营主体集中，为其发展拓展空间。并在合作社发展方面，出台了一系列激励和扶持政策。

（4）市场环境的保障。良好的市场环境是新型林业经营主体兴起的支撑和保障，培育市场是提升林农抗风险能力和市场竞争力的必然选择。自 20 世纪 90 年代我国提出要建立社会主义市场经济体系以来，林业经营的市场体系不断完善，市场环境得到了不断优化，新型林业经营主体的市场地位得到了认可，各种林业生产要素的交易平台不断完善，林业投融资体系也日渐健全，为新型林业经营主体的发育提供了重要的保障。

（5）林地经营者的生存压力和致富渴望。林地经营者的生存压力和致富渴望也是新型林业经营主体发育的内在动因。在中国农村，一些林业专业能手或农村致富能人，他们视林地林木为重要的脱贫致富资源，专注于林地承包经营，并在此基础上不断探寻新型的林地经营形式。目前，林业特色优势产业已成为促进各地林农增收的有效途径。尤其是在示范效应下，林农的致富渴望深深地促进了新型林业经营方式的变革。

除上述因素外，调研发现，林业资源条件禀赋也是影响林业经营主体发育的重要因素。在林业发展较好的区域，林农自发联合，组建新型林业经营组织比较多。林农林地收入高则加入组织意愿较为强烈；林地面积大的农户，受劳动力缺乏、资金短缺、技术水平制约的因素较多，更愿意加入林业合作组织解决资源要素瓶颈。

7.1.2 新型林业经营主体培育的政策

新型林业经营主体是相对于传统小规模分散经营而言的，是对传统林业经营方式的创新和发展（张蕾等，2014）。新型林业生产经营主体是指在坚持农村基本经营制度的基础上，顺应农村发展形式的变化，通过政府引导或自发形成，广大林农认识到自身是自己的生产经营活动的承担者和主人，基于共同利益自愿组合在一起开展林产品生产、加工、销售等生产经营活动主体的总称（张蕾 等，2014）。

新型林业经营体系的培育和发展，离不开政府的引导和支持。林业作为大农业的有机构成，新型林业经营体系是新型农业经营体系的重要组成部分。近年来，国家出台了如下一系列促进培育新型农业经营主体的相关政策。2012年，党的十八大报告提出："培育新型经营主体，发展多种形式规模经营，构建集约化、专业化、组织化、社会化相结合的新型农业经营体系。"2012 年年底，中央农村工作会议正式提出培育新型农业经营主体的要求。2013 年中央 1 号文件《中共中央国务院关于加快发展现代农业进一步增强农村发展活力的若干意见》指出，农业生产经营组织创新是推进现代农业建设的核心和基础。要尊重和保障农户生产经营的主体地位，培育和壮大新型农业生产经营组织，充分激发农村生产要素潜能。2013 年党的十八届三中全会通过的《中共中央关于全面深化改革若干重大问题的决定》要求，健全城乡发展一体化体制机制，加快构建新型农业经营体系，鼓励农村发展合作经济。推进家庭经营、集体经营、合作经营、企业经营等共同发展的农业经营方式创新。2014 年中共中央、国务院《关于全面深化农村改革加快推进农业现代化的若干意见》中要求创新农业生产经营体系，稳步提高农民组织化程度，大力支持发展多种形式的新型农民合作组织。鼓励农民兴办专业合作和股份合作等多元化、多类型合作社，切实提高引领带动能力和市场竞争能力。在上述政策的引导下，各地政府积极出台了新型农林业经营主体的相关培育措施，促进了新型林业经营主体的发育和发展。

7.1.3 新型林业经营体系的特征

1. 林业大户

林业大户指在家庭经营基础上，通过土地使用权流转和生产要素的聚集，从事某种林产品专业化生产、加工和销售的一种新型林业生产经营主体。林业大户主要由农村种植能手、养殖能手、专业户通过土地流转和资源、生产要素集聚而产生，具有较强的专业性和经营管理能力，生产规模也远大于普通农户。

能够成为林业大户不是偶然，他们其中有很多人在成为林业大户之前，都或多或少有着一些特殊的经历，如植树造林能手；有超前意识、有经济头脑和一定经济实力的村民；农民企业家；个体工商户；退休职工；下岗职工等。林业大户通常具有如下特征：自身的文化素质较高，有经营头脑，有事业心、进取心，能吃苦耐劳，有胆识有魄力，风险意识强。

2. 家庭林场

家庭（私营或私有）林场是在林业承包责任制的基础上发展起来的一种林业生产经营形式（严安云，1984；邹继昌，2013)。家庭（私营或私有）林场是以农户家庭为基本组织单位，以家庭成员为主要劳动力，面向市场，以利润最大化为目标，从事适度规模化、集约化、标准化生产经营，并以林业收入为主要收入来源的一种新型林业生产经营主体。

根据廖深洪等（2013）的研究，提出家庭林场的认定标准主要有 4 条：（1）家庭林场的经营主体是林地所在行政村的林农家庭；（2）经营林地规模在 300 亩至 5 000 亩，并相对集中连片；（3）有林场的发展规划，并落实森林经营措施；（4）有发展林下经济的计划，并付诸实施。

另据江西省林业厅于 2008 年出台的《关于加快民营林场发展的意见》明确提出：凡农户、个体、私营企业、外商等非政府投资经营森林面积达 2 000 亩以上、山林权属明晰、毛竹林或经济林经营年限 15 年以上、用材林经营年限 30 年以上的，均可向当地县级以上林业主管部门申请设立民营林场。经营森林面积在 1 万亩以下的，由县级林业行政主管部门认定；经营森林面积在 1 万～2 万亩的，由设区市林业行政主管部门认定；经营森林面积在 2 万亩以上的，由省林业厅认定。跨区域设立民营林场的认定，由民营林场所在区域的同一上级林业行政主管部门负责。

以江西崇义县为例，全县现有民营林场 35 个，其中经营面积在 2 万亩以上有 2 家，经营面积在 1 万～2 万亩的有 7 家。全县民营林场经营总面积达 32.1 万亩。90％以上的民营林场以其林地林木资源办理了林权抵押贷款，金融机构也积极开展林权抵押贷款业务。截至目前，全县共发放林权抵押贷款 2.6 亿元，其中向民营林场发放林权抵押贷款 1.4 亿元，全县民营林场已享受贴息资金达 360 万元，大大缓解了民营林场的资金周转压力。而江西信丰县共有 213 家自主经营、自负盈亏、自我发展、自我约束的民营林场（含家庭经营、独资、股份制、公司＋农户等形式），经营总面积 49.35 万亩，占集体林的 19.7％。

家庭林场的出现促进了林业经济的发展，推动了林业商品化的进程；家庭林场的规模经营有利于技术、机械化推广与林业物质成本的下降；有利于提升劳动生产率与林地生产率；有利于提高林产品的市场组织程度，克服交易行为小而散的弱点（邹继昌，2013）。大部分家庭林场经营者素质较高，专业知识、实践技能较强，懂经营、会管理，并实行标准化生产、规模化经营、企业化管理，申请产品认证，注重林产品及林副产品质量安全（邹继昌，2013）。近年来，许多创业成功人士纷纷转资投入造林绿化行业，家庭林场已成为新型林业经营主体的核心构成。

3. 家庭林场与林业大户的区别

林业大户是家庭（私营或私有）林场的雏形，而家庭（私营或私有）林场是林业大户发展的方向。家庭林场与林业专业户的共同点：（1）都是以一家一户为经营单位，主要或重点从事林业生产或经营，都把林业经营视为一种投资机会或创收致富的机会；（2）都拥有经营自主权；（3）在生产过程中，都有家庭成员的投入，也会有雇佣劳动力投入。

其不同点主要体现在：（1）家庭林场要有一定的经营规模和固定的生产基地，长期稳定地进行生产；其生产规模通常要比林业专业户更大；（2）而家庭林场的生产经营活动通常贯穿林业生产的全过程，而一般的林业专业户也可以经营林业生产程序的某一个单项作业，如育苗、造林、管护等；（3）家庭林场的经营水平一般高于林业专业户；（4）家庭林场的管理通常要较之于林业专业户更为规范，通常需要到工商部门登记注册成立，其获得贷款的机会要比林业大户多。

4. 林业合作社

林业合作社是农民林业专业合作组织的重要形式。农民林业专业合作经济组织是资源配置的一种有效组织方式，是市场组织的构成之一。林业合作组织主要包括林业专业合作社和林业专业协会两类。根据国家林业局编著的《2014 中国林业发展报告》，截至 2013 年年底，全国已建立林业专业合作组织 11.57 万家，涉及农户 1 372.10 万户，占集体林权制度改革涉及农户的 9.15%；经营林地面积 1 513.33 万公顷。其中，林业专业合作社有 4.71 万个，入社农户面积 756.46 公顷，经营林地面积 729.46 万公顷。林业合作经济组织已覆盖全国 30 多个省（自治区、直辖市），涉及种苗、花卉、用材林、经济林、林产品加工与销售、林下经济等方方面面，在新品种、新技术、新方法使用，科技成果转化、林业科技示范，推进森林可持续经营，带动农民增加收入等方面开始发挥主力军作用（张蕾 等，2014）。另据国家林业局 2012 年监测结果显示，林业合作经济组织为农户提供多样化服务，其中，27.42%是科技服务，22.29%是林业生产服务，18.93%是销售服务，16.96%是“三防”服务，9.86%是其他服务。67.94%的农户愿意加入林业合作组织。

林业专业合作社则是林农自愿联合起来进行合作生产、合作经营所建立的一种合作组织形式，其成员大都来自不同的家庭。林业专业合作社指在农村家庭承包经营基础上，同类林产品的生产经营者或生产经营服务的提供者、利用者，自愿联合、民主管理的互助型经济组织。林业专业合作社已成为组织林户生产、发展林产品加工、对接龙头企业、开展市场营销的有效载体。特别是基于林地承包经营权作价入股而组建成的新型股份制林业专业合作社，更有利于明晰责、权、利关系，形成真正的利益共享、风险共担的经济实体，是林业专业合作社未来发展的主要方向。

以江西全南县为例，全县共有各类农民专业合作社 106 个（其中：种植业 50 个、林业 22 个、畜牧业 8 个、渔业 8 个、农机及植保服务业 10 个、其他 8 个），入社农户总数达到 10 504 户，辐射带动农户 1.8 万多户，分别占全县农户总数的 32%和 53%。全县共有省级示范合作社 6 个。如江西全南秀美芳香产业农业专业合作社采取“租金+旅游收入分红”“林地入股分红”“农户自种、合作社回收”等形式吸收社员，目前入社人数 126 人，涉及林地 5 000 亩，社员出资总额达 40 万元，是一个集农民荒山荒地芳香苗木造林、芳香苗木培育、芳香花卉采摘、林产品加工、生态旅游观光、芳香苗木销售为一体的龙头示范合作社，走出了一条以专业合作社促进林业产业发展、带动农民增收的新路子。

5. 林业龙头企业

林业龙头企业是指以林产品加工或流通为主，通过各种利益联结机制与农户相联系，带动农户进入市场，使林产品生产、加工、销售有机结合、相互促进的新型林业生产经营主体。林业龙头企业一般对同行业的其他企业有较大的影响力，具有较强的示范引导和辐射带动作用。如全南厚朴生态林业有限公司于2008年11月注册成立，注册资本6 000万元。公司成立5年多来，投入2.3亿元，完成厚朴种植3万亩，建成芳香花木种质资源圃2 000余亩，建成梅花、桂花、贵妃罗汉松等芳香花木基地0.7万亩，古梅观光园已完成3 000亩，梅园建成后将成为全省乃至全国规模最大的赏梅主题观光园。该企业带动1.1万余户农户参与芳香花木产业建设，其中，入股农户7 000多户，入股土地7万多亩。

龙头企业在适应复杂多变的市场环境中具有较大优势，作为林业产业化经营的重要力量，它能够为农户农产品生产的各个环节提供一条龙服务，能够完善与农户间的利益联结机制，是连接农户和市场之间的桥梁（冯高强，2013）。通过龙头企业带动，解决了广大农户农产品卖难问题，刺激了农村种植业、养殖业的发展。通过龙头企业的深加工，还能提高资源利用率，形成"资源开发—深精加工—高附加价值产品—商品"良性循环模式（冯高强，2013）。农业企业还在农业生产中扮演着运营中心、信息中心和服务中心的角色，同时农业企业还承担了技术创新领导者的任务（冯高强，2013）。林业龙头企业是构建林业支柱产业的重要组成部分，在推进林业产业化进程、优化林业产业结构、提升林业发展水平上起到"排头兵"的作用，由此也得到了各级政府的大力推动，大批涉林企业快速成长（刘秋颖，2014）。

6. 林业混合所有制经营主体

林业混合所有制是随着林业产权的流动和重组，由国家所有制（如国有林业企业）、集体（合作）所有制、个体所有制、私营所有制和外资所有制经济成分相互融资、参股、兼并等而形成的（曾祥划 等，2004）。它突破了单一的公有制和单一的私有制等传统所有制的界限，实现了"公有"或"私有"两种或两种以上基本所有制的相互融合和相互合作。各混合所有制主体根据所占股份或经营贡献共同分享经营收益。目前，林业混合所有制已成为我国林业发展重要动力之一。

林业混合所有制既是一种特殊的所有制形式，又是一种公有制的实现形式，其特点为（曾祥划 等，2004）：（1）复合性，林业混合所有制是一种林业产权组织形式，由不同类型的所有制经济成分混合而成，与传统计划经济体制下追求"清一色"的公有林业经济成分或单一公有制的林业所有制结构形成鲜明的对照；（2）开放性，形成混合所有制的前提，是企业所有权向所有类型的资本及其机构和个人开放，也就是各种类型的资本都可以进入企业而成为企业资本的组成部分，这就使企业成为一个连续开放的系统，正是这种连续开放性，赋予企业及整个经济社会以生命力，并吸纳更多的公众参与和资本加入；(3）动态性，混合所有制是各类资本流动和重组的结果，又是扩大和加快各类资本流动和重组的方向和原因。在混合所有制下，不同类型的资本及其所有者的混合，并非一次完成就固定下来的静止状态，而是随着经济市场化程度的提高，产权流动和重组速度的加快，通过不断竞争调整，达到有进有出的有序动态过程（曾祥划 等，2004)。

混合所有制林业的具体实践形式主要包括如下几种：

(1)“国有林场＋村集体＋农户”（国村合作林)。即根据林地所有权与经营权适当分离、收益分配合理的原则，权属归村、组集体所有的山林经协商将林地经营权转让给国有林场经营，并长期稳定，收益按协议及政府后续相关调整政策规定进行分配，村、组所得收益通过村民代表大会达成协议后再分配给村民。

(2)“龙头企业＋合作社＋基地＋农户”。一般由农业产业化龙头企业发起组建合作社，企业占合作社股份的绝大部分，社员或交纳一定数量的会费，或以劳动力、土地、生产产品入股。合作社的法人代表多数由龙头企业相关人员兼任。合作社通过生产基地，指导农户生产，并按标准收购社员产品。合作社架起了龙头企业与农民之间的桥梁，基地成了企业的生产车间，既为龙头企业解决了生产原料不足的，又带动了广大农户特别是低收入农户增收。如江西全南县高峰公司从 2006 年开始采用“公司＋基地＋农户”的方式，在全县 9 个乡镇建立了速生丰产林基地，农户以土地资本入股参股，公司出资经营速生丰产林基地，通过合同制、合作制、股份合作制等利益联结形式，与林农签订入股合同 90 份，涉及农户 2 060 户，签约面积 9.77 万亩，带动农户户均增收 1 380元。

(3)“龙头企业＋联合社＋合作社＋农户”。为了在市场上获得更多的话语权和主动权，一些经营同类农产品的专业合作社开始寻求联合，共同组成经营实体性的联合社，充分获得了与龙头企业的议价谈判权，形成了“龙头企业＋联合社＋合作社＋农户”的产业化服务经营模式，使农民与市场主体的合作对接关系更直接、更平等，利益联结机制更稳定、更紧密。

(4)“合作社＋基地＋农户”。合作社以生产基地为依托，指导农户生产，并按标准收购社员产品。经营主体积极开展社超对接、物流配送及资金互助服务，充分调动了社员的生产积极性，大幅度增加了社员的收入。

(5)“村委会＋合作社＋农户”。一般是由村委会牵头组建合作社，将村委会政策引导、发动群众等优势同合作社在技术、信息、市场、资金上的优势有机结合起来，以有效抵御市场风险，实现共同创收增收。

（6）“合作社＋家庭农场＋基地＋农户”。一些家庭农场为增强抵御风险的能力，组建起专业合作社，实行联户经营，并吸纳更多农户加入合作社，形成专业化生产基地。

7.1.4 调查地区培育新型林业经营体系的主要经验

实地调研和文献查阅发现，各调查地区在培育新型林业经营体系的实践中积累了一系列丰富的经验，为其他地区培育和发展新型林业经营主体提供了相应的借鉴。

1. 相关政府部门的重视、指导和规划

新型林业经营主体培育需要政府扶持作为保障。新型林业经营主体的培育和发展，离不开政府的引导和支持。目前，我国新型林业经营主体的发展还处在初始阶段，内外部条件相对不足，各主体有一定发展能力，但各种风险仍然威胁这些新型主体的生存。新型林业经营主体的发展和强大，直接关系我国林业发展水平，政府必须加以重视、引导和支持。

以江西崇义县为例，县政府成立了由主要领导任组长、分管领导为副组长、相关部门主要负责人为成员的农村经济合作组织发展领导小组，并下设办公室，专门负责日常管理协调工作。各乡镇相应成立了农村经济合作组织发展领导小组和办事机构。为确保工作落到实处，各级党政把发展农村经济合作组织列入重要议事日程。此外，还从县政府办公室、民政局、林业局、科协等单位抽调骨干力量，落实专职人员，加强对各乡镇发展农村经济合作组织工作的督导检查，促进工作顺利开展。

2. 相关的政策扶持和资金支持

不少地方出台《关于大力发展新型农业经营主体的意见》等文件（杨茂君，2013），在用活人才资源、探索户籍流动、加强用地保障、落实用电优惠、加大财政扶持、创新金融支持、完善农业保险和整合涉农资金等方面制定了扶持政策。有些县级财政每年预算安排一定的专项资金，通过先建后补、以奖代补、奖补结合、打捆支持等方式，对新型经营主体给予一定的资金补助。市级财政对示范性新型经营主体，按实际土地流转面积给予一次性资金补助。

如江西省林业厅出台了《关于加快民营林场发展的意见》，《意见》提出了扶持民营林场发展的政策措施。一是从2009年起，经省林业厅认定的民营林场林木采伐计划实行单列。民营林场培育的工业原料林、速生丰产林，主伐年龄和方式由民营林场自主确定。民营林场在非林地上种植的速生树种，取消采伐计划管理，允许经营者自主采伐，凭县级以上林业主管部门出具的采伐证明办理放行手续。二是加大民营林场项目和资金的扶持。经认定的民营林场，在国家林业重点工程项目规划区内、其营造林符合项目标准和要求的，可列入国家林业重点工程实施和管理；其工业原料林造林、毛竹低改、油茶造林等营造林项目贷款，可按照《江西省林业贷款中央财政贴息资金管理实施细则》的规定，享受财政贴息；其所申报的项目符合省级林业发展资金、森林防火专项资金和森林病虫害防治专项资金项目申报条件的，优先予以安排。

江西赣州各县采取多种方式积极扶持林业新型经营主体发展。一是加大资金扶持力度。如崇义县不断加大产业政策扶持力度，每年对验收合格的新造林实行 50 元/亩的奖励；油茶苗木全部免费供给，并给予 100 元/亩的复合肥补助；每年安排 300 万元资金重点扶持毛竹资源的开发培育，并发放竹林清理补助 3 元/亩，毛竹林新造补助 80 元/亩，新建“猪-沼-竹”绿色无公害有机肥高产笋竹两用毛竹林培育示范点补助 5 000 元/个等。二是完善林业科技推广体系，采取聘请林业专家讲座、组织林业技术人员上门服务、搭建农民知识化工程培训学校、林业网站等交流平台等方式推广林业实用科学技术和管理经验，帮助解决技术难题。三是建立健全林权管理机构。如信丰县建立了信丰县林权管理服务中心，崇义县组建了林业产权交易中心，为林农提供资产评估、抵押登记等业务。

江西信丰县财政安排专项资金，为创办、领办林业专业合作组织提供必要的启动资金，乡村在办公场所上都给予支持，确保了林业专业合作组织的正常运转；工商部门适当降低门槛，放宽登记条件，鼓励扶持成立林业专业合作组织；税务部门在组织起步阶段给予税收优惠；林业项目工程优先照顾林业专业合作组织内部；县政府每年对发展较好的林业合作组织，给予一定的奖励。

为吸引社会力量投资兴办新型林业经营主体，江西信丰县先后出台了《信丰县关于加快工业原料林建设的意见》《信丰县活立木拍卖销售办法》《信丰县发展桉树工业原料林的七条优惠政策》《关于加快油茶产业建设的实施意见》《信丰县加快建设示范性家庭农场及农民合作社等新型农业经营主体的工作方案》等一系列政策措施，严格执行活立木、林地公开招投标制，规范市场行为；严格执行胸径 10 厘米以下的间伐材、成过熟人工用材林、定向培育的工业原料林的林木采伐实行即审即批制度，使林农可以享受到造林的好处，极大地鼓舞了广大群众创办新型林业经营主体的积极性；认真落实“谁造谁有、合造共有”的政策，下发了《关于确认首批新型林业经营主体的通知》，规定凡单位投资营造人工商品林面积 15 000 亩以上，个人投资营造人工商品林面积 500 亩以上，经县林业局检查验收，可确认为新型林业经营主体，从政策上保障新型林业经营主体的权属。

为新型林业经营主体的发展提供坚强的资金和项目保障。江西信丰县积极抓好如下三项工作：一是向上争。为扶持新型林业经营主体的发展，信丰县多年来坚持积极向上级争取项目资金，如退耕还林、长防林、现代农业油茶产业示范县等林业重点工程项目，按政策优先将新型林业经营主体的造林计划列入重点工程，用项目资金扶持造林。二是企业扶。该县积极为林业加工企业和林农牵线搭桥，利用企业资金扶持林农营造工业原料林，使企业和林农达到双赢。赣州金太阳公司、信丰杨氏集团、赣州华劲纸业和信丰县广源细木工板有限公司等企业争相在该县流转林地，组建新型林业经营主体，大力营造工业原料林。三是银行贷。建立了银企联系制度，制定了银行扶持产业发展的政策，为需要山林抵押贷款的林场和林农承办担保业务。林农凭林权证和森林资源资产评估所出具的作价证明就可到信用社办理山林抵押贷款。林权抵押贷款拓宽了林业融资渠道，为林业产业化经营提供了有力的资金保证。

江西全南县也加大信贷倾斜。一是创新农村信贷担保方式，把林业经济组织作为信贷支农重点，允许以联合担保、林权证抵押等形式办理贷款手续；鼓励林业专业合作社等有实力的经营主体开展信用合作和创办林业专门资金互助社，缓解林业经济组织融资难的问题，2013 年全南县各林业经济组织信贷担保 5 000 余万元。二是支持林业经济组织参加林业保险。提高财政对林业经济组织购买林业保险的保费补贴比例，鼓励开展以林地流转规模经营主体为服务对象的涉林保险业务。

此外，浙江安吉县对省级以上农业龙头企业从事种植业、养殖业和农林产品初加工取得的所得，暂免征收企业所得税。对列入农业综合开发的产业化经营项目给予财政补贴、贷款贴息等方式扶持。对新列入国家级、省级示范性农（林）业龙头企业，分别给予 50 万元、20 万元的奖励。鼓励争创示范性农民合作社，对新获得国家级、省级示范性农民专业合作社的，分别给予 20 万元、10 万元的奖励。

3. 相关产业规划与扶持

产业发达是新型林业经营主体建设与发展的基础，也是破解林业经济单一的重要途径。各地按照“做好主业强基础，多种经营促发展”的思路，严把规划关，切实提高新型林业经营主体整体经营水平。江西信丰县林业部门派出精干力量为新型林业经营主体搞好规划设计，引导新型林业经营主体因地制宜、适地适树设计造林树种，提高新型林业经营主体整体经营水平。在产业规划上，正确处理培育与采伐的关系，既注重充分利用林场现有资源的开发，又重视林业资源的培育壮大，重点加强速生丰产林、短周期工业原料林、珍贵树种用材林和经济林基地建设，使培育与采伐两不误，实现"效"的迅速增加。在产业培育上，走加工与营林一体化的路子，重视脐橙、杨梅等果业以及现代旅游业的发展，加快发展立体林业、综合林业，实现"量"的有效扩张。在产业推进上，择优发展木材精深加工，提高科技含量，加快由原字号、初加工向精深加工转型，实现"质"的全面提升。在产业布局上，信丰县注重培育和组建一批林业骨干龙头企业，先后引进、组建了信丰县绿源中纤板厂、信丰县刨花板厂、广源木业有限公司、圣华精细化工有限公司等林产品深加工企业，积极打造"绿源"等林产品品牌，形成企业办基地，加工促生产的良性循环格局，实现"面"的整体提高。

4. 鼓励和支持林地流转

解决好林地流转问题是新型林业经营主体发展的前提。林地流转问题是新型林业经营主体发展中的难题。在当前林地制度背景下，通过林地流转扩大经营规模是必然之举；因此，要培育和发展新型林业主体，政府首先应当着力解决当地土地流转问题，结合当地经济发展的实际，制定合理的土地流转政策（丁冬，2014）。

以浙江安吉县为例，该县按照优先发展现代休闲农业，推进土地规模化经营的要求，引导和鼓励农民采取转包、出租、互换、托管、股份合作等形式流转土地。鼓励农民把承包土地以入股形式建立土地股份合作社，实行股份合作经营。鼓励农民将承包土地经营权剩余年限的预期收益折价出资，投资农林企业，通过股权分红获得土地长期收益。鼓励各类农林服务组织和专业大户，开展托管合作、代耕代种等多形式流转，提高农林社会化服务水平，促进土地流转。鼓励农林经营主体通过土地流转，创办园区或产业基地，形成"公司＋基地＋农户"的模式，在农民与农林企业之间建立起利益共享、风险共担的利益联结机制。

对农林业企业、村集体经济组织、农民专业（股份）合作社等经营主体，受让连片流转土地从事休闲农业与乡村旅游示范园区、新型高效农业生产经营项目的，凡当年新增经营规模达到 300 亩以上，流转期限 5 年以上，签订规范土地流转合同，依法做好土地权属登记，符合新一轮土地利用总体规划和高效农业、休闲观光产业导向的，由经营主体和所在村一并提出申请，经乡镇汇总初审后上报县农业局和财政局审核、验收，并报县政府审核同意后，县财政按流转时间对经营主体每亩补助 50 元、村级流转工作经费每亩补助 60 元的标准给予分期补助。

对林业企业（包括通过招商引资引入的企业）、村集体经济组织、林权专业（股份）合作社等经营主体，受让连片流转林地从事高效林业、休闲观光产业的，凡当年新增经营规模达到 500 亩以上，流转期限 10 年以上，签订规范流转合同，依法做好权属登记，符合新一轮林地利用总体规划的由经营主体和所在村一并提出申请，经乡镇汇总初审后上报县林业局、财政局审核，经验收合格后，县财政按流转时间对经营主体每亩补助 50 元、村级流转工作经费每亩补助 40 元的标准给予分期补助。

5. 有效的社会化服务体系

发展新型林业经营主体需要完善的社会化服务体系作为支撑。从国外新型农业经营主体发展的经验来看，新型农业经营主体的发展，离不开当地完善的社会化服务提供的农业生产产前、产中、产后的各项服务（丁冬，2014）。完善社会化服务体系，应当包括要素市场建设、基础设施建设、金融信贷服务、科技信息服务等，涵盖农业生产各环节，为新型农业经营主体提供强力支撑（丁冬，2014）。

对创办新型林业经营主体的，信丰县完善办事程序公示制、首问责任制、林地流转公开拍卖制，确保所有林农得到较好的服务。每年都邀请部分人大代表、政协委员、木竹加工企业主、林农等担任发展新型林业经营主体特邀行风监督员，对全体工作人员的工作作风、服务水平等进行全面监督，有效促进了新型林业经营主体的发展。为解决新型林业经营主体林地流转遇到的各种问题，江西信丰县于 2004 年组建了“林地资源流转中心”，2012 年 9 月改名为“信丰县林权管理服务中心”，负责林地流转事务，办理林地流转变更登记手续，属于启动林权交易平台最早的县之一。通过规范林权交易，有效地解决了林地分散经营的问题，扩大了基地造林面积；有效地规避了林权纠纷，提高了流转合法性；有效地提高了林权流转的透明度，保障了广大群众的利益。

又如浙江省安吉县建立了县森林资源交易平台，包括“林权管理中心”“林权交易中心”“林权抵押贷款服务中心”“森林资源评估中心”，提供林权登记、变更、注销，信息发布、流转、评估等服务。同时，将其向基层延伸，全县 15 个乡镇（街道），187 个行政村的流转服务平台全部建成，方便了林农办事和科技咨询。

6. 示范带动

在培育发展新型林业经营主体的工作中，多数采取了“先试点，再推广”

的方法。以崇义县为例，2005 年，在林业生产基础较好的铅厂镇长河坝村进行试点工作，成立了全县第一个林业专业合作组织——铅厂镇长河坝竹业协会。通过协会两年多的探索和实践证明，协会在推动竹产业化、推广优良品种、提供技术服务以及扩大销售网络方面发挥了很好的作用，受到了广大竹农的欢迎。在巩固试点成果和总结经验的基础上，再逐步推开，稳步地、一批一批地办好林业专业合作组织。

7.1.5 新型林业经营主体培育需要解决的问题

当前，新型林业经营主体培育需要解决的主要问题包括：

第一，新型林业经营主体的管理体系待完善。当前，新型林业经营主体的管理体系不够完善，主要体现在：新型林业经营主体的本底情况不够清晰，缺少有效的针对新型林业经营主体发展的统计监测体系，各省对新型林业经营主体的界定和认定标准不一，规范化管理工作有待加强。

第二，新型林业经营主体的经营管理水平有待提高。实践调研发现，新型林业经营主体的经营管理水平有待提高，主要体现在：林业经营人才缺乏，经营主体的职业素养有待提高，经营管理技能有待提高；新型林业经营主体森林资源管护和持续经营的社会责任意识不强；面向新型林业经营主体的森林资产评估成本过高、程序繁琐、评估价值过低，评估体系有待优化；一些经营主体的产品营销渠道不畅，市场风险的防范和应对能力较弱。此外，还存在着林业劳动力资源供给不足，以及林业科技、法律和信息服务供给不足等问题。

第三，林业经营受相关政策和基础设施条件制约。在林业经营实践中，不少新型林业经营主体所面临的主要问题之一是林木的采伐指标难以获取。一些经营主体的林地被纳入生态公益林管护区后，经营权受到极大的限制，但又存在着缺乏补偿或补偿不足问题。不少新型林业经营主体的经营基础设施薄弱，交通不便，生产和办公条件简陋，缺乏较完备的森林防火林道和防火林带以及防火监控系统。此外，一些经营主体反映还存在着林业补贴和扶持政策不到位等问题。

7.1.6 优化新型林业经营主体培育的主要建议

针对上述新型林业经营主体培育过程中存在的主要问题，结合实地调研情况，本研究在此提出如下一些政策建议。

第一，出台相应的规范性文件。为更好地推动新型林业经营主体的发展，有必要在进一步理顺新型林业经营主体的管理机制的基础上，建议由国家林业局农村林业改革发展司会同政策法规司组织起草《关于大力培育新型林业经营主体的意见》。并为了进一步规范家庭林场等新型林业经营主体的认定标准，建议国家林业局会同其他相关机构在调查研究的基础上出台《新型林业经营主体的认定规范》，明确新型林业经营主体的认定机构，认定标准和认定程序等。

第二，建立和完善新型林业经营主体的统计体系。鉴于目前中国林业统计年鉴缺少有关新型林业经营主体的相关统计，为了更好地监测新型林业经营主体的发展变化和反映林业建设成果，建议组织开展有关新型林业经营主体统计体系研究，明确相关统计指标和数据搜集统计途径，探索建立和完善有关新型林业经营主体的统计体系。可考虑在每年出版的《中国林业统计年鉴》中增加分省新型林业经营主体统计专栏作为附录，表单包括林业大户经营状况统计表、家庭林场经营状况统计表、林业专业合作社经营状况统计表和重点林业企业经营状况统计表，统计内容包括经营主体数量、经营林地面积规模、年度经营收入、吸纳的从业人员数量等。

第三，开展新型林业经营主体的普查和相关研究工作。组织开展全国性的新型林业经营主体普查，以便科学全面地反映新型林业经营主体发展状况，更好地破解新型林业经营主体的发展障碍，更有效地为新型林业经营主体提供有针对性的发展服务。并针对普查中所发现的问题，较为系统地开展相关研究工作，推动新型林业经营主体的持续发展。普查工作可通过国家林业局农村林业改革发展司的行政组织体系来加以落实。

第四，完善林业经营主体领办人才支持体系。支持有文化、懂技术、会经营的农村实用人才和农村青年致富带头人、外出务工农民、个体工商户和农村经纪人领办新型林业经营主体。支持高等院校、中等职业学校毕业生以及林业科技人员从事林业创业；鼓励大学毕业生到新型林业经营主体领办的企业工作。加强林业职业技能培训、林业创业培训和林业实用技术普及性培训，不断提升林业经营管理水平和林业经营主体经营能力。

第五，建立新型林业经营主体的社会责任尽责体系。当前，生态需求成为林业发展的主导需求，林业经营的主要任务在于如何在生态环境保护的基础上向社会供给更多的林产品和生态服务。因此，新型林业经营主体由于其经营对象森林资源培育的长期性和森林生态效益的公益性赋予其经营的特殊性。因此，在培育新型林业经营主体过程中，要重视建立新型林业经营主体的社会责任尽责监督体系，考核新型林业经营主体在公益林建设和持续管理，以及促进林农增收方面的社会公益责任，并可考虑建立配套的评优激励机制。

第六，加强面向新型林业经营主体的营销服务体系。支持骨干林业产业化龙头企业、有条件的家庭农场和农民林业专业合作社赴国外、境外参加国内外林产品博览会。组织开展新型林业经营主体和经销、加工、消费单位对接活动，帮助林业经营主体及时销售、采购林产品，提高林产品流通效率。积极鼓励和引导新型林业经营主体通过“互联网＋”模式开辟网络销售平台，扩大营销渠道。

第七，制定和完善激励林业经营的相关配套政策体系。在林业经营实践中，尽量减少地方政府的干预，建立基于森林经营方案编制的现代新型采伐管理体系，实行采伐限额和采伐计划单列。完善生态公益林补偿政策，允许在天然林中合理开展的正常经营措施；对经营主体自造林和原有天然林木实施分类管理。新型林业经营主体基础设施如林区道路、水电等建设应列入地方经济和社会发展总体规划；加大林业基础设施建设的扶持力度，对防火设施建设和森林保险增加补贴力度，并简化补贴办理手续。

第八，协调处理好新型林业经营主体与传统农户经营主体的关系。一是当前我国在培育新型林业经营主体的过程中，仍有必要坚持农村家庭承包经营制度。二是由于各地发展新型林业经营主体的基础和条件不一致，各级林业主管部门要统筹好新型林业经营主体与传统农户经营主体之间的关系，协调处理好效率与公平的关系，在保护好新型林业经营主体利益的同时，也要保护好小规模林农的利益。三是有必要积极探索建立面向新型林业经营主体的精准管理服务制度，并采取区别对待和分类指导的策略，最终科学合理地推进我国新型林业经营主体的持续发展。

7.2 新型林业经营主体分析

7.2.1 林业大户经营状况

1. 林业大户经营的兴起

目前全国发展林业经济省份大多推广专业大户承包经营，如黑龙江省、浙江省、湖南省、河北省等，重视实行大户发展战略，逐步将山林集中承包给部分有资金、懂技术、会经营的专业户，明确承包期限，实施规模经营，促进了山地的有效开发，同时又带动了当地林业经济的发展，起到了样板示范作用。通过大户带动，实行业主制，明确产权关系，培育非公有制林业企业，用大户这个龙头带动千家万户自觉发展。这些专业大户已成为山区农民兴林致富的领路先锋。林地大户经营实现了森林资源的优化配置，促进了资金、科技、管理、人才等生产要素的合理流动和森林资源的优化配置，调动了森林经营者和全社会各种力量投资林业、发展林业的积极性，使林地资源得到较好的开发利用。

2. 林业大户经营存在的问题及成因分析

林业大户经营在发展阶段也存在一些大户经营规模偏小，经营主体以农民为主，文化素质以及管理水平较低，所掌握的林业生产技术大都是由父辈传统经验传授，不能够及时掌握现代林业技术，缺乏林业技术的指导，影响林地生产率的提高，发展空间受限；经营管理水平有限，缺乏人才及林业技术的指导；抵御灾害、风险的能力弱的问题，这些也需要在发展过程中各方面共同努力从而得到改善。

影响承包造林大户积极性的因素主要集中在以下几方面：（1）造林投入大、周期长、见效慢；（2）怕政策不稳定，自己的合法权益得不到保障；经营管理不善，得不到效益；（3）自然灾害、人为和牲畜的破坏随时可能发生；（4）造林资金困难，制约造林承包大户的造林积极性。其中资金问题是影响林户承包规模的重要因素，信贷需求难以满足会极大地影响我国林地承包大户的积极性。

对于林业大户信贷需求难以满足这个问题的成因主要从以下两个角度进行分析：一方面系林业大户信贷需求旺盛。作为独立的财产所有者和生产经营者，林业大户具有双重身份，既是独立的生产实体，又是基本的消费单元；既是农村资金的主要供给者，又是农村金融服务的基本对象（赵氓阳 等，2009）。同时，由于林业的生产周期较长，林农在从事林业生产的过程中，林业生产资金入不敷出的现象普遍存在，林业大户借款意愿较强烈，有强烈的借贷需求。从《林业大户营林过程中的信贷行为分析》一文调查的结果来看（宋晓梅，2012），80％的林业大户把林业贷款用于扩大生产经营，53％的林业大户用于购买生产资料；而用于其他用途的比例相对较小。这说明被调查地区林业大户的信贷资金需求旺盛，用于林业扩大生产经营、购买生产资金的意愿较强。林业大户强烈的资金需求得不到满足，不利于进行林业的扩大再生产和林业投资，进而影响我国林业规模、经济、社会、生态等综合效益的发挥，阻碍林业的发展（徐薇，2009）。

另一方面是正规金融机构供给门槛高。林业大户的金融需求是强烈而多样的。在这种情况下，林业大户能够进入的正规金融机构主要是农业银行和农村信用社（宋晓梅，2012）。由于银行和农村信用社在进行林业贷款时会综合考察贷款农户的多种因素，手续较繁琐，而且农村金融发展的不健全，导致农村授信额度较低，林业大户贷款额度受到很大的限制（宋晓梅，2012）。

为了能够平衡大户和银行信用社之间供给问题，进一步缓和林农扩大规模经营的资金需求问题，国家应制定相关政策，健全林业发展金融服务体系；相关部门应该鼓励商业银行发展林区金融服务业务，设置林区网点，为林农融资提供便利；此外，还要建立风险防范机制，优化林业抵押贷款的信用环境（宋晓梅，2012）。

7.2.2 林业专业大户经营分析：基于5个案例户

2014年6月，本调研组实地调研了浙江和江西两省的一些典型林业大户。基于实地调研，我们发现林业大户的队伍是随着林权改革进程的发展而壮大，国家鼓励支持林地流转，一部分有头脑有资本的营林者便开始承包林地，扩大经营，在当地村镇政府的扶持与村民的支持下，林业大户得以不断发展。下文将主要基于表7-1所示的5个案例大户，对林业专业大户经营的一些特点加以分析。

表7-1 林业专业大户基本信息

问卷编号		1	2	3	4	5
调查基本信息	调查时间	2014.06.07	2014.06.07	2014.06.18	2014.06.20	2014.06.20
	大户所在地点	浙江省湖州市安吉县山川乡大里村	浙江省湖州市安吉县报福镇统里村	江西省赣州市全南县城厢镇黄布村	江西省赣州市信丰县新田镇	江西省赣州市信丰县小河镇新莞村
大户基本情况	经营时间(年)	2010	1995	2004	2012	2014
	是否工商注册	是	是	是	是	否
	经营内容	林业种植、林业养殖	林业种植、林业养殖	花卉繁殖	林业种植	林业种植、林产品销售

1. 经营特征

（1）户主特征。林业大户的户主从青年到中老年人不一，其中以青壮年为主体。户主均具有高中或中专及以上学历，其中多数具有大专或大学学历，学历并不低。同时，多数户主为普通村民，既不是党员也不是村民代表。但是多数均曾有其他工作经历，并不是一开始就经营林业，少数户主现在仍有其他副业经营。

（2）经营内容。多数的经营主体在工商部门进行过注册，注册资本从几十万元到几千万元不等，个别大户没有进行工商注册。多数大户的经营内容为林业种植，部分辅以林业养殖，个别经营主体的经营内容为花卉种植。

（3）组织管理。在组织管理方面，经营主体均有管理人员及专门的技术人员，但是少数大户是聘请专门的管理人员进行管理，多数只是自己或家庭成员进行管理，不存在明晰的管理机构及清楚的管理机制，属于自营自管的形式。

2. 生产要素情况

（1）林地状况。林地面积上，部分大户的经营面积在 3 000 亩以上，部分大户的经营面积在 300 亩以内。前一类型的大户均有占总面积约 1/4 的公益林，其中有只经营用材林的林场，有大面积经营用材林和小面积竹林的基地，还有竹林经营为主，同时经营少部分用材林的大户。而后一类型的大户则无公益林部分，其中有只经营经济林的基地，有只经营竹林的大户。多数经营主体原先没有自有林地，林地均靠流转转入。少数经营主体原先拥有自有林地，但面积均较小，大部分仍是靠流转转入。

林地流转方面，绝大多数的经营主体只有转入经历，个别兼有林地转入和转出经历。在林地转入方式上，有转包、转让、一次性付清三种方式，其中转让方式居多。转入途径非常多样：对方主动联系委托，通过亲戚朋友，通过村委会，自己主动联系，政府主动帮忙等。林地转出方多是普通村民，也有大户，多是村内人，最远不超过市范围。所有林地流转均采用书面形式，签订一定期限的合同，不存在担保人。但是多数经营主体认为合同期限过短，少数觉得期限恰好。个别大户认为需要抵押林地，绝大多数认为不需要抵押林地。在地租方面，均以现金支付，租金存在较大差异，有以数字界定，也有以米价衡量，依林地和当年的市场决定。对于转入林地者，政府均给予补贴，同时，林地由转入者进行维护。至于转入林地的原因，有劳动力富裕，自己是林地经营能手，规模扩大可以多赚钱等原因，其中多赚钱是普遍原因。在林地自由流转过程中，部分经营主体曾经遇到过外在政策限制，转入林地无法形成规模的问题，个别经营主体曾遇到过纠纷。所有经营主体均认为转入的土地方便经营。

（2）劳动力。在劳动力方面，这里呈现两极分化的情形。一种是比较少，10 人以内，个别经营主体甚至不存在雇佣劳动力。另一种则需要百人以上的劳动力，这种情形下劳动力均属雇佣，无家庭劳动力，其中多数属于短期雇工，长期较少。对于雇工工资则从日均 100 元到 250 元不等，且存在男女差异，前者可能与当地的经济水平和雇佣劳动力难易程度有关，后者可能是男女劳动力的工作内容和强度不同。雇佣劳动力多来自于本村及临近村，极少数来自于外省市。年龄分布上，多数劳动力是 50～60 岁的中老年人，存在少数 20 岁以上的青壮年，这与农村的现实情况相符，村内的青壮年劳动力多数在外打工，仅留守老年人和孩童。而雇佣劳动力均需要从事管护和采伐工作，少数还需要进行嫁接工作。这些工作内容解释了为何以短期雇工为主的现状，管护和采伐都是周期性的活动，无需每日进行。

（3）资本。固定资本方面，大多数大户既没有自购的大型林业经营设备，也没有租赁过林业经营设备，但多数拥有自建的经营场所。少数经营主体拥有的大型林业经营设备是工具车如皮卡、切割机，租赁的设备为工具车，购买花费约为10余万元，购买年份有早有迟，和经营时间有关，多是经营之初购置。自建经营场所也多是在经营之初建设，经营面积不一，建设成本不一，资金来源有自由资金、民间借贷和银行贷款。

生产资料方面，种苗是主要的生产资料，其中多数来源于个体经销商处采购，少数来源于自己。多数经营不使用农药，但多数会施用化肥，还有个别大户配合农家肥施用。个别大户的生产资料还包括汽油。

金融资本方面，所有的大户都存在资金缺口，其中多数是为了修建林道，基础设施建设以及造林投入。多数曾以经营主体或个人名义多次向银行、信用社等金融机构申请并获得过贷款，贷款金额从50万元到600万元不等，多数获得了利率上的优惠。少数曾以经营主体或个人名义多次通过民间借贷获得过贷款，贷款金额从50万元到60万元不等，远少于金融机构贷款。此外，多数经营主体首要选择向银行、信用社等金融机构申请贷款，而不是向民间借贷。多数经营主体获得过政府项目资金，次数不一，金额从5万元到14万元不等。绝大多数的经营主体没有参与过资金互助，其中一半的户主原意开展资金互助。有一户自经营以来开展资金互助，互助金额度上限为10万元。参与资金互助的大户曾提供过借款服务，其余大户均未提供过借款服务。所有大户都未提供过正规金融机构贷款担保，未提供过民间借款担保。多数大户很不看好自身提供金融的前景，包括开展了资金互助的大户，个别大户对此持比较看好的态度。多数大户曾办理过林业保险，少数曾办理过林权抵押贷款，有一户曾以林权抵押贷款500万元用来修建林路。

3. 社会化服务状况

目前，专业大户享受到的社会化服务较为丰富：生产技术服务，物资购买服务，销售服务，金融服务，道路等其他基础设施服务，其中生产技术服务较为常见。多数户主认为销售服务是社会化服务中最重要的环节，其他如生产技术服务、市场信息服务、金融服务、道路等其他基础设施服务同样不可或缺。至于社会化服务提供主体，有地方政府，林业局，村委会，专业大户，金融机构等。户主认为由乡镇农技部门、合作社或协会等主体来提供社会化服务最好。部分大户无法提供社会化服务，部分大户可以提供销售服务、生产技术服务和道路等基础设施服务，其中销售服务比较常见。经营主体不愿意提供社会化服务的原因有：精力不足，没有相关政策等。多数大户愿意乃至很愿意成为社会化服务林业专业户，只有个别大户仍需考虑。提供社会化服务存在困难，户主认为是资金、政策、人才、精力、信息等多方面原因造成的。

4. 经营收益情况

（1）收益。除了2014年刚成立的大户外，所有大户均有不等的经营收入，一半大户收入来自于种苗销售，一半大户收入来自于木材（竹材）销售。收入从30万元到200万元不等，经营规模大的大户经营收入多，经营规模小的大户的经营收入少。支出方面，工资支出占全部支出的绝大部分或全部，除了2014年刚成立的大户，该户林地转入支出占全部支出的绝大部分。除了工资支出以外，少数大户还存在种苗购买、化肥购买、农药购买等低比例支出。支出从8万元到160万元不等，支出金额不随经营规模单调递增。多数经营主体带动农民增收效果一般，个别存在比较明显和比较不明显的情况，比较不明显可能原因是经营主体才刚开始经营，经营时间较短。带动农民增收效果一般的经营主体对其他农户的吸引力一般甚至很小，而带动增收效果比较明显和比较不明显的经营主体对其他农户的吸引力比较大。而与前两年的盈利能力相比，多数户主认为没有差别或好一些，个别户主认为差很多。至于自评与其他同类经营主体盈利能力相比，差异很大，差很多、差一些、无差别、好很多都有。

（2）利益分配。除了少部分暂无利益的大户，多数大户的收益是自由分配的，个别大户的收益直接投入再生产，不进行分配。

5. 经营认知和意愿

（1）林地经营相关认知。所有大户均认为当前林地的主要价值是具有资产价值，同时个别户主认为林地还有基本生活保障的价值。

对于林地所有权的认知，户主还不是很清晰，认为属于国家，属于县镇政府，属于村委会，属于自己，其中认为属于村委会的最多。多数户主认为长期在外从事非农工作的人应该交回林地承包权，绝大多数户主认为去世或者外嫁的人应该交回林地承包权。

大多数户主不了解当前森林采伐限额政策，了解的户主一个认为合理，一个认为不合理，理由是此举激励不足。多数户主认为目前的林业税费政策合理，其余户主不清楚该项政策。除了不清楚的户主以外，其余大户均不需缴纳税费。部分大户获得过政府补贴，如抚育补贴、林下经济补贴，部分大户未曾获得过补贴，个别大户不清楚这一政策。除了个别不清楚森林生态效益补偿政策的大户，绝大多数大户认为当前的森林生态效益补偿政策合理。除了个别不清楚森林保险的大户，绝大多数大户认为有必要参加森林保险，以预防森林火灾等。

对于林地流转的难易程度，各个户主的意见均不一致，从非常困难到非常容易都有，即使有的大户是同县的。多数大户曾在林地流转中遇到问题，其中多数是资金问题，有的存在纠纷。多数户主认为要提高林地经营效率，最主要的是要加大林地经营的技术投入，另外，加大林地经营的劳动力投入等也有提及。对于林地经营承包期，大户间存在较大差异，部分认为 20～30 年，个别认为 30～50 年，50～70 年以及永久。大多数的大户决策机制是负责人提议，大家商议，少数大户的决策机制是负责人说了算。

户主认为林权改革对大户产生了负面影响，明确经营主体的同时相关纠纷增加，有的认为林权改革误导了村民经营权和所有权的概念，这可能是林权改革的确权工作和普及工作还不到位造成的。多数户主认为抚育补贴等补贴政策，林权抵押贷款政策对林业经营产生了正面影响，少数户主认为转让费用过高对自身的林业经营产生了负面影响。在经营过程中，大户会和当地政府、林业局、林业站、银行等机构进行联系。多数户主对自己的经营效果满意，少部分不满意的户主主要是因为经营没有明显增收。

（2）林地经营意愿。多数大户会在能实现规模经营的情况下增加林地投资，部分大户会在土地私有化，林产品价格上升的情况下增加林地投资。多数户主不准备转出林地，少数户主转出林地后准备投资其他产业。多数户主都需要政府在林业经营方面给予支持。

（3）经营中存在的问题与解决。在经营之初，多数经营主体曾面临资金信贷约束问题，少数还面临过土地流转困难、技术供给不足的问题，但均没有遇到有关部门不配合的问题。对于资金约束问题，多数大户是通过自筹解决的，诸如民间借贷、合资入股，少数能够通过银行贷款缓解。这一现象说明了资金仍然是约束广大大户的主要问题，虽然相关部门十分配合大户的发展，但是在资金方面，仍需要配套的金融政策以及政策的落实。

目前，有的遗留问题仍未解决，新的问题又出现了。仍然有大户面临资金约束，林业技术难题。对于有些大户，则面临着缺乏林木销售渠道的问题，有的则反映林业扶持太弱，林业配套设施不足。显然，这需要相关部门给予重视，林业信贷的发放，林业技术的创新与推广，销售渠道的拓宽，配套设施的更新与完善，这需要多个部门配合，制定切合实际的政策予以施行，而不是让林农在问题中求助无门，自谋出路。同时，经营主体应该积极自救，自行配备技术人员进行技术指导，不能仅仅依赖外部支持。

6. 发展意愿与需求

绝大多数的大户愿意扩大经营规模，户主认为林地将来有增值潜力，可以增加收入，便于经营。其中，多数大户想要在原有规模基础上增加转入面积，有的大户想要和龙头企业合作，有的大户想要参加或领办合作社。个别户主因为劳动力不足，资金匮乏以及经营效益低的原因想要缩小林地经营规模。多数大户都很愿意成为专业化程度更高的林业大户，少数持不愿意的态度。部分大户考虑成为非农业户，部分大户不愿意成为非农业户，只有个别大户很愿意成为非农业户，即想要缩小林地经营面积的那户，想要从事其他非农行业。多数大户都认为未来中国林业是林业大户集中经营，有的认为是龙头企业主导，有的认为是合作社主导。对于新型林业经营主体需要具备的优势，重要性如下：资金、企业家才能、土地、社会资本、政策优势。大户对政府的需求建议各不相同，集中反映在：在贷款方面给予支持，帮助拓宽市场，完善森林保险体系，给予大户更高的待遇等方面。

7.2.3 农民林业专业合作社经营特征分析：基于 14 家林业合作社的调研

林业专业合作社是农民专业合作社的一种形式，是在集体林地、林木实行家庭承包经营的基础上，同类林产品的生产经营者或者同类林业生产经营服务的提供者、利用者，自愿联合、民主管理的互助性经济组织。2014 年 6 月，课题组实地调研了浙江、安徽、江西的 14 家农民林业专业合作社（见表 7-2）。基于这 14 家合作社调研，本部分拟对林业合作社的经营特征加以分析。

表 7-2 样本合作社基本信息

合作社全称	地点	成立时间（年）	注册资本（万元）	经营土地面积（亩）
安吉县茂林毛竹专业合作社	浙江省湖州市	2009	48	127
安吉县求山毛竹专业合作社	浙江省湖州市	2012	600	2 000
安吉县福灵竹笋专业合作社	浙江省湖州市	2009	70	800
含山县为民国林合作社	安徽省马鞍山市	2014	100	2 200
含山县荣金苗木专业合作社	安徽省马鞍山市	2012	20	280
和县石山果树种植专业合作社	安徽省马鞍山市	2012	100	5 308
周军苗木专业合作社	安徽省宣城市	2013	200	500
永亮苗木花卉专业合作社	安徽省宣城市	2010	290	480
四季花香苗木专业合作社	安徽省宣城市	2011	50	150
马鞍山市爱民花卉苗木培育种植专业合作社	安徽省马鞍山市	2008	78	850
崇义县绿森苗木专业合作社	江西省赣州市	2014	180	610

（续）

合作社全称	地点	成立时间（年）	注册资本（万元）	经营土地面积（亩）
崇义县众联苗木合作社	江西省赣州市	2014	200	150
全南县兴苏香樟农民专业合作社	江西省赣州市	2013	100	3 000
含水林业专业合作社	江西省赣州市	2010	200	5 000

1. 林业合作社的成立

从调查所得样本情况来看，林业合作社成立有三种情况。一是大户的强强联合和大户带领小户的情况，以应对市场风险及与市场对接，二是外来资本的介入，其中包括农民的返乡创业，三是由政府牵头成立的林业合作社。具体来看，浙江省安吉县的安吉县求山毛竹专业合作社就是由大户联合成立的合作社；安徽省含山县的荣金苗木合作社就是由大户带领小户成立的合作社，大户为小户提供市场信息，以对接市场；安徽省的和县石山果树种植专业合作社就是由当地农民返乡创业成立的林业合作社；安吉县福灵竹笋专业合作社就是在政府的指导下成立的合作社。另外，在成立初期和林业合作社发展的过程中，大部分的林业合作社都得到了政府的项目资助。林业合作社成立的动机主要是获取政府的优惠政策支持、统一经营提高竞争力、降低农业经营的成本。

2. 领办人特点

从领办人的年龄特征和性别特征看，大多数的领办人的年龄在 40～50 岁之间的男性，其中年龄最大有 74 岁。领办人的文化水平跨度较大，最低的文化水平是小学，最高的文化水平是大学本科。另外，领办人的政治面貌大多是党员。从他们之前的从业经历看，大多数的领办人之前主要是从事与林业相关的工作，部分是从别的行业转向林业，如返乡创业或房地产资本进入林业。

3. 合作社经营情况

大部分地林业合作社的主要经营内容是林业种植和林业销售，一小部分林业合作社的经营内容还包括林业养殖。从注册资本看，不同林业合作社的注册资本差别也很大，大部分林业合作社的注册资本少于 200 万元，也有个别林业合作社的注册资本较高，比如浙江省安吉县的安吉县求山毛竹专业合作社的注册资本为 600 万元。从经营面积看，跨度也很大，从 100 多亩到 2 000 亩的林业合作社都有出现。从经营收入看，大部分林业合作社的经营收入都在 20 万元以上，因为营林面积的不同其经营收入也有所不同，营林面积大的林业合作社的年收入可达 500 万元，但值得注意的是，大部分林业合作社营业利润并不多，大多数企业只能达到收支平衡的状态。

4. 组织机构及决策机制

从所调查的林业合作社看，大部分林业合作社并不存在专门的管理层，管理较为分散。一少部分林业合作社是外聘管理人员，由理事会对合作社进行管理。至于决策机制，部分被访者指出合作社在决策过程中主要是由负责人提议，部分被访者指出是由集体商议，也有一少部分指出是由负责人说了算。

5. 利益分配机制

由于大部分被调查的林业合作社尚未实现盈利，所以问卷中这一部分缺失较多，在已实现盈利的林业合作社中，利益的分配主要有三种情况。一种是给社员提供非资金的生产资料，一种是按股分红，另外一种是按交易量返还。另外部分合作社在利益分配的过程中还会留取一部分公积金。

6. 现存问题

林改后，林业合作社得到了政府的大力支持，发展势头良好。但是，在快速发展的同时，也存在着一些问题，主要包括资金不足、缺乏技术、市场对接困难、劳动力不足、交通不便、采伐指标难获取等，有的甚至影响到合作社的发展方向（沈月琴 等，2005）。

首先，林业合作社的运作方式主要是为了实现林地的成片规模化经营，所以如何把林地收归到合作社内统一经营是最大的问题，而这则需要大量的资金支持（谭智心，2010）。多数合作社领办人指出合作社面临的主要问题是资金缺乏，而林业专业合作经济组织力量较为薄弱，因此，要申请银行贷款来拓展业务十分困难，同时农村合作金融组织又不发达，限制了农民专业合作经济组织的发展。为此，应该加强正规金融部门对林业金融产品的创新（黄祖辉 等，2002）。

其次，林业合作社的发展离不开政府政策的扶持，这也与上文所说的合作社的成立动机与政策的导向作用有关相符（孔祥智 等，2006）。但是部分林业合作社存在政府过度介入的情况。从合作组织的组织创建看，大部分是政府部门领办型的，这对于自身素质相对较低的现实来说，是十分必要的（沈月琴 等，2005）。但问题的关键是政府自身的角色定位存在一定偏差，许多合作组织的领导由政府官员担任，扭曲专业合作经济组织“民办、民管、民受益”原则（沈月琴 等，2005）。

第三，从所调查样本情况看，大部分的林业合作社主要是林业种植和林业销售，经营内容窄，合作社可以延长产业链条，促进林木产品加工产前、产中、产后一体化经营。同时进行产业的整合，将林业与服务业及旅游业联合起来，为合作社发展提供新的机遇。

除此之外，内部管理机制缺乏，财务管理缺乏，信息化程度低。内部管理过于简单，尤其是公司创办的合作社更是缺乏专门的管理人员和制度，也是当前林业合作社普遍存在的问题（王登举 等，2006）。当前部分林业合作社仅仅停留在“合”的层面上，“合”的深度不够，合作社的组织制度需要整改和完善。

另外，交通不便、技术缺乏也是普遍存在的问题，比如浙江安吉县的茂林毛竹专业合作社明确提出，合作社目前亟待解决的问题主要是林道需要维修，损坏的林道影响了合作社日常的林木管理及林木销售。政府应该与企业合作，加强对农村地区的基础设施建设和林业科技技术的推广工作。

7. 发展规划情况

就已调查的林业合作社观察，大部分的林业合作社表示愿意扩大当前的林地经营规模，其主要原因是扩大林业经营规模可增加收入及林地将来具有增值的潜力。但是也有一小部分的合作社倾向于缩小当前林地经营规模，其原因是林地经营效益低，不如经商和打工以及林地经营太辛苦。

8.激励农户林地经营的保障体系建构

正如前文分析，新型林业经营主体正在兴起，但农户单户经营林地的意愿和扩大林地经营规模的意愿仍较高。基于中国的国情林情和农户林地经营意愿，政府一方面要激励新兴林业经营主体发展，发展适度规模经营，扩大林地规模经营效率；另一方面也要注重激励农户从事林地经营的积极性，提高小规模农户的林地经营绩效。因此，本部分在前文研究、实地调研和文献研究的基础上，将较为系统地提出一套激励农户林地经营的保障体系（图 8-1），以确保农户理性、规范、高效、公平、放心和科学地从事林地经营活动。具体而言，建立和完善集体林权交易市场体系和集体林权收储体系，为小规模农户退出林地经营，为新型林业经营主体扩大经营规模创造交易平台和交易条件；建立和完善面向小农和新型林业经营主体的经营补贴支持体系，为传统农户向规模化经营的新型林业经营主体转化和现有新型林业经营主体做大做强提供强有力的支持；建立和完善农户林地经营权益保护及救济体系，协调处理好新型林业经营主体和传统农户的利益关系，保障农户在林地流转交易经营过程中的经营权益；建立和完善林地经营的森林采伐管理服务体系、林地经营的风险防范

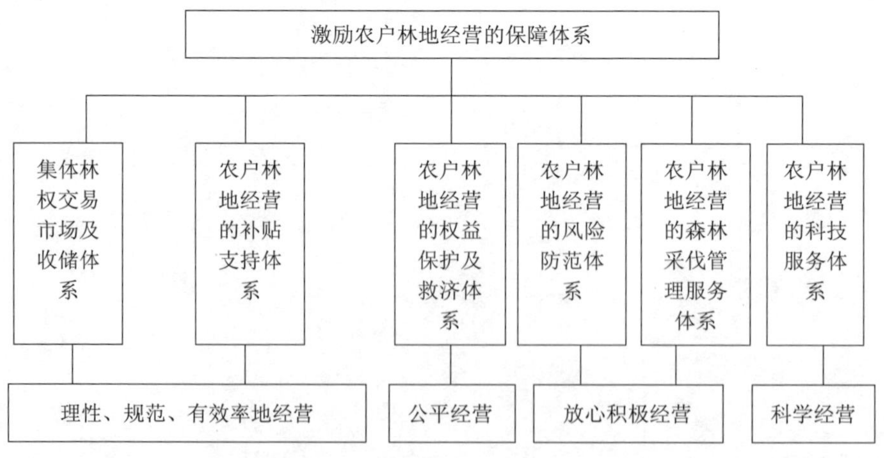

图 8-1　激励农户林地经营的支持体系

体系、林地经营的科技服务体系，激励农户积极从事林业经营活动，促进其向新型林业经营主体转型，以提高林地经营产出和经营效率。

8.1 集体林权交易市场及收储体系

林权交易市场是指交换林权的场所、领域和交换关系的总和，可视为经济发展过程中围绕林权的交易行为而形成的特殊经济关系，属于产权交易市场体系中的一个组成部分（谢屹，2012）。多数学者认为，我国林权市场体系尚未完全建立，林地流转中存在规模小、交易不规范、配置效率低下、林地交易价格失真等问题（徐秀英，沈月琴 2002；唐志，朱友君，2004）。

梁明莲、江明峻（2004）认为，我国林地流转市场尚未形成，多数林地流转是老板和村干部一手操办，有些甚至是暗箱操作（谢屹，2008）。王学乐等（2008）以福利经济学的效率分析理论为分析基础，分析了南方集体林区不同层级林权交易市场的效率变化和影响林权交易效率的因素，提出当前我国林权交易尚处于起步阶段，交易信息不对称，交易市场薄弱，林权的特殊性以及相关配套设施的缺乏是影响林权交易效率的主要因素。华文礼（2009）在对江西遂川县、福建永安市和沙县林权交易现状进行调查的基础上，指出当前林权交易存在交易受让方资格条件，林权不动产特性，潜在风险以及交易平台等方面的问题，并针对相应的问题提出了改革建议。

针对林权流转市场中存在的问题，诸多学者均提出建立林地流转中介服务机构（谢屹，2008），完善林地使用权流转市场（吴军，徐德云，2003；唐志，朱友君，2004；徐正春 等 2005），同时通过建立林权流转合同法律制度和构建信息平台，以降低林地流转交易成本（徐秀英，沈月琴，2004；王礼权，2006）。因此，有必要进一步完善我国的林权交易体系。

1. 集体林权交易途径

以福建省为例，林权交易的主要途径包括：

（1）买卖双方直接协商或通过亲戚朋友介绍交易的形式。一般这种交易方式是林农选择交易时的首选，他们会通过私下商定林权的交易价格并最终达成交易。这种方式一般只适用于熟人之间，大家彼此知根知底，交易程序也会变得非常简单，因而会受到大部分林农的喜爱。

（2）通过林权交易中心进行交易的形式。一般通过这种方式交易的林权主要集中在集体林或国有林。通过交易中心交易时需要遵循一定的程序，如图 8-2 所示。

(3) 由乡（镇）招投标办、村民委员会及村民小组统一组织招标买卖的形式。目前福建省的各乡（镇）都还保有乡（镇）招投标办公室，主要负责主持本乡镇包括国有及集体林权交易在内的公有财产招投标工作。这一交易方式是各地尚存的集体林权交易的最主要方式。

(4) 通过林权交易中心之外的中介机构（主要是拍卖公司）进行交易的过程。在县级市里，除了林权交易中心这一林权交易服务的平台之外，还存在着其他从事与林权交易相关的中介机构，其也承担了绝大部分由林业服务中心所委托的林权交易服务，但通过这种交易方式实现的交易相比其他三种少。

2. 集体林权交易市场结构

戴星翼、江兴禄（2006）通过实证证明福建省永安市初步拥有了林权交易应具备的三级市场；一级市场为拥有林地所有权的集体将承包权让渡给其成员，或按规定程序将林地承包给外来者的市场；二级市场为承包权获得者将其产权让渡的市场；三级市场为林地资本市场，包括林权抵押市场。

林权交易市场主要包括三大要素：由林权、实物或货币组成的市场客体或交易对象；由转出方、受让方、中间商等相关方组成的市场主体；以及市场的运行机制（谢屹，2012）。林权交易市场包括场内市场和场外市场。场内交易与场外私下流转各具优缺点，见表 8-1。图 8-2 是我国林权交易市场的结构图。

表 8-1　场内交易与场外私下流转的优劣势比较

流转方式	场内流转	场外私下流转
流转办理是否便捷	否，需要 30～60 个工作日甚至更长	是，短时间内就可以完成
流转成本	相对更高，包括交易费、评估费、前往林权交易中心的食宿费等	基本没有
流转收益	相对较高，因为流转价格可能更高	可能更低，流转价格通常更低
流转权益的保障	因为办理权属变更登记，有助于保障流转双方的利益	不利于保障双方的权益，导致潜在林权纠纷发生

场内市场拥有固定场所和互联网两种交易平台，为数不少的网络交易平台是由拥有固定场所的交易机构建立和运行。在场外市场中，交易在转出和受让方之间直接发生，或是通过亲戚、朋友和木材商贩等中间人达成口头或书面协议进行交易（谢屹，2012）。

关于场内流转，也就是通过林权交易中心进行流转，根据具体分类标准不同又可以分为不同形式：①根据具体的交易价格形成方式，可分为拍卖、招标、协商；②根据流转的期限和资金支付方式，可以分为转让与租赁；③根据

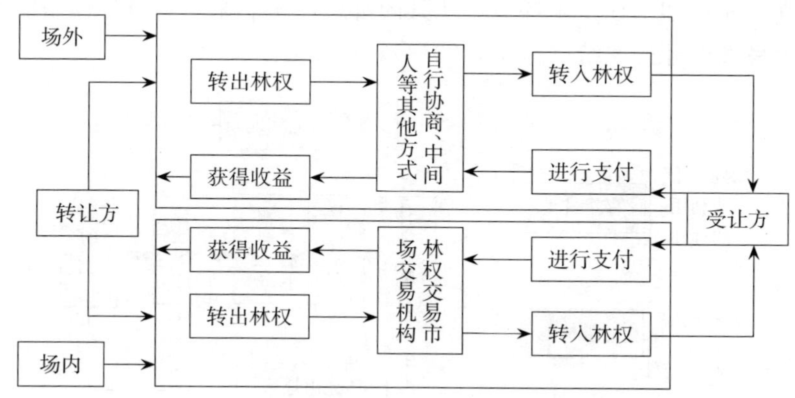

图 8-2 我国林权交易市场的结构图

产权的转移次数，可以分为一次流转和二次（多次）流转；④根据流转对象的差异，可以分为有林地流转和采伐迹地流转；⑤根据流转期限差异，可以分为长期流转和短期流转。

3. 集体林地收储体系

收储是指国家资源（土地、粮食等）储备机构动用国家优先购买权力，对流入市场的资源的使用权进行购买，通过整理后作为储备的过程。土地储备（Land Banking）于 1893 年起源于荷兰。瑞典、匈牙利、法国、瑞士等国家随之实行了土地储备制度。其中，林地储备属于土地储备的一种。目前，我国林地收储的工作暂未全面开启，相关文献多集中于土地收储。然而，林地作为土地的一种，依旧可以借鉴吸纳土地收储研究的成果。

集体林区林权收储的意义在于：一是有利于充分发挥政府在土地或林地市场中对资源配置和宏观调控的作用；二是有利于改善土地供应方式和手段，优化房地产市场投资环境；三是有利于土地资源的集约利用和经济的可持续发展；四是有利城市的长期规划；五是有利于盘活土地资产，使国土资产保值增值。

当前，我国有必要尽快建立和完善政策性的国有林地收储体系。国家从林业的生态效益和社会效益出发，从维护广大农民切身利益、维护农村社会和谐稳定大局出发，根据不同林种和林分，建立覆盖全国的政策性林地资源收储体系。通过国有资本，积极参与林地流转，切实解决林地流转信息不畅、部分地区林地流转价格偏低问题，维护好发展好林农林地流转的权益。对于符合国家有关规定、高于国家收储价格的林地流转，要依法加强保护，以维护好各类经营主体合法权益，确保土地流转的公平合理。

目前，借鉴我国的土地储备体系，我国林地储备制度的运行主要分为收购、整理、储备和出让4个环节，从其内部运行机制来看，林地储备制度的运行是一个良性循环的系统（徐彬，2014），如图8-3所示。

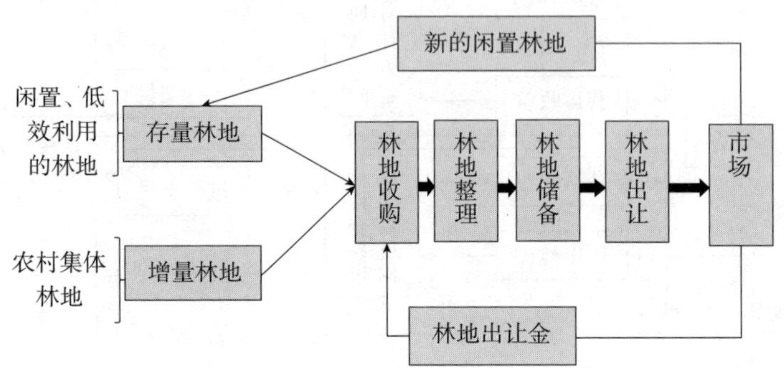

图8-3　林地储备制度的运行体系

林地储备制度实施之初，我国的林地收储运行模式主要以“政府主导型”“市场主导型”“政府—市场相结合型”和“双储双控”四种模式为主，随着土地收储工作的不断进行，其运行模式也逐渐完善，现阶段我国大多数城市采用政府主导下的计划—市场相结合的运行模式，这一模式的主要特点是：一方面明确了政府的主导地位，林地储备的范围、林地收购补偿标准、林地年度供应计划等由政府规定；另一方面体现了市场的自我调控机制，林地储备机构从政府部门分离出来，独立运营，自负盈亏，且林地收储价格主要由市场各因素相互作用而定。

8.2　林地经营的补贴支持体系

目前，国际经济法里并没有单独的林业补贴概念，在很多国家的具体实践中林业补贴是农业补贴中的一类。根据它们的界定和分类结合我国林业实际，可以认为林业补贴包括所有针对林业生产者、林产品以及林业领域而实施的“补贴”，指的是政府及其关联机构实施的有利于林业生产者或者林业部门的直接或间接的公共财政支持措施（吴柏海，2013）。

吴柏海（2013）研究认为，林业补贴政策通常可分为三类，即生产者支持、消费者支持以及一般服务支持。其中，生产者支持补贴细分为五类，即林业工程补贴、各项专项补贴、生态效益补偿、林业税费减免和价格支持。林业工程补贴包含了挂钩补贴和脱钩补贴等不同具体补贴的综合性补贴，一般以财政拨款支持的综合性环境治理项目或林业建设项目实施。只有森林划入工程范围，森林权利人才能获得补贴。专项林业补贴是针对林业生产经营的某一或某些环节给予的补贴，既对林业工程内的森林给予补贴，也对工程区外的森林给予补贴。生态效益补偿本来也应该归类于上面两类，但是由于此项补贴为林业补贴所特有，而农业补贴一般不包括在内所以单独列出。另外，林业税费减免被认为是间接补贴，补贴普遍认为是一个负的税负，政府通过减让林业税费也就等同于实施补贴。

目前在森林生长形成的整个周期中，中央财政有着相对健全完备的财政补贴政策予以支持（表 8-2）。在林木育种阶段，对国家重点林木良种基地和国家林木种质资源库给予林木育种培育补贴；在森林营造阶段，对于各类造林主体以及县、局、场林业部门分别给予直接造林补贴与间接造林补贴；为提高造林保存率，加快幼林成林、巩固造林成果，在中幼林生长阶段对于承担森林抚育任务的各类主体给予森林抚育补贴。同时作为森林生态系统安全与健康保障的基础，中央财政对于承担森林防火任务的基层林业单位、承担林业有害生物防治任务的基层林业单位、承担因灾受损并承担林业生产救灾任务的基层林业单位以及承担林业科技成果推广与示范任务的单位和组织都有相应的补贴政策支持。最后，对于林业生产经营中的贷款，中央财政也提供了一定的金融政策支持——贴息补贴。但在近成熟林以及成熟林、过熟林的采伐利用上，中央政府缺乏相应的政策支持。此外，林业补贴特别是针对生态公益林的补贴标准和补贴规模还有待进一步提高。

表 8-2　我国现有的林业补贴政策

经营阶段	补贴类型	补贴对象	补贴标准
育种	良种繁育补贴	国家重点林木良种基地和国家林木种质资源库	种子园、种质资源库每亩补贴 600 元，采穗圃每亩补贴 300 元，母树林、试验林每亩补贴 100 元
	林木良种苗木培育补贴	国有育苗单位	除有特殊要求的良种苗木外，每株良种苗木平均补贴 0.2 元
造林	直接造林补贴	国有林场、农民和林业职工（含林区人员，下同）、农民专业合作社等造林主体	人工营造，乔木林和木本油料林每亩补贴 200 元，灌木林每亩补贴 120～200 元；水果、木本药材等其他林木、竹林每亩补贴 100 元；迹地人工更新、低产低效林改造每亩补贴 100 元。享受中央财政造林补贴营造的乔木林，造林后 10 年内不准主伐
	间接造林补贴	享受直接造林补贴的县、局、场林业部门，对组织开展造林有关作业设计、技术指导所需费用的补贴	

（续）

经营阶段	补贴类型	补贴对象	补贴标准
中幼林	森林（中幼林）抚育补贴	承担森林抚育任务的国有森工企业、国有林场、农民专业合作社以及林业职工和农民等	平均每亩 100 元
其他	森林防火补贴	承担森林防火任务的基层林业单位	
	林业有害生物防治补贴	承担林业有害生物防治任务的基层林业单位	
	林业生产救灾补贴	因灾受损并承担林业生产救灾任务的基层林业单位	
	林业科技推广示范补贴	承担林业科技成果推广与示范任务的林业技术推广站（中心）、科研院所、大专院校、农民专业合作社、国有森工企业、国有林场和国有苗圃等单位和组织	
	林业贷款贴息补贴	各类银行（含农村信用社和小额贷款公司，下同）发放的符合贴息条件的贷款	

国外对私有林补贴制度的研究开始得较早，从内容上也更为细化，更早地关注对私有林多重效益的研究，而且国外私有林补贴的数量分析较为充分，实施补贴的细节措施在理论上依据性更强。国内对于私有林补贴政策的发展历程、模式、方向的研究在深度和广度上与国外相比有较大的差距（谢思香，2009）。

表 8-3　发达国家的生产者支持补贴政策

补贴类型	政策目标	典型案例
综合性补贴	激励土地所有者保护土地和野生动物	美国的土地保护性储备计划。其补贴目标是恢复植被，减少水土流失，改善水质、空气质量和野生动物栖息地状况。手段是休耕、造林、种草。补贴成本范围：一是补偿土地机会成本收入；二是分担种草、造林成本；三是提供激励性补贴和技术支持，激励性补贴约为 9.9 美元/公顷·年。补贴比例是，退耕农场主在退耕地上造林种草（须签 15 年以上的合同），联邦政府除提供休耕土地机会成本补偿外，再分担 50%的种植成本。补贴规模 2011 年为 18.95 亿美元。补贴成效是形成 1 200 多万公顷的植被区
专项补贴	加强林业经营管理的弱项	（1）德国的造林成本补贴、林木种苗培育补贴；（2）新西兰鼓励在水土流失地区造林，每公顷补助 800～1 000 新元，相当于造林经营成本的 20%，以及自然灾害后生态植被恢复营造林补贴，1 万美元以下分担成本的 50%。1 万美元以上分担成本的 10%，但最高不超过 25 万美元

（续）

补贴类型	政策目标	典型案例
林业工程补贴	推进国家实施大型生态项目	德国的年度造林奖励、退耕地造林补贴等，其巴伐利亚州对小规模私有林经营给予全额补贴，涵盖再造林、下木造林、林分改造、劣势木造林、土壤保护、幼林抚育等环节
生态效益补偿	提供清洁水源、野生动物栖息地保护以及加强应对气候变化的森林	美国林务局2010年启动的森林遗产计划，拨付资金达到7 200万美元
林业税费减免	林业生产经济激励	（1）日本几乎所有的经营活动都要纳税，林业也不例外。但是，考虑到林业的特殊性和公益性，对林业税收采取优惠政策，如税基构成优惠、减征、免征、延期纳税、保安林税收优惠等。（2）发达国家还在州级政府层面建立森林补贴，如美国威斯康星州的森林补助金和森林税收制度

来源：吴柏海，曾以禹．林业补贴政策比较研究——基于部分发达国家林业补贴政策工具的比较分析［J］. 农业经济问题，2013（07）：95-102。

在实践上，许多国家的政府都不同程度地采取了各种补贴政策，以鼓励和支持私有林主的事业发展及提高私有林的竞争力（陈念东，2008）。各国对私有林发展采取的主要补贴政策有：造林成本补贴、倾斜减税、倾斜金融、生态效益补偿、社会化服务体系的建设等。比如美国采取的补贴措施有：生态效益补偿措施、林业税收优惠政策、造林成本补贴、林业主管部门社会化服务体系建设等；日本采取的措施有：财政补贴（包括造林补助、林道建设补助）、信贷支持、税制优惠等（陈念东，2008）。总体上说，各国私有林发展的政策环境是十分宽松和有效的，这大大促进了当地私有林的发展（表8-3）。国外的这些补贴支持政策为我国提供了非常有益的借鉴。

8.3 农户林地经营权益保护及救济体系

农户是传统林业经济的重要经营主体。建立和完善农户林地经营权益的保护和救济体系，是保障林业经营活动公平性和提高林地经营效率的重要途径。在现实的林业经济活动中，林农权益受损的情形屡见不鲜，如缺乏经营自主权，产权缺乏安全保护，权益受损没有补偿或补偿不到位，农户缺乏参与权和话语权等。因此，有必要明确提出建立和完善新型有效的农户林地经营权益保护及救济体系。

实行家庭承包经营赋予农民长久而有保障的土地使用权，是国家在农村的最基本的政策，也是农民所拥有的最基本的权利。现有集体林产权制度障碍是林农合法权益无法得到保障的根本原因，健全和完善集体林产权制度是解决林农权益保护问题的关键。林业部门依法做好林权登记工作，林业主管部门通过对林权登记进行严格审查合法性、有效性，做好林权初始登记和变更登记管理工作，保障林农的林权得到合法保护。流转的集体林经村集体的讨论通过同意流转的，应依法补签林地承包流转合同的，要及时换发新的林权证。在集体林权制度改革过程中，要坚持农村家庭承包经营基本制度，确保农民平等享有集体林地承包经营权；坚持统筹兼顾各方利益，确保农民得实惠、生态受保护；坚持尊重农民意愿，确保农民的知情权、参与权、决策权。

完善占用征用林地制度，保障林农权益，要进一步完善征地程序，国家要对集体经济与林农给予公正补偿。目前调整补偿这方面社会关系的是《中华人民共和国森林法》第 16 条、第 17 条和第 18 条，2001 年 1 月 4 日国家林业局发布的《占用征用林地审核审批管理办法》以及《林地管理办法暂行规定》。但由于具体实施过程中，缺乏林农的公共参与，透明度不高，导致地方政府从林农手里征地时支付的补偿费不足，但却有可能在出让土地使用权用于商业用途时谋取暴利。为此有必要在林地占用、征用制度中建立补偿标准听证制度和土地征用争议司法仲裁制度。

完善的集体林产权体系，应当是能够满足社会实际需要的“权利束”。产权是使用权、收益权、让渡权之间的分解，也可以是每一种权利更为具体和细致的分解。维护所有权主体的权益，就要鼓励所有权主体的权能让渡，通过契约形式实现所有权的经济价值。为此有必要在法律上解除对集体林产权流转的不合理限制，国家应鼓励集体林产权主体依法以承包、租赁、转让、拍卖、协商、划拨等形式参与森林、林木和林地使用权的流转。保障林权流转，实际上也是对林农的一种社会保障。在一定时期内，林农能够从林权流转过程中得到一定的收益。此外，还要保障农户的森林生态环境权，林农作为森林生态环境权的主体，当然享有在良好的环境中生存和利用周边环境资源的权利，并在森林生态环境权受到损害的时候得到及时有效的补偿和救济。不断完善林农权益的民事法律救济、行政法律救济、司法救济途径，政府、街道办事处提供司法援助，做好民事调解工作，依法并告知林农如何维护自己的合法权益。

进一步完善相关配套制度保障农户权益。如建立保障农民行使充分处置权的法律制度，取消现行法律对农民采伐商品林的限制、取消现行法律规定的林木采伐许可制度、取消现行法律禁止公益林及其林地使用权流转的规定；建立保护尊重农民经营自主权和劳动收益权的行政机制，建立公益林的自由进出机制、建立维护和支持农民权益的财政制度、建立政府征用林地补偿费用的谈判机制，尊重农村集体经济组织和农民的话语权；完善农民权益的诉求服务机制，如健全农村林地承包经营纠纷调解仲裁机制、健全林权争议调处机制、建立公开透明的林权流转市场机制、积极推进农民广泛参与的农村法治进程、深入开展农村法制教育，增强农民的法制意识，提高农民自觉依法维权的能力。

8.4 林地经营的森林采伐管理服务体系

森林采伐限额管理制度是森林资源管理体系中最重要的组成部分，其最终目标是为了保护我国的生态，提高森林覆盖率。森林资源采伐限额管理是保护和发展森林资源的根本措施，对保护森林资源、促进林业可持续发展具有鲜明的必要性和重大的现实意义。我国现行的森林采伐管理制度是以采伐限额管理制度为核心，包括森林经营方案编制制度、年度木材生产计划制度、木材凭证采伐制度、凭证运输制度，凭证经营加工制度，伐前设计、伐中检查和伐后验收制度的体系（宫丽彦，2010）。

文献研究表明，很多学者和研究机构都对森林采伐限额管理制度进行了大量的探讨和分析，为本研究奠定了基础。当前关于森林采伐限额管理制度的研究成果主要集中在：采伐限额制度积极意义和消极影响的研究（田明华 等，2003；徐珍源 等，2004；张默涵，2013）、采伐限额的理论基础的研究（徐晋涛 等，2004；江华，2007；高丽英 等，2007）、采伐限额的编制及测算研究（储菊香 等，2006）、森林采伐限额执行的研究（关发瑞 等，2008）、各国森林采伐限额管理经验（李剑泉 等，2009）、森林采伐限额政策演进（柯水发，2013）、森林采伐限额管理制度改革策略研究（沈文星，2004；宫丽彦 等，2010）等。然而，当前的研究以宏观策略性研究较多，微观操作性研究较少，研究的系统性不足。因此，本研究拟在梳理我国森林采伐限额管理演进的基础上，提出我国现行森林采伐限额管理的制度困境，并结合我国具体国情和林情，借鉴国外经验，提出新型森林采伐限额管理制度体系设计，希望为我国森林采伐限额管理制度变革提供决策参考。

《中华人民共和国森林法》《中华人民共和国森林法实施条例》规定，国家所有的森林、林木以国有林业企业事业单位、农场、厂矿等为单位，集体所有的森林和林木、个人所有的林木以县为单位制定年采伐限额，由省、自治区、直辖市人民政府审核后，报国务院批准。国务院批准后，再逐级分解下达到编限单位。

1. 森林采伐限额制度存在的困境

森林采伐限额政策实行以来，中国的森林采伐管理水平得到很大的提高，森林资源得到更加有力的保护和合理的利用，森林资源过量消耗的局面得到了有效控制。“八五”期间，中国林业首次扭转了年森林资源消耗总量超过年生长总量的局面，并且持续至今。但森林采伐限额制度仍存在一系列困境。一是采伐限额制度一定程度上影响了市场收益和社会福利。从社会福利的角度分析，当一个社会的资源配置是由行政权决定时，就会形成一种寻租的社会。美国著名经济学家布坎南把寻租定义为人们凭借政府保护进行的寻求财富转移而造成的浪费资源的活动。在寻租的社会里，人们追求的是租金的最大化而不是利润的最大化。限额采伐制度下，国家控制采伐量使社会形成了一种寻租的社会。实践中，各级林业经营管理者为了争取较好的限额配给，需要花费大量的公关成本。此外，不合理的采伐限额制度的实施会使商品林的价格发生扭曲，进而使林业生产者剩余和消费者剩余都发生变化，进而导致整体社会福利的减少。二是采伐限额制度的实施成本巨大。采伐限额制度中的限额标准要经过实地调查了解森林资源状况之后，才能按照森林消耗量不低于生长量的标准进行确定，林业资源测算过程需要耗费大量的人力、物力和财力。又由于中国木材采伐政策实施的是“三总量”原则，即认真检查采伐总量、运输总量和销售总量的原则，既强调伐中检查，又强调伐后验收。采伐限额制度执行过程中，采伐证的分配、待采木材的审查、木材运输的监督检查以及木材销售环节的监督控制等都需要大量的工作人员和物力投入，制度执行实施成本太高。而且在采伐限额实施过程中，还往往会存在采伐指标分解不公引发争议、限额指标下达迟缓影响基层林业经营者的正常生产经营决策等问题。三是采伐限额编制依据的准确性受到质疑。各基层单位的经营目标取向存有差异，其制定森林经营方案的合理性、科学性和有效性千差万别，其制定并上报的采伐限额的科学性、准确性被受到合理的质疑。

2. 完善森林采伐管理服务体系的相关对策

当前，我国的森林采伐限额制度已出现了一些制度困境，已不能很好地适应林权改革和现代林业发展的新形势。因此，有必要进一步深化改革，但同时，我国特殊的国情和林情，也不能完全取消森林采伐限额制度。因此，本研究尝试提出一套基于分类经营基础上的新型森林采伐限额制度体系设计。具体的设计思路如下（见图 8-4）：本着服务林农原则，基于生态公益林和商品用材林两类，进而又基于国有、集体和个体三类经营主体，分别采取不同的采伐限额制度；对国有公益林实行严格禁伐制度，并由公共财政提供全额预算支持；对纳入生态公益林的集体林和个体私营林采取严格限采制度，对于由于限采而导致权益受损部分，由各级公共财政向林木所有者和经营者提供足额补偿；对于国有商品用材林，继续实施严格的森林采伐限额政策，但要求基于科学编制森林经营方案的基础上，实行许可采伐制度，以确保其在限额内生产，并给予生产经营者一定程度的经营自主权；对集体所有并经营的商品用材林放宽限额，在科学编制森林经营方案的基础上，逐步由限额采伐过渡到备案采伐制；对个体所有并经营的商品用材林取消森林采伐限额，还权于民，尊重并给予私营林主充分的自主经营权，鼓励、引导和指导私营林主编制森林经营方案，建立采伐申请备案制度和采伐证自由发放制度，对于符合森林法的采伐要求不得设限，并建立起更为便捷的采伐证和运输证发放制度。

根据总体设计和国外经验，可见这一制度体系实现的核心措施在于：一是建立完备的林业分类实践体系；二是建立规范的林业公共财政体系；三是建立科学的森林经营方案编制体系；四是完善采伐限额编制体系和配套制度。

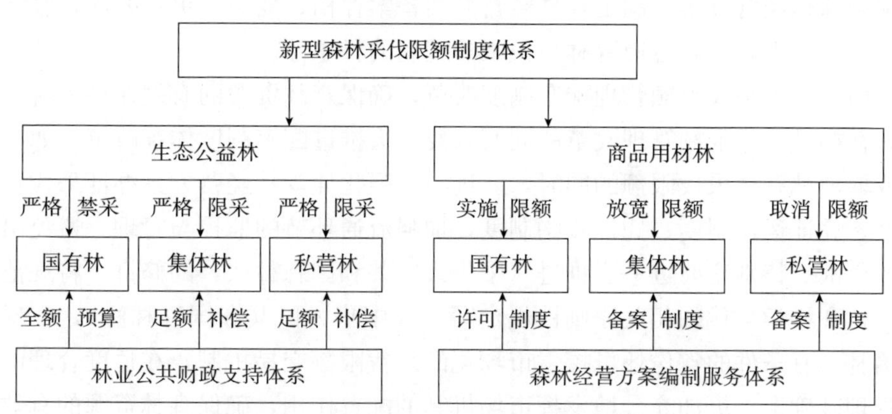

图 8-4　新型森林采伐限额制度体系设计

（1）建立完备的林业分类实践体系，实现有区别的采伐限额管理。由国家林业局会同有关部门制定森林分类区划标准与方法，各地按照区划标准与方法完成森林分类区划工作，在将森林资源区划为公益林和商品林的基础上，将公益林进一步区划为国家重点公益林和地方重点公益林，将商品林进一步区划为天然商品林和人工用材林（李锴，2004），并根据经营主体进一步区分为国有林、集体林和私营林。此外，还要考虑建立商品用材林与生态公益林之间的变更机制，并建立完备的林业分类数据库系统，以便于实现基于分类的采伐管理系统，施行不同的限额采伐措施。

（2）建立规范的林业公共财政体系，完善生态效益补偿机制。通过建立和完善财政预算支出体系建设，建立起规范的林业公共财政体系，支撑生态效益补偿工作的开展。一是建立生态效益补偿基金制度，对纳入公益林的私营林和集体林分别由中央财政和地方财政给予足额的补偿，以充分保障经营者的收益权；二是逐步建立生态公益林补偿金缴纳制度，要求生态公益林使用者、直接受益于生态公益林的供水、风景旅游、林地矿产开采、征占用生态公益林林地等经营单位或个人缴纳生态公益林补偿金；三是建立国家生态公益林收购制度，由集体或私人经营的位于重要生态脆弱区或重要生态安全保障区的林木，可由国家林业公共财政支付，完成收购变更为国有重点生态公益林，以充分保障国家生态安全。

（3）建立科学的森林经营方案编制体系，服务于森林采伐管理。国家林业局有必要变采伐管理为采伐服务，进一步规范森林经营方案编制要求，采取分类有别的编制指南，明确森林经营方案的编制主体、审核主体、备案主体、适用范畴，引导林业合作组织、林业大户、家庭林场等新型林业经营主体科学合理编制森林经营方案，制定森林经营方案备案存档、变更、更新办法，服务于森林采伐管理，提高各级森林采伐限额编制的科学性。

（4）完善采伐限额管理配套制度改革，确保森林资源的有效保护和持续利用。在推进采伐限额管理改革的同时，要大力推进配套制度体系改革，如在放宽或取消私有林采伐限额的同时，要进一步强化凭森林经营方案办证采伐林木制度、凭证运输制度、凭证收购制度，加强流通环节的监控与管理，避免出现一放就乱。特别还要进一步推进《中华人民共和国森林法》的修订，将规范森林经营和科学采伐的相关原则性规定写入《中华人民共和国森林法》，实现依法治林。有条件的省份还可探索市场化的采伐限额交易机制，在适度合理的计划管理基础上，更加充分地发挥市场机制的配置作用，确保森林资源的有效保护和持续利用。

8.5　林地经营的风险防范体系

开展集体林权制度改革之后，森林保险制度作为集体林权制度的配套政策，大大增强林农对灾害的抵御能力。同时，开展森林保险有利于完善森林灾害防救体系，有效保护森林资源，维护国家生态安全。

林业肩负着改善生态环境和促进经济发展的双重使命，是我国国民经济的重要组成部分。随着社会的发展和人类的进步，保护和管理好森林至关重要，保护森林不仅是林业部门的一项工作，而且是整个社会的责任。然而林业是个高风险的行业，林木在漫长的生产周期里，既易受到火、风、雪、水、病虫害等自然灾害袭击，又易遭到乱砍滥伐、毁林开荒等人为破坏，林业对保险的潜在需求很大。

1. 基于文献研究的森林保险分析

（1）森林保险的界定。孔繁文、刘东生（1985）最早从经济学角度定义了森林保险的概念。他们认为，森林保险就是森林经营者（被保险人）按照一定标准缴纳保险费以获得保险部门（保险人）在森林遭受灾害时提供经济补偿的合同行为，这种行为以契约（合同）形式固定下来，并受到法律保护。

李祖贻（1989）从保险学方面提出，森林保险是以森林（在未被采伐转化为木材或其他林副产品以前）为保护对象所开展的保险业务。他认为，森林保险既是社会保险的一个组成部分，又是一个相对独立的体系。

还有一些专家学者侧重于从保险标的物范围来诠释森林保险的概念，归纳起来森林保险是指以防护林、用材林、经济林等林木，以及砍伐后尚未集中存放的原木和竹林等为保险标的，并对保险期间内可能遭受自然灾害或意外故所造成的经济损失，提供经济保障的一种保险（田芸，1996；高岚，2002；刘畅，2005；杨菊红 等，2008；胡继平，王伟，2009）。

我国的林业保险以森林保险为主，森林保险是保险业务中的一个小小的分支，指森林经营者（投保人）按照一定费率缴纳保险费，以获得保险企业（保险人）在森林遭受损失时提供的经济补偿，这种经济行为以契约形式固定下来，并受到法律的保护（孙月华，1986）。

目前，我国政策性森林保险的经营模式包括：由政府组织的经营模式、政府支持下的林业互助合作社经营模式和政府主导下的商业保险公司经营模式。三种模式各具优缺点。

（2）开展森林保险的重要性。对于我国开展森林保险重要性的阐述，主要是从保险作用、森林资源保护、林业生产经营以及森林灾害损失补偿这方面展开的。孔繁文和刘东生（1985）认为森林保险可以完善我国的救灾体系，能够为森林资源生产提供经济保证，有助于扩大林业融资渠道、完善林价管理制度和增强森林资源价值观念。严国清（1994）基于福建省邵武市森林保险实践，认为森林保险可以调动林权所有者造林育林积极性，能够保证灾后林业再生产和生态环境的尽快恢复，有助于扩大林业融资，提林权所有者的森林资源资产意识。刘畅、曹玉坤（2005）认为在市场经济条件下开展森林保险，是恢复和稳定林业生产的重要经济手段，并从林区恢复良性生态系统的紧迫性、森林灾害的破坏性、林业企业经营的稳定性这三个方面论述发展森林保险业务的必要性。随着我国社会主义新农村建设和集体林权制度改革不断推进，对于开展森林保险重要性的认识也得到不断深化。许慧娟等（2009）认为森林保险是林业管理风险的重要手段，在增强林业抵御风险能力、改善发展环境、稳定生产，以及增加林农收入、促进农村事业全面发展等方面具有不可替代的基础保障作用。

2. 森林保险现存主要问题

对于中国森林保险现存问题的研究，可分为宏观和微观两个层面。

宏观层面上，一些学者将森林保险问题主要概括为三个方面：需求不足、供给有限、政府政策不到位（冷静 等，2008；冷慧卿 等，2009；张蕾，2009；雷茜 等，2011；石焱 等，2011；王珺 等，2011）。

微观层面上，研究者通过调研发现的具体问题也可以划分为三个方面：林农层面、保险公司层面和政府层面。

林农层面上，包括林农投保积极性不高（崔文迁 等，2008；石焱 等，2009；雷茜 等，2011；石焱 等，2011；万千 等，2011；李彧挥 等，2012），林农风险意识淡薄（冷静 等，2008；雷茜 等，2011），对森林保险的认识不够（冷静 等，2008；雷茜 等，2011），群体保险需求差异大，小农户投保意愿远低于大林户（冷慧卿 等，2009），林农选择性投保（石焱 等，2009），道德风险使得免赔额面积以下的火灾林农不去施救（石焱 等，2009）。

保险公司层面上，包括保险公司供给成本过高，利润微薄（崔文迁 等，2008；吴希熙 等，2008；周式飞 等，2010；雷茜 等，2011；石焱 等，2011；王珺 等，2011；李彧挥 等，2012），险种单一，覆盖面窄（冷静 等，2008；石焱 等，2009；李艳明 等，2009），保额低，费率高（石焱 等，2009；王珺 等，2011），产品设计不够科学，费率厘定机制不合理（王珺 等，2011），缺乏专业人员和权威评估机构（石焱 等，2009）。

政府层面上，包括政府扶持力度不够、补贴政策不到位（冷静，2008；石焱 等，2009；王珺 等，2011），森林保险法律法规不完善（冷静，2008；文彩云 等，2009；王珺 等，2011），林业部门和保险公司诉求存在差异，缺乏沟通（崔文迁 等，2008；冷慧卿 等，2009），对林业保险的推广缺乏必要的考核机制，基层政府没有积极性（石焱 等，2009；王珺 等，2011），配套服务体系尚未建立（文彩云 等，2009；石焱 等，2011；王珺 等，2011）。

3. 优化政策性森林保险体系的相关策略

（1）完善林业保险投入及补贴机制。各国政府对林业保险的补贴主要有保费补贴、经营主体管理费补贴和再保险补贴三种方式：保险费补贴是直接对农民的农作物保险费率给予补贴，目的是为了增加农民的付费能力，提高农民参加保险的积极性；经营主体管理费补贴是对林业保险经营主体所发生的管理费用给予的一项补贴；再保险补贴是由国家的林业保险公司、或者是由林业局或财政部直接对林业保险的经营主体提供的再保险所发生的支出。一方面要对林业经营者普及林业保险知识，加强林业保险意识，鼓励其积极投保，刺激林业保险需求；另一方面政府可以实行林业保险的补偿机制，对营林者投入的保费按一定的比例给予补贴，补贴的形式可以多样，依据林农的需要，可以直接补贴资金，也可以是营林投资品、技术指导、税收优惠等方式，以此减轻林农的经济负担，使其从林业保险中获益，从而意识到林业保险的意义，提高投保的积极性（田丽婕，2012）。此外，政府可以对保险公司直接进行资金补贴，也可以通过出台林业保险相关的优惠政策来间接支持保险公司，如政府可以减免保险公司开办林业保险所得收益的税费，从而激发保险公司开办林业保险的积极性。

（2）建立法制保障。林业风险管理需要以一定的法律法规为依据，所以要建立健全的法律法规，使林业风险管理有法可依（李玉泉，2014）。目前，我国有关于林业风险方面的法律法规，但不能从根本上解决我国林业风险问题，需要进一步制定详细的法律规章，使我国的林业风险管理更加法制化，规范林业风险管理主体、收益主体、参与主体的权利和义务。

（3）建立林业风险管理机构。建立专门的林业风险管理部门，主要职能是制定相关的林业风险管理政策和办法，引导林业风险管理经营主体开展工作，并对其起到一定的监督作用（赵振清，2013）。同时还对林业内所存在的各种风险进行详细的分析，制定出相应的风险管理办法，同时还要负责对林业风险的财政补贴和林业基金进行管理，并能够充分发挥其职能，支持林业经济合作组织举行一些与之相关的活动。

（4）构建国家补贴的再保险体系。各国林业保险从自由竞争转变为国家管理的重要标志是建立国家补贴的再保险体系。当前我国林业保险的发展尚处于初级阶段，可以考虑商业保险公司为林业保险经营者提供分保，政府对提供分保的商业保险公司进行补贴支持（田丽捷，2012）。并逐步探索建立政策性的全国林业再保险公司，通过再保险机制尽可能在全国范围内分散林业风险，以差额补贴的方式补贴各地区林业保险公司的亏损。

此外，还可以考虑在全国范围内建立统一的森林保险风险防范基金，由各省政府拨款或由林业生产者和政府共同出资，用于统筹全国范围内的森林联保、统保和风险防范。

8.6 林地经营的科技服务体系

构建新型林业科技服务体系，做好林权制度改革后科技服务工作，最大限度地满足林农对科技信息的需求，是提升林业经营水平的重要途径。林业科技，主要包括在林业生产经营活动中所需的科学和技术两部分，科学是一种理论知识和信息，技术是具体操作的方法和技能。林业科技服务（又被称为林业科技推广服务），是指服务组织（机构）运用示范指导、培训讲座、宣传技术、发放材料等多种渠道和方式，将林业领域的科研成果、新技能、新信息等传授给农户和林业生产经营者，帮助农民改进林业生产技术，促使林业科技转化为现实生产力，以提高林农林业生产经营效率、增加林农收入、促进林业产业发展的行为和过程（吴成亮，2010；赵正兴，2011；陈柯，2013）。它旨在将最新发现由科研单位转到农村，使其成为农民和土地所有者的经营方法（Herren，Hillison，1996）。林业科技服务的面向对象包括专业合作组织、涉林企业、林场、基层林业科技服务人员、专业大户以及普通农户等不同主体，本研究中主要针对农户这一科技服务终端接受者进行研究（王碧，2014）。

1. 林业科技服务模式

从我国林业科技服务体系发展历程中可以看出，我国林业科技推广机构主要包括政府部门、科研院所和林业院校、林业专业合作社（林业专业协会）、涉林企业等，林业科技服务供给主体呈现出多元化趋势，根据不同时期不同机构（组织）在林业科技推广中的作用机制及合作对象的不同，我国面向农户的林业科技服务模式主要可以归为以下三大类（见表 8-4）：政府主导型、市场主导型、自主合作型（秦邦凯，2012）。三类科技服务模式各有不同的优缺点（王洋，2010）。

表 8-4　不同林业科技服务模式的优缺点

模　式	优　　点	缺　　点
政府主导型	建设速度快：可以短时间内解决建设所需的人、财、物	缺乏动力机制：不能很好地运用市场竞争机制，服务质量差
	投资能力强：政府投资可以满足大型基础设施的供给	政府负担过重：需投资项目多，并且缺乏降低成本的激励约束机制
	受益范围广：无偿的科技服务增加了农户接受服务的机会	易产生供需脱节："自上而下"推广模式不能很好适应农户需求

（续）

模　式	优　　点	缺　　点
市场主导型	减轻政府财政负担：企业为农户提供林业科技服务，并且自负盈亏，降低政府建设压力	投资能力有限：企业资本有限，投资受限
	促进供需对接：企业根据市场和农户需求提供针对性的科技服务	受益范围小：农户能否享受有偿服务受其经济水平限制
	提高有效供给率：充分发挥市场竞争机制，促进高质量服务供给	服务的供给具有不确定性：服务的供给会受市场形势的影响产生波动
自主合作型	服务内容针对性强，真正了解农户需求。	发展不完善：服务模式尚未成熟，缺乏资金、人才等
	服务方式多样：平等、参与式的组织结构便于开展多样式服务	作用发挥不充分：与政府关系密切，独立性差，作用发挥受限制
	服务质量高：以需求为导向，确保服务质量	

由以上分析可以看出，自改革开放以来，以林业科技推广为主的林业科技服务体系建设快速发展，至今在各省各地区已建立多个林业科技推广机构，以省、市、县、乡多级林业科技推广机构为主的林业科技推广网络已基本建成，并且林业科研院所、林业高校、专业合作组织、涉林企业等不同主体逐渐加入到林业科技服务体系中来。总结现行的林业科技服务模式可以看出，我国目前存在着政府主导型、市场主导型以及自主合作型三种类型的林业科技服务模式，服务主体和服务方式呈现多样化。但由于受经济体制的影响以及我国林业发展状况的制约，政府主导型的服务模式是我国林业科技服务的主体，在这种服务模式中，政府处于主导地位，为林业科技服务工作提供资金和政策支持，而林业科研院所、林业高校、林业合作组织、涉林企业等主体起补充作用，多主体科技服务功能的发挥有待进一步提高（王碧，2014）。

2. 当前林业科技服务体系存在的不足

建立完善的林业科技服务体系是新时期下促进林业发展和农村经济发展的客观要求，也是完善集体林权制度改革的重要配套措施。当前的林业科技服务体系建设和林业科技服务工作已取得一定成绩。但文献研究和实地调查发现，林业科技推广中仍存在如下一些不足：一是林业科技推广体系建设不完备，管理体制运行不畅。一些地区存在着林业科技推广机构的缺口、林业科技推广各级机构缺乏有效沟通；由于基层林业科技推广机构隶属于乡镇政府，在基层林业科技推广机构中存在岗位与编制不匹配、岗位与职责不匹配等问题，林业科技服务工作存在多头领导现象，导致基层林业科技推广机构职能定位不明确、定位不清晰，影响了其科技服务工作效率和科技服务职能的发挥。二是基层林业科技服务人员部分存在着年龄老化，人员结构比例不合理、服务人员知识陈旧，缺乏创新和较好的服务意识等问题，科技服务力量有待加强。三是科技推广工作各个环节需要大量的经费支持，但在调查中发现，林业科技服务体系中存在着资金投资总量不足、结构不合理、投资渠道单一等问题，经费不足影响着林业科技推广人员和林农经营积极性，进而影响到林业科技服务整体工作取得的效果。

3. 完善林业科技服务体系建设的建议

（1）加强林业科技服务机构建设，理顺管理体制。由于当前林业科技服务体系仍是政府主导，因此，为保障林业科技服务工作的顺利开展，要进一步建立完善的林业科技服务机构，加强乡（镇）林业工作站的建设，通过提高基层林业科技推广机构的覆盖率，形成县级、乡（镇）级林业科技推广机构的全面覆盖。同时进一步明确林业科技推广机构的职能职责。可通过在基层林业工作站内设置部门专职负责林业科技服务工作，部门内部统筹安排，匹配专业技术工作人员的岗位与职责，明确职责划分，保证林业科技服务每个工作环节都能责任落实到人。

（2）强化林业科技服务人才队伍建设。通过定期开设培训课程、组织进修等方式，及时更新相关从业人员的知识结构，在从业人员中广泛开展职业技能和实用技术的培训，建立农户测评、同事互评、上级测评的三方评价体系，并设立相应奖励机制，激励基层从业人员提升服务意识和服务能力；充分发挥村（组）干部、专业合作组织、专业大户等的带头作用，鼓励村中推选发展带头人，培养技能服务型和生产经营型的农村经济发展带头人，使其成为农户与政府之间沟通的纽带，及时反映农户诉求，落实科技服务，延伸科技服务触角，扩大林业科技服务的覆盖面。加强与林业科研院所和高校的人才培养合作，创造条件激励毕业生深入基层从事林业科技服务工作，强化和提升林业科技服务人才队伍。

（3）建立政府主导的多层次资金投入机制，拓宽资金来源渠道。由于我国仍以政府主导型的科技服务模式为主，政府应充分发挥主导作用，做好科技服务工作的统筹安排，国家层面要加大对于林业科技服务的资金投入和建设支撑力度，在各级财政中设置林业科技服务专项经费，对重大林业技术推广、实用技术培训、科普宣传等项目予以财政支持，提高林业科技服务体系的综合实力。

（4）创新林业科技服务方式，推行适应农户需求的服务。开展针对化、差异化的林业科技服务，建立以农户需求为导向的林业科技服务供给机制，使林业科技服务工作真正取得实效。创新林业科技服务方式，围绕现代林业发展要求和农民需求，充分利用现代信息科技手段，开展信息化科技服务，可通过开通服务热线、专题网站、专题栏目，建立微信群、QQ 群，发放政策和技术知识宣传册，制作教学指导视频等多种方式，增加农户信息获取渠道，拓宽林业科技服务覆盖面，鼓励专家深入基层，深入一线，增加农户获得林业科技服务的次数，提升农户对林业科技服务的满意度，激发农户对林业科技的持续热情。

（5）探索市场化的有偿林业科技服务。创新林业科技服务体制机制，转变政府包办模式，提升非政府机构在林业科技服务体系中的地位，通过政策倾斜、完善激励机制等方式，加强与涉林企业、非政府中介组织和林业专业大户等的合作，建立有偿服务与无偿服务相结合的多元化林业科技服务体系，充分调动社会资源，允许科技服务人员、龙头企业和林业大户等提供市场化的林业科技服务并进行合理收费，提升林业科技服务质量，为林业产业发展的注入活力。

9.研究结论

新中国成立以来，我国集体林权制度历经数次变革。2008年6月中共中央国务院发布了《关于全面推进集体林权制度改革的意见》，全面铺开了以林地承包经营制度为基础的新一轮集体林权制度改革，并把它列为深化农村改革的重要内容和建设社会主义新农村的重要措施。截至2011年年底，全国共确权林地面积26.77亿亩，占27亿亩集体林地总面积的97.8%，集体林权制度主体改革任务"确权到户"基本完成后，改革就进入到"后林改时期"。后林改时期林业经营形式发生了新的变化，出现了农户分散经营与林业规模经营的突出矛盾。2012年，中国共产党第十八次全国代表大会报告明确指出：坚持和完善农村基本经营制度，依法维护农民土地承包经营权、发展多种形式规模经营。对于广大农村地区来说，后林改时期针对单户承包经营、联户经营和股份合作经营等林地经营形式，农户的选择意愿如何，哪些关键因素在影响着农户的林地经营决策，不同林地经营形式的营林效率有何差异，如何构建新型林地经营保障体系？本课题针对上述问题开展了较为深入和系统的研究，旨在揭示农户林地经营决策机理、营林效率以及保障机理。本研究对于丰富我国农村林权改革理论、农户经济行为理论和林业经营相关理论具有重要的理论意义，本研究基于实证研究和理论探索的基础上形成的研究结论和对策建议，可为我国出台林权改革配套政策提供决策参考，对于完善我国农村林地经营机制具有较为重要的实践应用价值。

通过全文研究，可以得出如下几点结论：

1. 后林改时期集体林区林地经营形式呈现出多样性。集体林区林业经营实践中起主导力量的经营形式主要有农户家庭单户经营、联户经营、加入合作社经营和集体经营等，其中，单户经营仍是最主要的经营形式，而不同的林地经营形式各具优缺点，林地经营形式的合理选择有其相应的适用条件。调查研究表明，对于不同林地经营形式的利弊衡量，单户经营以其决策的自主性成为农户的首选，单户经营的风险也使一些无力单户抵御风险的农户选择联户或者加入合作组织经营。但在调查中发现，农户认为联户经营的弊端较多，利益分配不均、权责不清都会产生一些纠纷，而对于合作组织，被调查地区农户的参与度较低，从利弊分析中可以了解到，加入合作组织是否能享受到应有的服务，是否拥有经营决策参与权和较公平的利益分配机制是决定农户是否参与其中的关键。

2. 农户是理性的林地经营决策主体，历次集体林权制度改革涉及产权制度的变革、调整与完善，都对农户的林地经营形式选择产生了影响。历次改革都对政府、集体和林农的利益格局产生了或多或少的影响，在多次变革各利益主体系列博弈进程中，农户的林地经营预期也在不断变化，但总体上趋于更加稳定和理性。利益在推动或抑制人们行为的过程中，扮演着重要角色。而更为重要的是，在探究利益的驱使下应该关注其制度背景和社会环境，以 20 世纪 90 年代的林权制度改革为界，前一阶段通过林木经营收益的函数构建也表明，林农、村集体和地方政府的收益上处于零和博弈。而后一深化改革阶段，林业部门开始确权、登记、发证，林农获得自己的林地，尽管在一些政策上还处于林业部门管制，但至少林权归属林农的格局确定下来，在此基础上，林农、村集体、林业部门的利益取向有相当的一致性。

3. 农户的林地经营意愿及行为决策是影响林业生产力的重要因素。基于福建和辽宁的调查分析，农户对扩大林地经营规模的意愿较强，普遍不满足于现有的林地经营规模。此外，农户在林地经营的生产和技术环节都表现出较强的自主性，反映出在以单户经营为主的生产活动中，农户更愿意自己完成力所能及的生产活动，也侧面表现出村里的技术服务不到位，使得很多农户只能自己凭经验摸索处理病虫害等相关问题，在销售环节，整体销售渠道较为单一，没有形成专业化的产品销售流通渠道。

4. 农户林地经营形式选择意愿及经营行为决策系农户家庭特征因素、林地资源禀赋、产权激励及农村社会变迁等多种影响因素综合作用的结果。福建的样本计量实证分析表明，不同因素对农户选择林地经营形式的影响程度和影响方向不一样。其中最显著的影响农户经营形式选择的因素是：农户对林改是否满意、对林业合作组织的认知、对是否应缴纳林地使用费的认知以及受教育程度、林业收入占家庭收入的比重、农户在生产劳动环节的林地经营习惯、家庭中未成年子女和抚养老人数、林业税费减免对造林积极性的影响等；基于辽宁的样本计量实证分析表明，户主担任村干部、家庭存款、林业收入占比、林地劳动力投入等对林地经营产出影响显著，呈正向相关关系，而人均林地面积对林地经营产出影响显著，呈负向相关关系。表明资本、劳动力和林地规模等家庭生产要素投入对劳动产出有着明显影响。基于辽宁的样本计量实证分析表明，较多农户愿意扩大林地经营规模，林农扩大林地经营意愿主要受到户主性别、年龄、户主的受教育程度、是否受过林业培训、林地地块数量、林地及林木价值的影响。

5. 不同林地规模的农户林地经营决策存有差异。基于典型案例研究表明，就同一经营形式下的大户和小户而言，大户在生产环节更多地选择雇工进行，同时，许多大户为种植方便且尽可能减少雇工等人力成本的投入，喜欢选择种植耗费劳动力较少的林种。而对于林地经营规模较小的农户而言，他们对经营周期相对较短、收益平稳、见效快的毛竹有更大的种植意愿。其次，林地经营规模较大的农户更倾向于将林业作为经营性资产来经营，因此对林地经营面积的扩大有更强的意愿，而林地经营面积较小的农户则更多的是将林地作为保障性资产来经营，侧重对现有规模林地的有效经营，视家庭经济能力情况确定对林地经营面积的转入与转出。

6. 林农的林地经营存在适度经营规模。本研究构建了林农林地经营适度规模的理论模型，并采用辽宁省 140 份林农调查问卷进行了实证分析。研究表明：首先，在林农追求利润最大化的情况下，林农林地经营存在一个适度规模，而且这个适度规模受林地经营要素的数量、各投入要素市场价格共同决定。其次，就整个样本区域而言，适度经营面积为 29.76 公顷，其中用材林的适度经营面积为 30.74 公顷，经济林的适度经营面积为 28.17 公顷。最后，放松对劳动力生产率达到最大的限制条件，在样本区域内，林地的适度经营规模大幅度减少，这是由于样本区域劳动力投入过少造成的。因此，林农要获得最大的林地经营利润，需要扩大对用材林和经济林的经营面积，并扩大其劳动力和资本的投入。此外，本研究还基于福建三明市的农户调查数据，运用回归分析和非线性规划模型，分析了林地经营收入的影响因素，并测定了与不同特征农户相适宜的林地经营规模。研究表明，具有不同特征的农户家庭适宜经营不同规模的林地，研究中将当地农户分为六个类型，并列出不同类型农户最优的经营规模和林地投资水平。

7. 不同地区林地经营效率存有差异。总体而言，我国的林地经营效率有待进一步提高。本研究以辽宁省 4 个县 200 户农户为样本，运用 DEA 方法对林地投入产出经营效率进行测算，结果显示：样本户林地经营综合效率较低，综合效率均值为 0.095，无效程度严重的占比为 93.5%；样本户林地经营纯技术效率不高，纯技术效率总体均值为 0.152，高达 96%的样本户未实现技术有效；样本户林地经营规模效率较高，规模效率总体均值为 0.810，实现规模有效的占比为 45%。137 个样本户林地经营处于规模报酬不变的状态，占比为

68.5%。林地经营综合效率普遍低下状况亟待全面提高。

此外，基于福建163个单户经营毛竹样本，运用DEA方法对其经营效率进行了分析，结果表明，福建省样本调查地区单户经营的农户其毛竹林经营平均规模效率为0.822，其中林地平均规模效率为0.350，可以看出，毛竹林总体经营规模效率较高，但林地这一要素的规模效率较低，林地这一生产要素投入比例的进一步调整有利于提高总体经营规模效率。单户经营的农户家庭规模在23～30、60～70、70～80、110～200亩区域的，其林地经营规模效率、纯技术效率和总体规模效率均达到1，其他规模区域或多或少存在生产要素投入比例不协调，没有实现DEA有效。本研究还进一步基于Tobit模型采用软件Stata11.0软件对单户经营林地规模效率响因素进行了回归分析，研究结果表明，影响单户经营林地规模效率的主要因素为户主性别、生产周期投工费用、林地面积、年龄、家庭劳动力个数、是否参加过与林业有关的培训等。

8. 后林改时期新型林业经营主体的培育势在必行，但新型林业经营主体培育过程中仍存在新型林业经营主体的管理体系不完善、经营管理水平不高、林业经营受相关政策和基础设施条件制约等问题。因此，本研究提出出台相应规范性文件加强规范化管理、建立和完善新型林业经营主体的统计体系、开展新型林业经营主体的普查和相关研究工作、完善林业经营主体领办人才支持体系、建立新型林业经营主体的社会责任尽责体系、制定和完善相关配套政策体系等政策建议。

9. 有必要构建一个较为完整有效的激励农户林地经营的保障体系，主要包括：（1）建立便捷高效的林地产权交易市场及收储体系，建立安全有效的林农林地经营退出机制和资源流动体系，促进林地合理规范地进行流转，实现规模经营效率；（2）建立多元化的林业经营补贴支持体系，加强面向林农和新型林业经营主体的经营支持力度，激励提高经营积极性，促进林业经营转型和经营水平提升；（3）建立和完善林农林地经营权益保护及救济体系，建立保障农民行使充分处置权的法律制度，建立保护尊重农民经营自主权和劳动收益权的行政机制，完善农民权益的诉求服务机制，确保农户从事林业经营活动的产权安全、产权权益和林地经营收益；（4）通过改革和创新森林资源采伐限额管理服务体系，建立基于森林经营方案编制的采伐管理制度，赋予林农以充分的林地处置权，激励林农科学合理且自由地进行林地经营决策；（5）建立森林经营风险防范和林业风险治理体系，完善政策性森林保险机制，加强商业性森林保险供给，加强林农从事林业经营的相关风险规避、治理和救济体系建设，保障林农林地经营的安全性；（6）构建新型林业科技服务体系，构建林业科技服务平台，创新林业科技服务模式，做好林权制度改革后面向林农的科技服务工作，最大限度地满足林农对科技信息的需求，提升林业科技转化率，提升林农的林业科学经营水平。通过上述一系列保障体系建设，以确保农户安全放心、规范合理、科学高效地从事林业经营活动相关决策，并最终促进林业经营水平和经营效率的提高。

10.相关案例

10.1 四川省绵阳市梓潼县徐州镇天宝村典型农户柚林经营案例

10.1.1 四川省绵阳市梓潼县徐州镇天宝村

四川省绵阳市梓潼县，位于四川盆地西北浅丘，植被属亚热带常绿阔叶林，近年来，四川省梓潼县大力发展林业产业，收到良好效益，全县实现林业总产值16.3亿元，农民人均林业收入达到1 500元。其中的徐州镇面积69.34平方公里，总人口2.5万人，是一个以农业为主的镇，具有发展生态农业得天独厚的自然条件，以发展柑橘最为突出。目前，徐州天宝柑橘协会现有果树3 000多亩，年产量近6 000吨，销售收入900多万元，协会的500多户农户人均收入达5 000元。

新中国成立以后，梓潼县集体林经历了多次变迁。2000年后，陆续出现了集体林地有偿流转，以市场来配置森林资源，但存在着市场化机制不健全的问题。梓潼县集体林权分为自留山、责任山、统管山三种形式。在林权改革中，实行的改革政策是自留山保持稳定，由农户长期无偿使用，不得强行收回和随意调整；责任山稳定完善，分包到户的责任山保持承包关系稳定。尚未确权到户的集体山林均山到户，按现有户籍人口折算人均山林面积。天宝村也根据国家的相关政策进行了林权改革，除此之外，在汶川地震之后，天宝村还根据县上的统一规划安排，进行了低效林改造，并在此基础上，扩大了柚林的种植面积和规模。

10.1.2 典型农户的基本情况

四川省绵阳市梓潼县徐州镇天宝村村民肖某，男，67岁，汉族人，小学学历。肖大爷勤劳，健谈，爽朗。年轻时是村里民兵队的成员，他很能干，侍弄庄稼也是一把好手。

肖大爷家是村里种植柚林比较早的农户，村里刚开始种植柚子的时候，肖大爷就在村上分的林地上种上了柚子，且柚林的经营过程没有中断，因此能在一定程度上代表那些种植柚子比较早时间较长的农户。另一方面，与近些年合作社扩大规模后那些大面积种植柚子的家庭有所不同，肖大爷家的柚林种植规模相对较小，能反映小农户的种植收益情况。

肖大爷现在家庭成员 8 口人，夫妻俩、两个儿子和儿媳、一个孙子，一个孙女。肖大爷有四兄妹，母亲已经 90 高寿，父亲早已过世。大儿子和儿媳常年在外打工，二儿子和儿媳就近在成都打工，孙子和孙女都在读初中。

四川省绵阳市梓潼县许州镇天宝村，位于四川盆地西北浅丘，多山多丘陵。据肖大爷讲，村里的老一代要走出县里已经很困难了，年轻人基本都可以出去闯闯，而走出山村无非三条途径：一是打工，村里的年轻人基本都出去打工了，肖大爷的儿子儿媳也都出去打工了。肖大爷说出去打工好，年轻人多在外闯闯；二是做生意，这需要资本，村里有几个人在县城做小生意；三是读书，这是年轻一代最重要也是最理想的一条出路，肖大爷就希望孙子孙女能考上大学，鲤鱼跳农门，不再整天跟泥土打交道了。但现在山村小学由于招生不足，老师也有限，都已经撤点并校到镇上了，孩子们一个礼拜才回家一次，平日里，家里只有肖大爷和肖大妈在家。

在种植蜜柚之前，肖大爷都靠种些小麦、油菜，玉米，红薯为生，也种些蔬菜瓜果，用于自己吃，一年忙到头也攒不下几个钱。据肖大爷讲，他们是村子里较早种上柚子树的人，从 2003 年开始，已经种了十几年。当时就种了十几亩，属于种柚大户，现在种柚子的人越来越多，特别是 2008 年汶川地震，肖大爷家的村子受损比较严重；地震后，顺应灾后重建的大潮，赶上村里统一规划，用低效林改造和残次林改造果林，很多人都加入到柚农的行列，种一百亩的人都有。平时，儿子和儿媳在外打工，老两口年龄大了，在家种植蜜柚，照看果园，日子过得有声有色。

10.1.3 林地资源的基本情况

天宝村区域内水资源丰富，所属的许州镇面积 69.34 平方公里，有各类工程蓄水 2 500 万立方米左右，地处潼江上游，取之不尽的潼江河水经镇南北绵延 10 公里。梓潼县已经在许州镇的天宝、栏杆、迎江、桥河等 10 个村里发展起了 12 000 亩的文昌添宝柚基地，文昌蜜柚投产面积达 6 000 亩，亩产量达 7.5 吨以上。

据肖大爷介绍，家里的柚子林全都是 1982 年队上分田地统一分的土地和荒山荒地。原来分的土地本是七零八落的，种植柚子的时候，为了种植和日后的柚田管理，村民之间都会进行土地的兑换，形成大块的土地。现在，大多数村民都种植柚子，基本都有10～20亩，还有部分农户有近百亩的柚子田。进而，我向肖大爷询问了这种土地的兑换是村里集体组织的还是都属于私人行为时，肖大爷说都是邻里乡亲自己兑换，村上不管这个。因此，从这个角度看来，天宝村土地流转较为自由。肖大爷说，现在的柚子品种多了，有红柚，蜜柚等，当初他们种的都是白柚。

10.1.4 柚林生产经营情况

柚子刚种下，遇到天旱每天要淋水，才能保持土壤湿润，柚苗才能存活；雨天的话，如果雨连着下几天，就要注意去看看地里有没有积水，有的话要排水，以免树苗烂根。每个月还要对柚苗施腐熟人粪尿，一般是肖大爷从家里担人粪尿，肖大妈在地里浇灌。两个人一般也不请人帮忙，自己慢慢干。肖大爷说，等柚苗定植成活后，还要定干，对枝枝丫丫进行修剪，多了的枝丫没用，浪费营养。平时柚子种植中有什么问题可以询问村里的技术员，村里的合作社每个月定期定点免费举行成员及果农专题技术培训，采用理论讲解与现场操作的方式，为柚农们答疑解惑。随着柚子种植技术不断提高，产品品质明显改观，果子由酸小变得甜大香脆，产量明显增加。

除了浇水施肥修剪树枝，肖大爷和肖大妈还要翻耕土地，除草，按肖大爷的说法，土松了，根丫才能吸收到营养。在柚子刚栽上的头四年，柚子不结果，这个阶段只有付出，没有收获。头两年，还可以在柚苗之间的空地上种一些自己吃的蔬菜，等柚子长大了就不行了。到第四年的头上，便开始开花结果了。如今，肖大爷2002年栽上的那一批小柚苗已经到了第12个年头，14亩柚子地如今进入了盛果期，从精选柚苗、施肥修枝，到用黄板纸防红黄蜘蛛，用太阳能灭虫灯呵护柚树，一番辛苦终得成果。每年10、11、12月，都是柚子丰收的季节，肖大爷和肖大妈都在地里忙活摘柚子，卖柚子。每亩有111棵树，每亩的产量现在已经能达到5吨。年收入就能达到4万元左右。

村子里的人基本都是自己种自己的，没有联户经营。但是有相互之间在繁忙的时候相互帮忙的，邻居之间你帮我家施肥，我帮你家播洒农药。但被问到是否会考虑联户经营，几家合作的时候，肖大爷说可以考虑，几家一起合作也有好处，但不能太多，三四家就可以了，否则人太多了反而不好做事。肖大爷家加入了村里的柚子合作社——天宝合作社。一方面，合作社可以帮助议价，没有加入合作社的小户，在柚子多了时候，怕卖不出去，会想着尽快把柚子卖出去，因此价格卖得较低，比如今年只能卖 4、5 毛钱；而加入合作社的柚农，因为有来自外地的大的批发商会找到合作社，进而从合作社社员处购买柚子，加上合作社可以和批发商议价，因此，价格卖得会高一些，比如今年可以卖 6、7 毛钱。另一方面，还可以提供技术培训，合作社每个月都会有技术讲座，请技术站的技术员讲解柚子种植的技术。加入合作社没有什么限制，只要想加入就行；前几年，合作社帮助村民每卖 0.5 千克柚子，会收取中介费 0.01 元，现在已经不收这个费用了。当我被问到合作社有没有分红时，肖大爷说，从来没有分过红，而且因为有的人觉得目前合作社组织得不好，人心不齐，已经退社了。

此外，村里的道路建设还是较为完善，离公路最远的也不过一两里，有不少家里买了汽车，每年 10、11、12 月，在柚子丰收的季节都会开着汽车到地里去收柚子。

10.1.5 柚林的生产投入以及产出情况

肖大爷家的蜜柚前期投入较多，前三年没有收益。在跟肖大爷的攀谈中，我给他的小果园从柚苗投入到肥料农药，人力投入到收益算了一笔细账。

1. 柚林的成本投入情况

（1）种植阶段。

①柚苗成本。5×111×14＝7 770 元

按照当年种植时候的价格计算，每株柚苗的成本价近 5 元，每亩初种 111 棵柚苗，肖大爷家一共种了 14 亩。

②人工成本。80×20＝1 600 元

按每天每人 80 元计，据肖大爷介绍，种柚子的时候，没有雇人帮忙，就是家里两个人忙活着做完的；那时每天的工钱也比较低。

（2）生长阶段。

①施肥。

肥料成本：2×12×14×111×2.5×180/80＝209 790 元

人工成本：2×12×14×80/0.5＝53 760 元

据肖大爷说，柚苗种上以后，每年平均施肥 2 次，因为要挖坑，施肥，浇水，埋土，工作量较大，每人每天只能施肥 0.5 亩，每人每天的工钱按照 80 元计，截至目前，一共施肥 12 年，施肥面积涉及 14 亩；平均每株柚子施肥 1.25 千克；村民们用的肥料基本都是本地产的一种复合肥，每袋 40 千克，一

袋 180 元，每亩的 111 株柚子是按当初种植的计算，后来有未能存活的，但会及时补种，所以此处计算还是统一按 111 株计算。

②施农药。

农药成本：6×12×14×50＝50 400 元

人工成本：6×12×14×80/2＝40 320 元

依据天气和病情，平均每年施农药 5～6 次，当遇上病虫害时，施肥的次数会依据情况增加，此处计算按照常年的平均水平 6 次计算。每次每亩施药 1～1.5 千克，花费 50 元左右；每人每天可施药两亩左右，工钱还是按照 80 元每人每天计算。

③修剪树枝。12×14×100/2＝8 400 元

肖大爷说，修剪树枝的活基本都是请镇上的技术工，农民不懂技术，修不好。技术工每天的工钱会高一点，大概 100 元，一天一人可以修剪 2 亩，每年只需要修剪一次树枝即可。

④除草。12×14×80/3＝4 480 元

现在的柚林全都采用除草剂除草的方式，因为人工除草拔草的工作量太大，已经被遗弃了，1 人用 2～3 天就可以除草十几亩，此处按照 3 天除草 14 亩计算。

⑤其他支出。500×12＝6 000 元

在种植护佑柚林的过程中，除了以上支出，还有一些其他支出，通过询问肖大爷，他给出了一个估计的数值，每年大概 500 元左右。

合计：382 520 元

通过合计，从种植到目前为止的 12 年时间，肖大爷家 14 亩柚林的种植成本大概是 382 520 元。

2. 柚林的产出情况

（3 500×3×14＋10 000×5×14）＝847 000 元

肖大爷反映，柚林在种植后的 4 年内为生长期，没有产出。一般从第五年开始才有产出，并且刚开始每亩只能产 1.5～2 吨，等到盛果期，每亩的产出可以达到 5 吨甚至更多。因此在计算的时候，将产出分为前三年的每年每亩 1.75 吨和从种植后的第八年每年每亩 5 吨两部分计算；而每年的售价都有所不同，此处计算按照常年均价 1 元计算。

通过利用前面所有的收入与成本计算，可得肖大爷家 12 年种植 14 亩柚林的收益情况：平均每年利润为（847 000－382 520）/12＝38 706.67 元。

10.1.6 林改对林地经营的影响

受土地限制，村里大部分人都是种的十来亩至二十亩左右，但是也有承包村上和那些因为外地务工而空置的土地，也有种植一百多亩的大户。村民的柚子林都没有林地使用证，因为大部分都是由原有梯田改造而来的，据肖大爷说有土地册子（土地证）。

此外，除了林地，大部分家庭都还保留有农用田地，这些土地不适合种植柚子，村民一般种些水稻、小麦、油菜等，供自家人食用，不会进行商业买卖。

当询问国家的林权改革对村民的林地经营行为是否有影响时，肖大爷说没什么影响；政府有时候会有补贴，但是都是轮到哪家就是哪家。因为他们种植的较早，所以从来没有拿到过补贴。不过2009年，因为低效林改造，村里统一规划，把部分土地收上去再重新分配成柚子种植基地，不少以前没有种植柚子的农户开始根据镇上的统一规划种上柚子了。

对于未来，村里人流传着一句话，"树上金果满枝，树下鸡鸭成群，池内水欢鱼跃，到处洋房林立"。村民都希望，可以利用果园再多养一些生态鸡和猪，把副业搞起来，甚至把农家乐也做起来，到那时，天宝村民的生活一定会越过越红火。

10.1.7 案例主要发现与启示

通过对天宝村的走访调查和肖大爷的具体访谈，项目组有不少发现和感悟：

（1）需要加强对小规模种植农户的技术支持，正如在访谈中了解到的，尽管村里种柚子有不少年了，但是很多林农依然缺乏对新品种及其种植技术和病虫害防治技术的了解，需要政府和合作社加强对林农的技术扶持。

（2）种植规模扩大了，销售却成了难题。在访谈中肖大爷提到，目前村民最大的难题就是销售。以前种柚子的少，还能本地消化不少；现在种柚子的多了，每到收获季节，怎样把地里的柚子卖出去成为难题。有的人为了不滞销，低价销售，导致收益降低。这给我们的启示是，地方政府除了规划地方的种植产业，追求项目的规模，还应该再往前多走一步，管管农民的销售，让产出来的柚子走出去，产生经济收益。

（3）扩大生产加工链，提升农产品的附加值。我们了解到，目前，村里产出的柚子多了，有一时卖不出去的现象，同时给农民带来了储存难题。如何化难题为机遇？地方政府可以对柚子的深加工予以支持，以柚类产业带动相关产业发展。

10.2 江西省上饶市德兴市绕二镇农户林地经营典型案例

调查员于2014年1月在江西省上饶市德兴市绕二镇展开此次调查。本次调查旨在通过详细的案例研究调查，了解当地农户的林地经营模式，收集农户的林地经营经历、成本收益情况，以及农户对国家集体林所有制改革的看法和建议等信息。调查得知，该地农户的林地经营方式大多是自家经营，对于合作社方面的调查在该地难以收集有效信息，同时，该地受国家集体林权改革影响不大，很多林农对国家该项政策的关注和理解不够深刻。应当向当地林农普及集体林权改革政策知识，并且帮助他们从政策中获益。

10.2.1 样本地区简介

绕二镇位于德兴市境南部，离市区16公里，东邻上饶县华坛山，南界横峰县新篁乡，西接张村乡。是德兴市最大的电力供应基地。绕二镇是德兴市一大镇，地域面积273平方公里，其中镇区面积1平方公里，6 000余人口。全镇3.1万人口，其中农业人口2.5万人。交通便利，通讯发达。随着改革开放不断深入，人民生活水平日益提高，到2004年人均纯收入达2 750多元，银行居民储蓄存款6 500多万元，楼房新建1 500多栋，每年新建楼房120多栋，大多家庭拥有彩电、摩托车、电话、手机等现代生活用具和交通通讯用具。"八山一水半分田，半分道路和庄园"是绕二的地貌特征，四季明显，气候宜人，经济发展环境优良。

绕二是个林业大镇，山地面积23万亩，其中山林面积19.8万亩，杉木面积3.7万余亩．毛竹5万多亩。杂林混交林11.1万亩，木材蓄积量60万立方米，毛竹800万根，年可采杉木3 000多立方米，毛竹20万根。绕二又是个农业大镇，全镇有耕地面积1.5万多亩，年粮食总产量达8 825吨，进入市场流通3 575吨。

绕二镇重溪纯绿茶厂生产的"佳香"牌绿茶2004年已获杭州中农质量认证中心（中国农业科学院茶叶研究所有机茶研究与发展中心）有机茶加工证书和标志准用证，年生产有机茶达5.4吨，主要销往上海、浙江等省市，产品供不应求。

基础设施进一步加强。交通上，总投资 2 600 多万元，全程 17.8 公里的上乐线绕二段油路建设到 2003 年竣工通车，总投资 440 万元，全程 7.13 公里的绕徐线（绕二至徐家坊）油路建设 2003 年竣工全线通车，两路贯穿 5 个行政村，它们的建成拉动了绕二经济发展，逐步改善了绕二交通落后的现状。随着中央和省两个“1 号文件”政策措施的出台，对“三农”扶持力度的加大，2004 年 11 月全镇又有 4 个行政村（花林、横港、水口、付家墩获）实施首批村级公路改造项目，并已动工，计划 2005 年 4 月完成路基改造，2006 年完成水泥路面铺设。集镇建设上，以镇区为发展中心，实施镇村建设规划和以行政村为中心的自然村（三不通自然村）搬迁工程，做大镇村建设规模，发挥大村、大镇集聚放应，在镇区已建有一条长 38 米宽、500 米长的新街道，并在街道两旁征地 60 多亩，构建了架坞沿路和铁罗弯处“一河两岸”城外埠建设框架，使镇区面积由原来的 0.5 平方公里，拓宽到 1 平方公里。

10.2.2 典型农户介绍

马某，男，80 岁，汉族人，初中学历，中共党员。他的幼年生活很波折，原籍是浙江，后因逃难奔波至绕二镇。通过自己不断刻苦学习和勤劳致富，在该地成家立业。他种过地，经过商，同时身为共产党员，也参与多次村镇会议，无论是农、商还是政治方面，他都有丰富的经历。从 20 世纪 70 年代开始，担任本镇会计，1980 年正式成为共产党员。马会计共养育四儿三女，都已成家立业。马会计与妻子一同与小儿子生活。刚过完 80 大寿的他，看起来仍然是神采奕奕，精神矍铄。

10.2.3 林地经营过程

马会计自家有 2 亩农田，拥有 68 亩林地。这些林地本是荒山，无人问津。1984 年，成为共产党员的他，想要为自己的家乡贡献一份力量。他听村民说北部的荒山已经被弃多年，但是土质不错，且面积很大，应该重新开发利用起来。敢为人先，马会计主动承包下来，由于他在村里声望不错，召集了几十位镇里村间的工人们，同行前往开荒种树。由于融资困难，马会计拿出自己的家产来进行开荒种树。虽然当时的确遭到一些亲友的反对，因为他们觉得多年积累的家产很珍贵，不能轻易冒险投资，再加上该林地多年荒芜，且林木本就是栽种生长期很长的作物，收回效益应该需要很长时间。

当时，马会计毅然决然地选择继续开荒。由于该林地的所有权属于绕二镇附近的界田乡，于是马会计首先与界田乡政府沟通，最后协商的条件是每年需向界田乡政府缴纳300元钱占地费。达成协议之后，马会计就向县级人民政府申请个人对林地的使用权，当拿到政府颁发的林权证书后（期限为40年，至今年，还有10年的承包期限），考虑到当地盛产毛竹，于是马会计购买了大量的毛竹和杉木的种苗，并带领大家如火如荼地展开播种。

当年雇佣工人合计300人，每人2.5元。每一亩地种苗费用为10元。这个成本按当年利率计算，不算很高，这是因为雇佣的工人大多是当地极其贫困的村民以及外地逃难或迁移而来的拾荒者。

从1984年栽种以来，直到2008年才进行首次采伐。这是因为，竹木的生长期很长，且第一次承包，没有太多经验，马会计希望林木基本成熟之后再进行砍伐，没有实施轮伐。这期间抚育过1次，为期半个月，用工30个，每位工人100～300元，合计约3 000～4 000元。每年雇佣看护工人一个，工资达500元。期间没有进行施药和施肥，也没有发生过病虫害或者火灾。因为当地气候湿润，降雨丰沛，且环境优美，附近没有工厂和密集的居住区。2008年，进行首次砍伐时，雇人砍山，100人左右，每人120元一天，合计12 000元左右。砍伐完后，马会计向界田乡共交纳6 000元费用。

68亩林地中有38亩杉木林，30亩竹林，单户经营。林地使用权40年，现已历经30年。其间未曾转入或者转出过林地，也没有产生过林权争议，仅出现过一次盗伐现象。2008年第一次采伐，总产出杉木380立方米，每立方米单价600元，全部销售完毕，共计228 000元。竹林产出20多吨，每吨收入500元，共计10 000元。采伐后将木材运输给销售公司——绿野公司，由公司加工销售。其中运输成本为每亩200元，合计136 000元。

如表10-1所示，1984—2007年是树苗生长期，此时只有投入没有产出，成本总计6 000元。2008年进行第一次采伐，成本包括雇工、向地方政府缴纳税金以及将木材运输给苗木公司等，合计15.4万元，销售收入达22.8万元，

表10-1　成本收益一览表

年　度	成　本		收　益	
1984—2007年	抚育	4 000元	无	
	看护	2 000元		
2008年第一次采伐	雇工	12 000元	销售收入	228 000元
	向政府缴纳	6 000元		
	运输成本	136 000元		
2008—2023年	潜在成本	80 000元	潜在收益	500 000元

净利润值为 7.4 万元。第一次采伐后，苗木又重新生长，经新一轮培育直至成熟期（约合 15 年），潜在成本预计达 8 万元，包括雇佣工人、抚育、看护、消灭虫害等，销售收入预计约合人民币 50 万元。

10.2.4 未来发展规划及服务需求

马会计希望，经营 30 年，一直坚持单户经营是因为觉得自己有能力做好，并且担心联户经营会存在很多利益上和工作任务上分配的问题，且不太信任别人的能力。同时，这片林地本身质量不错，病虫害和火灾发生的次数也不多，管理起来不是很难。他依旧觉得单户经营是比较好的模式，坦言如今自己已经老了，还有 10 年的承包期，他会尽最大努力把林地承包好，如果没活到 90 岁，希望把竹林交给自己的子孙继续经营。

对于集体林权改革不是很了解，补贴也微乎其微，并表示林改对自己的经营状况没有多大的改变。他提出的一些意见和想法是为小城镇的林农多提供一些贷款的机会，要求不要太苛刻，门槛不要过高，同时希望有更多有效的中介机构为自己提供多一点销售渠道的信息。

10.2.5 启示与体会

1. 对林地的认识

从对林农的调查中，笔者深刻理解到“土地”对于农民的意义。他们视土地为自己的生命、财产和子女，这是他们挥洒了自己数十年血汗的地方，是他们家族人丁兴旺的起始点，是他们维系生计的重要收入来源。在农村，林地也是家庭地位的象征，农民因自家数公顷的山林而自豪，另外他们对于自己过世后林地的归属也十分看重，一般都会交予自己的子孙或亲友看护和管理。

林业的产权除具有排他性、可分性、可转让性等一般特征外，还具有产权客体关联性、特殊约束性以及外部性等特征。江西的集体林区林权制度改革兼有诱导性制度变迁与强制性制度变迁的特征，森林资源稀缺、现有林权制度效率低下、制度环境发生变化等是促进改革发生发展的重要因素。

2. 林地经营模式选择

在案例中，农户选择的是家庭经营。以单个农户或农户自由组合形成的联合体依靠自有的资金和劳力从事林业生产活动，自负盈亏。这种模式能够充分调动农户的造林、护林积极性，但这种模式的生产规模一般较小，无法发挥林业的规模收益。

其他的经营模式有集体统一经营、承包租赁经营、活立木转让、县乡村联营林场、公益林管护经营和股份合作经营。集体统一经营往往无法明确山林为谁所有，导致“无主林”现象的出现，造林投入、管护、培育严重不到位；承包租赁经营是不可缺少的经营模式，通常由林业大户、公司或者企业进行联合经营；活立木转让有利于山林面积的增加，因为受让方没有取得林地经营的权利；县乡村联营林场在非林业重点地区较受欢迎，由林场负责林业生产经营，采伐后各组织集体按比例分成；公益林管护经营模式下，规定公益林不得转让和采伐，农户普遍无法获取短期收益，经营的积极性不高；股份合作经营模式为农户参与集体林管理和利益分配提供了可能，能够从某种程度上维护农户的利益。

3. 林地经营效果

调查发现，集体林权制度改革使得木竹价格增长以及林业税费减轻，农户的木材和毛竹收入都有很大增长，农户总收入随之大大提高。林农造林和护林的积极性有所提高，各村造林和抚育面积均出现明显增长，但是从总量上来看还处于较低水平。目前农户的林业生产主要依靠自然更新，经营品种单一，而且农民的林业劳动主要是木材采伐，林业经营技术含量低，林地经营效果未能充分体现。

林农对林地的资金投入主要集中在雇工进行毛竹砍伐上，其他投入项目所占比重不大。这是因为受到农民思想观念、文化水平、经济条件以及林业科技普及程度等因素的制约，林改后农民生产积极性虽然有所提高，但是传统的经营方式并没有完全改变，还处于以砍伐为主的粗放型经营模式。

4. 林地经营的政府服务提供

在案例中，政府的工作主要是帮助林农与村委会进行协调，并且约定双方都满意的价格，从而保证林农的基本权益。同时，政府能帮助农民适当延长林地承包期限，因为随着林木价值的提高和林地需求的上涨，农民更渴望获得一种相对稳定的产权。

10.3 典型林业大户经营案例：江西赣州市信丰县武阳苗木基地

武阳苗木基地，位于江西省赣州市信丰县，是当地的一个林业经营大户。该大户在林地经营规模，劳动力规模，资本规模上均领先于其他大户，经营收益相对较好，户主对林地的相关政策也比较理解，对未来有较清晰的发展规划。

10.3.1 经营主体特征

该基地的负责人较为典型，是一名有大专学历的青壮年。以 200 万元的注册资本在工商部门进行注册。自注册以来，该基地主要经营林业种植，经营伊始，该首先遇到的就是资金不足问题，后来通过合资入股得以解决。目前，该基地面临的问题是生产的苗木缺乏销路。在组织管理上，该基地非常规范，雇请了 10 个管理人员，3 个技术人员，实行分片管理，集中调剂。一方面可以避免运行过程中出现组织混乱，决策不清的低效率情况，另一方面可以克服生产经营中可能面临的技术难题，毕竟科学技术是第一生产力。

10.3.2 生产要素情况

1. 林地

该基地拥有林地经营面积 6 000 亩，分为三块经营，其中约 3/4 的面积经营用材林，约 1/4 的面积纳入公益林，极少部分经营竹林。该基地原自有林地面积为 0，通过转让的方式转入 12 300 亩林地，后又通过转让的方式转出 6 300亩。

林地转入方面，由镇外市内的大户主动联系并通过村委会协调，该基地同其在没有担保人的情况下签订了定期书面合同，转入林地 12 300 亩，基地认为期限恰好合适。同时，该大户认为不需要林地抵押活动。基地以现金方式支付每亩 100 元的租金。该经营主体转入林地可以获得相关林业补贴，同时需要对转入的林地进行维护。在林地的自由流转过程中，该基地没有遇到困难或问题，但是曾经遇到过纠纷。其转入林地是连片的，方便经营，分为四块，除却上文提到的三块，还有一块是转出林地。

林地转出方面，由镇外市内的大户主动联系委托，该基地同其在没有担保人的情况下签订了 40 年期的书面合同，转出林地 6 300 亩，基地认为这一期限恰好合适。同时，该大户认为不需要林地抵押活动。对方以现金方式支付每亩 200 元的租金。该经营主体转出林地可以获得相关林业补贴，同时需要对转出的林地进行维护。在林地的自由流转过程中，该基地没有遇到困难、问题和纠纷。但是，在转出林地后，该大户感到后悔，原因不明。

2. 劳动力

该基地的劳动力规模相较其他大户是最大的，其中绝大多数是短期雇工。在雇工工资方面，该基地则是所有大户中最低的，其中女性约为男性的一半，原因如上。雇佣劳动力均是本县内的中老年人，主要从事管护、采伐和嫁接工作，相比其他无需嫁接劳动的大户，可能该基地的林木种植的技术含量更高一些。

3. 资本

该基地的固定资本和金融资本均领先于其他大户。固定资本方面，该基地用民间借贷资金购置了工具车和切割机，也租赁过工具车，但是不曾有自建的经营场所。其主要生产资料是杉木，种苗来源于自己，生产过程中施用化肥，不使用农药。与其他大户一样，该基地也存在资金缺口，其主要是通过以经营主体名义向银行、信用社等金融机构申请贷款填补的，共获得贷款 3 次，合计 190 万元，利率优惠了 3%。此外，还有少部分资金缺口是由以经营主体名义向民间借贷获得的贷款填补的，共获得贷款 3 次，合计 60 万元。该基地获得政府项目资金 4 次，合计 14 万元，是大户中额度最高的。该基地没有参与资金互助，但是愿意参与资金互助。该基地没有提供过金融服务，但是对自身提供金融服务的前景比较看好。该基地曾办理过公益林保险，没有办理过林权抵押贷款。

10.3.3 社会化服务

该基地目前能够享受到来自林业技术部门提供的生产技术服务和销售服务，户主认为销售服务最为重要，该基地目前面临的主要问题也是林木的销路问题。同时，户主认为由林业技术服务部门提供社会化服务最好。该基地自身能够提供生产技术服务和销售服务，而不愿意提供社会化服务的原因则是精力不足，可以考虑成为社会化服务林业专业户。户主认为提供社会化服务存在困难也来自于精力不足。

10.3.4 收益情况

1. 收益

该基地的经营收入和支出为同类经营主体中最多的，但是净利润不是最多的。该基地的经营收入 200 万元全部来自于种苗销售，支出 160 万元大部分用于工资，少部分用于种苗购买，极少部分用于化肥购买和农药购买。去年该企业带动农户平均增收 5 000 元，带动增收效果一般，对其他农户的吸引力一般，盈利能力与前两年相比差一些，与其他同类经营主体相比没有差别。

2. 利益分配

该基地一年的净利润为 40 万元，直接投入再生产过程，不进行分配。

10.3.5 认知和意愿

1. 林地经营相关认知

该户主认为林地的主要价值是资产价值。

对于林地所有权，该户主认为属于县镇政府。该户主认为遇到以下情形："长期在外从事非农工作""去世或者外嫁"，应当收回其林地承包权。

对于森林采伐限额政策，该户主不是很了解。该基地当前无需缴纳税费，户主认为当前的税费政策合理。经营过程中，该基地获得过政府的抚育补贴。对于森林生态效益补偿政策，该户主认为合理。对于森林保险，该户主认为有必要参加，以预防森林火灾等。总的来说，该户对相关政策还算比较了解。

该户主认为当地林地流转交易比较困难，在流转过程中曾遇到纠纷问题。该户主认为要提高林地经营效率，最主要靠的是加大林地经营的技术投入。该户主认为合适的林地承包期是50～70年，相对较长。该基地的决策机制是负责人提议，大家商议，决策方式比较民主，能够征得广泛意见。

该户主反映，林权改革明确了林业经营主体的同时，增加了相关的纠纷问题。国家的抚育补贴政策对其林业经营有积极作用。该经营主体在林地经营过程中会和林业部门进行联系。该户主对自己的经营效果还算满意。

2. 林地经营意愿

该户主愿意在土地私有化的情况下增加林地投资，并有打算转出林地投资其他产业。同时，该户主希望政府能够在经营过程中予以扶持。

该户主想要在原有规模基础上增加转入面积，扩大林地经营规模。该户主很愿意成为专业化程度更高的林业大户，可以考虑成为非农业户。该户主认为未来中国林业是林业大户集中经营，只有具备资金和土地优势才可以成为新型林业经营主体。对于政府部门，该大户建议完善森林保险体系，保障林农利益。

10.4 福建永安市小陶镇大陶口村家庭合作林场案例

10.4.1 简介

大陶口村地处小陶镇北，距镇政府所在地3公里，205国道贯通全村，交通便利，全村土地总面积8 949亩。该村现有人口1 340人，334户，分为15个村民小组，15个小组长由各组村民推举产生，领导和协调各小组村民，在行政上受村委会主任领导。

小陶镇大陶口村家庭合作林场成立于 2004 年 7 月，该合作林场股东会由 12 名股东组成，入股山林面积 1 639 亩，评估值 80 万元。评估后的山林折成股份入股，同时各股东按山林所占股份的 20%增加现金入股，作为合作林场的启动和周转金，使总成本达到 100 万元。12 名股东是各个村民小组的组长，各自代表本组村民行使股东权利，所有股东均为大陶口村承包山林村民（山林已明晰产权）。

10.4.2 合作林场的成立

1984 年，大陶口村对全村除农户自留山以及村集体提留的一小部分山场外的所有山场，采取了“分林到组、联户经营”和“分林到户、家庭承包”的形式进行了全面改革落实。

2000 年，根据上级政府的部署，该村又对承包山林进行了完善工作，从而极大地调动了村民的护林积极性，对发展该村林业起到了非常好的作用，取得了一定成效，大部分山场长势良好。

但由于 1984 年和 2000 年缺乏工作经验，村委会对有的事情没有考虑周到，以致数十年来积累了不少问题，如山界不清引发争议、分成比例不合理、承包人数不全面等。

根据《永安市人民政府关于进一步深化集体林林权制度改革实施方案》的要求和精神，结合所发现的问题，大陶口村于 2003 年 12 月 4 日召开了村两委会，经研究通过，成立了 2004 年大陶口村落实集体林权深化改革领导小组，由村党支部书记和村委会主任负责全面工作，若干成员负责具体落实，小陶镇土地所工作人员协助落实相关工作。针对以往积累的老问题和林改中出现的新问题，全体工作人员群策群力，细心工作，通过近半年的努力，终于完成了该村的林改工作。

这次林改使绝大部分集体山场落实到组，村里还要求各村民小组还要继续分解到各农户。考虑到村民自有林场比较分散，看护、经营成本都比较高，于是村委会决定以永明木业为龙头企业带动各组各农户，成立大陶口村家庭合作林场，探索“公司＋合作经济组织＋农户”的经营模式。

10.4.3 按照“公司＋合作经济组织＋农户”模式建立龙头企业原料林基地

“公司＋合作经济组织＋农户”把龙头企业和农户更加紧密地联结在一起，使龙头企业、合作经济组织和农户共享产业化经营带来的集约化、标准化、市场化、优质化的利益成果，促进了农产品的顺畅流通，成为农民增收的长效机制。

林场与永明木业合作，将较集中的罗坊山场组建成合作林场，有山林1 000多亩，产权涉及12个村民小组。每一个小组作为一大股份，组成股东会，股东大会由村主任和12个小组长担任。由股东会推举成立董事会成员，董事长由村委会主任担任。

2004年7月，小陶镇大陶口村家庭合作林场就这样成立了，经永明木业有限公司（甲方）、大陶口村家庭合作林场（乙方）共同协商，主要达成了以下几条协议：

（1）乙方同意把自主经营的1 639亩用材林作为甲方的原料林基地。

（2）在同等条件下，甲方在招工时优先照顾录用乙方的员工。

（3）乙方对原料林基地实行自主经营，但林木主伐时，应将木材按市场价格（适当优惠）优先提供给甲方作为生产原料。

（4）甲方为乙方林权证抵押贷款提供担保或直接提供建设原料林基地的部分资金，切实解决乙方在资源培育过程中资金短缺的问题。

（5）甲方无偿为乙方提供林产品信息和木材加工的技术培训。

此后，合作林场生产的林木均由永明木业收购，木材款按各组股份比重分红，而后各组再分红给各组农户。这样不仅可以做大做强本地的龙头企业永明木业有限公司，还有效解决了林农的销路问题。

永明木业有限公司和大陶口村家庭合作林场的合作，形成了统一加工，统一生产、统一价格，大大提高了参与市场的竞争能力。

10.4.4 合作林场运转的基本情况

大陶口村家庭合作林场是按照“有偿入股、共同管理、保障权益、获利分红”原则，对所有自愿入股的自主经营山林实行保护、发展和利用的股份经营管理机构，是以合作经济为基础，并实行股份制的家庭合作经济实体。这样，它既不是一般的社团法人，又不完全是企业法人，而是介于二者之间的一种特殊法人。成立之初，镇林业站曾经承诺为其注册，但截至2005年底，只是备案，仍然没有注册。

1. 组织机构

（1）合作林场领导机构。经12名小组长组成的股东大会推举董事会董事长、董事和监事会主席、监事。该合作林场董事长由村委会主任担任，监事会主席由股东中确定产生，同时聘请了本村村干部两名为监事会成员。

（2）山林评估机构。经股东会讨论提名同意，林场推举了由本村3名代表、3名老农、林业站技术人员和山林股东本人组成的评估小组，逐块对入股山林进行评估，折价成股份。

（3）设立股本总额。经股东大会讨论，成立合作林场山林面积至少达到1 500亩以上，总股份100股，折价总股本80万元，其中股东山林股份占80%，股东现金入股占20%，约20%股金作为合作林场启动和运转资金。

2. 经营管理方式

（1）人员管理。董事长全面负责林场的事务。林场每月确定1名股东（村民小组长）作为业务员，遵照确定的工作职责，该业务员主要负责各项具体业务工作和森林防火工作等。所有股东轮流值班运作，其他不是当班的股东可以利用业余时间自主从事其他事业，包括外出做生意、承包项目，当然也可以承包合作林场中的林业生产项目，进行生产经营。

（2）营林生产管理。每一年，林场都要编制所辖各山林的经营方案，确定山林的培育目标和采伐年限，已到采伐年限的林木，由林场提出申请，经林业主管部门审核批准后，向林场核发采伐证，林场凭采伐证按规定采伐。

各季节营林生产措施由当班股东提交股东会讨论通过，并组织实施，当班股东做好各项营林生产纪录，并进行验收。

（3）经营管理成本。

营林成本。林场本着节约、高效原则，经业务员测算营林生产成本或生产底标，提交股东会讨论通过后，组织招标生产，各股东可以优先承包。

采伐成本。按市场行情和山场距离远近，测算采伐工资、运输费和应缴林业金税费等，确定生产总成本后提交股东会讨论通过，并组织生产。同样可采取招投标或股东优先承包形式组织生产。

护林、防火等林政资源管理费。按股东会通过章程规定的工资标准，每月支付当班业务员和董事长管理工资。

各项管理经费来源。由股东入股现金中支付或以部分山林林权证抵押贷款，并从中支付。

3. 林权证抵押贷款管理

家庭合作林场运作过程中，各项林业生产费用支出或根据发展目标扩大经营规模的需要，若由于入股资金周转困难，经股东会讨论同意拿出一部分山林（用林权证）进行抵押贷款，用于扩大经营、提高利润。

4. 利益分配管理

采取分利（分红）方式获得红利。经股东会或代表会同意，确定的分红比例为股利的40%，其余30%用于扩大再生产，30%作为其他项目开支费用。

一般情况下，按照当年股份所占比例进行分红，每年兑现一次。如果因为资金运作困难或扩大生产项目需增加投入等问题不能进行分红时，董事会向股东大会说明原因，提出相关意见，由股东大会表决通过。

预留资金和原先股东现金入股的资金一并存入银行，由董事长和各股东共同管理支出，每月定期公布资金使用明细账，监事会负责监督资金使用情况。

5. 财务管理

董事会配财务2名（会计1名，出纳1名），单独立账，独立核算。月生产性开支由业务员签字后报理事长签字支付；非生产性开支（包括分红开支）金额在300元以上的，由董事长提出意见报董事会研究审批。每年，董事会的财务收支情况都会向全体股东公布。

6. 其他事项

（1）优惠政策。成立合作林场后，林场向林业部门和当地政府积极争取到了各项优惠政策，特别在培育丰产林资金补助、采伐指标单列或优先安排、林权证抵押贷款等方面给与了大力支持，使合作林场经营规模逐步扩大，获取了更高的利润，增加了股东收入。

（2）发展项目。合作林场除了正常经营外，可利用现有林业政策扩大经营规模和经营项目，在本村扩大股东的同时，逐步向邻村、向全镇各村扩大经营，也可以成立股份公司进行运作，向山林以外林业项目发展，以获取更大利润。

10.4.5 存在的问题和建议

（1）加强政府指导和引导。大陶口村家庭合作林场目前还处于起步阶段，在经营管理上还存在着很大的随意性，时间一长，很多问题积累起来势必影响林场的合作关系。本来就是农民自发合作成立的林场，如果只有村两委的管理和介入，肯定是不够的。所以，各级政府应该加强指导和引导，对合作林场骨干人员进行相关专题培训，指导和引导他们采取比较先进的手段和方法管理林场，保证林场健康运行。

（2）加大扶持力度，提高林农合作意识。应安排专项经费对合作林场的林农进行专题培训，培训应该由镇政府或林业部门等主管部门组织，通过培训，使林农提高合作意识，确立合作观念，为进一步加大合作力度，实行大规模标准化生产奠定基础。

(3) 各相关部门应该通力配合，为壮大合作林场保驾护航。民政或工商行政管理部门为林场办理注册登记时，应放宽条件，简化手续；金融部门应安排一定额度的贷款，解决林场生产经营所需的资金；税收部门应制定相关优惠政策，在起步发展阶段为合作林场减轻负担。

10.5 福建南平市延平区西芹村林业股东会案例

10.5.1 成立背景与概况

为了进一步深化集体林权制度改革，激活林农护林的积极性，充分保障林农合法权益，使林农真正成为发展林业的主体，西芹村进行集体林经营体制的改革。通过多次召开小组村民会议、村民代表会议、党员大会，充分酝酿、讨论，并广泛征求各方意见，西芹村最终制定两种改革方案，一是分山到户；二是均山到人、入股经营、股份分红。第一种改革方案在现实中不好操作，主要原因有：(1) 历史上，林地划分界限模糊，如果现在具体分山，在划分上比较困难。(2) 村民小组比较多，村民居住分布得比较分散，各村民小组人口不平均，不容易分山。(3) 林地质量不同，目前幼、中、成熟林混杂，且林地所处地理位置不同，离山路远近不同，就很难做到公平地分山。由于上述种种原因，2001 年 9 月 6 日，由村民代表大会表决通过，西芹村集体林经营体制采用"均山到人、入股经营、股份分红"的方案，并选举成立"西芹村林业股东理事会"。采用股份制管理形式，促进林业经济可持续发展，确保农村社会稳定，全村村民作为集体林的股东参与分利。

西芹村共有 18 个村民小组，其中 10 个自然村及本街 8 个小组，总户数 1 023户，总人口 3 997 人（其中寄户 226 人，不能参与分利）。目前，西芹村共有林地 19 524 亩，其中，成熟林（1985 年以前造林）5 635 亩，其中松木 130 亩；中、幼林（1985 年以后造林）9 524 亩，其中松木 900 亩；生态公益林 1 487 亩；毛竹山 878 亩（已发包作为村财收入）；经济果树约 2 000 亩（已发包作为村财收入）。2008 年村财政收入共 750 万元，包括村房产、企业、林木收入等，其中林业收入占 50%。目前村里共有 16 家企业，固定资产 9 000 万元，每年上缴利润 170 万元。其中比较大的两家企业为，汽车配件机械厂，共投资 600 万元；竹木加工厂，共投资 580 万元。这两家企业目前已租给个人承包，每年上缴利润 70 万元。以前，这些利润全都归村集体收入用作积累，现在全部分给林农。

10.5.2 股东成员

西芹村当年林业受益的股东包括：（1）本村 18 个小组现有的 3 771 人（已扣除寄户人员）；（2）正常婚迁人员（包括村委批准招婿户迁入人员）；（3）正常婚育出生人员（含当年出生）；（4）户口已迁出在校大中专学生；（5）现役军人（士官以下现役军人）。

10.5.3 组织结构

西芹村林业股东会每年组织召开 4 次成员（代表）大会，平均每次参加人数为 50 人左右。2008 年一共召开 6 次成员（代表）大会，主要的议题是对林木的管理、经营、采伐等方面的问题。

林业股东会的理事会是根据 18 个村民小组和山场立地条件及人口分布情况，经过多次召开村两委会、党员会、村小组会、村民代表会选举而成立的。理事会共 9 名成员，设理事长、副理事长各一名，其他 7 名均为理事成员。理事长一届任期 3 年，每年工资为 11 400 元，现任理事长是村分管林业的支部委员。

理事会负责全村辖区内林业的经营管理，其主要职责是：（1）制定修改完善章程条款；（2）确定本会的经营方针和重大决策方案；（3）确定木材砍伐、销售、造林招标各环节的经营活动及林分改造等；（4）审议通过收益支出分配方案。在处理具体问题时，先由理事会讨论出具体方案，然后召开股东大会，会员一人一票表决，如果通过，则公示 5 天，如果会员没有异议，则可执行。此外，理事会要根据章程设立林业收入、支出专户；配备会计、出纳，工资由村财支出。护林员工资、理事会成员误工补贴，按村工资标准，由林业项目经营支出。

10.5.4 股东会提供的服务

西芹村林业股东会主要为会员提供统一购买生产资料和统一销售木材的服务。在林业生产资料的供应方面，股东会免费为会员提供林业生产资料供应服务。提供林业生产资料的主要种类有种苗和农药，供应的方式是由会员先预订，然后由组织内的业务员统计后统一购买，不需要会员预付购买费用，由股东会预付，年末从会员的分红中扣除。由于会员的生产资料由合作林场统一购买，因此，其价格比市场价低 5%～10%。购买的途径主要是直接购自工厂、大的育苗基地，购买渠道相对稳定。对于木材的统一销售，采用市场招投标机制，将自身的木料分类整理后售出，价格一般比市场高1%～1.5%。

在股东会的融资贷款方面，2008年以来，股东会没有以组织名义向金融机构申请过贷款，原因是股东会内部有钱，可自行满足资金需求。

在信息服务方面，股东会主要为会员提供产品供求信息、产品市场价格信息、林业投入品价格信息及政府相关政策等方面的信息。

此外，林业股东会还为本组织成员提供木材采伐的服务，服务方式是理事会根据林业部分的指标，由林业部门设计好，通过招投标的形式招专业采伐队进行统一采伐。

10.5.5 经营分配

1. 林业股东会的收支情况

林业股东会的收入主要来源于经营收入，2001年林业股东会刚成立时，村年财政收入为200万元；2006年增至500万元；2007年村财政收入增长到了650万元，是刚成立时的3.25倍；2008年村财政收入为750万元，是2001年的3.75倍。林业收入约占村财政收入的50%。此外，会员的平均年收入情况为：刚成立时，会员年收入4 600元；2006年增加到了5 700元；2007年增加为6 400元；到了2008年会员平均年收入为7 000元，是2001年的1.3倍。

林业股东会的支出主要是经济活动的成本，2008年股东会总支出230万元，其中，税金84万元，采伐费用60万元，造林费用38万元，其余为股东误工补贴费用、林木管护费用。林木管护主要为幼林的除草等，每年2次，大约为60元/亩。

2. 收益分配情况

西芹村林业股东会的收益分配坚持统筹兼顾的原则，充分让利于股东，正确处理股东自身利益、当前利益和长远利益关系。股东会将砍伐后立地条件好的山地，按户安排，让每户股东种上5～10亩的经济果树，前三年免交山本费，第四年开始上交，村山本费20元/亩，承包期30年。

林业股东会的收益分配方式为：按总收入村委会提取公益统筹金10%之后，扣除应支付的砍伐造林费用和当年发生的铲山、除草等林业生产经营费用，剩余款项100%分配给全体股东，当年的收益分配情况及全村林业生产经营活动向全体村民代表或全体股东会成员通报或张榜公布。2008年，股东会共分红440万元，分红部分占总盈余的80%，每股分红1 030元。

10.5.6 取得成效

成立林业股东会后，通过实行均山到人、入股经营、股份分红的生产经营方式，使西芹村在管理的效率和收益的分配上都取得了较大的改善。与股东会成立之前相比，一方面，从管理上，以前山林都是由村干部管理，没有专管组织。而且农户采伐后造林不积极，村民往往只注重短期利益，采取短期行为，不注重山林的长远规划、管护。股东会成立之后，现在有专门的组织、专门的人员对林木实行统一管理、维护、砍伐、造林，提高了管理的水平和效率，实现了林业的可持续发展。另一方面，在经济利益的获得和分配上，由于林业的生长收益周期较长，所以其经济预期的不确定性比较大，对市场行情、价格等信息需求比较迫切。实行股份制后，实行统一管理、规划、销售，仅仅几个管理员就可管理好全村的林木，实现了规模效益，提高了经济效益。此外，该村属于近郊村，离市区仅 10 分钟车程，非农就业机会比较多，采用统一管理后，农户可以从中解放出来，从事非农业，获得稳定的非农收入，从而大大增加农户收入。在收益的分配上，以前林业收入归村集体不分配到农户，现在分到农户，使农户切实享受到了林业的收益。

10.6 安徽省和县石山果树种植专业合作社案例

1. 合作社概况

安徽省和县石山果树种植专业合作社成立于 2012 年 3 月，主要种植梨树、桃树和枣树。现经营林地 5 308 亩，主要经营内容为林业种植和林产品销售，注册资本为 100 万元。其领办人在创办合作社之前为企业工人，在有了一定的积蓄的基础上，回乡创办合作社。

2. 林地流转情况

该合作社原自有林地面积为 2 000 亩，通过村委会转入林地面积 3 300 亩。林地的转入形式是转包，转入对象主要是当地的村民和林业大户，以签订书面合同的形式进行林地经营权的流转。土地的租金为每亩 800 元。被调查对象也指出，因为地租过高致使收益较低。

3. 组织管理情况

该合作社目前日常工作主要由理事会进行管理，合作社外聘了 4 名管理人员，每个管理人员的工资为 4 000 元/月。在劳动力方面，合作社长期雇工 4 人，长期雇工的工资为 4 000 元/月；短期雇工 50 人，短期雇工按天结算工资，男性雇工的工资为 70 元/天，女性雇工的工资为 65 元/天。在决策机制方面，该合作社在决策过程中，主要是由负责人提议，社员进行商议进行决策，不存在投票等机制。与该合作社不同的是，邵武市周源村上山组家庭合作林场对生产事项的决策采取全票通过原则，一项决策必须林场所有成员同意才能生效，否则无效。由于决策必须得到所有人同意才能生效，也因此没有人对决策的后果负责任。

4. 金融资本情况

在向银行贷款方面，领办人曾两次以个人名义向银行、信用社等金融机构申请并获得贷款共计 100 万元；在项目资金方面，该合作社两次获得政府的项目资金共计 8 万元；在林业保险方面，该合作社购买的林业保险主要是为了防虫和防火。

5. 经营及盈余分配情况

2013 年该合作社林业经济的经营收入为 1 200 万元，主要是经济林果收入。支出合计 500 万元，主要包括工资支出、化肥农药支出和林地流转支出。合作社的盈余能力较之前两年有所提高，相比于其他同类经营主体，该合作社的盈余能力具有明显的优势，合作社对未入社农户的吸引力不断增大，盈余分配是按交易量向社员返还，合作社带动农户的平均增收额为 10 000 元。

6. 面临问题

该合作社当前面临的主要问题有自有资金不足、缺乏技术指导、市场销售困难及交通不便。被访者指出合作社资金存在缺口，但林权抵押贷款难度大，合作社发展遭遇资金瓶颈。农村基础设施建设不足，林道多年未进行维修，交通不便的现实使合作社的盈利大打折扣。另外，该合作社在初期聘请了一些技术人员，但是在林业经营过程中仍然会存在一些技术问题。

7. 发展意愿

该合作社愿意扩大当前的经营规模，其原因是增加收入且认为林地具有增值潜力。计划通过在原有规模基础上增加转入面积以扩大经营规模。被访者也指出未来中国林业主要由林业大户和合作社来经营。

10.7 江西省 4 个林业合作社案例

10.7.1 案例一：长兴竹产业专业合作社

1. 基本情况

长兴竹产业专业合作社位于崇义县铅厂镇长河坝村，于 2007 年 8 月 1 日经工商部门注册成立，并在 2011 年 10 月 11 日变更法定代表人。现任法人乐某，高中文化，于 2000 年至今担任长河坝村村书记，2011 年成为合作社法人并担任合作社理事会会长一职；其曾多次受到国家、省、市等部门的表彰，而且在 2008 年获得国家绿色小康户和市党代表光荣称号。

长兴竹产业专业合作社是以长河坝村 54 户农户经营的 2 866.9 亩毛竹林折资入股而成立的。合作社毛竹林的折资总额为 100.04 万元，此外，社员的货币出资额有 8 万元。自成立以来，合作社的经营管理日渐规范、完善，并且建立了质量安全追溯制度以及生产记录档案制度。农户入社后年收入比入社前增加了 20%，周边林区的农户也纷纷加入合作社。目前，合作社成员已发展到 103 户，经营竹林面积达 4 669 亩。

2. 经营管理

长兴竹产业专业合作社的经营宗旨包括四个方面：首先是服务农民、加强毛竹林的管理，着重于培育笋、竹两用丰产林，对林地较好的毛竹进行深挖施肥，合理地单挖冬笋，严格地按照采伐规程进行砍伐，确保竹林生态可持续地优势发展，改造低产毛竹林，对毛竹林进行斩山抚育，利用竹腔施肥的新技术，对毛竹进行腔施肥，加强对毛竹林地的防虫、防火、防盗、林区公路维修的统一管理；其次是稳定市场行情，发挥竹产业合作社桥梁纽带作用，为竹农及时提供原竹销售信息，在行情不稳定的情况下，保障竹农的销售权益；再次是开展对竹农的技术培训，聘请林业部门的技术人员来合作社对竹农进行讲课和到林地进行实地指导；最后是兴办毛竹加工厂，延长产业链条，使本村竹农从中得到更多经济收益。

自 2011 年以来，在合作社集体力量的作用下，社员通过自己投工投劳，对毛竹丰产林进行了全面的深挖施肥、低产毛竹林的改造、病虫害的防治以及林区公路的维修等工作。同时，合作社于 2013 年组织了四次技术培训讲课和实地指导，使竹农得到了很多实用技术，提高了对竹林生态可持续发展经营的认识，改变了过去为了短期利益而粗放管理经营的意识。此外，为了确保竹产业合作社健康、有序地发展，壮大竹产业合作社的集体经济，通过召开成员大会，合作社决定以股份制的形式吸收农户自愿投资入股来开办加工厂，以增加农民的经济收益。

3. 盈余分配

合作社在服务本社社员的同时，也为周边农民群众提供毛竹种植、生产以及销售等服务，带动周边 128 户农户走上了致富之路，解决就业人员 160 人，要求加入合作社的农民群众也越来越多，合作社的社会影响力越来越好。2013

年合作社所在村庄仅笋、竹两项收入就达 100 多万元，人均收入 6 000 多元。

长兴竹产业专业合作社的可分配盈余按交易量（额）的 62%进行返还。合作社的收入和盈余水平呈现逐年上升的趋势，而且幅度也比较大。2013 年较 2012 年，合作社的盈余返还总额得到了很大的提高，社员在合作社的年平均收入也从 4.5 万元上升到了 6 万元，增长了近 33%。

10.7.2 案例二：绿森苗木专业合作社

1. 基本情况

绿森苗木专业合作社位于崇义县铅厂乡长河坝村，所处地域是山区，距离最近的县城有 23 公里，与省道（国道）的距离是 2.3 公里，交通较为方便，为了统一销售渠道、生产标准和价格而自发成立，并于 2014 年 5 月进行了工商注册。最初的发起人有 9 位，注册资本是 180 万元。合作社的理事长是刘某，中共党员，高中文化，在成立合作社之前曾有过个体户、企业员工、农技人员及产销大户的经历；其亲戚朋友中有从事村干部、商贩、企业普通人员及相关产业的人，其中企业人员和从事相关产业的人对刘福洪的合作社帮助最大。

合作社现有固定资产 19.2 万元，流动资产 310 万元，没有负债。成立初期，理事长刘福洪在合作社的出资额为 55 万元，占成员总出资额的 28%，是社员出资中最高的一位。自合作社成立以来，其出资额分布没有发生过变化。

2. 经营管理

绿森苗木合作社的主营业务是苗木种植（楠木、桂花树、红豆杉等绿化苗木）、销售以及技术等服务。其流转的土地面积有 300 亩，平均流转费用是 500～600 元/亩·年。农户入社必须以土地、资金或农机等要素入股，以土地入股的规模必须在 30 亩以上，社员必须遵守合作社的章程，但是社员的农产品既可以卖给合作社，也可以卖给其他收购商。

合作社为社员提供的农资服务主要包括化肥、种苗和农药等，基本上可以满足社员的需求；而技术服务则主要由林业局来提供。除了为本社社员提供服务外，合作社也为非社员提供服务，服务范围涉及信息、技术和产品销售等方面。绿森苗木专业合作社的成员年龄相差不是很大，文化程度差别也不是很大，但是经营规模和出资额相差较大：成员中经营规模最大的是 200 亩，最小的是 20 亩；出资额靠前的 6 位成员的出资额占总出资额的 85%。

目前，合作社解决资金短缺的方式主要是借助于民间借贷和成员筹资。合作社曾经向金融机构申请过一次 10 万元的贷款，但由于苗木无法进行资产评估而不能用于抵押，合作社也因此未能获得贷款。但是农村信用社对合作社有一定的授信额度。

3. 盈余分配

绿森苗木专业合作社的盈余主要来自产品的差价收入和农资收入。合作社的可分配盈余以按交易量返还与按股分红相结合的方式进行分配，且以按股分红为主：按交易量返还的比例是 20%，按股参与分配的比例是 50%，提取公共积累的比例是 30%，其中，提取公积金的比例是 20%，公益金的比例是 10%。

10.7.3 案例三：全南县兴苏香樟农民专业合作社

1. 基本情况

全南县兴苏香樟农民专业合作社位于全南县社迳乡社迳村，成立于 2013 年 9 月份，主要以香樟木的种苗销售以及香樟木的种植为主，发起人 5 人，成员 80 人。合作社的理事长是刘某。目前，合作社成员总共 227 位，成员均为农民，现有林地 3 000 亩，其中理事会成员的林地有 1 000 亩。注册资金 100 万元，理事会成员投资约 90 万元，理事长出资约占 33%，截至本次调研的 6 月份，理事长总共投资 80 万元，占合作社成员总投资额的 20%。

2. 经营管理

合作社的成立，主要原因是理事长看好林业的发展，香樟木的市场较好，计划打造出自己的品牌，实现规模经营。目前合作社处于初创期，各项基础设施几年刚刚完成建设，还不具有营利的能力，且不具备加工能力，也没有购买相关的生产设备，合作社在近几年内尚无法实现营利目标。

合作社虽然成立于 2013 年 9 月份，但据刘某介绍，理事会的 5 位成员在 2012 年 10 月便开始进行土地流转，流转了约 500 亩的林地，随后在 2013 年 3 月流转了 200 亩林地，到合作社成立时，理事会总共拥有 1 000 亩林地，占总面积的 33%。理事会的 5 位成员年龄在 40 岁左右，最大年龄仅有 50 岁，并且文化水平在初中以上，而合作社成员文化水平大约在小学左右，且都是 50 岁以上的老农民。这将意味着理事会成员不仅具有成员所不具备的充沛精力，还具有相对开阔的文化视野，这对合作社的发展具有良好的影响。该合作社还具有明确的管理机构设置，理事长参与合作社的管理，每月领取 1 800 元的工资。目前合作社有 3 位管理人员，且均为理事会成员。

3. 盈余分配

虽然合作社处于发展初期，合作社已经开始出现盈余分配，即合作社内部人员参与管理并领取工资。合作社每年将分发给理事会成员工资，这部分资金达到每年 6.5 万元。由于此合作社的作用是将周边的村民集中在一起，从而合作社出售香樟木时有竞价能力，当形成新的市场价格后，成员各自进行交易，收益属于个人。因此，合作社除管理人员参加分配盈余外，社员本身将不再参与盈余分配。

10.7.4 案例四：全南秀美芳香产业专业合作社

1. 基本情况

全南秀美芳香产业专业合作社位于江西省赣州市全南县南迳镇大田村，成立并注册于 2014 年 1 月，发起人有 20 位，注册资本 400 万元。合作社所处的地域为山区（丘陵），其所在的村庄有企业约 5 家，人均土地面积为 0.5 亩，人均年收入为 24 000 元；合作社与最近的县城的距离是 18 公里，与高速公路入口的距离是 25 公里，与省道（国道）的距离是 5 公里；合作社的主营业务是芳香苗木种植与销售。目前合作社流转的土地面积是 3 000 亩。目前，合作社成员的年龄差别不是很大，文化程度和经营规模差别较大，成员中出资额较多的前五位占总出资额的 95%。

2. 经营管理

全南秀美芳香产业专业合作社与全南厚朴生态林业开发有限公司合作，基于公司资金雄厚、科学化管理，合作社的发展较为顺利。目前合作社种植了桂花等珍稀树种种质资源圃 2 000 亩，同时培育桂花苗 800 万株，培育造形罗汉松 5 万多株等。

（1）大户带动社员发展。合作社董事长谭某原为产销大户，在企业工作过，39 岁，高中文化程度，非中共党员，是本村的村干部。谭姓为本村的大姓；谭某的亲戚朋友中有私营企业主、政府官员、商贩、企业普通人员，也有从事相同或相关产业的人，其中私营企业主和从事相关产业的人对合作社的帮助较大。谭某的家庭年收入约 20 万元，成立初期其在合作社的出资为 370 万元，占成员总出资额的 92.5%，是合作社出资额最高的成员。目前，合作社成立至调研期间，合作社的出资额没有发生过变化，董事长依旧为出资额最大的社员。

（2）新社员入社形式多样化。合作社采取“租金＋旅游收入分红”“林地入股分红”“农户自种、合作社回收”等形式吸收社员，目前入社人数 126 人，涉及林地 5 000 亩，社员出资总额达 40 万元。目前，新成员加入合作社需要一定的条件，即成员入社必须以土地、资金或农机等要素入股。新成员提交入社申请后需要经过社员代表大会的批准，成员入社后需要严格遵守合作社的章程，并种植合作社所分发的树种种苗。

(3) 合作社采取“合作社＋公司＋农户”的发展模式。合作社虽然成立不久，但其发展所带来的效果已经显现出来。合作社采取“合作社＋公司＋农户”的模式，与公司签订合同，从公司得到梅花、桂花、厚朴等芳香保健、林药树种，接收公司赠送的苗木将其培育成材后，按市场价全部卖给公司。由于合作社有了稳定的销售渠道，自身的发展也逐渐步入正轨，而合作公司的发展恰恰需要大量成材树木，以此达到双赢的效果，合作社因此带动了周边农户，取得了较好的经济效益和社会效益。

(4) 合作社着力发展芳香产业。赣州地区适宜芳香产业的发展，其中芳香产业是集芳香植物种植、芳香旅游休闲、芳香精油提取加工等为主的富民强县经济活动集合体，是高产出、高效率的绿色生态产业，是新型的经济产业领域，而合作社正是将此与自身优势相结合，以市场为导向，发展以厚朴、桂花、红花油茶等为主的芳香产业，解决了大部分由于种种原因不能外出务工、特别是40后、50后甚至是60后的农民就业，有效解决了当地劳动力剩余的问题。

3. 盈余分配

全南秀美芳香产业专业合作社的目标是建立一个集农民荒山荒地芳香苗木造林、芳香苗木培育、芳香花卉采摘、林产品加工、生态旅游观光、芳香苗木销售为一体的龙头示范合作社。合作社的盈余分配较为标准：一方面合作社按时按期将林地的租金交付给农民，即18元/亩·年；另一方面合作社还进行按股分红。由于合作社刚刚成立，处于发展的初期，至调研期间合作社已经投入400多万元，所以合作社暂时没有二次分红能力。

主要参考文献

奥尔森，1995. 集体行动的逻辑［M］. 上海：上海人民出版社 .

蔡昉，1992. 十字路口的抉择——深化农业经济体制改革的思考［M］. 北京：中国社会科学出版社：30-31，96-99.

蔡为茂，2005. 永安市林权制度改革不同阶段的对比分析［J］. 绿色中国，02：16-18.

曹慧，秦富，2006. 集体林区农户技术效率及其影响因素分析 _ 以江西省遂川县为例［J］. 中国农村经济（7）：65-73.

曹建华，王红英，黄小梅，2007. 农村土地流转的供求意愿及其流转效率的评价［J］. 中国土地科学，21（5）：54-60.

曹兰芳，2014. 集体林权制度改革后农户林业生产行为及影响因素研究——以湖南省为例［D］. 北京：北京林业大学 .

曹薇，2006. 林业投融资渠道研究［D］. 哈尔滨：东北林业大学 .

曾华锋，聂影，王瑾，2009. 小规模林地合作经营趋势与国外经验借鉴［J］. 世界林业研究（12）：19-23.

曾维忠，蔡昕，2011. 借贷需求视角下的农户林权抵押贷款意愿分析——基于四川省宜宾市 364 个农户的调查［J］. 农业经济问题，09：25-30.

曾维忠，2011. 农户林权抵押贷款意愿及其影响因素分析——基于林业生产性融资需求的视角［J］. 林业经济（1）：50-55.

曾祥划，彭星元，2004. 混合所有制林业发展思路及对策探讨［J］. 林业建设（3）：3-5.

曾小舟，2002. 退耕还林还草后的林地经营模式探讨［J］. 农村经济，06：5-6.

曾玉林，2007. 中国林业社会化发展的制度要素分析［J］. 林业经济（2）：37-41.

曾云钦，张春霞，许佳贤，2011. 不同经营形式下的私有林经营规模效率研究——以福建为例［J］. 中南林业科技大学学报（5）：32-35.

陈躬林，屈艳芳，2002. 为小规模家庭经营辩解的理由并不充分——与罗必良先生商榷［J］. 福建论坛：经济社会版（11）：57-60.

陈躬林，严思屏，2003. 制约农户农业投资的深层次因素分析［J］. 福建论坛（6）：45-48.

陈海澄，宋伯达，2000. 深化经营体制改革，实行集体林多种经营形式并存——华安县林业经营方式的比较分析［J］林业经济问题，20（1）：58-60.

陈金明，林金国，邹双全，2005. 林业科技推广模式创新研究［J］. 林业经济问题，25（6）：355-358，367.

陈荆，潘焕学，宋晓梅，2012. 政策性森林保险市场性质研究［J］. 辽宁工程技术大学学报：社会科学版，04：359-362.

陈珂，周荣伟，王春平，等，2009. 集体林权制度改革后的农户林地流转意愿影响因素分析［J］. 林业经济问题，29（6）：493-498.

陈柯，2013. 林业科技推广服务组织体系改革与建设探究［J］. 农业科学研究，34（2）：63-68.

陈玲芳，金德凌，2005. 信息不对称与林业信贷融资问题［J］. 林业经济问题，12（6）：352-354，377.

陈玲芳，2011. 我国林业投融资制度变迁及其特征［J］. 长春大学学报：社会科学版（3）：30.

陈旻榕，2010. 基于DEA的茶农经营规模效率研究［D］. 福建：福建农林大学.

陈潜，刘伟平，彭婵娟，2014. 农户毛竹经营意愿影响因素的实证研究［J］. 林业经济问题，34（4）：334-338.

陈清明，马洪钧，谌思，2014. 新型农业生产经营主体生产效率比较——基于重庆调查数据的分析［J］. 调研世界（4）：38-42.

陈时兴，曹国杰，2010. 我国集体林权制度改革研究综述［J］. 当代社科视野（5）：27.

陈锡文，2006. 如何推进农民土地使用权合理流转［J］. 农业产业化，1：78-80.

陈曦，2007. 农户技术选择行为及其转变的实证研究［D］. 保定：河北农业大学.

陈向华，耿玉德，于学霆，2012. 黑龙江省国有林区林业产业全要素生产率及其影响因素分析［J］. 林业经济问题，32（01）：50-59.

陈晓倩，2002. 可持续生态林业融资论［J］. 北京林业大学学报：社会科学版（4）：27-31.

陈晓燕，2011. 集体林权制度改革后林业科技服务体系建设研究［J］. 北方经济（20）：25-27.

陈幸良，2003. 中国林业产权制度的特点、问题和改革对策［J］. 世界林业研究（6）：27-31.

陈秀峰，2013. 昌平区发展林业专业合作社的做法和实践［J］. 中国农民合作社（8）：35-36.

陈亚立，阙龙善，金晓鹏，2007. 江西省林业科技需求调研报告［J］. 江西林业科技（5）：41-44.

陈艳红，2007. 对东北地区农村土地适度规模经营的思考［D］. 长春：东北师范大学.

陈秧分，刘彦随，翟荣新，2009. 基于农户调查的东部沿海地区农地规模经营意愿及其影响因素分析［J］. 资源科学，3（7）：1102-1108.

陈章纯，柯水发，赵铁珍，等，2011. 农户林地经营形式选择意愿的影响因素分析——基于福建省226户农户调查［J］. 林业经济（7）：8-54.

程杰，2006. 农业产业链风险管理研究［D］，合肥：安徽农业大学.

程云行，2005. 论集体林区林地产权制度变迁的路径［J］. 世界林业研究，18（4）：75-79.

储菊香，张会华，2006. “十一五”期间森林合理年采伐量测算及存在问题的探讨［J］. 林业资源管理，10（5）：8-11.

戴芳，贾进，2012. 不同规模林农合作意愿差异的博弈分析——以对河北省的实地调研数据为基础［J］. 林业经济问题，32（6）：488-492.

戴星翼，2006. 蒋兴禄探路人的足迹——永安集体林权制度改革研究［M］. 北京：中国林业出版社，66.

但小平，蔡斌，赵婷，2008. 推进土地规模经营发展特色现代农业［J］. 农业科技通讯（9）：27-29.

邓光员，2008. 推进林业投融资改革的思路［J］. 绿色财会（10）：10.

蒂莫西 . J. 柯埃利，2008. 效率与生产率分析引论［M］. 北京：中国人民大学出版社 .

丁冬，郑风田，彭军，等，2014. 国外新型农业经营主体发展经验及其对我国的启示［J］. 现代管理科学（6）：12-14.

丁吉萍，2010. 集体林权制度改革综述［J］. 林业经济问题，5：462-465.

董世绫，2008. 林改后完善林业投融资体系的思考［J］. 江西林业科技（6）：28.

杜徐君，2012. 浙江省毛竹现代林业园区的组织形式与运行机制研究［D］. 临安：浙江农林大学 .

杜学振，刘玉梅，白人朴，2010. 东亚土地规模变化对我国的启示［J］. 农机化研究（3）：15.

樊喜斌，刘红梅，2007. 完善我国林权及其流转体系研究［J］. 林业经济，8：54.

方鸿，2010. 中国农业生产技术效率研究：基于省级层面的测度发现与解释［J］. 农业技术经济（01）：34-41.

房风文，楼栋，毛飞，等，2011. 林业股份合作社：发展环境、运行机制与政府支持——浙江省安吉县调研报告［J］. 林业经济，3（2）：21-29.

冯高强，2013. 安徽省新型农业经营主体培育研究［D］. 合肥：安徽农业大学：1-14.

高春芽，2008. 集体行动的逻辑及其困境［J］. 武汉理工大学学报（社会科学版）（01）.

高鸿业，2007. 西方经济学（微观部分）［M］. 北京：中国人民大学出版社 .

高岚，张自强，2012. 林农可持续经营模式行为选择与约束影响分析［J］. 林业经济（2）：50-55.

高立英，2007. 集体林地经营规模分析——与林地规模经营观点的商榷［J］. 林业经济问题，04：376-379.

高丽英，2007. 采伐限额制度成本分析［J］. 林业经济问题，27（5）：425-428.

高阳，赵正，段伟，等，2014. 基于林业自然灾害的农户森林保险需求实证分析——以福建、江西、湖南、陕西 4 省为例［J］. 世界林业研究，04：92-96.

葛新昌，罗明灿，2013. 后林改时期森林经营方案编制问题及对策探讨［J］. 安徽农业科学，34：29-30.

宫丽彦，展洪德，2010. 我国森林采伐管理制度问题研究［J］. 林业经济（6）：105-109.

宫哲元，2008. 集体行动逻辑视角下合作社原则的变迁［J］. 中国农村观察（05）：7-41.
龚文军，2011. 浅析江西林权抵押贷款发展与对策［J］. 企业经济，01：130-132.
龚长兰，肖洪安，2007. 农民专业合作经济组织的效益成本分析［J］. 乡镇经济（2）：50-53.
关发瑞，刘文祥，汪绍凯，2008. 国有林区森林采伐限额执行中的主要问题及对策［J］. 森林工程（3）：28-30.
郭嘉，吕世辰，2010. 土地流转影响因素实证研究［J］. 经济问题，6：68-70.
郭庆海，2014. 土地适度规模经营尺度：效率抑或收入［J］. 农业经济问题，07：4-10.
国家林业局，2006. 2006 年中国林业发展报告［R］. 北京：中国林业出版社：19.
国家林业局，2006. 关于进一步加强林业科技工作的决定［J］. 中国林业（1a）：9-13.
哈尔・R・范里安，2009. 微观经济学：现代观点［M］. 上海：格致出版社.
韩立达，王静，李华，2009. 中国林权抵押贷款制度中的问题及对策研究［J］. 林业经济问题，29（3）：196-200，205.
韩茜，2012. 我国政策性森林保险制度研究［J］. 商业经济，08：38-40.
韩苏，2014. 浙江省果品类家庭农场适度规模经营与效益研究［D］. 临安：浙江农林大学.
韩喜平，2009. 实现适度规模经营的路径选择［J］. 税务与经济，02：1-5.
韩晓燕，翟印礼，2008. 辽宁省集体林产权改革 300 户林农的调查报告［C］//中国林业经济学会技术经济专业委员会. 中国林业技术经济理论与实践（2008）. 北京：中国林业出版社：141-145.
何得桂，2008. 集体林权变革的逻辑［D］. 武汉：华中师范大学.
何得桂，2012. 集体林权改革的影响界定：陕省 84 个村样本［J］. 改革，06：37-41.
何得桂，2008. 我国集体林权制度改革的现状、问题及对策［J］. 地方财政研究，（7）：45-48.
何浩然，翁茜，徐晋涛，2007. 国有林区林产品加工企业效率分析［J］. 林业科学，11：113-121.
何玥，秦涛，王雪平，2010. 基于江西省铜鼓县森林保险研究报告［J］. 林业经济，10：34-37.
贺东航，田云辉，2010. 集体林权制度改革后林农增收成效及机理分析—基于 17 省 300 户农户的访谈调研［J］. 东南学术（5）：1-6.
贺东航、朱冬亮，2006. 中国集体林权改革存在的问题及思考［J］. 社会主义研究（5）：79-81.
贺胜年，2011. 集体林地林木流转的影响因素研究［D］. 北京：中国林业科学研究院.
贺永波，杨丽霞，2010. 森林保险研究述评［J］. 安徽农业科学，30：67-70.
洪名勇，关海霞，2012. 农户土地流转行为及影响因素分析［J］. 经济问题，8：72-77.
洪燕真，洪流浩，戴永务，2013. 农户油茶成本收益分析［J］. 浙江农林大学学报，01：107-113.

侯亚南，2006. 吉林省农户土地适度规模经营研究［D］. 长春：吉林农业大学.

侯一蕾，吴静，温亚利，2013. 集体林权制度改革视角下林农合作组织发展研究——以福建省邵武市为例［J］. 山东农业大学学报：社会科学版，02：75-80.

胡初枝，黄贤金，2007. 农户土地经营规模对农业生产绩效的影响分析——基于江苏省铜山县的分析［J］. 农业技术经济，6：81-84.

胡柳，2010. 农户耕地经营规模及其绩效研究——以湖北为例［D］. 武汉：华中农业大学.

胡敏荣，2013. 金融生态环境差异对集体林权制度改革效益的影响研究［D］. 杨凌：西北农林科技大学.

胡瑞卿，张岳恒，2007. 不同目标下耕地流转的理论与实证分析［J］. 中国农村经济（1）：36-44.

胡晓红，2014. 如何在集体林地流转中保护农民土地权益［J］. 中国农业信息，2：266.

胡奕琴，2006. 农地资本化经营与政府规制研究［J］. 农业经济问题，1：46.

黄安胜，张春霞，苏时鹏，2008. 南方集体林区林农资金投入行为研究［J］. 林业经济（6）：67-70.

黄和亮，王文灿，吴秀娟，2008. 影响农户参与林业合作经济组织因素分析——以福建省为例［J］. 林业经济（9）：55-58.

黄和亮，张建国，2005. 林地资源分类利用与林地资源价［J］. 林业经济问题.8：226.

黄和亮，2005. 林地市场与林地市场化配置研究［D］. 福州：福建农林大学，4：32-34.

黄河清，1986. 农业适度规模经营问题综述［J］. 农业经济问题，07：27-29.

黄鹤羽，吴君琦，1999. 历五十年风雨铸跨世纪丰碑：中国林业科技发展综述［J］. 中国林业（10）：8-9.

黄建华，吴火和，高楠，2009. 福建省林改后林业科技服务发展探讨［J］. 福建林业科技，36（4）：176-180.

黄建兴，毛小荣，李扬，2009. 浙江省林权抵押贷款案例研究［J］. 林业经济，04：10-14.

黄李丛，刘永泉，李芳菲，2012. 广西集体林地承包经营权流转现状与对策［J］. 经济管理，11：243.

黄丽媛，陈钦，陈仪全，2009. 福建省林权抵押贷款融资研究［J］. 中国农学通报，18：170-173.

黄莉莉，2012. 林权制度改革后农户森林经营取向研究［D］. 北京：中国林业科学研究院.

黄森慰，2008. 私有林经营方式选择的影响因素研究［D］. 福州：福建农林大学.

黄森慰，张春霞，2009. 私有林承包经营意愿的影响因素研究［J］. 中南林业科技大学学报：社会科学版，3（3）：19-21.

黄少安，2004. 产权经济学导论［M］. 北京：经济科学出版社，10：76，127-144.

黄锡生，徐本鑫，2011. 我国后林改时期集体林地承包经营的现实问题与制度完善［J］. 农业现代化研究，04：432-435.

黄晓玲，王灿雄，谢志忠，2009. 林业规模经济的非线性均衡分析研究［J］. 技术经济，28

（3）：38-44.

黄延廷，2011. 农地规模经营中的适度性探讨——兼谈我国农地适度规模经营的路径选择［J］. 求实，08：92-96.

黄永飞，2013. 安吉县林地规模经营模式研究［D］. 临安：浙江农林大学 .

黄昭明，陈朝晖，李建明，2006. 稳步推进林业融资改革切实解决农户小额贷款问题［J］. 绿色财会，11：11-12.

黄宗智，1986. 华北的小农经济与社会变迁［M］. 北京：中华书局 .

黄祖辉，陈龙，2010. 新型农业经营主体与政策研究［M］. 浙江：浙江大学出版社：1-30.

黄祖辉，陈欣欣，1998. 农户粮田规模经营效率：实证分析与若干结论［J］. 农业经济问题，11：3-8.

黄祖辉，傅夏仙，2001. 农地股份合作制：土地使用权流转中的制度创新［J］. 浙江社会科学，5：40.

黄祖辉，2005. 谁是农业结构调整的主体?：农户行为及决策分析［M］. 北京：中国农业出版社：57.

黄祖梅，2014. 一个森林保险模型及最优免赔额的确定［J］. 林业经济问题，03：200-204.

贾治邦，2006. 集体林权制度改革给我们的几点启示［J］. 林业经济（6）：5-8.

贾治邦，2007. 中国农村经营制度的又一重大变革—对集体林权制度改革的几点认识［J］. 求是（9）：27-29.

江华，胡品平，徐正春，等，2007. 森林限额采伐制度的经济学分析［J］. 林业经济问题，27（3）：63-66.

江淑萍，2007. 新农村建设背景下完善林业科技服务体系的思考［J］. 福建林业科技，34（2）：233-236.

姜海燕，方勇，孙龙生，2009. 林权制度改革后林农对科技需求的调查及建议［C］. 集体林权制度改革与科技支撑论文集：15-18.

姜松，王钊，2012. 土地流转、适度规模经营与农民增收——基于重庆市数据实证［J］. 软科学，26（9）：75-79.

姜昕，罗添元，2014. 森林保险的费率厘定与业务实施要点分析［J］. 绿色科技，12：233-238.

姜雪梅，李凌，徐晋涛，2008. 林权制度改革对平原地区林地经营模式影响分析［J］. 林业经济（10）：30-35.

蒋冬冬，2014. 湖南省森林保险问题分析及对策［J］. 中南林业调查规划，03：9-11.

蒋宏飞，姜雪梅，2012. 集体林区农户收入不平等状况分析—基于辽宁省林改农户调查数据［J］. 林业经济（3）：17-22.

蒋加强，2004. 关于资源资本化问题的几点思考［J］. 学习与思考，2：12.

解安，2002. 发达省份欠发达地区土地流转及适度规模经营问题探讨［J］. 农业经济问题，（4）：38-41.

金旻，1992. 林业科技服务体系建设［A］. 蔡盛林，贺人瑞 . 中国农业年鉴［C］. 北京：中国农业出社：179-180.

金生霞，陈英，杨倩倩，等，2012. 河西走廊农地适度经营规模计量研究——基于 578 农户调查的研究［J］. 干旱区资源与环境，11：6-11.

金银亮，2008. 关于南方集体林内部各方的博弈分析［J］. 科技创新导报，09：157-158.

晋书元，2012. 湖南林业社会化服务体系建设调查报告［D］. 长沙：中南林业科技大学 .

柯水发，赵铁珍，2008. 农户参与退耕还林意愿影响因素实证分析［J］. 中国土地科学，22（7）：27-32.

柯水发，陈章纯，陈建成，等，2014. 中国西部十省区天然林保护工程实施效率评价——基于 DEA 模型［J］. 林业经济 .

柯水发，李红勋，温亚利，2010. 基于农户视角的集体林地使用权流转调查分析［J］. 北京林业大学学报：社会科学版，9（4）：98-103

柯水发，李红勋，2011. 集体林地使用权流转的利益相关者博弈分析［J］. 绿色科技（6）：220-223.

柯水发，王庭秦，李红勋，2012. 林地使用权流转与林地福利变化的经济学分析［J］. 北京林业大学学报：社会科学版，03：69-73.

柯水发，温亚利，2005. 中国林业产权制度变迁进程、动因及利益关系分析［J］. 绿色中国，10：29-32.

柯水发，赵铁珍，李小勇，2010. 美国的林地产权状况及经营政策分析［J］. 林业经济，10：21-28.

柯水发，赵铁珍，2008. 农户参与退耕还林行为选择机理分析［J］. 北京林业大学学报：社会科学版，7（3）：52-57.

柯水发、姜雪梅、田明华，2014. 林业政策学：理论、过程与体系［M］. 北京：中国农业出版社 .

柯水发，2007. 农户参与退耕还林工程行为理论与实证研究［D］. 北京：北京林业大学：149-172.

柯水发，2013. 林业政策学［M］. 北京：中国林业出版社 .

孔凡斌，廖文梅，2012. 集体林分权条件下的林地细碎化程度及与农户林地投入产出的关系 _ 基于江西省 8 县 602 户农户调查数据的分析［J］. 林业科学（4）：119-127.

孔凡斌，2008. 集体林权制度改革绩效评价理论与实证研究——基于江西省 2484 户林农收入增长的视角［J］. 林业科学，44（10）：132-141.

孔祥智，陈丹梅，2005. 林业合作经济组织研究——福建永安和邵武案例［J］. 林业经济（8）：48-52.

孔祥智，何安华，史冰清，2009. 关于集体林权制度改革和林业合作经济组织建设——基于三明市、南平市、丽水市的调研［J］. 林业经济（5）：19-20.

孔祥智，陈丹梅，2008. 统和分的辩证法——福建省集体林权制度改革与合作经济组织发展［M］. 北京：中国人民大学出版社.

孔祥智，郭艳芹，李圣军，2006. 集体林权制度改革对村级经济影响的实证研究——福建省永安市15村调查报告［J］. 林业经济（10）：17-21.

孔祥智，2008. 统和分的辩证法-福建省集体林权制度改革与合作经济组织发展［M］. 北京：中国人民大学出版社.

赖泽源，1996. 比较农地制度［M］. 北京：经济管理出版社：163.

赖作卿，张忠海，2008. 基于DEA方法的广东林业投入产出效率分析［J］. 林业经济问题（8）：323-326.

蓝虹，穆争社，2004. 抵押、担保机制的功能及效果的博弈分析［J］. 财经论丛（浙江财经学院报），04：35-40.

乐章，2010. 农民土地流转意愿及解释——基于十省份千户农民调查数据的实证分析［J］. 农业经济问题，2：63-70.

李柏海，2001. 关于进一步加强林业科技推广工作的思考［J］. 湖南林业科技，28（1）：62-65.

李朝柱，2014. 林地规模经营模式案例分析［J］. 农业工程，03：163-166.

李芳宁，黄安胜，张春霞，2010. 福建省毛竹经营效率DEA实证分析一毛竹经营效率研究之一［J］. 中南林业科技大学学报（社会科学版），4（02）：12-14.

李芳宁，2010. 毛竹经营规模效率的影响因素研究［D］. 福州：福建农林大学.

李海权，谢屹，温亚利，2012. 农户森林经营意愿实证研究——以福建省邵武市为例［J］. 合作经济与科技，3：8-10.

李红军，穆静，2006. 新时期农民科技需求的调查与分析［J］. 农业科技管理，25（4）：17-19.

李华，李风绮，陈飞平，等，2010. 江西省农户参与林业合作组织的意愿及其影响因素分析［J］. 林业经济问题，05：381-384.

李慧，2013. 林权改革下林地适度经营规模研究——以天水市、秦皇岛市为例［D］. 北京：北京林业大学.

李建民，潘标志，2007. 林业科技推广改革的理论与实践［J］. 中国林业（18）：52-53.

李剑泉，徐斌，李智勇，2009. 商品林采伐限额管理制度国别经验［J］. 世界林业研究，22（1）：10-13.

李珂，2006. 集体林改：我国农村的第三次变革［J］. 绿色中国，（19）. 12-22.

李启宇，张文秀，2010. 城乡统筹背景下农户农地经营权流转意愿及其影响因素分析［J］. 农业技术经济，5：48-54.

李谦，支玲，齐新民，谷振宾，2011. 天保区集体林改后林农经营意愿调查分析——以玉龙县为例［J］. 林业经济问题，31（4）：324-333.

李娅，姜春前，严成，等，2007. 江西省集体林区林权制度改革效果及农户意愿分析——以江西省永丰村、上芫村、龙归村为例［J］. 中国农村经济，12：54-61.

李怡，高岚，2014. 不同类型林地流转的形成逻辑与效率差异［J］. 软科学，28（2）：140-144.

李玉泉，2014. 浅谈我国林业风险管理［J］. 网友世界，16：63.

李志国，2015. DEA 方法的中国林业生产效率分析与优化路径［J］. 福建农业（02）：59-59.

李智，2011. 集体林权制度改革中的农户林地流转意愿调查——以浙江丽水 180 户农户为例［J］. 安徽农业科学，39（30）：40-42.

李智勇，闫振，2001. 世界私有林概览［M］. 中国林业出版社.

李周，1998. 论林业经济理论创新的条件和源泉［J］. 林业经济（2）：75-78.

梁丽华，农晓春，2011. 论土地收储工作的必要性及策略［J］. 现代商业（23）：181.

梁明莲，江明峻，2004. 林地流转的问题与对策［J］. 中国林业（11A）：34.

梁兆基，冯子恩，叶柱均，1998. 农林经济管理概论［M］. 广州：华南农业大学出版社：236.

廖冰，金志农. 江西省林业经营效率及其影响因素分析 _ 基于 DEA—Tobit 两阶段模型［J］. 江西林业科技. 2014（12）：31-34.

廖深洪，张田华，童长亮，2013. 发展家庭林场深化林业改革——关于福建省龙岩市发展家庭林场的调研报告［J］. 福建林业（6）：10-12.

廖文梅，孔凡斌，2012. 集体林权制度改革绩效评价研究述评与展望［J］. 林业经济，07：18-24.

廖文梅，廖冰，金志农，2014. 林农经济林经营效率及其影响因素分析 _ 以赣南原中央苏区为例［J］. 农林经济管理学报（5）：490-498.

林善浪，2000. 农村土地规模经营的效率评价［J］. 当代经济研究，（2）：37-43.

林善浪，2005. 农户土地规模经营的意愿和行为特征-基于福建省和江西省 224 个农户问卷调查的分析［J］. 福建师范大学学报：哲学社会科学版（3）：15-20.

林舒舒，2006. 私有林经营中的抵押贷款融资机制研究［D］. 福州：福建农林大学.

林苇，王占洲，2008. 论林权抵押［J］. 林业经济问题，05：431-434.

林毅夫，1994. 制度、技术与中国农业发展［M］. 上海：上海二联店、上海人民出版社：87.

林勇刚，2010. 农户农地经营规模效率及其家庭影响因素研究［D］. 武汉：华中农业大学.

凌莎，2014. 农户规模经营意愿及其影响因素——基于全国 26 个省区的抽样问卷调查的思考［J］. 农村经济，4：96-100.

刘本洁，祖建新，2009. 内部控制视角下的生态公益林自然灾害风险管理［J］. 农林经济（5）：54-57.

刘璨，于法稳，2007. 中国南方集体林区制度安排的技术效率与减缓贫困［J］. 中国农村观察（3）：16-26.

刘璨，2004. 1978～1997 年金寨县农户生产力发展与消除贫困问题研究［J］. 中国农村观察

（1）：35-45.

刘璨，2008. 中国集体林制度与林业发展 ［M］. 北京：经济科学出版社：118-137.

刘东生，王月华，2001. 九五时期林业投资分析 ［J］. 林业经济 （12）：23-27.

刘凤平，2010. 我国林业投融资问题研究 ［D］. 合肥：安徽大学.

刘凤芹，2006. 农业土地规模经营的条件与效果研究：以东北农村为例 ［J］. 管理世界（9）：71-79.

刘凤芹，2003. 中国农业土地经营的规模研究——小块农地经营的案例研究 ［J］. 财经问题研究，（10）：60-65.

刘国仁，2002. 资源性资产评估 ［M］. 北京：中国人民大学出版：3.

刘国顺，王彬，段绍光，2009. 集体林权制度改革后经营林地面临的新形势及对策 ［J］. 林业资源管理 （1）：11-13.

刘宏明，2004. 我国林权若干法律问题研究 ［J］. 北京林业大学学报：社会科学版 （4）：43-47.

刘宏明，2004. 我国林权有关问题评述 ［J］. 绿色中国理论版，2：53.

刘辉煌，2004. 西方经济学〔M〕. 北京：中国金融出版社：124.

刘佳，2010. 林权抵押初探 ［J］. 法制与经济（下旬），04：15-17.

刘金霞，2004. 农业风险管理理论方法及其应用研究 ［D］，天津：天津大学：12-20.

刘凯辉，杨俊孝，2012. 集体林权制度改革中主要利益相关者的选择研究 ［J］. 南方农业学报，10：1539-1543.

刘康生，2012. 林业科技推广体系改革的建议 ［J］. 民营科技 （3）：140.

刘珉，刘国顺，石大庆，2011. 集体林权制度改革中的农户意愿研究——基于河南省漯河市集体林权制度改革的调查 ［J］. 农村经济，12：51-53.

刘秋颖，2014. 哈尔滨市林业经营主体发展现状及建议 ［J］. 绿色财会 （5）：39-40.

刘荣茂，林靖，2006. 农户农业生产性投资行为的影响因素分析——以南京市五县区为例的实证研究 ［J］. 农业经济问题，12：23-26.

刘晓宁，吴昊，2014. 湖北省森林保险执行现状与影响因素 ［J］. 北京农业，30：112.

刘欣晖，2009. 构建江苏新型农业科技推广服务体系研究 ［D］. 扬州：扬州大学.

刘亚萍，金建湘，2012. 林改后林农对林业科技服务的需求意愿分析 ［J］. 安徽农业科学，40 （17）：40-43.

刘振滨，苏时鹏，郑逸芳，等，2014. 林改后农户林业经营效率的影响因素 _ 基于 DEA-Tobit 分析法的实证研究 ［J］. 资源开发与市场 （12）：1420-1424.

刘振海，肖化军，2007. 发展农村林权抵押贷款的实证分析 ［J］. 中国金融，21：69-70.

刘宗礼，杨玫，2012. 农村土地流转形式研究 ［J］. 西部金融，4：73-76.

刘祖军，马龙波，2014. 后林改时代林权抵押贷款评估特点、问题及对策 ［J］. 林业调查规划，04：131-134.

龙江，洪明勇，杨启林，等，2007. 贵州农业经济增长的因素分 ［J］. 贵州农业科学，35

（3）：88-90.

龙开平，2013. 浅谈我国森林保险面临的困境和发展思路［J］. 湖南林业科技，03：97-100.

楼栋，孔祥智，2013. 新型农业经营主体的多维发展形式和现实观照［J］. 改革（12）：65-77.

卢现祥，2003. 论制度变迁中的四大问题［J］. 湖北经济学报，1（4）：10-16.

罗必良，2004. 农业经济组织的效率决定——一个理论模型及实证分析［J］. 学术研究，（8）：49.

罗宾斯，2004. 管理学（第七版）［M］. 北京：中国人民大学出版社.

罗金，张广胜，2009. 集体林权改革后的林农生产投资行为［J］. 林业经济问题（01）：19.

骆耀峰，刘金龙，张大红，2013. 基于异质性的集体林权改革林农获益差别化研究［J］. 西北农林科技大学学报：社会科学版，13（5）.

吕翀，2014. 浦江创新林地经营体制改革添活力林农增收益［J］. 浙江林业，05：16-17.

马爱国，2007. 我国森林资源产权分析［J］. 国家行政学院学报（9）：27-29.

马金萍，杨英，于宁，2009. 关于完善我国林业信贷政策的思考［J］. 国家林业局管理干部学院学报，（4）：35～38.

马文学，刘永会，王广建，2006. 辽宁省集体林产权制度改革中的公益林建设［J］. 绿色财会（11）：13-14.

马歇尔，1987. 经济学原理［M］. 北京：商务印书馆.

马月卿，2009. 完善配套改革推动林地流转［J］. 绿色中国，17：36-39.

孟一江，李翔，2010. 农户在林地流转过程中的意愿调查与分析——基于对绿水乡农户流转意愿的分析［J］. 农村经济，7：72-74.

米锋，刘智丹，李卓蔚，等，2013. 甘肃省林业投入产出效率及其各指标影响力分析—基于DEA方法的实证研究［J］. 林业经济（21）：100-104.

南君，2010. 浅谈林业承包大户的发展情况［J］. 中国科技财富（6）：239.

聂影，2010. 林权流转的多维动因分析与激励路径选择［J］. 中南林业科技大学学报（社会科学版），4（4）：5-9.

聂影，吕月良，沈文星，2008. 福建省集体林权制度改革的理论探索与创新［M］. 北京：中国林业出版社.

庞新生，鲍龙琼，2014. 南方林区森林保险区域差异分析——基于福建、江西、浙江、湖南四省调查数据［J］. 林业经济，01：87-91.

齐城，2008. 农村劳动力转移与土地适度规模经营实证分析——以河南信阳市为例［J］. 农业经济问题（4）：40-43.

恰亚诺夫，1996. 农民经济组织［M］. 北京：中央编译出版社.

钱贵霞，李宁辉，2004. 粮食主产区农户最优生产经营规模分析［J］. 统计研究，10：40-43.

钱文荣，张忠明，2007. 农村土地意愿经营规模影响因素实证研究——基于长江中下游区域的调查分析 [J]. 农业经济问题，(5)：28-34.

秦邦凯，2012. 基于农户需求的林业社会化服务体系研究——以浙江省为例 [D]. 浙江农林大学.

秦涛，邓玉娇，2015. 江西省森林保险保费补贴政策实施效果评价 [J]. 江苏农业科学，03：417-419.

秦涛，潘焕学，2006，论构建我国林业风险投资支撑体系 [J]. 理论研究 (6)：12-15.

邱方明，沈月琴，吕玉龙，等，2014. 农户参与林业标准化项目经营意愿影响因素分析 [J]. 浙江农林大学学报，04：625-631.

邱向阳，2013. 浅谈单户林业经营模式下影响农林投入的因素 [J]. 绿色科技，1：232-233.

裘菊，孙妍，李凌，等，2007. 林权改革对林地经营模式影响分析—福建林权改革调查报告 [J]. 林业经济 (1)：23-27.

冉陆荣，吕杰，2011. 集体林权制度改革背景下农户林地流转行为选择——以辽宁省 409 户农户为例 [J]. 林业经济问题，02：121-126.

冉陆荣，2011. 集体林权制度改革背景下辽宁省农户林地流转行为及经营效率研究 [D]. 沈阳：沈阳农业大学.

任治军，1995. 中国农业规模经营的制约 [J]. 经济研究 (6)：54-58.

闰渊源，2011. 农民林业合作经营制度需求与供给研究 [D]. 南京：南京林业大学.

邵彬，2008. 集体林权制度改革政策的博弈分析 [D]. 南京：南京林业大学：24-25.

申津羽，侯一蕾，吴静，等，2014. 农户选择林业不同经营形式的意愿及影响因素分析 [J]. 林业科学，50 (11)：138-145.

沈立权，2014. 试论如何做好土地收储工作 [J]. 黑龙江科技信息 (32)：282.

沈屏，伊宏峰，戴蓬军，2013. 农民家庭林业经营模式选择影响因素实证研究——以辽宁省为例 [J]. 林业经济 (05)：20.

沈文星，2004. 森林采伐限额管理制度研究 [J]. 林业资源管理 (6)：1-4.

沈月琴，李兰英，梅岩良，等，2000. 浙江林业经营形式问题探讨 [J]. 林业经济问题 (4)：226-228.

沈月琴，张耀启，2011. 林业经济学 [M]. 北京：中国林业出版社：29-30.

沈振宇，王秀芹，2001. 森林资源资本化 [J]. 农业技术经济，2：6-11.

施蔚，杨加猛，余光辉，2007. 基于 Cobb-Dauglas 函数的江苏木材加工产业规模效率评价 [J]. 南京林业大学学报：自然科学版，04：141-143.

石丽芳，张春霞，2012. 基于 DEA 方法的农户林地经营效率分析 [J]. 林业经济问题，03：226-229.

石焱，夏自谦，田芸，2008. 我国森林保险发展缓慢的深层次原因及对策分析 [J]. 林业经济，12：69-73.

舒尔茨，1987. 改造传统农业［M］. 北京：商务印书馆.

宋静波，王永清，2013. 生态功能区森林保险发展问题研究［J］. 学习与探索，08：114-117.

宋晓梅，陈荆，潘焕学，2013. 森林保险财政补贴研究［J］. 江苏农业科学，12：437-439.

宋晓梅，陈荆，潘焕学，2012. 林业大户营林过程中的信贷行为分析［J］. 林业经济评论，2（10）：80.

苏时鹏，马梅芸，林群，2012. 集体林权制度改革后农户林业全要素生产率的变动——基于福建农户的跟踪调查［J］. 林业科学，48（6）：127-135.

苏旭霞，王秀清，2002. 农用地细碎化与农户粮食生产——以山东省莱西市为例的分析［J］. 中国农村经济，（4）：22-29.

孙红召，郑谊，袁爱荣，2006. 河南省林业合作经济组织发展研究［J］. 河南林业科技（12）：29-30.

孙良媛，2000. 转型期我国农业风险与风险管理研究［D］. 武汉：华南农业大学.

孙妍，徐晋涛，李凌，2006. 林权制度对林地经营模式影响分析［J］. 林业经济（8）：7-11.

孙永侠，2013. 完善我国森林保险体制的对策研究［J］. 国家林业局管理干部学院学报，01：47-50.

孙自铎，2001. 农业必须走适度规模经营之路——兼与罗必良同志商榷［J］. 农业经济问题，02：32-35.

邰姗姗，胡远满，2010. 辽宁省集体林权制度改革探讨［J］. 应用生态学报，21（5）：1196-1200.

谭世明，李岍，邢美华，2012. 后林改时期林业经营组织制度创新研究［J］. 求实，01：38-42.

谭祥涛，潘焕学，2011. 森林保险服务满意度的实证研究——以福建省为例［J］. 林业经济，09：51-54.

谭智心，孔祥智，2010. 集体林权制度改革后业合作社发展的思考——福建省永安市林业合作社调查报告［J］. 北京林业大学学报，9（3）：75-80.

汤杰，续珊珊，2009. 我国林业合作经济组织发展问题与对策研究［J］. 学术交流，1（1）：87-89.

唐小平，王宏，朱磊，等，2015. 后林改时期南方集体林经营管理的路径选择［J］. 林业资源管理，03：1-6.

唐小平，王宏，朱磊，等，2015. 对后林改时期南方集体林经营管理的思考［J］. 国家林业局管理干部学院学报，01：3-7.

唐志，朱友君，2004. 完善林地产权市场体系，促进林地有序流转［J］. 林业财务会计（6）：9-10.

田昂，2013. 基于 NIE 视角的新中国农地产权制度研究［D］. 济南：山东大学.

田宝强，1995. 中国林业经济增长与发展研究［M］. 哈尔滨：黑龙江人民出版社.

田丽婕，2012. 我国森林保险现状与对策分析——基于风险管理视角［J］. 当代经济，01：25-27.

田明华，张卫民，陈建成，2003. 我国森林采伐限额政策评价［J］. 中国人口·资源与环境，13（1）：118-120.

田淑英，许文立，2012. 基于DEA模型的中国林业投人产出效率评价［J］. 资源科学，34（10）：1944-1950.

佟立志，万志芳，2011. 吉林森工集团林业局的生产效率研究—基于DEA和Malmquist指数分析法［J］. 中国林业经济（3）：53-57.

万宝瑞，李存佶，1986. 家庭农场土地适度经营规模探讨［J］. 中国农村经济，12：29-33.

万广华，程恩江，1996. 规模经济、土地细碎化与我国的粮食生产［J］. 中国农村观察，03：31-36.

万千，秦涛，潘焕学，等，2011. 政策性森林保险的经济学分析——基于林农行为特点和政府作用的研究［J］. 林业经济，12：39-41.

万志芳，朱洪革，马文学，2013. 林业经济学［M］. 北京：中国林业出版社：83.

王登举，李维长，郭广荣，2006. 我国林业合作组织发展现状与对策［J］. 林业经济，（5）：65-68.

王光，1993. 集体林区林业经营形式探析［J］. 华东森林经理（2）：10-14.

王国丽，2012. 集体林区林农托大经营规模影响因素分析［D］. 杨凌：西北农林科技大学.

王华丽，陈建成，2011. 我国森林保险再保险模式选择与实施［J］. 林业经济，12：35-38.

王欢，2014. 后林改时期林业经营组织制度创新分析［J］. 农民致富之友，12：107.

王佳洁，鞠军，2010. 农村土地适度规模的确定方法与实证研究［J］. 国土资源科技管理，06：15-20.

王俊能，许振成，胡习邦，等，2010. 基于DEA理论的中国区域环境效率分析［J］. 中国环境科学（4）：565-570.

王礼权，2006. 江西遂川县林业产权制度改革参与式问题研究［J］. 林业经济（8）：25-27.

王礼权，2006. 林地产权制度改革问题的经济学研究［J］. 江西林业科技（2）：53-55.

王培先，2003. 适度规模经营：我国农业现代化的微观基础——一个新的分析框架［D］. 上海：复旦大学.

王鹏，2009. 农地流转的农户决策行为研究——来自浙江省农户调查的经验证据［D］. 杭州：浙江大学.

王思斌，2005. 村干部权力竞争解释模型之比较_兼述村干部权力的成就型竞争［J］. 北京大学学报：自然科学版（3）：119-120.

王天宇，2010. 沿海发达地区农地流转中的农户意愿实证分析——以浙江省宁波市为例［J］. 宁波大学学报：人文科学版，23（1）：85-89.

王团真，2013. 农户购买森林保险意愿的影响因素分析——基于福建省的实地调查［J］. 经济研究导刊，18：156-157.

王小军，谢屹，王立群，等，2013. 集体林权制度改革中的农户森林经营行为与影响因素——以福建省邵武市和尤溪县为例［J］. 林业科学，49（6）：135-142.

王彦秋，2007. 林业承包大户发展情况初探［J］. 民营科技（7）：68.

王洋，2010. 新型农业社会化服务体系构建研究［D］. 哈尔滨：东北农业大学.

王玉霞，2013. 不同林地经营模式的特征、影响因素和绩效分析［D］. 南京：南京农业大学.

王郁昭，1995. 正确对待农业小生产和农村家庭经济［J］，中国农村经济（11）：3-6.

王钰，何晓玲，邵大方，2014-10-13. 谱写后林改时代的生动乐章［N］. 中国绿色时报.

王云，霍学喜，2014. 基于Bootstrap-DEA方法的苹果种植户生产效率及其影响因素分析［J］. 统计与信息论坛，09：106-112.

王征兵，2011. 机会成本下的水稻合理种植规模研究——以江西省抚州市临川区何岭村为例［J］. 农村经济，03：9-11.

韦欣，葛锦春，2011. 农村林权抵押贷款融资面临的障碍及其对策［J］. 安徽农业科学，20：56-57.

魏权龄，1988. 评价相对有效性的DEA方法_运筹学的新领域［M］. 北京：中国人民大学出版社.

魏权龄，2000. 数据包络分析（DEA）［J］. 科学通报，45（17）：793-1805.

魏远竹，叶莉，谢帮生，等，2014. 后林改时期福建林区新农村建设中的科技支撑探析［J］. 林业经济，09：45-50.

魏远竹，张春霞，杨建州，等，2007. 福建省新一轮林改尚存的若干问题及对策探析［J］. 中国农学通报，11：166-173.

魏远竹，2000. 资金投入：林业经济增长方式转变的第一启动力［J］. 林业财务与会计（5）：9-10.

文彩云，张蕾，2008. 集体林权制度改革背景下的农户林地流转行为分析［J］. 林业经济（1）：16.

翁贞林，2008. 农户理论与应用研究进展与述评［J］. 农业经济问题，08：93-100.

吴成亮，席璐，侯宁，2010. 我国林业科技推广体系的构建和完善［J］. 北京林业大学学报：社会科学版，9（3）：96-102.

吴川，褚保金，2001. 农业适度规模经营研究——以江苏农业生产为例［J］. 湖南农业大学学报，2（3）：18-21.

吴静，王昌海，侯一蕾，等，2013. 不同林业经营模式的选择及影响因素分析［J］. 北京林业大学学报：社会科学版，04：13-20.

吴军，徐德云，2003. 林地流转是建德市集体林区森林经营的有效方式［J］. 华东森林经济，17（1）：14-17.

吴守蓉，郭月亮，2011. 政府推动型农民林业专业合作社发展模式研究［J］. 林业经济

(2)：26-31.

伍士林，蔡细平，谷红兵，2006. 分散林业生产适度规模化的对策探讨 [J]. 林业经济问题 (1)：76-79.

西奥多 . W. 舒尔茨，1987. 改造传统农业 [M]. 北京：商务印书馆 .

夏邵平，邓龙光，1985. 林业经营风险问题的初探 [J]. 农业经济问题 (6)：40-42.

肖钗，2014. 后林改时期林权纠纷治理对策的研究 [D]. 浙江海洋学院 .

肖铭心，周志雄，2011. 南方集体林区林业合作组织新模式的理论与实践 [J]. 科协论坛 (下半月)，01：123-125.

肖友和，2007. 完善城市土地收储运行机制的思考 [C]，福建省土地学会 2006 年学术年会，中国福建福州：5.

谢家智，林涌，2004. 我国农业自然灾害的风险管理问题 [J]. 改革 (6)：59-63.

谢屹，2009. 集体林权制度改革中的林地林木流转研究 [M]. 北京：中国林业出版社 .

谢屹，温亚利，公培臣，2009. 集体林权制度改革中农户流转收益合理性分析——以江西省遂川县为例 [J]. 林业科学 (10)：134-140.

谢屹，温亚利，2009. 农户林地林木流转行为影响因素的实证分析 [J]. 北京林业大学学报：社会科学版 (8)：48-54.

谢屹，温亚利，陈建成，2012. 我国林权交易市场的现状与展望 [J]. 林业经济 (9)：3-7.

谢屹，2008. 江西省集体林权制度改革中的林地林木流转研究 [D]. 北京：北京林业大学 .

谢益林，2000. 股份制是林业发展的重要组织形式 [J]. 林业经济问题 (3)：183-185.

谢煜，朱小静，2013. 集体林权制度改革后林权交易市场的运行机制研究 [J]. 产业结构研究 (12)：12.

熊超，姚顺波，2009. 基于 DEA 方法的陕西国有森工企业绩效分析 [J]. 中国乡镇企业会计 (5)：94-95.

徐彬，2014. 我国土地收储价格形成机制研究 [D]. 天津：天津师范大学：66.

徐丰果，周训芳，2008. 论集体林权制度改革中的林权流转制度 [J]. 林业经济问题 (04)：283-286.

徐金海，2009. 农民农业科技服务需求意愿与影响因素研究——以江苏省为例 [J]. 经济纵横 (10)：62-64.

徐晋涛，孙妍，姜雪梅，等，2008. 我国集体林区林权制度改革模式和绩效分析 [J]. 林业经济 (9)：27-38.

徐晋涛，陶然，危结根，2004. 信息不对称、分成契约与超限额采伐——中国国有森林资源变化的理论分析和实证考察 [J]. 经济研究 (3)：37-46.

徐立峰，杨小军，陈珂，2015. 集体林权制度改革背景下的林地经营效率研究 _ 以辽宁省本溪县南营坊村为例 [J]. 林业经济 (5)：7-13.

徐薇，1994. 依托林皿大户振兴林业生产—西昌市林业发展的调查与思考 [J]. 农村经济与技术，01：30～34.

徐秀英，沈月琴，2002. 林地流转市场的政府干预行为研究［J］. 林业经济问题，22（4）：199-203.

徐秀英，吴伟光，2004. 南方集体林地产权制度的历史变迁［J］. 世界林业研究，17（3）：40-43.

徐秀英，2005. 南方集体林区森林可持续经营的林权制度研究［M］. 北京：中国林业出版社.

徐珍源，曹建华，庄道元，2004. 有条件地取消采伐限额制度探析［J］. 农村经济（6）：50-52.

许佳贤，2010. 杉木用材林适度规模经营研究［D］. 福州：福建农林大学.

许庆，田士超，2007. 土地细碎化与农民收入：来自中国的实证研究［J］. 农业技术经济（6）：67-72.

许庆，尹荣梁，2010. 中国农地适度规模经营问题研究综述［J］. 中国土地科学，24（4）：75-81.

薛彩霞，2013. 西部地区农户林地生产技术效率研究［D］. 杨凌：西北农林科技大学.

薛凤蕊，乔光华，苏日娜，2011. 土地流转对农民收益的效果评价——基于 DID 模型分析［J］. 中国农村观察（02）：36-42.

薛艳，2006. 我国林业投融资问题研究［D］. 东北林业大学，6.

亚当．斯密，1981. 国民财富的性质和原因的研究［D］. 北京：商务印书馆.

延增宝，1982. 联户经营体的形式和发展趋势［J］. 东岳论丛，03：20-21.

严安云，1984. 试谈家庭林场的性质与前景［J］. 农业经济问题（12）：36-38.

杨大明，刘旭先，2001. 中国农村的第二次革命——家庭承包经营向适度规模经营的必然性转变［J］. 求实，（11）：314-316.

杨钢桥，胡柳，汪文雄，2011. 农户耕地经营适度规模及其绩效研究——基于湖北 6 县市农户调查的实证分析［J］. 资源科学，03：505-512.

杨洪涛，唐美丽，2009. 新土地股份制：求解“三农”问题的路径探索［J］. 农村经济，11：30.

杨莉菲，温亚莉，张媛，等，2013. 秦岭自然保护区群周边社区农户森林资源经营意愿研究——基于陕西 4 县 288 户农户的实证分析［J］. 农业技术经济，3：112-119.

杨萍，2008. 论集体林权流转主体资格——以福建省集体林权制度改革为例［J］. 南京林业大学学报：人文社会科学版，02：115-118.

杨玮，2010. 基于 DEA 方法的我国林业全要素生产率实证研究［D］. 北京：北京林业大学.

杨秀美，任晓冬，2010. 后林改时代面临的挑战和多方参与［C］. 中国林学会．第九届中国林业青年学术年会论文摘要集．中国林学会：1.

杨云，2008. 林权抵押贷款的几种模式及可持续性问题探讨——福建省案例研究［J］. 林业经济，02：44-48.

杨云，2010. 林权抵押贷款运行机制及其绩效评价研究 [D]. 福州：福建农林大学.

姚迪，2014. 关于林业合作社发展有关问题的探讨 [J]. 河北林业科技，02：67-71.

姚监复，2000. 中国农业的规模经营与农业综合生产率 [J]. 中国农业资源与区划，05：22-24.

姚顺波，2003. 非公有制林业制度创新研究 [J]. 林业经济问题，23（3）：143-146.

姚星期，2007. 基于交易成本理论的林权交易分析 [J]. 西北林学院学报，22（3）：152-156.

姚洋，2000. 中国农地制度：一个分析框架 [J]. 中国社会科学，(2)：54-65.

叶继革，2005. 林业活起来林农富起来林区强起来——三明市推进集体林权制度改革的实践与体会 [J]. 绿色中国，02：13-15.

易世基，陈志川，冯崇勇，1988-07-01. 福建永安市毛竹林生产情况调查 [J]. 林业科技开发.

易杳，王凡凡，2006. 林权制度改革：又一次农村生产力大解放 [J]. 新华文摘（17)：26

银小柯，陈国兴，王文烂，2012. 交易费用视角下林业联户经营形成机理分析 [J]. 福建农林大学学报：哲学社会科学版（01)：46-49.

银小柯，王文烂，2011. 集体行动的逻辑视角下林业联户经营投入激励分析 [J]. 林业经济问题（5)：406-410.

银小柯，2012. 不同经营模式下福建林农林业投入研究 [D]. 福州：福建农林大学.

尹玉鑻，聂华，2003. 关于我国林业资源最优配置的经济学思考 [J]. 经济聚焦（8)：17-18.

于德仲，2008. 赋权与规制：集体林权制度改革研究 [D]. 北京：北京林业大学.

于海龙，张效莉，2011. 政府介入模式下的森林保险研究 [J]. 黑龙江农业科学，05：106-108.

于学文，陈珂，张喜，等，2006. 我国林业风险及其防范措施分析 [J]. 辽宁林业科技，04：32-34.

余翔华，2007. 江西省林业科技推广体系建设与技术需求 [J]. 林业经济（12)：39-41.

俞国平，1989. 对林业规模经济问题的思考 [J]. 林业经济（02)：34-35.

袁久和，祁春节，2013. 异质性农民专业合作社成员合作关系及其稳定性研究 [J]. 财贸研究，03：54-60.

袁久和，2013. 农民专业合作社中的委托代理关系与治理机制研究 [D]. 武汉：华中农业大学.

袁榕，2011. 林改后林农扩大林业经营规模意愿影响因素实证研究——以南方地区为例 [D]. 杨凌：西北农林科技大学.

袁迎珍，2004. 农业合作组织：历史变迁和制度演进——推进我国农业经营组织化的新制度经济学分析 [J]. 经济问题，02：49-51.

臧良震，支玲，齐新民，2011. 天保工程区农户林业生产技术效率的影响因素 _ 以重庆武隆县为例［J］. 北京林业大学学报（社会科学版）（04）：62-67.

翟秋，李桦，姚顺波，2013. 后林权改革视角下家庭林地经营效率研究［J］. 西北农林科技大学学报：社会科学版，02：64-69.

翟印礼，何丹，王洪玉，2010. 辽宁省集体林权制度改革与配套体系建设［J］. 沈阳农业大学学报：社会科学版（01）：22-24.

翟印礼，2008. 辽宁省集体林权制度改革经验与前瞻［J］. 农业经济（11）：48-51.

詹和平，张林秀，2008. 农户土地流转行为的影响因素——有序 probit 模型的实证研究［J］. 重庆建筑大学学报，30（4）：10-14

詹黎锋，杨建州，张兰花，等，2010. 农户造林投资行为影响因素实证研究——以福建省为例［J］. 福建农林大学学报：哲学社会科学版，13（2）：57-60.

张彩虹，2001. 林业投资与林业经济增长的研究［M］. 北京：中国林业出版社.

张春霞，许佳贤，2010. 基于木材供给生产目标下林农经营规模效率研究——以福建省杉木用材林为例［J］. 中南林业科技大学学报，4（2）：5.

张春霞，2008. 私有林经营意愿与补贴制度研究［M］. 北京：中国林业出版社.

张大红，2005. 中国林业经济发展问题：基点・视角・途径［J］. 绿色中国，01：24-28.

张光辉，1996. 农业规模经营与提高单产并行不悖——与任治君同志商榷［J］. 经济研究（4）：55-58.

张海亮，吴楚材，1998. 江浙农业规模经营条件和适度规模确定［J］. 经济地理（1）：85-90.

张海鹏，徐晋涛，2009. 集体林权改革的动因性质与效果评价［J］. 林业科学（7）：119-125.

张红霄，张敏新，刘金龙，2007. 集体林权制度改革中均山制的制度机理与效应分析——基于上坪村的案例研究［J］. 林业经济问题，04：289-293.

张红霄，张敏新，刘金龙，2007. 集体林权制度改革：林业股份合作制向均山制的制度变迁［J］. 中国农村经济（12）：47-53.

张红霄，2008. 我国集体林权制度改革的法律解析［J］. 林业经济，09：18-22.

张金伟，1999. 几种证券化探索［J］. 中国房地产金融，2：12.

张俊清，吕杰，2008. 集体林产权制度改革下林农对公益林的投入行为分析［J］. 辽宁林业科技（2）：31-34.

张蕾，齐联，孙敬良，2014. 关于新型林业生产经营主体培育与组织创新的思考［J］. 林业经济（10）：21-26.

张蕾，文彩云，2008. 集体林权制度改革对农户生计的影响——基于江西、福建、辽宁、云南 4 省的实证研究［J］. 林业科学，44（7）：73-78.

张蕾，刘璨，王丽，等，2004. 我国林业主要政策与社区林业发展案例研究［J］. 绿色中国：理论版（3）：67-73.

张立，温作民，2013. 我国林权交易市场存在的问题及成因分析［J］. 经济论坛（8）：

92-94.

张立群，2004-09-01. 林业投融资体制改革总体思路研究［C］. 2004年中国林业投融资国际研讨会论文集.

张立中，潘建伟，陈建成，2012. 不同草原类型区畜牧业适度经营规模测度［J］. 农业经济问题，04：90-97.

张丽萍，2007-03-30. 浅谈林业投融资体制改革［J］. 辽宁林业科技.

张明树，1989. 发展营林大户是振兴山区林业的一种好形式［J］. 资源经济，5（1）.

张默涵，郑瑶，2013. 森林采伐限额管理制度研究综述［J］. 中国林业经济（4）：11-14.

张佩生，2012. 福建省林地经营模式与林权改革绩效分析［D］. 福州：福建师范大学.

张维，2006. 农区用材林产权制度与产权组织［D］. 泰安：山东农业大学.

张维迎，1998. 控制权损失的不可补偿性与国有企业兼并中的产权障碍［J］. 经济研究，07：4-15.

张伟，2012. 国有林地流转制度研究［D］. 哈尔滨：东北农业大学.

张文勤，2005. 南方集体林区林权抵押贷款初探［J］. 福建林业科技，04：202-204.

张侠，葛向东，彭补拙，2002. 土地经营适度规模的初步研究［J］. 经济地理（3）：351-355.

张小迎，冷小黑，2010. 生态林农户经营意愿影响因素实证分析——基于江西省宜春市的调查［J］. 宜春学院学报，32（6）：47-49.

张秀媚，2013. 林农对政策性森林保险满意度评价研究——基于福建建阳、永安两市林农调查分析［J］. 台湾农业探索，06：28-32.

张学勇，2007. 我国林业投融资对策的思考［J］. 中国林业经济（02）：14-16.

张耀启，2001. 商品人工林可持续经营的环境成本的研究［D］. 北京：中国农业大学.

张照新，张海阳，2004. 农村土地流转问题研究综述［J］. 信阳师范学院学报：哲学社会科学版，24（2）：57-61.

张照新，赵海，2013. 新型农业经营主体的困境摆脱及其体制机制创新［J］. 改革（2）：78-87.

张忠根，史清华，2001. 农地生产率变化及不同规模农户农地生产率比较研究——浙江省农村固定观察点农户农地经营状况分析［J］. 中国农村经济（1）：67-73.

张忠海，罗晖，2008. 基于DEA方法的广东林业投入产出效率优化路径分析［J］. 广东科技（10）：10-12.

张忠明，钱文荣，2008. 农民土地规模经营意愿影响因素实证研究——基于长江中下游区域的调查分析［J］. 中国土地科学，22（3）：61-67.

张忠明，2008. 农户粮地经营规模效率研究［D］. 杭州：浙江大学.

张忠明，2014. 不同兼业程度下的农户土地流转意愿研究——基于浙江的调查与实证［J］. 农业经济问题，3：19-25.

张舟，谭荣，石琛，等，2014. 林地流转模式的选择机理及其政策启示［J］. 中国土地科学，28（5）：11-18.

赵东喜，陈平留，2006. 森林资产抵押贷款中抵押林木的监管方法探讨［J］. 林业经济问题，04：351-354.

赵丰才，2010. 从“老办法”到“新约法”——金寨县火源管理探寻［J］. 安徽林业，Z1：49.

赵赫程，2014. 我国森林保险的发展初探［J］. 辽宁经济，12：42-43.

赵锦勇，2012. 林地流转的两个问题［J］. 中国市场，3：86-88.

赵京，杨钢桥，周厚智，2014. 农地整理对农户农地适度经营规模的影响——以湖北省为例［J］. 经济地理，05：129-133.

赵静，李红勋，2012. 集体林改政策满意度及森林经营意愿研究——以福建三明宁化县为例［J］. 北京林业大学学报：社会科学版（4）：7-12.

赵静，李婷婷，申津羽，等，2014. 集体林权制度改革绩效评价及其对林农森林经营意愿影响分析——基于福建省永安市的农户调查数据［J］. 林业科学，50（6）：138-146

赵利梅，2011. 后集体林权制度改革时期森林资源资产评估问题研究——以西南地区为例的实证分析［J］. 农村经济，04：65-68.

赵氓阳，王俊杰，2000. 林业大户经营评析［J］. 林业与社会（5）：5-8.

赵伟，张维，2009. 集体林权制度改革的产权设定与林权流转市场的构建［J］. 林业经济问题，29（3）：210-213.

赵振清，2013. 我国林业风险管理及林业保险研究［J］. 科技创业家，18：197.

赵正兴，2011. 新形势下的林业科技推广［J］. 北京农业（15）：139-140.

郑德祥，2006，森林资源资产经营若干问题分析研究［D］，北京：北京林业大学：87-92.

郑风田，2000. 制度变迁与中国农民的经济行为［M］. 北京：中国农业出版社，12.

郑玉歆，1998. 全要素生产率的测算及其增长规律［J］. 数量经济与技术经济研究，（10）：28-34.

郑云青，2012. 江西省集体林地流转中的农户决策行为与政策优化研究［D］. 江西财经大学.

中国林业考察团，2002. 一个林业发达国家的经验与启示——加拿大林业考察报告［J］. 林业经济，01：52-55.

中国人民银行福州中心支行，福建省林业厅，2006. 福建省林权流转市场建设与金融服务现场会文件材料汇编［Z］.

何俊明，2014. 建立覆盖全国的政策性林地资源收储体系，中华工商时报：2.

周本礼，1984. 关于“联户经营家庭小农场”的探讨［J］. 国营农场经济研究资料，14：23-28.

周明，2011. 湖北农村土地流转与规模经营研究［D］. 武汉：武汉理工大学.

周新玲，2004. 关于森林资源抵押贷款有关问题的探讨［J］. 绿色中国，02：56-57.

周亿良，1999. 刍议新形势下的林业科技推广［J］. 湖南林业科技，26（1）：46-49.

朱春燕，2012. 关于后林改时期林业合作经济组织制度创新的思考——基于湖北省十个县（市）的调研 [J]. 江汉大学学报：社会科学版，04：49-53.

朱冬亮，程玥，2008. 福建集体林权制度改革中的农民抗争及对策分析 [J]. 中共福建省委党校学报（6）：72-75.

朱冬亮，贺东航，2012. 中国集体林产权制度改革相关政策问题研究调研报告 [M]. 北京：经济科学出版社：414-450.

朱洪革，2009. 国有林权制度改革后承包户投资行为及其影响因素分析 [J]. 林业科学（04）：117-123.

朱洪革，2012. 林业经济管理 [M]. 北京：中国林业出版社：33.

朱述斌，胡水秀，申云，等，2013. 林业生态补偿机制缺失背景下森林保险有效需求影响因素实证分析 [J]. 林业经济（07）：82-87.

朱臻，沈月琴，吴伟光，等，2010. 农户参与生态公益林建设意愿的实证分析 [J]. 浙江农林大学学报，27（3）：430-436.

朱治国，2012. 基于DEA的西部地区国民经济与林业经济全要素生产率对比分析 [D]. 北京：北京林业大学.

邹海林，常敏，2005. 债权担保的理论与实务 [M]. 北京：社会科学文献出版社.

邹继昌，2013. 后林改时代发展家庭林场的思考 [J]，绿色财会（10）：39-42

Arnold，M，1998. Managing forests as a Common Property [R]. Rome：UN Food and Agriculture Organization：23-35.

Banker R D，Charnes A，Cooper W W，1984. Some Models for Estimating Technical and Scale Inefficiencies in Data Envelopment Analysis [J]. Management Science，30（9）.

Bebi P，Kulakowski D，Veblen T，2003. Intemction between 6re andspruce beetles in a subalpine Rocky Mountain ForestLandscape [J]. Ecology，84（2）：362-371.

Bingswanger，h. p，1980. Attitude towards risk：Experimental Measurement in Rural India [J]. American Journal of Agricultural Economics，（62）：pp. 395-407.

Broderiek，StePhen H，Kenneh P. Hadden，et al，1994. The next generation' s forest：Woodland owners，attitudes toward estate Planning and land Preservation in Connecticut [J]. Northern Journal of Applied Forestry（2）：47-52.

Charnes A，Cooper W W，Rhodes E，1978. Measuring the Efficiency of Decision Making Units [J]. European Journal of Operation Research（2）.

Chavas J，Roth M，2005. Farm Household Production Efficiency：Evidence from The Gambia [J]. American Journal of Agricultural Economics，87（1）：160-179.

Denis J. Sonwa，Sarah Walker，Robert Nasi，et al，2011. Potential synergies of the main current forestry effort and climate change mitigation in Central Africa [J]. Sustain Sic，6：59-67.

Denis J. Sonwa，Sarah Walker，Robert Nasi，et al，2011. Potential synergies of the main current forestry effort and climate change mitigation in Central Africa [J]. Sustain Sic, 6: 59-67.

Dillon. J. L, 1978. Risk attitude of subsistence farmers in northeast Brazil: a sampling approach [J] . American Journal of Agricultural Economics. 63 (3): 425-435.

Fare R, Lovell CAK, 1978. Measuring the Technical Efficiency of Production [J]. Journal of Economic Theory, 19 (1) .

Francois Velge, Steve Harrison, 2009. Financing Methods for Small-Scale Hardwood Plantations in Queens and, Australia [J]. Small-scale Forestry, 8: 411-424.

Frank Place, Keijiro Otsuka, 2001. Population, Tenure, and Natural Resource Management: The Case of Customary Land Aiea in Malawi [J]. Joumal of Environmental Economies and a journal of the intenat, 36 (2): 197-204.

Gudbrand Lien, StaleStordal and SjurBaardsen, 2006. Private forest owners harvesting behavior and technical efficiency: effects of other income sources [J]. Small-scale forestry and rural development, 56 (11): 25.

Hanewinkel M, Breidenbach J, Neeff T, et a1, 2008. 77 years ofnatural disturbances in a mountain fbrest area—the innuence ofstom, snow and insect damage analysed with a long—teHntimesedes [J]. Canadian Joumal of Forest Rearch, 38 (8): 2249-2261.

Hetemaki, Lauri, 1996. Do Environmental Regulations Increase Production Efficiency? Evidence from the Pulp Industry, Essays in Inpact of Pollution Control on a Firm: a Distance Function Approve , Helsinki Reasearch Center.

Hiba, M, 1997. Measuring the efficiency of managerial and technical performances in forestry activities by means of DEA [J]. Inter. J. of Forest Engineering, 8 (1): 7-19.

Jun-Yen Lee, 2005. Using DEA to measure efficiency in forest and paper companies [J]. Forest Products Society, 55 (l): 58-66.

Kao C, Yang Y C, 1991. Measuring the efficiency of forest management [J]. Forest Science, 37 (5): 1239-1252.

Kao, C. , Y. C. Yang, 1992. Reorganization of forest districts via efficiency measurement [J]. European J. of Operational Res. , 58 (3): 356-362.

Lawernce A. Kuznar, 2001. Risk sensitivity and value among Andean pastoralists: measure, model and empirical tests [J]. Current Anthropology, 42 (3): 432-440.

Lebell G, Stuart W B, 1998. Technical efficiency evaluation of logging contractors using a non parametric model [J]. Inter Journal of Forest Engineering, 9 (2): 15-24. [D]. NJ: Prineeton University Press, 1970.

M. J. Farrell, 1957. The measurement of Productive efficiency. Joumal of the Royal Statistical Soeiety. SeriesA (General), 120 (3): 253-290.

Peter Gluck, 2002. ProPerty rights and multipurpose mountain forest management forest policy economic [J], 4 (2): 125-134.

Winter halder, B, 1999. Risk sensitive adaptive tactics: model and evidence from subsistence studies in biology and anthropology [J]. Journal of Archaeological Reach (7): 306-346.

Zhang Yaoqi, 2001. The Impacts of economic reform on the efficiency of silviculture in China: a non-parametric approach [J]. Environment and Development Economics (7): 107.

Zhang. D, and P. Pearce, 1997. The Influence of the Form of Tenure on Reforestation in British Columbia [J]. Forest Ecology and Management, 98: 239-250.

Zhang. D, E. Aboagye Owiredu, 2007. Land Tenor, Marke, and the Establishment of Forest Plantations in Ghana [J]. Forest Poliey and Eeonomies (9): 602-610.

附录：调查问卷

农户代码：

问卷评价：优良中差

2013 年________省（市）后林改时期
农户林地经营调查问卷（农户表）

市（地区）：　　　　县（区）：　　　　乡（镇）：　　　　村：

本次受访者姓名：　　　　与户主关系：

民族：　　　　年龄：

性别：　　　　电话号码：

调查员姓名：　　　　电话号码：

调查日期：

复核人:	

调 查 说 明

尊敬的村民：

您好！

我们是“后林改时期农户林地经营决策机理及营林效率差异研究项目”的调查员，为实地了解农户林地经营状况及营林效率，并希望能够为国家出台林权改革配套政策提供决策参考，完善我国农村林地经营机制，特开展此次农户调查。我们将按照《中华人民共和国统计法》的有关规定，严格为您保密。希望您能在百忙之中接受我们的访问调查，为我们提供相关信息，衷心感谢您的支持和配合！

“后林改时期农户林地经营决策机理及营林效率差异研究项目”课题组

2013 年 8 月

一、家庭基本情况

A1 户主基本特征

01. 户主性别	02. 户主年龄	03. 户主文化程度	04. 是否从事过与林业有关的经营活动（1=是；0=否）	05. 户主是否曾接受过林业方面的培训（1=是；0=否）	06. 是否是村组及以上干部（1=是；0=否）	07. 户主现从事的职业（1 农业生产；2 林业生产；3 非农林生产）	08. 一年在外打工月数	09. 是否少数民族，若是，请注明（1=是；0=否）

A2 家庭基本特征

10. 您家现有几口人	11. 劳动力数量	12. 您家是否有人参加了合作医疗（1=是；0=否）	13. 您家是否有党员？	14. 您家里是否有村组及以上干部（1=是；0=否）	15. 您家里是否有人在经商（1=是；0=否）	16. 您家里是否有护林员（1=是；0=否）	17. 您家里是否有（或曾有）参军人员（1=是；0=否）	18. 您家最高学历是什么	19. 您家里需要照顾的老人数	20. 您家是否参加了养老保险（1=是；0=否）	21. 您家里在校学生数	22. 您家庭收入的主要来源是：[1 靠打工；2 做生意；3 农业生产；4 林业生产；5 其他（请说明）]	23. 您家收入在村中的水平（1 较高；2 中等；3 较低）	24. 您家 2012 年家庭纯收入	25. 林业收入占家庭总收入的比重

注：1. 家庭成员指的是每年在家三个月以上，或者与家里有经济联系的人。2. 学历：1=小学；2=初中；3=高中（职高）；4=本科；5=硕士及以上。

二、林地资源状况

B1　林地信息

2013 年，你家总共有多少块林地？____块；面积________亩，用材林________亩；经济林________亩；纳入公益林________亩；你家总共有多少块农地？________块；面积________亩

B2　林地具体情况（包括自家经营、转入自家经营以及自家林地转出的林地地块，要与林权证上的地块相对应）

02. 林地经营形式：1=单户经营；2=联户经营；3=合作组织经营；4. 流转经营；5. 其他（请注明）

04. 起源：0=天然林，1=人工林

05. 林种：1=防护林；2=用材林；3=经济林；4=薪炭林；5=特种用途林

15. 获得方式：1=自留山；2=原责任山确权承包；3=“谁造谁有”承包；4=集体分林到户；5=通过招标拍卖等方式承包；6=退耕还林地；7=从他人那里转包；8=租赁；9=其他方式

16. 有证情况：0=无证；1=有林权证；2=有土地承包经营权证；3=有退耕还林证；4=有其他证（请注明）

18. 是否联户：1=是；0=否

20. 是否转入与转出：0＝否；1＝转入；2＝转出

21. 流转方式：1＝抵押；2＝转让；3＝出租；4＝转包；5＝互换；6＝入股；7＝其他（请注明）

22. 转给何人或从何人那转入：1＝本村单户经营；2＝外村单户经营；3＝本村以小组为单位联户经营；4＝本村农户间联户；5＝外村联户经营；6＝本村与外村联户；7＝本村大户经营；8＝外村大户经营（大户，指拥有50亩以上的林地的农户）；9＝外村集体；10＝本村集体；11＝小组集体；12＝公司；13＝林场（尽量分为国有林场所有和村以上政府）：131＝国有林场；132＝村以上上级政府所属林场；14＝林业站；999＝没有确权

01	02	03	04	04	05	06	07	08	09	10	11	12	13	14	15	16	17	18	19	20	21	21	22	23
编码	面积（亩）	林地经营形式	经营管理方式	起源	林种（5大林种）	是否混交林（1＝是；0＝否）	种植年限	离家多远（米）	离公路多远（米）	土壤类型	肥沃程度	目前龄级	灌溉条件	获得时间	获得方式	有证情况	获得年份	是否联户（1＝是；0＝否）	你家的份额（写百分数）	是否转入与转出（1＝是；0＝否）	流转方式	哪年转出或转出	转给何人或从何人那转入	是否产生过林权争议（1＝是；0＝否）
1																								
2																								
3																								
4																								
5																								
6																								
7																								

经营管理方式：精细经营；粗放经营；不经营；肥沃程度：1类地，2类地，3类地。

三、农户林地经营投入

01	02	03							04			05			06	07				08				09		10	11	12	13			14	15	16	17	18	19
地块编码	种苗费用	栽种							抚育			管护费用			病虫灾害发生次数	施药				施肥				薪材采集劳动力投入成本		其他除草松土劳动力投入	发生盗伐次数	发生火灾次数	主伐费用			采伐后运输成本	森林保险投保费用	林地使用费缴纳情况	缴纳税费	林地转入付费	其他投入成本或费用，请注明
		栽种年份	栽种面积	用工			工价	金额	抚育次数	总用工量	抚育费用	用工/年	管护了多少年	费用合计		施药次数	总施药量	购药费用	雇工或自投工施药费用	施肥次数	总施肥量	购肥成本	施肥用工成本	产品类别	投入成本				劳动力投入	其他费用	合计						
				自投工	雇工	用工合计																															
1																																					
2																																					
3																																					
4																																					
5																																					
6																																					
7																																					
8																																					
总计																																					

四、农户林地经营产出收入

01	02		03					04			05			06				07				08	09	10		11	12	13	14	15	16	17	18	19
地块编码	抚育材收入		主伐木材产出					经济林果			竹林产出			非木质林产品收入				薪材产出				其他非木质林产品				公益林生态效益补偿	退耕还林补贴	造林种苗补贴	抚育补贴	其他补贴	林地转出收入	林木蓄积量	活立木市场价值	其他产出收入
	总产出量	总产出收入	产出年份	产出量	木材单价	销售收入	缴纳税费	年产量	价格	收入	年产竹产量	笋尖产出量	总产出	产品类别	年产量	年收入	采集劳动力成本	薪材采集量	年产出	采集劳动力成本	采集运输成本	产品类别	产出量	产出收入	采集劳动力投入									
1																																		
2																																		
3																																		
4																																		
5																																		
6																																		
7																																		
8																																		
总计																																		

五、林地经营认知、意愿及行为调查

（一）林地经营认知与决策意愿

E1 您家经营林地，是因为：

1. 喜欢经营林地；2. 可以增加家庭收入；3. 没有其他获得收入的途径；4. 林地是一种资产，经营林地有安全保障；5. 其他（请注明）

E2 您家目前主要的林地经营形式是：

1. 单户经营；2. 与亲戚邻里联户经营；3. 加入合作组织经营；4. 流转经营

E3 针对您家的生产经营具体情况，您觉得以下哪种经营方式最好？

1. 单户经营；2. 联户经营；3. 加入合作组织经营；4. 流转经营

E4 您认为您的林地经营水平如何：

1. 好；2. 一般；3. 不好

E5 你对目前的林地经营收益满意吗？

1. 满意；2. 不满意

E6 您觉得大户和零散小户的林地经营效率相比有差别吗？

1. 大户的林地经营效率高；2. 没有差别；3. 零散小户的林地经营效率高

E7 您觉得单户经营的最主要益处在于？

1. 产权清晰，权责明确；2. 可以自己决策，心里踏实；3. 其他（请注明）

E8 您觉得单户经营的最主要不足在于？

1. 效率低；2. 风险大；3. 收益低；4. 其他（请注明）

E9 您认为承包的林地所有权属于：

1. 个人（家庭）；2. 村集体；3. 国家；4. 不知道

E10 您家是否能自由流转林地经营权？

1. 是；2. 否

E11 根据您村规定，您承包的林地是否可以改变林业用途？

1. 可以；2. 不可以；3. 不知道

E12 你家的林地经营如何决策？

1. 户主决策；2. 家庭商议；3. 找人商议决策

E13 您家在进行林地经营决策时会受村里其他人的影响吗？

1. 会；2. 不会

E14 您认为村干部对村里的林地经营决策是否有影响？

1. 有影响；2. 没有影响

E15 决定种植某一种树种时，您的依据是：

1. 根据传统习惯；2. 周围邻居种什么，自己就跟从别人种什么；

3. 和合作组织（公司）签有订单，按订单来种；4. 调查市场后，再决定种什么；

5. 凭自己喜好来种；6. 政府号召种什么就种什么；7. 其他（请说明）

E16 采伐管理制度对您家的林地经营有何影响？

1. 没有影响；2. 有一定影响；3. 很大影响

E17 伐区调查设计制度对木材采伐的影响？

1. 没有影响；2. 有一些影响；3. 很大影响

E18 造林补贴政策对您造林积极性有影响吗？

1. 有；2. 没有

E19 您家在林地经营中是否会考虑环境影响？

1. 是；2. 否

E20 您对当前林地经营规模的意向是：

1. 愿意扩大，原因是：a. 可以增加收入；b. 将来有增殖潜力；c. 现有林地不够种；d. 其他（请注明）；

2. 愿意缩小，原因是：a. 劳动力不足种不了；b. 林地经营效益低，不如经商和打工；c. 林地经营太苦；d. 其他（请注明）；

3. 保持不变，原因是：a. 怕调整会失去林地；b. 林地是生存的基本保障；c. 当前规模刚好够种；d. 其他（请注明）；

4. 没想过。

E21 您认为最佳的林地经营规模是______________亩，是根据什么依据决策的？

1. 家庭劳动力状况；2. 管护便利程度；3. 期望的收入水平；4. 投入产出效率；5. 其他（请注明）

（二）林地经营行为调查

F1 在整地、栽种、抚育等生产劳动环节，您主要是：

1. 独自生产；2. 村民合伙互帮；3. 雇工；4. 委托他人承包；5. 其他（请说明）

F2 在病虫害防治等技术服务环节，您是：

1. 自己弄；2. 独自请人；3. 村民合伙请人；4. 村委会组织技术员下乡；

5. 乡镇组织技术人员；6. 县里组织技术人员；7. 其他（请说明）

F3 您家在林地经营中遇到的主要问题有什么？

1. 自有资金不足；2. 缺乏技术指导；3. 市场销售难；4. 贷款难；5. 交通不便；6. 劳动力不足；7. 其他（请说明）

F4 您家林地经营的资金主要来源

1. 自有资金；2. 银行贷款；3. 朋友亲戚筹借；4. 其他（请说明）

F5 您家销售木材或林副产品的最主要渠道是：

1. 自己到市场去卖；2. 有商贩到村里来收购；3. 有专业合作组织（协会）帮忙；4. 和公司签订有订单；5. 村委会、乡镇、县与企业有收购协议；6. 合伙销售；7. 委托他人代销；8. 企业下乡采购；9. 不卖，自己用；10. 通过计算机网络销售；11. 其他途径（请说明）

F6 您家的林产品最远销到哪里？

1. 本村；2. 本乡；3. 本县；4. 本市；5. 本省；6. 外省；7. 国外

F7 您认为林农是否应该缴纳林地使用费？

1. 是，愿意缴纳的林地使用费________元/亩·年；

2. 否

F8 您觉得获得林权抵押贷款容易吗？

1. 容易；2. 不容易；3. 不知道

F9 您家是否遇到林权纠纷？

1. 是，林权纠纷是否解决：a. 是；b. 否：对解决结果是否满意：a. 满意；b. 不满意

2. 否

F10 您认为林业税费水平如何？

1. 高；2. 还行；3. 低

F11 您家在林地经营过程中最需要哪项社会服务：

1. 科学技术服务；2. 政策法律服务；3. 资产评估服务；4. 贷款服务；

5. 森林保险服务；6. 林业合作组织服务；7. 市场销售服务；8. 林权管理信息服务

9. 其他服务（请说明）

致谢

本研究报告系国家社会科学基金项目（13BJY060）的最终成果。感谢全国哲学社会科学规划办公室对本研究的大力支持！感谢中国人民大学“统筹支持一流大学和一流学科建设”经费对本书出版所提供的大力支持！

感谢中国人民大学科研处、财务处、中国人民大学农业与农村发展学院所有同事对本研究的关心与支持！

感谢国家林业局农村林业改革发展司、国家林业局经济发展研究中心、北京林业大学经济管理学院等单位对本研究给予的有力支持！

感谢福建、辽宁、江西、安徽、河南、四川、湖南、北京等地的一些样本县乡村相关人员对本研究实地调研所给予的大力支持！

感谢所有参加问卷调查和访谈座谈的可亲可敬可爱的农民朋友们！

感谢所有给予研究支持的新型林业经营主体的领办人们！

感谢所有参加本研究项目立项评审、研究咨询和结项评审的专家们！

感谢所有参与本项目研究的老师们和学生们！

感谢所有关心和支持本研究的业界同仁们！

柯水发

2016 年 10 月 30 日